Hans Lohmann
Drohung und Verheißung

Hans Lohmann

Drohung und Verheißung

Exegetische Untersuchungen
zur Eschatologie
bei den Apostolischen Vätern

Walter de Gruyter · Berlin · New York
1989

Beiheft zur Zeitschrift für die neutestamentliche Wissenschaft
und die Kunde der älteren Kirche
Herausgegeben von Erich Gräßer
55

Gedruckt auf säurefreiem Papier
(alterungsbeständig — pH 7, neutral)

CIP-Titelaufnahme der Deutschen Bibliothek

Lohmann, Hans:
Drohung und Verheissung : exegetische Untersuchungen zur
Eschatologie bei den apostolischen Vätern / Hans Lohmann. —
Berlin ; New York : de Gruyter, 1989
(Beiheft zur Zeitschrift für die neutestamentliche Wissenschaft und
die Kunde der älteren Kirche ; 55)
Zugl.: Bonn, Univ., Diss., 1987
ISBN 3-11-012018-6
NE: Zeitschrift für die neutestamentliche Wissenschaft und die
Kunde der älteren Kirche / Beiheft

ISSN: 0171-6441

Vorwort

Diese Arbeit wurde im Sommer-Semester 1987 von der Evangelisch-Theologischen Fakultät der Rheinischen Friedrich-Wilhelm-Universität Bonn als Dissertation angenommen. Für den Druck habe ich sie im Frühjahr 1988 geringfügig überarbeitet. Die seither erschienene Literatur konnte nicht mehr berücksichtigt werden.

Viele Menschen haben das Entstehen und die Vollendung dieser Arbeit gefördert und unterstützt. Es ist mir eine Ehre, ihnen an dieser Stelle öffentlich Dank abzustatten. Meinen Eltern verdanke ich eine großzügige finanzielle und geistige Förderung während der Studienzeit. Meinen akademischen Lehrern in Köln, Tübingen, Kiel und ganz besonders in Bonn habe ich dafür zu danken, daß ich bei ihnen gelernt habe, dem christlichen Glauben nach-zudenken. Mein besonderer Dank gilt Herrn Prof. Dr. Erich Gräßer, der mir das Thema dieser Arbeit stellte, ihre Entstehung geduldig begleitete, die Dissertation über die akademischen Hürden brachte und schließlich zur Veröffentlichung in die von ihm herausgegebene Reihe aufnahm. Zu danken habe ich auch Herrn Prof. Dr. Wolfgang Schrage für sein gründliches Korreferat, aus dem manche Anregungen in die Überarbeitung eingeflossen sind.

Diese Arbeit wäre so nicht geschrieben worden ohne die GesprächspartnerInnen während der langen Entstehungszeit. Stellvertretend nenne ich hier Frau Dr. Christa Stegemann, durch deren Vermittlung ich als wissenschaftliche Hilfskraft in der Bibliothek des Ev.-Theol. Seminars der Universität Bonn das notwendige Geld verdienen konnte. Für genaues und geduldiges Korrekturlesen danke ich meiner Frau, meiner Schwester sowie den Freunden Martin Evang und Martin Leutzsch. Nur dank großzügiger und selbstloser technischer Hilfe von Herrn Prof. Dr. Hartmut Ehlich und Mitarbeitern konnte die Arbeit in dieser Form erscheinen.

Nicht zuletzt, sondern ganz besonders gebührt meiner Frau Dank für das Mit- und Ertragen dieser Arbeit.

Bochum-Querenburg, im März 1989   Hans Lohmann

Inhaltsverzeichnis

Technische Vorbemerkungen

Die Abkürzungen entsprechen den Vorschlägen im Abkürzungs-
verzeichnis der Theologischen Realenzyklopädie, zusammengestellt
von Siegfried Schwertner, Berlin/New York 1976. Ausnahme: Die
Numerierung von Schriften, z.B. 1Clem statt wie dort vorgeschlagen
IClem.

Die einzelnen Artikel des Theologischen sowie des Exegetischen
Wörterbuchs zum Neuen Testament werden nur an der Stelle angeführt, an der sie benutzt werden.

Die Belegstellen aus dem Alten Testament setzen den griechischen Text nach der Septuaginta voraus, wenn nicht anders angegeben.

Der Hirt des Hermas wird nach der von Chadwick und Whittaker
eingeführten Einteilung in Kapitel zitiert.

Kommentare und häufiger zitierte Literatur werden in den Anmerkungen mit Verfassername, Kurztitel (der kommentierten Schrift,
wenn zur Unterscheidung erforderlich), Seitenzahl zitiert.

I. Einleitung

1. Das Problem

Blickt man aus der Vogelperspektive[1] auf das eschatologische Denken in der Alten Kirche, so scheinen die Eschatologien der Apostolischen Väter unsichtbar, weil unbedeutend zu sein. Selbst bei näherem Hinsehen wirken sie klein neben all den durchdachten Eschatologien der ersten sechs Jahrhunderte Theologiegeschichte.[2] Dieser Befund ist nicht allein durch die schiere Masse des Materials zu erklären, sondern auch sachlich begründet, nämlich in der Position am Übergang vom Urchristentum zur Alten Kirche, wie sie durch die Bezeichnung ,Apostolische Väter' idealtypisch, aber nicht unzutreffend zum Ausdruck kommt. Diese Zwischenstellung macht die Beschäftigung mit den Schriften der Apostolischen Väter interessant, und zwar anhand der Frage: Wie hat sich das theologische Denken, und als ein Teilbereich desselben die Eschatologie von den Aposteln zur Alten Kirche entwickelt? Es könnte sich zeigen, daß die Apostolischen Väter je für sich, aber auch als Generation zwischen Aposteln und Apologeten ihr durchaus eigenes eschatologisches Profil haben.

Diese Zwischenstellung bietet sich aus dem Blick der theologischen Disziplinen so dar: Dogmatisch betrachtet stehen die Apostolischen Väter außerhalb des Kanons Heiliger Schriften; historisch gesehen gehören sie jedoch in den Gegenstandsbereich der neutestamentlichen Wissenschaft. Denn sie sind den späteren neutestamentlichen Schriften wenigstens gleichzeitig. Deshalb betrachte ich meine Untersuchung der Eschatologien der Apostolischen Väter als Arbeit an einem Kapitel der Theologie des Neuen Testaments, die sich historisch versteht und deren genauer Titel ,Religionsgeschichte' oder noch besser ,Theologiegeschichte des frühen Christentums' lauten müßte. Ein solches Programm ist bereits 1897 von W. Wrede postuliert worden.[3]

---

[1] A.J. Visser, A Bird's-Eye View of Ancient Christian Eschatology, Numen 14 (1967) 4-22.

[2] B. Daley, Patristische Eschatologie, in: HDG IV/7a (1986) 84-248, darin 90-95.96f für die Apostolischen Väter.

[3] W. Wrede, Über Aufgabe und Methode der sog. Neutestamentlichen Theo-

Hinsichtlich des Gegenstandsbereiches ist diese Forderung zuletzt von
R. Bultmann eingelöst worden.[4] Aber auch die Werke von P. Wernle[5],
H. Weinel[6] und E. Stauffer[7] bezogen schon die Schriften der Aposto-
lischen Väter in ihre Darstellung ein, meist unter Titeln wie ‚Die
Entwicklung zur Alten Kirche'.

Freilich sind ‚Eschatologie' und ‚Apostolische Väter' als Begriffe
fragwürdig und umstritten hinsichtlich ihres Inhalts.[8] Deshalb soll
eine Klärung meines Verständnisses dieser beiden Begriffe den Anfang
meiner Untersuchung bilden.

2. Was ist Eschatologie?

‚Eschatologie' ist einer der meistgebrauchten und deshalb un-
deutlichsten Begriffe in der heutigen Theologie, eine Neubildung des
17. Jahrhunderts[9], die sich insbesondere seit der Eschatologisierung
der protestantischen Theologie am Anfang dieses Jahrhunderts großer
Beliebtheit erfreut. Das präzise Verstehen dieses Wortes wird außerdem dadurch erschwert, daß es nicht nur das Bedenken der letzten
Dinge, sondern auch diese selbst meint. Denn es gibt kein Wort ‚es-
chatisch', etwa analog zu den Wörtern ‚ontologisch/ontisch'.

Diese Sachlage macht eine eigene Begriffsklärung notwendig. Sie
dient einerseits der Verdeutlichung meines Vorverständnisses für mich
selbst und den Leser. Andererseits soll auf diese Weise gleichsam eine
Wünschelrute geschaffen werden, mit deren Hilfe ich ‚eschatologi-

---

logie, in: Das Problem der Theologie des Neuen Testaments, hg. G. Strecker,
Darmstadt 1975 (WdF 367), 81-154, bes. 85-89.91.133-135.

[4] R. Bultmann, Theologie des Neuen Testaments, Tübingen [8]1980 (UTB 630).
– Ansätze auch bei H. Conzelmann, Grundriß der Theologie des Neuen Testaments, München 1967 (EETh 2).

[5] P. Wernle, Die Anfänge unserer Religion, Tübingen 1901.

[6] H. Weinel, Biblische Theologie des Neuen Testaments, Tübingen [3]1921
(GThW III/II).

[7] E. Stauffer, Die Theologie des Neuen Testaments, Stuttgart [3]1947.

[8] Vgl. nur G. Wanke, „Eschatologie". Ein Beispiel theologischer Sprachverwirrung, KuD 16 (1970) 300-312, sowie neuerdings die voluminöse Studie von
S. Hjelde, Das Eschaton und die Eschata. Eine Studie über Sprachgebrauch
und Sprachverwirrung in protestantischer Theologie von der Orthodoxie bis
zur Gegenwart, München 1987 (BEvTh 102).

[9] Nach S. Hjelde, Eschaton 37, erstmals bei Philipp Heinrich Friedlieb 1644 in
einem Buchtitel, vielleicht sogar schon bei Johann Gerhard.

sche Stellen' in den Schriften der Apostolischen Väter ausfindig und diese Auswahl verständlich machen kann. Schließlich kann diese Begriffsklärung auch bei der Profilierung der einzelnen eschatologischen Entwürfe – oder vielmehr: Fragmente – helfen, indem sie auf eventuelle Defizite hinweist.

Diese Erwartung läßt sich nur im Gespräch mit der Dogmatik erfüllen, zumal es um Klärung eines Vorverständnisses geht. Wenn ich nämlich eine wie auch immer beschaffene ‚neutestamentliche' Definition der Eschatologie meiner Untersuchung zugrunde legen würde, wäre das Problem des Vorverständnisses auf das Erstellen dieser Definition verlagert. Die einschlägigen neutestamentlichen Aussagen werden zudem auch von der Dogmatik mitbedacht bzw. konsequent ausgelegt. Diese Berufung auf die Dogmatik birgt allerdings die Gefahr in sich, daß aus den Schriften der Apostolischen Väter lediglich dicta probantia für neuzeitliche eschatologische Sätze gesammelt werden, oder umgekehrt, daß eindeutig jüngere eschatologische Sätze in die Texte der Apostolischen Väter eisegesiert werden, z.B. die Fegfeuerlehre. Diese Gefahr kann nicht völlig gebannt werden, aber sie kann durch historisch-exegetische Genauigkeit, Ehrlichkeit und Selbstkritik verringert werden.

An der Verwendung des Wortes ‚Eschatologie' hängt für meine Untersuchung relativ wenig. Wichtiger ist die damit gemeinte Sache, die sich m.E. am besten unter der Überschrift ‚Gottes Zukunft mit Menschen und Welt' zusammenfassen läßt. Diese Zukunft ist als Gottes Zukunft die endgültige, das Eschaton; in ihr wird Gott seinen heilsamen Willen letztgültig und offenkundig durchsetzen. Diese Grundthese ist in zweierlei Hinsicht zu entfalten: anthropologisch und kosmologisch. Für die Menschen geht es dabei um ihr endgültiges Ergehen, traditionell beschrieben durch die Ereignisse Allgemeine Auferstehung zum Endgericht, in welchem über Ewiges Leben oder Ewigen Tod entschieden wird. Maßstab des Endgerichts sind Glaube und Werke, deren Gewichtung bzw. Verhältnis zueinander immer wieder verschieden bestimmt werden. Der kosmologische Aspekt des endgültigen Handelns Gottes umfaßt das Ende und die Neuschöpfung der Welt. Jesus Christus hat in diesem Endgeschehen seinen Platz auf Gottes Seite: Bei der Parusie wird seine bis dahin verborgene und geglaubte Herrlichkeit offenbar werden vor aller Welt. Er wird als Richter am Endgericht teilnehmen, aber auch als Verteidiger der Gläubigen. Die Gemeinschaft mit Christus und Gott wird Hauptinhalt des Ewigen Lebens sein. Eine solche Enderwartung wirkt in die Gegenwart der Christen zurück, als *Hoffnung* auf das Reich Gottes sowie als Wissen um die *Verantwortlichkeit* für das eigene Handeln vor Gott.

Diese Skizze der Eschatologie ist weniger durch die gegenwärtige dogmatische Debatte zum Thema als durch die dogmatische Tradition, insbesondere in Gestalt der altprotestantischen Orthodoxie, bestimmt. Dafür habe ich zwei Gründe, zugegebenermaßen eher pragmatischer Natur. Zum einen finden sich dort, in möglichster Orientierung an der Schrift und in klassischer Zusammenstellung, die eschatologischen Lehrstücke, die immer schon und immer noch in der Dogmatik verhandelt werden. Zum anderen kreist die gegenwärtige eschatologische Debatte um ganz andere Probleme als das theologische Denken des zweiten Jahrhunderts (Erkenntnisproblem!) und interpretiert die eschatologischen Lehrstücke in einer der Tradition völlig fremden Weise. Das ließe sich wohl am besten am Reich-Gottes-Begriff zeigen: Eine Antizipation oder gar Verwirklichung des Reiches Gottes hier und jetzt wäre für die Apostolischen Väter völlig undenkbar. Für sie steht der Begriff für das endgültige, unverfügbare und deshalb jenseitige Heil Gottes. Hier wird beispiel- und skizzenhaft die mit der Aufklärung geschehene Verlagerung des Transzendenzproblems sichtbar.

Nicht aus der dogmatischen Besinnung, aber aus der bisherigen Forschung zur frühchristlichen Eschatologie ergeben sich zwei weitere Fragehinsichten, die an dieser Stelle zur historischen Einordnung und Präzisierung einzubringen sind.

Erstens ist dies die Frage nach der *Naherwartung* und ihrer Geschichte im frühen Christentum. Naherwartung heißt: Weltende, Parusie Christi, Endgericht und schließlich das Reich Gottes werden für die allernächste Zukunft erhofft. Daß Jesus von Nazareth eine solche Naherwartung gehabt habe, ist zuerst von J. Weiss und A. Schweitzer herausgestellt worden. M. Werner betrachtete Naherwartung und Parusieverzögerung gar als Hauptmotive frühchristlicher Kirchen- und Theologiegeschichte. Nach O. Cullmann[10] hat kürzlich auch K. Aland[11] die Frage nach dem Vorhandensein von Naherwar-

---

[10] O. Cullmann, Wann kommt das Reich Gottes? in: Ders., Vorträge und Aufsätze 1925-1966, hg. K. Fröhlich, Tübingen 1966, 535-547.

[11] K. Aland, Das Ende der Zeiten, in: Ders., Neutestamentliche Entwürfe, München 1979 (TB 63), 124-182.

tung in den späteren Schriften der urchristlichen Literatur gestellt und überwiegend positiv beantwortet.

Er fordert in diesem Zusammenhang einen „Anbau" zum eschatologischen Bureau für das zweite Jahrhundert.[12] Damit nimmt er ein häufig verwendetes Bild auf. Die Verbreitung dieser Metapher vom eschatologischen Bureau beginnt mit jenem Satz am Anfang eines einschlägigen Aufsatzes von H.U. von Balthasar:

„Wenn für den Liberalismus des 19. Jahrhunderts das Wort von Troeltsch gelten konnte: ‚Das eschatologische Bureau ist meist geschlossen', so macht dieses im Gegenteil seit der Jahrhundertwende Überstunden."[13]

Zum Vergleich sei dieser Satz in vollständiger Fassung zitiert. Er steht bei Troeltsch in der posthum, nach der Nachschrift von Gertrud von le Fort herausgegebenen Glaubenslehre:

„Ein moderner Theologe sagt: Das eschatologische Bureau sei heutzutage zumeist geschlossen, weil die Gedanken, die es begründeten, die Wurzel verloren haben."[14]

Der moderne Theologe könnte z.B. J. Weiss gewesen sein, der gleichzeitig mit Troeltsch in Heidelberg lehrte, als dieser u.a. auch seine Glaubenslehre vortrug. Jedenfalls weist ‚modern' als damalige Gruppenbezeichnung auf A. Ritschl und seine Schule. K. Aland hat dieses Wort mißverstanden. Denn es handelt nicht vom Gebäude, sondern von den Arbeitszeiten des eschatologischen Bureaus. Auf die mit diesem Mißverständnis gestützte Forderung jedoch berufe ich mich ausdrücklich zur

---

[12] K. Aland, Ende 125.

[13] H.U. von Balthasar, Eschatologie, in: Ders., Verbum Caro. Skizzen zur Theologie I, Einsiedeln 1960 (276-300), 276. – Übernommen wurde es z.B. von E. Gräßer, Das Problem der Parusieverzögerung in den synoptischen Evangelien und in der Apostelgeschichte, Berlin [3]1977 (BZNW 22), XXXII.

[14] E. Troeltsch, Glaubenslehre, Tübingen 1925, 36. S. Hjelde, Eschaton 351, Anm.1, gibt nur diesen Fundort an, hat aber keine weitere Vermutung über die Herkunft dieses Satzes.

Rechtfertigung meiner Untersuchung.
Alands Antwort bedarf einer kritischen Überprüfung. Diese soll ex-
kursartig im Rahmen der Zusammenfassung geschehen.

Zweitens ist die Typisierung *hellenistische/apokalyptische* Eschatologie anzuwenden, wie sie jüngst von N. Walter für die Bereiche der
frühjüdischen und neutestamentlichen Literatur eingeführt wurde.[15]
Auch wenn N. Walter keine weitere Sekundärliteratur zum Thema
angibt, so hat er doch Vorgänger, zumindest auf dem Gebiet der
frühchristlichen Literatur: F.H. Kettler[16] und J. Hering[17]. Auch das
auf A. von Harnack zurückgehende Schlagwort von der akuten Hellenisierung des Christentums wäre hier zu erwähnen, das er allerdings
erst auf die spätere Geschichte der Alten Kirche angewendet hatte.
Walter entwickelt seine Beschreibung hellenistischer Eschatologie als
Kontrast und Gegenüber zu Ph. Vielhauers phänomenologischer Beschreibung der frühchristlichen Apokalyptik[18].

Beide Typen der Eschatologie[19] gehen traditionsgeschichtlich auf
das Judentum der hellenistischen Zeit zurück, der hellenistische Typ
auf die Gruppen, die sich griechischer Philosophie geöffnet hatten,
während beim apokalyptischen Typ orientalische Einflüsse wahrscheinlich sind. Grundunterschied ist, daß apokalyptische Eschatologie zeitlich („nach vorn' – Zwei-Äonen-Lehre), hellenistische Eschatologie a-
ber räumlich („nach oben') und eher ontologisch (vergänglich – unvergänglich) denkt. Apokalyptische Eschatologie setzt bei der blei-
benden Erwähltheit des Volkes Israel an, wie auch immer dessen
Umfang bestimmt wird. Hellenistische Eschatologie denkt eher kos-
mopolitisch und bezieht die Welterfahrung des hellenistischen Menschen mit ein. Diese erwartet die Teilhabe am Heil unmittelbar nach
dem Tode des einzelnen Menschen, jene erhofft das Hereinbrechen des
Heils nach einer kosmischen Katastrophe. Walter kann diesen Unter-

---

[15] N. Walter, „Hellenistische Eschatologie" im Neuen Testament, in: Glaube
und Eschatologie (FS W.G. Kümmel), hg. E. Gräßer/O. Merk, Tübingen
1985, 335-356; Ders., „Hellenistische Eschatologie" im Frühjudentum – ein
Beitrag zur „Biblischen Theologie"? ThLZ 110 (1985) 331-348.

[16] F.H. Kettler, Enderwartung und himmlischer Stufenbau im Kirchenbegriff
des nachapostolischen Zeitalters, ThLZ 79 (1954) 385-392.

[17] J. Hering, Eschatologie biblique et idéalisme platonicien, in: The Background of the New Testament and its Eschatology (FS C.H. Dodd), hg.
W.D. Davies/D. Daube, Cambridge 1956, 444-463.

[18] In: NTApo³ II, 407-454. – Vgl. auch J.J. Collins, Introduction, in: Semeia
14. Apocalypse, Missoula MT 1979, 1-20.

[19] N. Walter, ThLZ 335f; FS Kümmel 338-341.

schied sehr schön an der unterschiedlichen Auffassung vom himmlischen Jerusalem verdeutlichen[20]: Der Apokalyptiker erhofft das Herabkommen des himmlischen Jerusalem auf die erneuerte Erde (Apk 21), während die hellenistisch geprägte Hoffnung sich auf das Eingehen in das himmlische und als solches wahre Jerusalem richtet (Hebr 12,22). Der profilierteste Vertreter hellenistischer Eschatologie im Neuen Testament ist der Hebräerbrief. Weitere Vertreter sind in der hellenistisch-jüdischen Literatur zu finden, z.B. die Sapientia Salomonis.

Diese Typisierung ist m.E. sehr gut geeignet, um Profil und traditionsgeschichtliche Verbindungen des jeweiligen eschatologischen Denkens aufzuzeigen.

3. Über den Begriff ‚Apostolische Väter'

Die Wortverbindung ‚Apostolische Väter' als Sammelbegriff für eine Gruppe altkirchlicher Schriften ist am Ende des 17. Jahrhunderts anläßlich der ersten neuzeitlichen Ausgaben der Briefe von Clemens, Polykarp und Ignatius aufgekommen.[21] Dieser Begriff sollte Kirchenväter bezeichnen, die noch direkte Apostelschüler gewesen waren. Das Corpus der so deklarierten Schriften wurde bis zum Beginn dieses Jahrhunderts ständig ausgeweitet. Am weitesten ging die kleine Ausgabe von Funk-Bihlmeyer(-Schneemelcher), in der auch das Quadratus-Fragment und die Schrift an Diognet zu finden sind.[22] Damit stellt sich die Frage, ob dieser alte Begriff noch inhaltlich prägnant gefüllt werden kann. Diese Frage wird noch verschärft durch den Tatbestand, daß einige dieser Schriften pseudepigraph sind, vor allem aber dadurch, daß eine Schülerbeziehung zu den Aposteln nur in den seltensten Fällen nachzuweisen, meist jedoch lediglich zu vermuten ist.

---

[20] N. Walter, FS Kümmel 340f.

[21] Die Angaben über die erstmalige Verwendung des Begriffs differieren: J.A. Fischer, Ausgaben 161, nennt J.B. Cotelier 1672; H.J. de Jonge, On the Origin of the Term ‚Apostolical Fathers', JThS NS 29 (1978) 503-505, nennt W. Wake 1693.

[22] Von ähnlichem Umfang ist auch die Ausgabe von Gebhardt-Harnack-Zahn. – So jüngst auch wieder H. Paulsen, Art. Apostolische Väter, in: EKL[3] I (1986) 231-234.

Die Wortverbindung selbst stammt schon aus der Spätzeit der
Alten Kirche. Der älteste bisher bekannte Beleg findet sich im ‚Viae
Dux' des Anastasius Sinaita (Ende 7. Jh.).[23] Dort wird Dionysius
Areopagita als Apostolischer Vater bezeichnet. Auch Severus von
Antiochien (Anfang 6. Jh.) soll diesen Begriff schon verwendet ha-
ben.[24] Der Begriff tritt also in einer Zeit auf, in der die Dogmatik
vor allem nach Traditions- bzw. Väterbeweisen für ihre Sätze sucht.
Das Wort des vermeintlichen Apostelschülers Dionysius Areopagita
hatte natürlich in den christologischen Auseinandersetzungen jener
Zeit mehr Gewicht als das irgendeines anderen Kirchenvaters.

Apostolisch können diese Schriften genannt werden, weil sie zeitlich und sachlich den neutestamentlichen Texten am nächsten von
allen altkirchlichen Schriften stehen. Einzelne von ihnen gehörten
zeitweilig und in bestimmten Regionen zum neutestamentlichen Kanon, so z.B. die beiden Clemensbriefe. Mit ihrer Entstehung zwischen
90 und 150 nChr sind die Apostolischen Väter den späteren Schriften
des Neuen Testaments durchaus gleichzeitig. Allerdings erheben sie
nicht von sich aus den Anspruch, apostolisch zu sein. Darin unterscheiden sie sich von den sog. Apokryphen. Die Apostolizität wird
ihnen teilweise erst durch die später zugefügten Überschriften beigelegt (Did, evtl. Barn), auch von Späteren zuerkannt (Clemens Romanus durch seinen alexandrinischen Namensvetter; Polykarp). Das
Phänomen einer nachträglichen apostolischen Überschrift gibt es ja
auch anderswo in der urchristlichen Literatur (Hebr). Ihre Autorität
leiten die Apostolischen Väter vielmehr aus anderen Quellen her: Als
Lehrer und Bischöfe, auch im Auftrag einer Gemeinde sahen sie sich
zum Verfassen ihrer Schriften verpflichtet. Eine Ausnahme bildet
Hermas, der seine Autorität aus dem Empfang von Visionen bezieht.
An der Form der Schriften werden Nähe und Entfernung zur apostolischen Zeit deutlich: Man schreibt Briefe zur Lösung theologischer
und gemeindlicher Probleme, wie es der Apostel Paulus samt seinen

---

[23] Hinweis bei J.A. Fischer, Ausgaben 157f: Viae Dux XIII,4 (ed. Uthemann, CChr.SG 8; 222,4).

[24] So R.M. Grant, Introduction V. Die dort fehlende Stellenangabe liefert J.A. Fischer, Ausgaben 157f, Anm. 3: Liber contra impium Grammaticum 40 (CSCO 102; 205,17f). Aber die an dieser Stelle gebotene Übersetzung scheint nicht dem syrischen Wortlaut zu entsprechen (J.A. Fischer ebd.). – Ich fand den Begriff noch bei Severus von Antiochien, Contra Additiones Juliani 38 (CSCO 298; 125,1), für Polykarp von Smyrna, aber wohl nur in der französischen Übersetzung.

Schülern getan hat. Gleichzeitig löst sich die Briefform in Richtung Traktat (Barn) und schriftliche Predigt (2Clem) auf.

Väter sind die Verfasser dieser Schriften, sofern sie – auch ohne Namensnennung bzw. unter falschem Namen – in der Großkirche gewirkt haben und von ihr als maßgebliche Lehrer anerkannt worden sind.[25] Eine weitere Gemeinsamkeit der Apostolischen Väter – hierin sind sie den neutestamentlichen Autoren vergleichbar – ist ihre Ausrichtung auf das Innenleben der Kirche. Ihre Hauptfrage scheint mir zu sein: Wie führt man ein christliches Leben? Damit unterscheiden sie sich von den großen Theologen des Neuen Testaments, die vor allem nach dem Wesen des Christseins fragten. So unterscheiden sie sich vor allem von den Apologeten, die grob gerechnet eine Generation später in der Kirche auftraten. Diese fragten nämlich: Wie erklärt man die christliche Lehre den Heiden, speziell den Philosophen? Ihre Schriften sind also, anders als die der Apostolischen Väter, nach außerhalb der Kirche gerichtet. Das war wenigstens ihr Anspruch. Ob sie tatsächlich von heidnischen Philosophen zur Kenntnis genommen wurden, darf bezweifelt werden.

Damit sind die Gemeinsamkeiten der Apostolischen Väter auch schon erschöpft. In zeitlicher, geographischer und teilweise auch theologischer Hinsicht gleichen sie auseinanderplatzenden Schrotkörnern oder einem Taubenschwarm, dessen einzelne Vögel weit entfernt vom Heimatschlag auf verschiedenen Dächern sitzen.

Der Begriff ‚Apostolische Väter' ist also nur von geringer Aussagekraft, weil er künstlich und nachträglich auf eine sonst kaum zusammengehörige Gruppe altkirchlicher Schriften angewendet wurde. Mit den oben beschriebenen Inhalten leistet er immerhin einige Abgrenzungen, zunächst ganz pragmatisch für den Gegenstand meiner Untersuchung. Aus der Edition von Funk-Bihlmeyer-Schneemelcher werden nicht berücksichtigt werden: Polykarp-Martyrium, Quadratus-Fragment und die Schrift an Diognet aus Gattungs- und Datierungsgründen. Gattungsgründe und der große Umfang der Schrift lassen auch einen Verzicht auf den Hirten des Hermas geraten erscheinen.

---

[25] Einen kurzgefaßten Überblick über die Wirkungsgeschichte der Apostolischen Väter gibt R.M. Grant, The Apostolic Fathers' First Thousand Years, ChH 31 (1962) 421-429; Ders., Introduction 1-33; Ders., The Use of the Early Fathers from Irenaeus to John of Damascus, in: Ders., After the New Testament, Philadelphia 1967, 20-34. – Unentbehrlich für die Erforschung der Wirkungsgeschichte sind nach wie vor die Zitatensammlungen bei Lightfoot und Harnack, Geschichte I/1.

Denn anders als die übrigen Apostolischen Väter beruft sich Hermas nicht auf irgendeine Tradition, sondern auf persönliche visionäre Erlebnisse zur Autorisierung seiner theologischen Meinung. Zudem stellt sich seine Schrift zwar stilistisch und formal als Apokalypse dar, aber nicht inhaltlich. Auch Papias muß ausscheiden, weil sein Buch wegen großkirchlicher Ablehnung nur fragmentarisch überliefert ist. Damit bin ich bei der zweiten Abgrenzung, die der Begriff ‚Apostolische Väter' leistet: Er bezeichnet Schriften, die sich die spätere Großkirche als orthodox angeeignet hat. Unberücksichtigt bleiben deshalb auch sämtliche ‚apokryphen' Schriften vom Anfang des zweiten Jahrhunderts.

Untersucht werden also auf ihre eschatologischen Gedanken die Didache, die beiden Clemensbriefe, die echten Briefe des Ignatius und der des Polykarp sowie der Barnabasbrief.

4. Der Verlauf der Untersuchung

Meine Arbeit ist nicht die erste zu diesem Thema. Deshalb stelle ich vor den exegetischen Hauptteil einen allgemeinen Forschungsbericht. Darin werde ich die Arbeiten vorstellen, die die gesamte Eschatologie oder eschatologische Einzelthemen bei *allen* Apostolischen Vätern zum Gegenstand haben. Darstellung und Beurteilung werden sich besonders auf die Methodik dieser früheren Arbeiten richten.

Im exegetischen Hauptteil meiner Untersuchung werde ich die einschlägigen Stellen einer jeden Schrift analysieren, wie ich sie nach oben entwickeltem Raster bestimmt habe. Im Vordergrund steht dabei die eschatologische Sachaussage. Ferner ist der Kontext wichtig sowie die Tradition, aus der die eschatologische Aussage stammt. Diesen exegetischen Analysen, die für jede Schrift gesondert erfolgen, wird eine kurze Behandlung der Einleitungsfragen sowie ein kleiner Forschungsbericht zur Eschatologie der einzelnen Schrift vorangestellt. Von den klassischen Einleitungsfragen sind für meine Untersuchung insbesondere die Fragen nach Gliederung, Intention und traditionsgeschichtlicher Einordnung der einzelnen Schrift wichtig. Denn nur im Blick auf Intention und Gliederung lassen sich Ort und Gewicht eschatologischer Aussagen für die jeweilige Schrift richtig bestimmen. Deshalb müssen die Fragen nach Zeit, Ort und Verfasser sowie nach

Form und literarischer Integrität des Textes zurücktreten. Die speziellen Forschungsberichte ergänzen den allgemeinen vom Beginn der Untersuchung um einen Überblick über die – manchmal auch nicht geführte – Debatte zu den eschatologischen Gedanken der einzelnen Schriften. Im besten Falle wird sich aus dem Forschungsbericht eine Lösung ergeben, die ich für meine Untersuchung übernehmen kann, oder eine umstrittene Frage, deren Beantwortung ich in der Zusammenfassung versuchen werde. Der Ergebnis der exegetischen Analysen wird für jede Schrift in einem eigenen synthetischen Abschnitt zusammengefaßt. In dieser Synthese wird eine Rekonstruktion der jeweiligen Eschatologie, außerdem eine Zuordnung derselben zur Intention der Schrift versucht. Auch soll das besondere Profil der einzelnen Eschatologie herausgearbeitet werden. Hier ist auch der Ort für die Einordnung in die Typisierung hellenistische/apokalyptische Eschatologie. Dieser Ablauf gilt für jede einzelne Schrift: Einleitungsfragen, Forschungsbericht, exegetische Analysen, systematische Synthese. Damit ziehe ich die Konsequenz aus der Verschiedenheit der unter dem Namen ‚Apostolische Väter' zusammengestellten Schriften.

Für den Schlußteil bleibt vor allem die Frage, ob bei aller Verschiedenheit doch so etwas wie ein kleinster gemeinsamer Nenner aller dargestellten Eschatologien zu erkennen ist. Ferner wird an dieser Stelle die Frage nach Naherwartung und/oder Parusieverzögerung abgehandelt. Dieser Exkurs leitet über zum abschließenden Ausblick, der Ansätze zu einer theologiegeschichtlichen Einordnung des Erarbeiteten zeigen soll, und zwar unter den Stichworten ‚Hellenisierung' und ‚Verschwinden der Apokalyptik'.

II. Forschungsbericht

1. Vorbemerkung

Seit etwa 350 Jahren gibt es Forschung an den Schriften der Apostolischen Väter.[1] Die letzte Zäsur in der Geschichte dieses Forschungsgebiets war die Publikation des Cod. Hier. 54 durch den Patriarchen Ph. Bryennios 1875/83. Dieser Codex aus dem Jahre 1056 bietet nicht nur den einzigen vollständigen griechischen Text der Didache und des 2.Clemensbriefs, sondern auch den 1.Clemensbrief neben weiteren altkirchlichen Schriften. Durch diese erhebliche Verbreiterung und Verbesserung der Textgrundlage sind alle älteren Arbeiten wenigstens teilweise überholt. Seither hat sich die Forschung mehr mit den literarischen als mit den theologischen Problemen der Apostolischen Väter beschäftigt. Diesen Eindruck vermittelt schon ein flüchtiger Überblick über die Sekundärliteratur. Dementsprechend gibt es auch nicht eigentlich eine Forschungsgeschichte zur Eschatologie der Apostolischen Väter, etwa derart, daß einzelne Fragen in der Breite der Forschung diskutiert worden wären. Stattdessen existieren nur einige wenige Arbeiten zu diesem Thema, vorwiegend von römisch-katholischer Seite. Daneben wird die Eschatologie auch in Untersuchungen zur Theologie einer einzelnen Schrift abgehandelt[2], seltener monographisch. Ferner sind einzelne eschatologische Themen teilweise für alle, teilweise für einzelne Apostolische Väter auch in Zusammenstellung mit anderen altkirchlichen Schriften untersucht worden. Und schließlich ist auch noch auf die Behandlung dieses The-

---

[1] Über die ältesten neuzeitlichen Ausgaben unterrichtet J.A. Fischer, Ausgaben; Ders., Die Ausgabe der Apostolischen Väter durch Thomas Ittig, in: Überlieferungsgeschichtliche Untersuchungen, hg. F. Paschke, Berlin 1981 (TU 125), 197-207. – Wenig ergiebig und tw. falsch im Hinblick auf die Apostolischen Väter ist: S. Conlon OCD, A Select Bibliography of Modern Studies (1850-1977) on Eschatology in the Western Church of the First Four Centuries, ECarm 28 (1977) 351-372.

[2] Manchmal nicht einmal das, so z.B. bei K. Niederwimmer, Grundriß der Theologie des Ignatius von Antiochien, Diss. Wien 1956 (masch.); J. Nirschl, Theologie des heiligen Ignatius von Antiochien, Mainz 1880; P. Knorz, Die Theologie des Hirten des Hermas, Diss. Heidelberg 1958 (masch.).

mas in Darstellungen der neutestamentlichen Theologie[3] sowie der
Dogmen- und Theologiegeschichte hinzuweisen.

Das Fehlen einer Forschungsdebatte und die Unübersichtlichkeit
des Forschungsgebiets legen es nahe, den Forschungsbericht nach formalen Gesichtspunkten zu gliedern und aufzuteilen. Im folgenden
werde ich die Gesamtdarstellungen zum Thema vorstellen und werten, außerdem die Darstellungen einzelner eschatologischer Themen
bei *allen* Apostolischen Vätern. Darstellungen, die nur *einen* Apostolischen Vater zum Gegenstand haben, werden im Rahmen der Untersuchung der Einzelschrift vorgestellt.

2. Gesamtdarstellungen zum Thema

L. Atzberger stellt die Eschatologie der Apostolischen Väter im
Rahmen seiner umfangreichen Geschichte der christlichen Eschatologie innerhalb der vornizänischen Zeit dar.[4] Diese Darstellung ist
„vom offenbarungsgläubigen katholischen Standpunkte" (1) aus geschrieben, und dieser Standpunkt prägt die Darstellung erheblich.
Schon der Titel des den Apostolischen Vätern gewidmeten Abschnitts
zeigt dies: „Die Ueberlieferung der geoffenbarten Eschatologie in der
unmittelbar nachapostolischen Zeit", d.h.: Die (römisch-katholische)
Eschatologie ist in der Heiligen Schrift vollständig geoffenbart; aus
den späteren Schriftwerken kann man nur „die (primär durch das
kirchliche Lehramt getragene und bewirkte) Fortüberlieferung und
Weiterentwicklung der göttlichen Offenbarung ersehen" (9). Folge-
richtig wird die Darstellung nicht nach einzelnen Schriften, sondern
nach dogmatischen Lehrstücken gegliedert. Diese Gliederung – Lehre
von der besonderen Vollendung, Lehre von der allgemeinen Vollendung – wiederholt sich denn auch in den weiteren 15 Abschnitten
des Buches. Damit ist die Erkenntnis des individuellen eschatologischen Profils eines Apostolischen Vaters zunächst ausgeschlossen.
Denn auch bei der Behandlung der einzelnen Lehrstücke regiert die
Dogmatik den Textbefund, und zwar so, daß zunächst der ‚zeitlose'
Sachgehalt des jeweiligen Lehrstücks formuliert wird, dann die dazu-

---

[3] S. dazu o. S. 1f.

[4] L. Atzberger, Geschichte der christlichen Eschatologie innerhalb der vornizänischen Zeit, Freiburg 1896 (= Graz 1970).

gehörigen Aussagen der Apostolischen Väter aufgezählt werden. Bei
diesem Verfahren *kann* gar nichts anderes als eine römisch-katholische
Normal-Eschatologie herauskommen.

Noch deutlicher hatte einige Jahre zuvor *J. Sprinzl* dieses Verfahren auf die Theologie der Apostolischen Väter angewendet.[5] Er
formuliert am Ende seiner Arbeit eine „Gesammtdoctrin der apostolischen Väter" (§ 26) und vergleicht diese mit der Schriftlehre, der
Lehre der katholischen Kirche und dem Protestantismus (§§ 27-29).
Dabei kommt er zu dem Ergebnis, daß die „Lehrdoctrin" der Apostolischen Väter mit der Schriftlehre und der Lehre der katholischen
Kirche übereinstimmt, folglich im Gegensatz zum Protestantismus
steht.

Freilich ist diese dogmatische Methode keine römisch-katholische
Spezialität, wie der Aufsatz des Lutheraners *J.H.B. Lübkert* über die
Theologie der Apostolischen Väter zeigt.[6] Lübkert will gerade den
Abstand der Apostolischen Väter von den eigentlichen Heiligen Schriften herausstellen. Auch er stellt den Lehrbegriff der Apostolischen
Väter in Gestalt eines dogmatischen Aufrisses dar. Interessanterweise
wird die Eschatologie als eine von drei Unterabschnitten der Anthropologie (neben ‚Sittliche Beschaffenheit' und ‚Heilsmittel') abgehandelt. Ob er mit dieser sicher dogmatisch bedingten anthropologischen
Engführung der Eschatologie etwas Richtiges erkannt hat, wird sich
im Laufe meiner Untersuchung zeigen. Im übrigen ist Lübkerts Arbeit schon wegen der Textbasis überholt – waren doch zu seiner Zeit
weder Cod. Sinaiticus noch Cod. Hier. 54 bekannt.

Auch inhaltlich läßt sich aus diesen dogmatischen Arbeiten nichts
lernen, denn die methodische Vorentscheidung für den dogmatischen
Aufriß wirkt sich auch auf Einzelergebnisse aus. Die Richtigkeit der
Interpretation der einzelnen Belegstellen wird stillschweigend vorausgesetzt. Eine etwa vorhandene inhaltliche Differenz zwischen den alten Texten und den modernen Lehrsätzen kommt kaum in den Blick,
erst recht nicht der Kontext, in dem die eschatologischen Aussagen
stehen.

Vor kurzem ist erneut eine solch dogmatisch orientierte Darstellung der Eschatologie der Apostolischen Väter erschienen: *A. Fer-*

---

[5] J. Sprinzl, Die Theologie der Apostolischen Väter, Wien 1880.
[6] J.H.B. Lübkert, Die Theologie der Apostolischen Väter in übersichtlicher
Darstellung, ZHTh 24 (1854) 589-644.

nandez, La escatología en el siglo II, Burgos 1979.[7] Im ersten Kapitel dieses Buches werden die Apostolischen Väter abgehandelt. Fernandez legt seiner Darstellung folgendes dogmatische Schema zugrunde: Leib-Seele-Anthropologie – Unsterblichkeit der Seele – Leibliche Auferstehung – Parusie – Das ewige Heil – Der ewige Tod – Die jenseitige Reinigung (Fegfeuer). Es fällt auf, daß der kosmische Aspekt der Eschatologie ausgeblendet wird. Ob dies auch dem Befund bei den Apostolischen Vätern entspricht, wird im Verlauf der Untersuchung zu fragen sein. Innerhalb dieses dogmatischen Schemas wird jetzt historisch differenziert. Das geschieht so, daß zu den einzelnen Lehrstücken die Meinungen der einzelnen Apostolischen Väter abgefragt werden. Zwar sind auch hier Exegese und Erhebung des Kontexts auf ein Minimum beschränkt, aber die einzelnen Väter kommen deutlicher zu Wort, als dies z.B. bei Atzberger der Fall war. Man wird sich noch darüber streiten müssen, ob die Lehren von der Unsterblichkeit der Seele und vom Fegfeuer tatsächlich bereits bei den Apostolischen Vätern nachzuweisen sind.

Daß diese älteren Arbeiten einen auch im römisch-katholischen Bereich überholten Standpunkt repräsentieren, zeigt die bisher jüngste römisch-katholische Darstellung des Themas: *B. Daley*, Patristische Eschatologie, im Rahmen des groß angelegten Handbuchs der Dogmengeschichte.[8] Hier findet man auf engstem Raum das Wesentlichste zur Eschatologie eines jeden Apostolischen Vaters. Damit ist der Vorrang des historischen Gesichtspunkts vor dem dogmatischen erreicht.

Die einzige mir bekannt gewordenen protestantische Arbeit zum Thema ist die Straßburger Dissertation von *J. Beblavý*.[9] Er vergleicht die eschatologischen Gedanken des Paulus mit denen der Apostolischen Väter und fragt, ob und wie Paulus die eschatologischen Gedanken der Apostolischen Väter beeinflußt hat (8f). Dementsprechend verwendet er etwa die Hälfte seines Buches auf die Darstellung der paulinischen Eschatologie (11-105), die er aus dem Corpus

---

[7] Fernandez' Aufsatz La escatología en los escritos de los Padres Apostolicos (Burg. 20 [1979] 9-55) entspricht dem einschlägigen Kapitel seines Buches fast vollständig: Nur Einleitung und Schluß sind leicht verändert; die Abschnitte über Anthropologie, Unsterblichkeit der Seele und Auferstehung fehlen; alles übrige ist wortidentisch.

[8] S. o. S. 1 mit Anm. 2.

[9] J. Beblavý, Les idées eschatologiques de Saint Paul et des Pères Apostoliques, Alençon 1924.

Paulinum außer Phlm und den Pastoralbriefen schöpft und in die
klassischen fünf eschatologischen Lehrstücke systematisiert: Tod und
Leben nach dem Tode – Parusie Christi – Auferstehung – Endgericht – Endschicksal der Gerechten und Ungerechten. In der zweiten
Hälfte seiner Arbeit stellt Beblavý nach dem eben genannten syste-
matischen Schema die eschatologischen Gedanken der Apostolischen
Väter dar, zu denen er auch Papias und die Schrift an Diognet rechnet (107-204), und beschließt jeden Abschnitt mit einigen Sätzen über
das Verhältnis jeder Schrift zu Paulus in eschatologicis. Auf diese
Weise kann er einen guten Überblick über die Verschiedenheit sowohl
der Eschatologien als auch der Paulus-Rezeption geben. An dieser
Stelle ist noch auf sein Gesamtergebnis (205-209) hinzuweisen: Den
größten paulinischen Einfluß findet er in Did, Barn, 2Clem und Herm
(205). Bei allen Unterschieden untereinander und zu Paulus sei den
Apostolischen Väter doch die Hoffnung auf die nahe Parusie Christi
gemeinsam (206). Diese habe auch entscheidend zum Erfolg der apostolischen Verkündigung beigetragen, indem sie in Verbindung mit
dem Gedanken vom Endgericht die Menschen zum Tun der Buße und
des Guten motiviert habe (207f). Damit hat Beblavý einen wichtigen
Aspekt der Eschatologie jener Zeit zur Sprache gebracht: die ethische
Orientierung – interessanterweise in Verbindung mit der Naherwartung und nicht als Zeichen der Parusieverzögerung! Zu fragen ist
jedoch, wie weit das von ihm verwendete dogmatische Schema trägt –
ob es zur Darstellung der einzelnen Eschatologien auch geeignet ist
oder nicht vielmehr nur als heuristisches Mittel.

In den vergangenen siebzig Jahren sind außerdem einige Aufsätze
erschienen, die sich mit der patristischen Eschatologie beschäftigt haben. Der Vollständigkeit halber werde ich auch diese kleinen Studien
hier referieren, mich dabei jedoch auf die Aussagen zu meinem Thema
konzentrieren. Ich gehe chronologisch vor, denn keiner der Aufsätze
bezieht sich auf einen anderen.

In einer 1917 erschienenen Studie beschäftigt sich *F.C. Grant*
mit der Eschatologie des zweiten Jahrhunderts[10], d.h. mit dem eschatologischen Denken der Schriftsteller zwischen dem Neuen Testament und Irenäus. F. Grant gibt eine nach Lehrstücken geordnete
Darstellung der Eschatologie jener Zeit (194-206), wobei der Chiliasmus den größten Raum einnimmt. Das Ergebnis: „The eschatology
of the second century is definitely a continuation of the primitive

---

[10] F.C. Grant, The Eschatology of the Second Century, AJT 21 (1917) 193-211.

Christian eschatology" (206). Die systematisch angelegte Darstellung läßt durchaus Raum für die Wiedergabe verschiedener Anschauungen zu bestimmten Themen, z.B. Weltende, Wiederkunft Christi, Millennium. Im zweiten Teil (206-211) werden kurz die Traditionen benannt, aus denen sich das eschatologische Denken des zweiten Jahrhunderts speist: Altes Testament, Neues Testament, jüdische Pseudepigraphen – nicht aber private Spekulation oder unmittelbar heidnische Quellen. Auch diese Frage wird für den Chiliasmus gesondert gestellt und beantwortet durch den Hinweis auf apokryphe jüdische Spekulationen, die dem Papias durch die Presbyter vermittelt worden seien. – Richtig erkannt ist die Traditionsgebundenheit der Eschatologie jener Zeit. Zu fragen ist jedoch, ob mit der Fortsetzung nicht doch auch eine Veränderung urchristlicher Eschatologie verbunden war.

W. *Staerk* stellte 1936 den realistischen biblisch-eschatologischen Erlösungsglauben, dessen mythischen Hintergrund der eschatologische Soter-Mythos gebildet habe, der Mystik und dem moralistischen Rationalismus gegenüber.[11] Der urchristliche Erlösungsglaube im Schema des eschatologischen Soter-Mythos, ausgedrückt in den traditionellen Formen jüdischer Endzeithoffnung, sei bei den Apostolischen Vätern noch lebendig (84f). Ähnliches gelte auch für Justin (86-89) und Irenäus (90-95). Es bleibt freilich zu fragen, ob sich Form und Inhalt so einfach auf jüdisch und christlich verteilen lassen und ob sich nicht vielleicht doch auch schon bei den Apostolischen Vätern so etwas wie ein moralistischer Rationalismus zeigt.

Grundzüge patristischer Eschatologie sowie Besonderheiten einzelner Väter will *G.W.H. Lampe* in seinem Aufsatz von 1953 darbieten.[12] Interessanterweise illustriert er seine allgemeinen Überlegungen zur frühen patristischen Eschatologie am Beispiel der Apostolischen Väter (30-32). Dort würden die Themen verhandelt, die die gesamte patristische Eschatologie dominieren, meint er. Besonders hervorzuheben sei das Gewicht des Endgerichts sowie die strenge Zukünftigkeit des Heils, das meist als Belohnung aufgefaßt werde. Unter Lampes allgemeinen Überlegungen zur patristischen Eschatologie verdient Beachtung, daß er die frühe Systemlosigkeit im Fundamentalismus der Väter begründet sieht, der zugleich die Eschatologie vor der Spiritu-

---

[11] W. Staerk, Der eschatologische Mythos in der altchristlichen Theologie, ZNW 35 (1936) 83-95.

[12] G.W.H. Lampe, Early Patristic Eschatology, in: Eschatology, Edinburgh 1953 (SJTh.OP 2), 17-35.

alisierung bewahrt habe. Außerdem stellt er, zumindest für das Neue
Testament, einen Zusammenhang zwischen Eschatologie und Ethik
fest:

> „Eschatology is, of course, accompanied in the New
> Testament by a strong emphasis on morality, as
> witness the ethical instruction in the epistles, but
> this later moralism is linked with a tendency to
> think of the hope of the kingdom of God simply
> as a hope of ‚heaven‘, the place or state of life in
> which those who have done good will be rewarded,
> and which is to be won as a prize for endurance“
> (20).

Ob damit nicht auch das eschatologische Denken der Apostolischen
Väter beschrieben sein könnte? Lampe deutet es wenigstens an (30).
Dann wäre aber zu fragen, ob Tradition und Sakramentalismus tatsächlich die patristische Eschatologie vor der Neigung zur Mystik bewahrt haben, wie Lampe meint (24). Schade jedenfalls, daß Lampe
nicht der Beziehung zwischen Eschatologie und Ethik bei den Vätern
nachgegangen ist (35)!

G. *Florovsky* gibt in seinem Vortrag von 1955 eine Einführung in
die Eschatologie der Väterzeit[13], die systematisch orientiert ist und
vor allem Kontakt und Kontrast zur griechischen Philosophie her-
auszuarbeiten sucht. Die Apostolischen Väter werden darin nicht
genannt. Zu beachten ist aber, daß Florovsky einige Bemerkungen zu
seinem Verständnis von Eschatologie an den Anfang seine Ausführungen stellt (235). Damit steht er allein da.

Aus der Vogelperspektive bekommt *A.J. Visser* die Eschatologie der Apostolischen Väter nicht in den Blick.[14] Ihre Darstellung
erfaßt nur die Väter von Justin bis Augustin bzw. Gregor von Nyssa
sowie den frühjüdischen Traditionshintergrund. Für die nachaposto-
lische Zeit stellt sie gegen A. Schweitzer und M. Werner fest, daß
die Parusieverzögerung das Christentum nicht zerstört habe, die Naherwartung eine zentrale Bedeutung also nicht gehabt haben könne
(8).

---

[13] G. Florovsky, Eschatology in the Patristic Age: An Introduction, in: StPatr
II, Berlin 1957 (TU 64), 235-250.

[14] A.J. Visser, A Bird's-Eye View of Ancient Christian Eschatology, Numen 14
(1967) 4-22.

Auch *P. Müller-Goldkuhle* kann in seiner Darstellung nachbib-
lischer Akzentverschiebungen des eschatologischen Denkens nur die
großen Linien ins Auge fassen.[15] Aus den kurzen Andeutungen zur
Entwicklung in der Alten Kirche (10-12) ist das herauszuheben, was
er zur Enderwartung der Alten Kirche schreibt (11): Hellenistischer
Einfluß habe zur Individualisierung der Eschatologie geführt, die so
wiederum dem wachsenden Moralismus dienstbar gemacht werden
konnte. Außerdem brachte der Einfluß hellenistischer Geistigkeit die
Gefahr der Spiritualisierung eschatologischer Vorstellungen mit sich.

Eine kurze Darstellung der Eschatologie bei den Apostolischen
Vätern gibt *F.F. Bruce* in seinem Beitrag zur 1973 erschienenen Fest-
schrift für G. Florovsky, ohne sich allerdings explizit auf den oben
erwähnten Aufsatz des Gefeierten zu beziehen.[16] Er betrachtet jede
Schrift einzeln und stellt auf knappem Raum besonders die specifica
der Einzelschriften heraus. So wird weniger die Einheitlichkeit als die
Vielfalt im eschatologischen Denken der Apostolischen Väter sichtbar. Für den 1Clem nennt Bruce (77-79) als neuen eschatologischen
Gedanken die Bewahrung einer feststehenden Anzahl Erwählter bis
zum Ende (2,4; 59,2). Diesen Gedanken habe Clemens zur Erklärung
der Parusieverzögerung herangezogen. Zwar gebe es für Clemens einige Heilige, die sogleich nach dem Tode Anteil am Endheil bekommen, aber die Fülle der Herrlichkeit bleibe der künftigen Auferstehung
vorbehalten. Ignatius (79-82) spreche teilweise wie die anderen Apostolischen Väter von Auferstehung und Gericht als Anreiz für rechtes
Handeln hier und jetzt, teilweise aber auch von einer partiell in der
Eucharistie realisierten Eschatologie. Die eschatologischen Gedanken
des PolPhil (82f) gingen nicht über das Übliche hinaus; sie seien entweder Anspielungen auf die Schrift oder Bruchstücke von Bekenntnisformeln. In der Didache (83f) finde sich Eschatologisches einerseits im eucharistischen Kontext mit Betonung des antizipatorischen
Aspekts, anderseits als Hintergrund der Mahnung zur Wachsamkeit.
Das große eschatologische Interesse des Barn (85-87) wird von Bruce
auf den Anlaß der Schrift zurückgeführt, nämlich den versuchten Wie-
deraufbau des jüdischen Tempels (16,1-4). Außerdem fänden sich bei

---

[15] P. Müller-Goldkuhle, Die nachbiblischen Akzentverschiebungen im historischen Entwicklungsgang des eschatologischen Denkens, Conc(D) 5 (1969)
10-17.

[16] F.F. Bruce, Eschatology in the Apostolic Fathers, in: The Heritage of the
Early Church (FS G. Florovsky), hg. D. Neiman/M. Schatkin, Rom 1973
(OrChrA 195), 77-89.

Barn Spuren sowohl von „inaugurated" als auch von „consummated eschatology". Die Besonderheit des Barn sei der Gedanke der Weltwoche. Die verschiedenen Gestalten im Hirten des Hermas (87f) verträten verschiedene Gedanken aus dem Traditionsbestand römisch-christlicher Eschatologie, welchen Hermas um einige Gedanken zu seinem Hauptanliegen, der Bußmöglichkeit, ergänze. Insgesamt sei seine Eschatologie futurisch orientiert und von der Naherwartung geprägt (58,3). Die Eschatologie des 2Clem schließlich (88f) entspreche dem üblichen Standard und sei rein futurisch. Bemerkenswert sei, daß Auferstehung und Endgericht besonders den Leib betreffen. – Man vermißt lediglich eine Überlegung, ob es vielleicht doch eine Gemeinsamkeit unter den Eschatologien der Apostolischen Väter gibt.

U. Wickert schließlich geht in einem 1979 erschienenen Festschrift-Beitrag der Wechselbeziehung zwischen Christologie, Kosmologie und Eschatologie in der Alten Kirche nach.[17] Diese Wechselbeziehung sei entstanden, als die christliche Verkündigung auf die Synthesis der hellenistischen Denk- und Lebenswelt mit dem israelitischen Gottesglauben traf, wie sie in der hellenistischen Synagoge gewachsen sei (461). Eine Entwicklung innerhalb der Alten Kirche will Wickert beispielhaft verdeutlichen an den fünf Stationen Clemens Romanus, Ignatius von Antiochien, Schrift an Diognet, Irenäus und Origenes, Theodor von Mopsuestia. Dabei zeige sich anhand von 1Clem 20 das Evangelium lediglich „als additum zur überlieferten festen Verbindung von hellenistischer Weltsicht und alttestamentlichem Schöpfungsglauben"; nur 50,3f werde eine echte Vermittlung zwischen christlicher Parusieerwartung und spätjüdischer (sic!) Gerichtserwartung sichtbar (467). Nach IgnEph 19 habe Christus durch sein Kommen die Welt qualitativ verändert, d.h.: Die Vernichtung des Todes, dieses eschatologische Ziel, werde schon vom Weltzustand her intendiert. Wichtig ist hier der Hinweis auf den Einfluß synagogal vermittelten griechischen Denkens.

Der *Ertrag* dieser Aufsätze läßt sich so zusammenfassen: Die Brückenposition der Apostolischen Väter wurde bestätigt, denn einerseits werden sie als Fortsetzer urchristlicher Eschatologie betrachtet, anderseits zu den altkirchlichen Vätern gerechnet. Selten kommen die Unterschiede zwischen den einzelnen Vätern in den Blick; ebensowenig wurde nach dem Kontext gefragt, in dem die eschatologischen

---

[17] U. Wickert, Christus kommt zur Welt, in: Kerygma und Logos (FS C. Andresen), hg. A.-M. Ritter, Göttingen 1979, 461-481.

Aussagen auftreten. Auffallend einig war man sich in der Feststellung
hellenistischen Einflusses. Neue Erkenntnisse in Einzelheiten waren
ohnehin schon aus Raumgründen nicht zu erwarten gewesen.

3. Arbeiten zu einzelnen eschatologischen Themen

Die zweite Hälfte dieses allgemeinen Forschungsberichts befaßt
sich mit Arbeiten zu Teilbereichen der Eschatologie bei mehreren
bzw. allen Apostolischen Vätern. Die Verschiedenheit der behan-
delten Themen nötigt zur Formalisierung der Reihenfolge, wiederum
nach der Chronologie. Zu bemerken ist noch, daß wiederum hier nur
Gesamtduktus, -ergebnis und Methode dargestellt und bewertet werden, während die Ergebnisse zu den einzelnen Schriften in den speziellen Forschungsberichten vorkommen werden. Ausgespart werden hier
Arbeiten, die eschatologische Einzelthemen für einen größeren historischen Bereich als die Apostolischen Väter behandeln, denn an dieser
Stelle wird das weite Feld der Sekundärliteratur unübersehbar.[18]

A.P. O'Hagan[19] richtet an die Schriften der Apostolischen Väter
die Frage: „What does God intend to do with the material creation
after the day of the last judgement?" (1) Nach 2Petr 3,13 lautet die
Antwort material re-creation = cosmic renewal (3), d.h., daß die gegenwärtige Welt am Ende der Zeiten eine gründliche Veränderung erleben wird, die ihr Ziel in einer anderen materiellen Welt hat (4), und
Spuren dieses Gedankens bei den Apostolischen Vätern will O'Hagan
aufspüren. Zunächst beschreibt er den traditionsgeschichtlichen Hintergrund (4-16), der exemplarisch gebündelt in 2Petr 3 erscheint:
apokalyptische, alttestamentliche, hellenistisch-kosmologische Traditionen, dazu noch paulinisches Gut. Nach einer ausführlichen Durchmusterung der Apostolischen Väter, zu denen er auch Papias und
die Schrift an Diognet rechnet, kommt er zu dem Ergebnis, daß der
Glaube an die materielle Neuschöpfung weit verbreitet war im nachapostolischen Zeitalter (141). O'Hagan unterscheidet innerhalb der

---

[18] Als Beispiel sei nur genannt: G. Greshake/J. Kremer, Resurrectio mortu-
      orum, Darmstadt 1986, darin 176-183 zu den Apostolischen Vätern und 176,
      Anm. 22, Verweis auf weitere Literatur, z.B. W. Haller, Die Lehre von der
      Auferstehung des Fleisches bis auf Tertullian, ZThK 2 (1892) 274-342.
[19] A.P. O'Hagan, Material Re-Creation in the Apostolic Fathers, Berlin 1968
      (TU 100).

Apostolischen Väter zwei Tendenzen, die er anhand der Polarität
jüdisch – hellenistisch verdeutlicht. Die eher jüdisch orientierte Tendenz wird im Extrem durch den Chiliasmus des Papias repräsentiert,
ferner durch Barn und Did. In die Mitte der Skala gehören die beiden
Clemensbriefe und PolPhil. Auf die eher hellenistisch orientierte Seite
kommen schließlich Ignatius sowie als Extrem die Schrift an Diognet
zu stehen (140f). Im allerletzten Satz seines Buches freilich markiert
O'Hagan das Grundproblem seiner sonst überzeugenden Arbeit: Dort
schreibt er von der „rarity of explicit reference to this belief" (141).
Dieser Sachverhalt zwingt ihn zur Suche nach impliziten Hinweisen.
Diese vollzieht sich so, daß er die Verbindung gegebener eschatologischer Gedanken mit dem der materiellen Neuschöpfung für die alttestamentliche Tradition feststellt und daraus folgert, also müsse diese
Verbindung auch im Denken der Apostolischen Väter bestanden haben. Dieses Verfahren hat zwar eine gewisse Wahrscheinlichkeit für
sich – wenn man sich nämlich die Frage stellt, was z.B. Polykarp
geschrieben hätte, wäre er um einen tractatus de novissimis gebeten worden –, erweist sich aber insgesamt als fragwürdig. Denn eschatologische Systemlogik, wie sie O'Hagan erwartet, scheint gerade
nicht das Anliegen der Apostolischen Väter gewesen zu sein, vielmehr
der funktionale Einsatz einzelner eschatologischer Gedanken. Anders
formuliert: O'Hagan kann zwar die Möglichkeit, nicht aber die Notwendigkeit des Gedankens von der materiellen Neuschöpfung für die
theologische Argumentation der Apostolischen Väter erweisen.

Mit seinem Buch über die Auferstehung der Toten bei den Apostolischen Vätern will *T.H.C. van Eijk* einen Beitrag zur Geschichte
des Auferstehungsdogmas liefern.[20] Er bietet eine analytische Betrachtung der einschlägigen Abschnitte und will die so gefundenen Ergebnisse einerseits systematisieren und historisch einordnen, nämlich
zwischen dem Neuen Testament und den Apologien der Auferstehung, anderseits den damaligen Ort der Auferstehungshoffnung im
christlichen Leben bestimmen. Den größten Teil des Buches nehmen
die Analysen ein (19-146), für jede Schrift gesondert. Die Resultate
(147-193) sind dann systematisch geordnet und lassen die verschiedenen theologischen Bezüge erkennen, in denen die Auferstehungshoffnung steht. Im Blick auf den christologischen Kontext der Auferstehung habe sich gezeigt, daß die Verbindung von anthropologisch-

---

[20] T.H.C. van Eijk, La résurrection des morts chez les Pères Apostoliques, Paris
1974 (ThH 25), 4.

eschatologischem mit christologisch-doketischem Dualismus wohl zur
Zeit des Irenäus und Tertullian, aber noch nicht bei den Apostolischen
Vätern bzw. ihren Gegnern vorliege (148f). Auch die Unsterblichkeit
der Seele werde noch nicht als Alternative zur Auferstehung emp-
funden (152); lediglich zwei Hinweise auf einen Zwischenzustand hat
van Eijk gefunden (1Clem 50,3; PolPhil 9,2). In diesem Punkt könne
also von einer Hellenisierung der Eschatologie noch nicht gesprochen
werden (154). Für das Endgericht zeige sich bei den Apostolischen
Vätern die Tendenz, diesem die Auferstehung unterzuordnen (157).
D.h.: Einige Väter betrachten die Auferstehung als Heilsereignis (Did,
Papias), andere eher als ‚heilsneutral‘ (Barn, Herm). An existentiellen Orten, d.h. Anlässen im Glaubensleben zum Nachdenken über
die Auferstehung gibt van Eijk folgende an: Auferstehung als Vorbedingung des Endgerichts (PolPhil, Barn: 179); Zweifel an der überlieferten Eschatologie (1+2Clem); die moralische Botschaft (2Clem);
das Martyrium (Ign: 180); das Heil der alttestamentlichen Frommen
(Ign, Herm: 181f); Chiliasmus (Papias: 183ff); die Taufe (nur im
Neuen Testament, nicht bei den Apostolischen Vätern: 192). Im allgemeinen werde die Auferstehung als Privileg der Gerechten angesehen (192). Ein Schriftbeweis für die Auferstehung wird nur im 1Clem
geführt – aus dem ‚Alten Testament‘; die systematische Exegese von
Auferstehungstexten finde sich erst bei Irenäus und Tertullian (193).
Die besondere Stärke dieser Studie liegt im Aufsuchen der existentiellen Orte der Auferstehungshoffnung. So wird nicht nur sichtbar,
was für Lehren von der Auferstehung damals gängig waren, sondern
auch Kontext und Funktion der Auferstehungshoffnung. Freilich legt
van Eijk dem Chiliasmus ein größeres Gewicht bei, als es vom schie-
ren Textbefund her zu rechtfertigen ist. Die historische Einordnung
bietet insbesondere einiges Material aus den späteren Apologeten der
Auferstehung zur Weiterentwicklung der Auferstehungshoffnung.

In seiner umfangreichen Dissertation von 1977/78 verfolgt T.
Aono die Entwicklung des paulinischen Gerichtsgedankens bei den
Apostolischen Vätern.[21] Das Thema entspricht in seiner Struktur
dem der Arbeit von Beblavý.[22] Anders als Beblavý, dessen Arbeit er
lt. Literaturverzeichnis nicht zur Kenntnis genommen hat, befaßt sich
Aono nicht mit Hermas, Papias und der Schrift an Diognet. Trotz-

---

[21] T. Aono, Die Entwicklung des paulinischen Gerichtsgedankens bei den Apostolischen Vätern, Frankfurt/Main 1979 (EHS.T 137).
[22] S. o. S. 17f.

dem ist sein Buch doppelt so dick wie das Beblav?s. Das liegt wohl
daran, daß Aono neben dem Gerichtsgedanken auch dessen dogmatischen Kontext, nämlich außer der Eschatologie noch Soteriologie,
Christologie und tw. auch die Ethik für jede einzelne Schrift darstellt. Aono setzt ein mit einer Beschreibung des Gerichtsgedankens
bei Paulus (4-26), wofür er sich weitgehend auf das einschlägige Buch
von L. Mattern[23] stützt. Das specificum Paulinum des Gerichtsgedankens scheint seine strenge Unterordnung unter die Rechtfertigungs-
botschaft zu sein (4). Außerdem unterscheide Paulus zwischen einem
allgemeinen Gericht, dessen Urteil für die Christen so gut wie sicher
positiv sei, und einem speziellen Verfahren, das die Qualität der Werke
beurteile (8-10). Darin sei die Zuversicht des Paulus im Blick auf
das Endgericht begründet, die wiederum zur Folge habe, daß Paulus
den negativen Gerichtsausgang selten als drohende Begründung für
Paränese benutze (16). Die unleugbar vorhandenen Gerichtsdrohun-
gen bei Paulus gingen auf urchristliche Prophetie zurück (18f) oder
seien sekundärer Natur (20 für 1Thess 5,1-10). Diese Wegerklärung
läßt aufhorchen. Auferstehung sei für Paulus Heilsgut, jedoch sei das
Verhältnis der Heilsgüter zum Endgericht nicht eindeutig bestimmt.
„Diese Unklarheit ergibt sich hauptsächlich wegen der Koexistenz von
apokalyptisch-universalistischen und hellenistisch-individualistischen
Aussagen in der Eschatologie des Paulus" (25). Mit Hilfe dieses Ra-
sters sucht Aono dann nach paulinischem Einfluß in den Schriften der
Apostolischen Väter (32-400) und beschließt seine Untersuchung mit
dem Ergebnis, es habe eine „Verschiebung vom paulinischen Heils-
bzw. Gerichtsgedanken weg" (411) stattgefunden. Im einzelnen:
Zwar wüßten die Apostolischen Väter um die Heilsbedeutung Christi, ließen sie jedoch zugunsten der ethischen Mahnung in den Hintergrund treten (402). Eine wirklich gegenwärtige Heilsgewißheit gebe
es nicht, stattdessen ein rein futurisch orientiertes kasuistisches Heilsverständnis (405). Gegenüber Paulus werde die Drohung mit dem negativen Gerichtsurteil vermehrt und verstärkt (406.407). Die Naherwartung sei teils entfallen, teils noch vorhanden und mit der Gerichtsdrohung verknüpft. Manchmal werde die Nähe des Gerichts auch
räumlich interpretiert, d.h. als irdisch-gegenwärtiges Gottesgericht
(409). Überhaupt unterscheidet Aono drei Arten des Gottesgerichts
nach dem Zeitpunkt: gegenwärtig, unmittelbar postmortal und am

---

[23] L. Mattern, Das Verständnis des Gerichtes bei Paulus, Zürich 1966
(AThANT 47).

Ende der Zeiten. Eine Quelle für diese Unterscheidung gibt er nicht
an; vor allem ist sie terminologisch nicht aus den Texten zu gewinnen.
Vielmehr scheint es, als habe Aono den Tun-Ergehen-Zusammenhang
bzw. Gottes Vergeltungshandeln insgesamt unter dem Begriff ‚Gerichtsgedanke' zusammengefaßt und damit eine schwerwiegende be-
griffliche Unklarheit geschaffen. Die Gründe für die von ihm konstatierte Abkehr vom paulinischen Gerichtsgedanken (411-422) liegen
nach ihm einerseits in den historischen Umständen, unter denen er
besonders die theologischen Auseinandersetzungen und die Helleni-
sierungstendenz hervorhebt, anderseits im unzureichenden Verständnis der paulinischen Botschaft (415), aber auch im Umgang mit der
paulinischen Tradition, der den echten Paulus kaum mehr habe zur
Geltung kommen lassen: Nicht das gesamte Corpus Paulinum war
bekannt – und die Deuteropaulinen galten als echt (412f). Außerdem
gebe es auch Schriften, die außerhalb paulinischer Tradition stünden:
Did und 2Clem.

Die Stärke dieser Untersuchung ist ohne Zweifel die dogmatische Einordnung des Gerichtsgedankens in christologische, soteriologische, e-
thische und eschatologische Zusammenhänge. Ihre Hauptschwäche
liegt in der oben erwähnten Unklarheit des Gerichtsbegriffs, und auch
das specificum Paulinum des Gerichtsgedankens hätte noch stärker
profiliert werden können, wenn es denn überhaupt vorhanden ist.

Unter einem ganz anderen Aspekt stellt *R. Winling* [24] die eschatologischen Aussagen der Apostolischen Väter zusammen, nämlich
unter dem Oberbegriff ‚Sein mit Gott – Sein mit Christus', also unter soteriologischem Gesichtspunkt, und vergleicht die einschlägigen
Aussagen der sog. Apokryphen. Entsprechend stehen die eschatologischen Aussagen auch erst nach den Aussagen über Taufe, Teilhabe am
Leib Christi und Ethik des Einsseins mit Christus. Unter dem Titel
‚eschatologische Ereignisse' gibt Winling (121-124) die einschlägigen
Belege zu Totenauferstehung, Erhöhung mit Christus und Parusie mit
Christus wieder. Die kosmischen Aspekte der Eschatologie kommen
nicht zur Sprache; das liegt an dem anthropologischen Ansatz mit
der Formulierung ‚Sein mit Christus'. Das gilt auch für das Thema
‚eschatologische Güter', wo Winling (124-127) für die Apostolischen
Väter aufzählt: Ort für die Heiligen, die vom Herrn vorbereiteten

---

[24] R. Winling, Une façon de dire le Salut: La Formule ‚être avec Dieu – être
avec Jésus-Christ' dans les Écrits de l'ère dit des Pères Apostoliques, RevSR
54 (1980) 109-128.

Güter, Leben bei Gott, Teilhabe am Gottesreich. In diesem Punkt sind die sog. Apokryphen sehr viel ausführlicher, und das ist auch der besondere Ertrag dieser Studie: der direkte Vergleich zwischen den großkirchlich akzeptierten Apostolischen Vätern und den zeitgleichen, aber großkirchlich abgelehnten sog. Apokryphen.

Dieser kurze Überblick über die bisherige Forschung zeigt, daß sich nur wenige Arbeiten mit den Eschatologien der Apostolischen Väter beschäftigt haben. Das überrascht angesichts der breiten Debatte über Naherwartung und Parusieverzögerung in der ältesten Kirchengeschichte. Jedoch wird die historische Einordnung von diesem bereits klassisch zu nennenden Schema Naherwartung – Parusieverzögerung dominiert. Weder wird überlegt, ob es schon vor dem Montanismus ein (Wieder-)Aufleben der Naherwartung gegeben haben könnte, noch finden sich exakte Beschreibungen der so viel gebrauchten Begriffe, selten eine exegetische Überprüfung. Die geringe Menge der Beiträge hat auch zu einer gewissen Zusammenhanglosigkeit der Forschung geführt: Oft werden eschatologische Einzelthemen einmal und nie wieder abgehandelt. Aber auch in methodischer Hinsicht hat die bisherige Forschung Fragen offen gelassen. Daß sich die Abgrenzung der unter dem Namen Apostolische Väter zusammengefaßten Schriften immer wieder ändert, mag noch in der Problematik dieses Begriffs selbst begründet sein. Als Mangel ist jedoch zu notieren, daß so gut wie nie über den Inhalt des Begriffs Eschatologie reflektiert wurde. Dementsprechend kam die hermeneutische Differenz zwischen den altkirchlichen Schriften und moderner Interpretation bzw. Rekonstruktion nicht in den Blick. Nicht immer wurde außerdem die systematische Rekonstruktion theologischer Zusammenhänge exegetisch erarbeitet bzw. fundiert. Das führte notwendig dazu, daß Überlegungen zu Kontext und Funktion eschatologischer Aussagen meist nicht angestellt wurden. Ansätze zu einer theologiegeschichtlichen Einordnung hat es gegeben. Die Konzentration auf Paulus, wie sie vor allem von protestantischen Forschern geübt wurde, ist als Engführung dieser Fragestellung anzusehen und deshalb aufzugeben. Denn traditionsgeschichtliche Betrachtung hat gezeigt, daß Verbindungen von den Apostolischen Vätern direkt (und eben nicht durch apostolische Vermittlung) ins Frühjudentum weisen.

III. Eschatologisches in der Kirchenordnung

Die Didache

1. Einleitungsprobleme[1]

Die Textüberlieferung der Didache ist sehr dürftig: Die einzige (fast) vollständige Handschrift (Cod. Hier. 54) stammt aus dem Jahre 1056 und geht auf eine Vorlage vielleicht des 5. Jahrhunderts zurück.[2] Ferner existieren zwei kleine Papyrus-Fragmente aus dem 4. Jahrhundert (Pap. Ox. 1782), ein Bruchstück einer koptischen Übersetzung vom Beginn des 5. Jahrhunderts (Pap. Lond. Or. 9271) und zwei Stücke in äthiopischer Übersetzung, die im 4. Jahrhundert in die äthiopische Kirchenrechtssammlung eingefügt worden waren. Wert und Alter einer 1932 aufgetauchten georgischen Übersetzung werden sehr verschieden beurteilt. Ich neige zur Skepsis, da eine Handschrift noch nirgends entdeckt wurde.[3] Das siebente Buch der Apostolischen Konstitutionen, entstanden um 380, besteht zur Hälfte aus einer Bearbeitung der Didache. – Eine eigene komplizierte Textgeschichte hat die Zwei-Wege-Lehre, deren älteste Fassung Did 1-6 darstellt.[4] Die Parallele Barn 18-20 geht auf denselben Archetyp wie Did 1-6 zurück.[5] Daneben gibt es noch eine Reihe weiterer Überlieferungen der Zwei-Wege-Lehre, die alle als Zeugen für den Text der Didache herangezogen werden könnten, alle aber auch bearbeitet worden sind und deshalb keine direkte Textzeugen sein können.

---

[1] Vgl. dazu ausführlich Vielhauer, Geschichte 719-737; Altaner-Stuiber, Patrologie 79-82.557 (Lit.); Wengst 1-63; A. Tuilier, Art. Didache, in: TRE 8 (1981) 731-736. Einen knappen Überblick über die Probleme der Didache und den aktuellen Forschungsstand vermitteln W. Rordorf und A. Tuilier, Une nouvelle édition de la Didachè, in: StPatr XV, Berlin 1984 (TU 128), 26-30.31-36.

[2] Rordorf/Tuilier 106.

[3] Nur eine deutsche(!) Kollation wurde publiziert von G. Peradse, Die Lehre der zwölf Apostel in der georgischen Überlieferung, ZNW 31 (1932) 111-116.206. – Zur Beurteilung vgl. Rordorf/Tuilier 115f, Anm. 2, einerseits und Audet 47 anderseits.

[4] Vgl. dazu R.A. Kraft, Did 7-11; Wengst 20-23.

[5] Vgl. das ‚Stemma‘ bei Wengst 21.

In den Kanonslisten wird die Didache stets vermerkt, aber immer bei den nichtkanonischen Schriften. Das älteste Zitat aus der Didache findet sich wohl bei Clemens Alexandrinus, strom. I 20,100,4[6], da Barn 4,9 nicht als Zitat von Did 16,2 anzusehen ist. Die Gemeinsamkeiten Justins mit Did sind wohl eher zufällig.[7] Die äußere Bezeugung der Schrift begrenzt also ihre Entstehungszeit lediglich auf die ersten beiden Jahrhunderte.

Da zeitgeschichtliche Anspielungen fehlen, entscheidet sich die Frage nach der Entstehungszeit daran, wie sich Did zu den übrigen urchristlichen Schriften verhält, und in welche Zeit die vorausgesetzten Gemeindeverhältnisse passen. Auch die Bekämpfung einer Irrlehre ist nicht erkennbar. Die neutestamentlichen Briefe scheinen der Didache unbekannt zu sein. Beziehungen zur synoptischen Tradition sind jedoch nicht zu übersehen: Das eschatologische c.16 wirkt wie ein Exzerpt aus der synoptischen Apokalypse. Der Text steht zwar der matthäischen Überlieferung am nächsten, entspricht aber keinem der Synoptiker wörtlich. Im übrigen setzt Did bereits ein schriftliches Evangelium voraus, und zwar das Matthäus-Evangelium. Denn die vier Stellen, an denen Did auf ‚das Evangelium' verweist (8,2; 11,3; 15,3.4), lassen sich am besten auf das Matthäus-Evangelium beziehen.[8] Für ein relativ hohes Alter spricht, daß noch mit wandernden Aposteln und Propheten gerechnet wird; in die dritte oder vierte Generation könnte weisen, daß diese Funktionen vor Mißbrauch geschützt werden müssen.[9]

Die genannten Punkte bestimmen die Antwort auf die Frage nach Zeit und Ort der Entstehung mit: Das Matthäus-Evangelium ist terminus post quem, Clemens Alexandrinus terminus ante quem. Wird

---

[6] Jedoch wird Did hier nicht als Heilige Schrift zitiert, wie O. Stählin, Zu dem Didachezitat bei Clemens Alexandrinus, ZNW 14 (1913) 271f, nachgewiesen hat. Zu den Kenntnissen des Clemens vgl. noch F.R.M. Hitchcock, Did Clement of Alexandria know the Didache? JThS 24 (1923) 397-401.

[7] So Wengst 62, Anm. 213, und Audet 214. Gegen M.A. Smith, Did Justin know the Didache? in: StPatr VII, Berlin 1966 (TU 92), 287-290. – Die weiteren altkirchlichen Zeugnisse bei Harnack, Geschichte I/1, 89-91.

[8] S. den Nachweis bei Wengst 24-28.

[9] Vgl. dazu ausführlich K. Niederwimmer, Zur Entwicklungsgeschichte des Wanderradikalismus im Traditionsbereich der Didache, WSt 90 (1977) 145-167. Die dort wie meist vorausgesetzte ländliche Herkunft der Did wurde kürzlich in Frage gestellt von G. Schöllgen, Die Didache – ein frühes Zeugnis für Landgemeinden? ZNW 76 (1985) 140-143. Zum „Regelungsumfang" der Didache als einer „selektiven Kirchenordnung" vgl. jetzt G. Schöllgen, Die Didache als Kirchenordnung, JAC 29 (1986) 5-26.

noch ein gewisser Konservatismus berücksichtigt, der Kirchenordnun-
gen im allgemeinen und einer Kompilation wie der Did im besonderen
eigen ist, so ist eine Entstehung um 100 nChr am wahrscheinlichsten.
Durch die zeitliche Ansetzung wird die Lokalisierung nicht unwesent-
lich mitbestimmt. Die Did wird entweder in Ägypten oder in Syrien angesiedelt. Für Ägypten sprechen die ältesten Bezeugungen:
Clemens Alexandrinus, Pap. Ox. 1782, koptische und äthiopische
Übersetzung. Nach Syrien weist der in Did 7,3 vorausgesetzte Was-
sermangel und das in Did 9,4 vorausgesetzte Hügelland, außerdem
die Bekanntschaft mit dem Matthäus-Evangelium. Das syrische Antiochien kommt nur bei erheblich früherer Datierung in Frage[10], denn
die bei Ignatius erkennbaren Probleme sind der Did unbekannt. Rest-
los überzeugt keiner der beiden Vorschläge, wahrscheinlicher aber ist
die syrische Möglichkeit.

Der Verfasser – oder besser: Kompilator der Didache ist nicht
zu identifizieren. Die beiden Überschriften tragen für die Beantwortung dieser Frage nichts aus, da sie erst nachträglich, wenn auch
früh hinzugefügt wurden.[11] Der apostolische Anspruch dieser Überschriften wird nirgends im Text aufgegriffen, so daß allein das Alter
die Zugehörigkeit der Didache zur Gruppe der Apostolischen Väter
begründet.

Die Schrift gliedert sich in vier Teile:

cc. 1-6   Zwei-Wege-Lehre
cc. 7-10   Liturgische Anweisungen und Gebete
cc. 11-15   Gemeindeordnung
c. 16   Apokalyptischer Ausblick

Ihre Traditionen bezieht die Didache einerseits aus dem Frühjudentum (Zwei-Wege-Lehre, eucharistische Gebete), anderseits aus der synoptischen Überlieferung, speziell dem Matthäus-Evangelium. Paulus
und seine Schule spielen im Traditionshintergrund der Didache keine
Rolle. – Der kompilatorische Charakter der Didache könnte dazu
führen, daß nur die Eschatologie der Traditionsstücke und nicht die
des Kompilators in den Blick kommt. Jedoch ist einerseits das Material viel zu gering, um solche Schlüsse zuzulassen, und anderseits hat

---

[10] So z.B. Audet 206-210; J.H. Walker, A Pre-Marcan Dating for the Didache,
in: Studia Biblica III, Sheffield 1980 (JSNTS 3), 403-411.

[11] Zum Verhältnis der beiden Überschriften zueinander vgl. Vielhauer, Geschichte 722-725. – Auch Hebr und Barn tragen wohl eine nachträglich
zugefügte apostolische Überschrift.

der Kompilator die Aussagen der Traditionsstücke durch Aufnahme
in sein Werk zu seinen eigenen gemacht oder sie verändert.

2. Die bisherige Forschung

Die Didache ist die meisterforschte Schrift unter den Apostolischen Vätern. Dementsprechend hat es auch schon einige Studien zu
ihrer Eschatologie gegeben.

Unter diesen ist hervorzuheben die ungedruckte Thesis von *G.E.
Ladd*.[12] Er gibt als Zweck seiner Untersuchung an, „to undertake a
thorough detailed study of the eschatology of the Didache against the
background of the Jewish and Christian eschatologies" (14). Diesen
Anspruch löst er ausgezeichnet ein. In den ersten drei Abschnitten
seiner Arbeit handelt Ladd Vorfragen ab: Einleitungsfragen und Forschungsgeschichte (1-15); Quellen der Eschatologie der Didache (16-
28: das Matthäus-Evangelium in irgendeiner schriftlichen Form, bes.
Mt 24); das Verhältnis von Did 16,2 zu Barn 4,9 (gewisse literarische Beziehung; 29-41). Den Zweck der Eschatologie in der Didache
bestimmt er als Förderung ethischer und religiöser Ernsthaftigkeit
zur Vorbereitung auf die Nöte der Endzeit (48.176). Daß Did den
Schwerpunkt beim Individuum setze, anders als die jüdische Apokalyptik (52), darf angesichts der eucharistischen Gebete doch bezweifelt
werden. Die nun folgende ausführliche Auslegung von Did 16 nimmt
den größten Teil der Arbeit ein (48-165). An passender Stelle werden
auch die eschatologischen Aussagen der eucharistischen Kapitel hin-
zugenommen, unter dem Titel ,Königreich'. Die Auslegung berücksichtigt zwar ein breites Spektrum von Texten zur Erklärung von Did
16, muß sich aber auffallend oft dem Grundsatz beugen, Mt 24 sei
die Hauptquelle für Did 16 gewesen. Beachtung verdienen noch die
Gedanken zum Chiliasmus der Didache (145-154): Ladd läßt erkennen, daß die Indizien dafür recht schwach sind, macht aber anderseits
chiliastische Gedanken für die Verstümmelung des Didache-Schlusses
verantwortlich (155-165). Zum Montanismus habe die Didache keine
Beziehung (166-172). Insgesamt: Die Eschatologie der Didache sei

---

[12] G.E. Ladd, The Eschatology of the Didache, Diss. Harvard Univ. 1949. –
Nichts über die Eschatologie bringt die Arbeit von M. Milanovich, Teachings
of the Didache compared with Teachings of the New Testament, Diss. Sou-
thern Baptist Theol. Sem., Louisville, Ky., 1949.

futurisch (176), christlich bzw. christianisiert (177), lasse zwar keine
konkrete Situation erkennen, aber Naherwartung und Bereitschaft für
das Weltende (178). Ladd verzichtet auf eine Rekonstruktion im sy-
stematischen Sinne und kann so das besondere Anliegen der Didache klar zur Geltung bringen. Kritisch zu befragen ist allerdings die
stillschweigend gemachte Voraussetzung, Eschatologie komme in der
Didache nur in c.16 vor.

    J. Beblavý (Idées 107-119) stellt zur Eschatologie der Didache
fest, daß die Parusieerwartung des Verfassers noch lebendig sei (109,
mit Hinweis auf das Maranatha Did 10,6). Dann listet er die Angaben aus Did 16 als Ereignisse auf, die vor dem Kommen des Herrn
geschehen müssen (110): Der Antichrist sei für Did bereits eine Person der Vergangenheit. Aus der Betonung des letzten Augenblicks
schließt Beblavý auf den Zweck der Schrift: Ermahnung zum rechten Verhalten bis zum sehr nahen Ende (112). Richtig erkannt ist
die Auferstehung als Privileg der Gerechten; nur Vermutung kann
jedoch die daraus gezogene Hypothese von einem folgenden Millennium mit anschließender zweiter Auferstehung bleiben (114). Insgesamt stimmen nach Ansicht Beblavýs die eschatologischen Gedanken der Didache mit denen des Paulus, bes. aus den beiden Thess,
überein (115), auch wenn jüdischer Einfluß nicht zu leugnen sei, der
wiederum Did daran gehindert habe, paulinisches Niveau zu erreichen (117.119). Ansprechend, aber unbeweisbar ist die Vermutung,
Did habe sich durch eine Reise nach Thessalonich Kenntnis von den
eschatologischen Gedanken der beiden Thess verschafft (118). - Auffallend stark betont Beblavý den Paulinismus der Didache, der mir
eher fraglich ist. Die Abweichungen durch ihre Herkunft aus jüdisch-
apokalyptischer Tradition abzuqualifizieren, zeugt von einem heute
doch wohl überholten theologischen Vorurteil. Vielmehr scheint es so
zu sein, daß apokalyptische Einflüsse gleichermaßen auf Paulus und
die Didache gewirkt haben.

    Die enge Verknüpfung von Eschatologie und Ethik in der Dida-
che ist Thema des Aufsatzes von *A. Agnoletto.*[13] Er setzt den nicht-
christlichen Ursprung von Did 1-6 voraus, des weiteren Alter und
Glaubwürdigkeit der Didache sowie die Ursprünglichkeit der Plazie-
rung von Did 16 (262-267). Eine knappe Darstellung der urchristli-

---

[13] A. Agnoletto, Motivi etico-escatologici nella Didaché, in: Convivium Dominicum, Catania 1959, 259-276. - Die Übersetzung dieses und des folgenden
Aufsatzes verdanke ich Christiane Sinemus.

chen Eschatologie – wobei die Verdienste der ‚Eschatologischen Schule'
A. Schweitzers gebührend hervorgehoben werden, die Charakterisierung der Predigt Jesu aber A. Harnacks ‚Wesen des Christentums'
entnommen wird (268) – führt zu der Feststellung eines ethisch-es-
chatologischen Doppelbegriffs („il binomio etico-escatologico", 275),
der auch in der Didache vorhanden sei (269.271). D.h.: Christliche
Ethik ist religiöse Ethik, und sie ist religiös, sofern sie eschatologische
Ethik ist (269), aber nicht wegen der nahen Parusie oder Vergeltung,
sondern wegen der Heiligkeit bzw. Transzendenz Gottes, in deren
Licht die Vergeltung gedeutet werde (270f). Dieses ‚binomio etico-
escatologico' findet Agnoletto in Did 3,7; 4,1 (nach Peterson).4; 8,2;
9,4; 10,6; 16,1f. Das sind sämtliche Stellen, an denen Ethisches und
Eschatologisches zusammenstehen, aber längst nicht alle einschlägigen ethischen Stellen. Agnoletto fragt nämlich leider nicht, ob die
Ethik auch noch mit anderen Gedanken ein ‚binomio' eingeht. Aber
die enge Verbindung von Eschatologie und Ethik ist zweifellos richtig
erkannt.

    Der Aufsatz von *O. Giordano* über die Eschatologie in der Di-
dache[14] ist im wesentlichen eine Interpretation von Did 16, geleitet
vom Interesse der Frühdatierung. Giordano setzt die Didache zeit-
gleich mit den Evangelien und Acta an, und zwar wegen der Übereinstimmungen mit dem synoptischen Stoff und der frühen paulinischen
Predigt. Außerdem setze die Didache Gemeindeverhältnisse wie Act
2,42ff voraus (121f). Auch Giordano findet Naherwartung (124.128),
stellt aber eine Orientierung am Kollektiv der Gemeinde und nicht
am Individuum fest (125). Zwar hätten die eschatologischen Aussagen der Didache einen jüdischen Hintergrund, seien aber christianisiert, weil entnationalisiert (137). Insgesamt konstatiert Giordano
eine Ferne der Didache-Eschatologie von den grandiosen Visionen der
ApkJoh sowie ein Nähe zu Paulus und Jesus in der Einfachheit und
Menschlichkeit ihrer Belehrungen (126.139). Trotzdem bleibt mir die
Frühdatierung fragwürdig. Anzumerken ist auch bei diesem Aufsatz
der Verzicht auf Systematisierung der Ergebnisse.

    Auch *A.P. O'Hagan* (Re-Creation 18-30) findet Chiliasmus in
(oder besser: hinter) der Didache. Er bewertet den jüdischen Traditionshintergrund der eucharistischen Gebete Did 9f so, daß die hier
erbetene endzeitliche Sammlung die gleichen irdischen Züge trage wie

---

[14] O. Giordano, L'escatologia nella Didaché, in: Oikoumene, Catania 1964,
121-139.

die frühjüdischen Traditionen über die Sammlung der Diaspora im Land Israel (22). Vermutlich werde in diesen Gebeten ein eschatologisches Reich der Gerechten auf einer irgendwie erneuerten Erde erwartet (24). Über den Ort des Gottesreiches werden in Did 9f jedoch gerade keine Angaben gemacht, und außerdem: Ist die Änderung eines Motivs durch den Übergang vom jüdischen in den christlichen Bereich so gering zu veranschlagen? Die Apokalypse Did 16 habe eine moralische Botschaft (26). Der Chiliasmus der Didache sei impliziert durch die Rede von der Auferstehung der Gerechten (28). Und schließlich deute Christi Parusie vom Himmel her auf eine irdische Lokalisierung seines Reiches. Wiederum ist zu fragen, ob der Gedanke einer Auferstehung allein der Gerechten tatsächlich zwingend Chiliasmus samt irdischem Endzustand impliziert.

Für seine Untersuchung zum Auferstehungsgedanken findet *T.H.C. van Eijk* (Résurrection 19-28) nur eine einschlägige Stelle in der Didache, nämlich 16,6. Die Beschränkung der Auferstehungshoffnung auf die Gerechten ist ihm kein Hinweis auf einen eventuellen Chiliasmus (25). Er sieht aber die Auferstehung als Analogie zur Sammlung der Kirche (Did 10,5). Daraus folgert er die Gegensätzlichkeit des Schicksals von Christen und Welt (26). Er kann zeigen, daß die Auferstehungsaussage im Rahmen einer Apokalypse die Didache von den übrigen Apostolischen Vätern und den synoptischen Apokalypsen unterscheidet, und führt das christologische Defizit der Auferstehungshoffnung auf die noch nicht geschehene Christianisierung der jüdischen Vorlage zurück (27). Auch er vermutet das endgültige Schicksal der Auferstandenen auf einer erneuerten Erde – zu Recht?

T. Aono (Entwicklung 163-210) stellt die Didache von vornherein außerhalb des paulinischen Einflußbereichs (164) – recht überraschend angesichts des genau entgegengesetzten Befundes bei Beblavý! Nach Aono ist die Parusie Christi in Did 16 als erfreuliches Ereignis beschrieben (171). Eine Begründung der Paränese durch das negative Gericht Gottes fehle fast völlig in der Didache (172) – diese These wäre zu überprüfen. Did 16,1f seien sichere Hinweise auf die Naherwartung (173f). Nach gründlichen Überlegungen zu den Traditionsverhältnissen (174-185) erklärt Aono die großen Übereinstimmungen und die indirekte literarische Abhängigkeit vom Matthäus-Evangelium mit dem gedächtnismäßigen Zitieren der Did (186). Im Gerichtsgedanken sei Did vom MtEv wie vom 2Petr und 2Thess dadurch unterschieden, daß die Parusie nicht als Drohung benutzt werde (189). Außerhalb von Did 16 findet Aono das göttliche Gericht immer eschatologisch verstanden, also keine Drohung mit der Allgegenwart des richtenden Gottes (196). Nur in diesem eschatologischen Gericht werde das Heil als Schuldigkeitslohn vergeben. Dagegen finde sich keine christologische Begründung der Paränesen (196). Das Urteil, die Didache stehe außerhalb der paulinischen Tradition, dürfte richtig sein.

Insgesamt zeigt sich eine breite Übereinstimmung der Forschung im Blick auf die enge Verbindung von Ethik und Eschatologie in der Didache. Offengeblieben scheint allerdings die Frage, ob und welche anderen Motivationen der Ethik die Didache noch verwendet hat. Umstritten ist, ob paulinischer Einfluß anzunehmen ist oder nicht, und weiter, ob die Rede von der Auferstehung allein der Gerechten als Indiz für Chiliasmus hinreicht. Daß die Traditionen der Didache nicht nur im Urchristentum, sondern auch im Frühjudentum wurzeln, ist allgemein anerkannt.

3. Exegetische Analysen

In der Zwei-Wege-Lehre (Did 1-6) werden die Verhaltensweisen dargestellt, die zum Leben bzw. Tod führen. Man könnte auch erwarten, daß die Folgen des Tuns oder die göttliche Entscheidung darüber im Anschluß an die Zwei-Wege-Lehre geschildert werden. Deshalb wurde schon vermutet, die kleine Apokalypse c.16 habe ursprünglich zum Bestand der Zwei-Wege-Lehre gehört. Dagegen spricht jedoch, daß nirgends in c.16 auf die Zwei-Wege-Lehre Bezug genommen wird, auch V 1 ‚Wacht über Euer Leben' zielt nicht in diese Richtung. Außerdem ist die Zwei-Wege-Lehre auch an anderen Stellen ohne apokalyptischen Ausblick überliefert, z.B. Barn 18-20. Schließlich finden sich ohnedies eschatologische Spuren in der Zwei-Wege-Lehre Did 1-6.

Schon die Konzeption ‚Zwei Wege' selbst kann als eschatologisch bezeichnet werden, sofern vorausgesetzt wird, daß Tod und Leben in diesem Zusammenhang Ewigen Tod und Ewiges Leben meinen. Zahlreiche Verhaltensweisen werden unter dem Gesichtspunkt geordnet, ob sie den Tod oder das Leben zur Folge haben. Es wird also von einer mehr oder weniger direkten Vergeltung ausgegangen, deren Vermittlungsweise nicht eigens expliziert wird. Die Zwei-Wege-Lehre zielt auf das individuelle Verhalten.

Eine erste eschatologische Spur findet sich im ‚evangelischen Stück' der Zwei-Wege-Lehre, das vielleicht erst nachträglich in die Didache eingefügt worden ist. *Did 1,5* gehört zu einigen Sätzen über das Thema ‚Geben'.[15] Am Anfang des Verses wird das Geben ohne Vorbedingung gefordert (vgl. Mt 5,42 par Lk 6,30). Auf das Gebot folgen eine Seligpreisung des Gebers sowie eine Verfluchung desjenigen Empfängers, der nicht bedürftig ist. Der Geber wird für sein gebotsgemäßes Handeln gepriesen. Ἐντολή bezieht sich entweder auf die Anweisung unmittelbar vorher[16] oder meint die Substanz der Schriftlehre vom Geben[17]. Ein solcher Geber ist unschuldig – in Gottes Gericht. Ἀθῷος hat freilich nicht nur juristische Bedeutung.[18] Unschuldig ist auch der Empfänger der Almosen, sofern er ihrer bedarf. Das Futur legt die Deutung auf Gottes Endgericht nahe. Der aber, der als Nichtbedürftiger Almosen entgegennimmt, also die Wohltätigkeit der Christen mißbraucht, wird Rechenschaft ablegen müssen[19] über Grund und Verwendung der empfangenen Almosen. Und daß der Betreffende – ihm gilt eigentlich das οὐαί – dabei nicht gut abschneiden wird, zeigt das Bild vom Gefängnis am Ende des Verses. Dieses Bild findet sich auch schon Mt 18,34b; Mt 5,25 par Lk 12,58f, aber anders formuliert und in einem anderen Kontext, der in der Didache recht deutlich eschatologisch ist.[20] Freilich darf dieses Bild nicht allegorisch überinterpretiert werden. Es wurde ausgelöst durch das vorangegangene δώσει δίκην und soll dies noch einmal recht plastisch veranschaulichen. Ἐξετάζειν (nicht in den synoptischen Parallelen) ist juristischer terminus technicus für (peinliches) Befragen.[21] Es wird also eine Strafe für Almosen-Erschleicher geben. Der Tonfall wandelt sich innerhalb des Verses vom bedingungslosen Almosengebot zur kasuistischen Verfluchung. Diese Kasuistik ist vermutlich zur Sicherung gegen den Mißbrauch christlicher Wohltätigkeit eingebaut

---

[15] Vgl. zum gesamten Vers die Parallele Herm 27,4-6 – nach R.A. Kraft, Did 140f, eine andere Ausformung der gleichen Tradition, die von Did in einen synoptischen Rahmen gestellt wird. – Das Thema ‚Geben' kommt häufig in der israelitisch-jüdischen Literatur vor: Dtn 15,7-11; Prov 3,27f; Sir 4,1ff; 7,32; Tob 4,7.

[16] Knopf 9; Rordorf/Tuilier 146, Anm. 2.

[17] Audet 275.

[18] Vgl. insbesondere 1Clem 46,4, wo es neben δίκαιος steht.

[19] Daß hier auch ‚Strafe abbüßen' mitgemeint ist (Audet 275), bezweifle ich.

[20] Rordorf/Tuilier 147, Anm. 4.

[21] Bauer, Wb. 545.

worden.[22] – Die eschatologischen Spuren bestehen im Rahmen dieser Mahnung aus Zusagen für die Guten und Strafandrohungen für die Bösen. Eschatologisches fungiert hier also als Motivation für eine ethische Weisung.

Nach einem Lasterkatalog (Did 3,1-6) steht an der Spitze einer Reihe von Geboten eine Mahnung zur Sanftmut *Did 3,7*. Durch δέ wird der Gegensatz zu den vorher genannten Lastern markiert. Gefordert wird die Sanftmut (πραΰς) im Gegensatz zum Zorn (ὀργηλός). Sie steht in einer Reihe mit anderen Tugenden. Der alttestamentliche Hintergrund vom armen Frommen dürfte verblaßt sein. Anders als in der Parallele Barn 19,4 wird die Haltung der Sanftmut mit einem Zitat aus Ψ 36,11 motiviert, das auch in Mt 5,5 verwendet wird. Dieses Zitat wurde wohl durch πραΰς ausgelöst. Dem Sanften wird das eschatologische Heil materiell verheißen, nicht nur rein geistig.[23] Κληρονομέω steht häufig in Verbindung mit dem Heilsgut, meist mit Reich Gottes zusammen. Die Verbindung mit ‚Land‘ kommt nur Mt 5,5 im Neuen Testament vor, ist aber in der LXX mehrfach belegt: Ψ 24,13; 36,9.11.22. – Hier ist aus der urspünglichen Verheißung für Unterdrückte eine Motivation für eine Tugend geworden, und zwar wird der Sanftmut als rechtem Handeln die Belohnung verheißen, das Land zu erben.

Innerhalb des Lebensweges, zwischen Mahnungen zum Frieden und Sätzen zum Thema ‚Geben‘, steht die crux interpretum *Did 4,4*. Der Text dieses Satzes ist nicht verderbt, aber in späteren Überlieferungen länger: Die Apostolischen Konstitutionen, die Epitome und die Canones Ecclesiastici beziehen den Zweifel auf das Gebet. Die Doctrina Apostolorum fügt dem zweiten Halbsatz noch ein verum hinzu. Dieser Befund zeigt, daß Did 4,4 bereits im Altertum schwer verständlich war und erläutert werden mußte. – Die Deutung hängt an dem Wort διψυχέω.[24] Meint es in der urchristlichen Literatur speziell den Parusiezweifel oder den Zweifel allgemein? Es kommt weder im profanen Griechisch noch in der LXX vor, aber in der urchristli-

---

[22] Knopf 9f; Rordorf/Tuilier 146, Anm. 3.
[23] Mit U. Luz, Das Evangelium nach Matthäus, Bd. I, Zürich u.a. 1985 (EKK I/1), 209, gegen G. Strecker, Die Bergpredigt, Göttingen 1984, 37f.
[24] Vgl. zur Erklärung dieses Worts und seiner Verwandten O.J.F. Seitz, Antecedents and Signification of the Term ΔΙΨΥΧΟΣ, JBL 66 (1947) 211-219; Ders., Afterthoughts on the Term ‚dipsychos‘, NTS 4 (1957/58) 327-334; ferner S.S. Marshall, Δίψυχος: a Local Term? in: StEv VI, Berlin 1973 (TU 112), 348-351.

chen Literatur 25mal, nur bei den Apostolischen Vätern, davon 21mal bei Hermas.[25] Das Wort steht oft absolut und bezeichnet eine Haltung der Unsicherheit. Die Häufung in Herm 39 fällt auf, wo das Gebet thematisiert wird. Dieser Sachverhalt und die oben erwähnten Ergänzungen in den späteren Texten führen manche Ausleger zu der Meinung, auch Did 4,4 betreffe das Gebet.[26] Freilich ist im Kontext nirgends vom Gebet die Rede, und außerdem ist der Bezug auf das Gebet nicht der einzig mögliche. Schließlich wurde für diesen Vers auch die eschatologische Deutung eingeführt[27], die aber nicht schlüssig zu begründen ist, allenfalls durch den ersten Eindruck. Meist begnügt man sich mit der Auskunft, daß hier ein wie auch immer verkürzter oder verstümmelter Gedanke vorliege.[28] An der Parallelstelle Barn 19,5 steht der Satz ebenso isoliert, so daß auch sie nichts zur Erklärung beitragen kann. In abgewandelter Form tritt der Satz Herm 12,3 auf, aber der dortige Kontext erklärt keineswegs den Inhalt. Die eschatologische Deutung wird lediglich durch 1Clem 23,2ff par 2Clem 11,2ff nahegelegt, wo διψυχέω im Zusammenhang mit dem Parusiezweifel verwendet wird. Da also weder eine eindeutige Deutung möglich ist, noch eine der angeführten Möglichkeiten wahrscheinlicher ist als jede andere, kann der Vers nichts zur Eschatologie der Didache beitragen.

In *Did 4,7; 5,2* wird der Lohngedanke im Rahmen der Zwei-Wege-Lehre verwendet, zum einen beim Lebensweg innerhalb einer Gedankenreihe ‚Vom Geben‘ (Did 4,5-8), zum zweiten beim Todesweg innerhalb eines langen Sünderkatalogs. Daß hier der eschatologische Aspekt der Ethik angedeutet wird, zeigt ἀνταποδότης. Dieses Wort mit seinen Verwandten wird im Zusammenhang des Endgerichts verwendet. Ebenso deutet μισθός auf die endzeitliche Verwirklichung der Gerechtigkeit.[29] Δικαιοσύνη hat in diesem Kontext eher die sittliche Bedeutung ‚Rechtschaffenheit‘[30], so daß der Ausdruck Did 5,2 als gen. obi. ‚Lohn für Rechtschaffenheit‘ zu verstehen ist. In Did 4,7 wird zum einzigen Mal in der gesamten Zwei-Wege-Lehre das rechte Verhalten durch den Hinweis auf Gott (oder Christus ?) als Vergel-

---

[25] Nach H. Kraft, Clavis 113.
[26] So Bryennios; Drews, HNTA 263; auch erwähnt bei Knopf 17. – Ganz anders R.A. Kraft, Did 145: vom Almosengeben.
[27] So Harnack; Hilgenfeld; Schlecht (nach Drews, HNTA 263); Lilje 29.54; unsicher Knopf 17.
[28] Drews, HNTA 263; Knopf 17; Lilje 54.
[29] Knopf 20.
[30] Bauer, Wb. 389.

ter, d.h. als Richter motiviert.[31] Jedoch bleibt dieser Bezug ganz
unbestimmt und andeutend (vgl. zur Sache Prov 19,17; TestSeb 8).
In Did 5,2 ist die Unkenntnis des Lohns der Rechtschaffenheit eines
unter vielen Kennzeichen derer, die auf dem Todesweg wandeln. Aus
dieser Haltung der Unkenntnis folgt – das ist wohl die Intention der
Didache –, daß sich die Betreffenden auch nicht rechtschaffen verhalten, was in den übrigen Gliedern des Verses konkretisiert wird. Ob
der Lohn in diesem Leben oder beim Endgericht gezahlt wird, läßt
der Didache-Text allerdings offen.

Innerhalb einer kleinen Haustafel des Lebensweges (Did 4,9-11)
findet sich in *Did 4,10* eine Weisung betreffend die Behandlung der
Sklaven und Sklavinnen. Der Standesunterschied zwischen Herr und
Sklave wird nicht aufgehoben, aber Sklaven und Sklavinnen sollen
freundlich behandelt werden. Die Hoffnung auf denselben Gott meint
wohl keine „kirchliche Einschränkung"[32] des Gebots, sondern die Voraussetzung, daß sich in einem christlichen Haushalt nur christliche
Sklaven befinden[33]. Es fällt auf, daß hier anders als in den Haustafeln
Eph 6,9; Kol 4,1 das Christsein als Hoffnung beschrieben wird: Die
freundliche Haltung wird damit motiviert, daß die Sklaven bei harter
Behandlung die Furcht vor dem Gott verlieren, der doch über Herrn
und Sklaven steht und dessen Geboten auch der Herr gehorchen muß.
Der letzte Satz entfaltet das ἐπ' ἀμφοτέροις. Ἔρχεται evoziert wie
ἐλπίζουσιν in V 10a eschatologische Assoziationen.[34] Καλέσαι meint
dann nicht nur einfach ‚nennen', sondern ‚berufen' als „terminus technicus für den Heilsvorgang"[35]. Das Verständnis des letzten Halbsatzes
ist umstritten[36]: Ist τὸ πνεῦμα Subjekt oder Objekt? Gehört ἐφ' οὕς
in den Hauptsatz oder in den Relativsatz? Klären läßt sich das nicht,
weil bei beiden Möglichkeiten gleich vielviel ergänzt werden muß und
es keine auch nur annähernd ähnliche Aussage in der urchristlichen
Literatur gibt. Für die Frage nach der Eschatologie reicht es jedoch
zu wissen, daß Gott nur zu solchen Menschen kommt, die (von ihm
oder dem Geist) vorbereitet sind, und sich dabei nicht vom Ansehen
der Person leiten läßt. – Der eschatologische Gedanke vom Kom-

---

[31] Anders Lilje 54: „... vergolten hat". Das soll wohl die bereits geschehene
      Heilszueignung meinen.
[32] Knopf 18.
[33] Harnack, Lehre 56.
[34] Knopf 19; Audet 339f.
[35] K.L. Schmidt, Art. καλέω κτλ., in: ThWNT III (488-539) 490, 7f.
[36] Beide Verständnismöglichkeiten bei Knopf 18f; R.A. Kraft, Did 71.

men Gottes untermauert hier die egalisierende Aussage, daß Gott
gleichermaßen über Herr und Sklaven steht.

Von den eschatologischen Spuren im liturgischen Teil der Didache (cc. 7-10) ist zuerst die zweite Bitte des Vater-Unsers (*Did 8,2*)
zu betrachten, die zwischen der Bitte um die Heiligung des Namens
und der um das Geschehen des Gotteswillens steht. Nach der Didache ist das Vater-Unser vom Herrn ‚in seinem Evangelium' angeord-
net worden und soll dreimal täglich gebetet werden. Der Text steht
der matthäischen Fassung am nächsten.[37] Allerdings ist bei diesem
so allgemein bekannten Text mit der Möglichkeit zu rechnen, daß
er im Laufe der Überlieferung an die übliche Version angeglichen[38]
oder gar erst nachträglich eingesetzt wurde. Diese Unsicherheit ist
mitzubedenken, auch wenn die zweite Bitte des Vater-Unsers einheitlich überliefert ist. Angeredet wird Gott selbst. Das Kommen seiner
Herrschaft auf die Erde wird erbeten (vgl. Did 10,6). Menschliche
Mitwirkung wird damit radikal ausgeschlossen. So bekennen die Be-
ter, daß es allein Gottes Sache ist, wann er seine Herrschaft auf der
Erde durchsetzt, und sie hoffen, daß er es bald tun wird.[39] Hier ist
die eschatologische Aussage nicht einem anderen Gedanken funktio-
nal zugeordnet; vielmehr tritt die Hoffnung auf die kommende Gottesherrschaft rein hervor.

In den Gebeten vor und nach der Feier der Eucharistie[40] stehen Bitten mit eschatologischen Anliegen (*Did 9,4; 10,5*) jeweils nach
Danksagungen. Im voreucharistischen Gebet folgt eine Zulassungsbe-
schränkung, dem nacheucharistischen Gebet folgen liturgische Bruchstücke. – Zum Text: Tó (Did 9,4) wurde von Bryennios ergänzt;
es kann leicht nach τοῦτο ausgefallen sein. Daß κλάσμα in ConstAp
fehlt und ebendort εἷς ἄρτος statt ἕν steht, ist wohl als redaktionelle

---

[37] Köster, Überlieferung 204-208.
[38] Dies vermutet R.A. Kraft, Did 62.64.
[39] Vgl. dazu J. Gnilka, Das Matthäusevangelium, Tl. 1, Freiburg 1986 (HThK
I/1), 220.
[40] Diese Gebete, die aus ihnen zu erschließende Form der Eucharistiefeier und
ihr traditionsgeschichtlicher Hintergrund sind Gegenstand intensiver Forschung. Vgl. dazu ausführlich A. Vööbus, Liturgical Traditions in the Didache, Stockholm 1968 (PETSE 16); seither J. Betz, Die Eucharistie in der
Didache, ALW 11 (1969) 10-39; K.Chr. Felmy, ‚Was unterscheidet diese
Nacht von allen anderen Nächten?' JLH 27 (1983) 1-15; J.W. Riggs, From
Gracious Table to Sacramental Elements: The Tradition-History of Didache
9 and 10, The Second Century 4 (1984) 83-101; und jüngst Wehr, Arznei
339-351.

Bearbeitung zu erklären.[41] In Did 10,5 fehlt τὴν ἁγιασθεῖσαν in der koptischen Übersetzung und in ConstAp; diese Wendung ist also wohl nicht ursprünglich.[42]

Das Gebet über dem Brot ist in seinem ersten Teil (Did 9,3) dem über dem Kelch (Did 9,2) parallel gebaut[43]: Auf den Dank für Gottes Gabe durch Jesus Christus folgen eine Bitte und eine Doxologie. Anders als beim Kelchgebet schließt sich im Brotgebet noch eine Bitte an, die aus einer Bild- und einer Sachhälfte besteht (ὥσπερ – οὕτω). Das Bild knüpft an das eucharistische Brot an. Τὸ κλάσμα steht nur hier in der urchristlichen Literatur für das eucharistische Brot, aber die Identifikation ergibt sich zweifelsfrei aus der Zugehörigkeit zum Wortfeld κλάω, welches in den urchristlichen Schriften terminus technicus für das Abendmahl war, aber im Laufe der Zeit von εὐχαριστία verdrängt wurde. Dieser ‚Brocken‘ war ‚oben auf den Hügeln‘ zerstreut, wurde gesammelt und ist so zu einem Laib Brot geworden – sehr knapp wird die Entstehung eines Brotes angedeutet. Anknüpfungspunkt für die Sachhälfte ist ‚zusammengeführt werden‘: Wie die Körner durch Ernte und Backen ein Brot geworden sind, so möge Gott seine Kirche in sein Reich sammeln. Das Brot ist also Zeichen und bewirkt nicht selbst die Zusammenführung.[44] Diese Bitte um endzeitliche Sammlung hat eine alttestamentlich-jüdische Vorgeschichte, unterscheidet sich aber charakteristisch von dieser Tradition, indem als Ziel der Sammlung nicht Palästina oder das neue Jerusalem, sondern die Gottesherrschaft genannt wird. Die eschatologische Ausrichtung und der Appell an Gottes Handeln sind durchaus gleich. Das Gebet rechnet also mit einer weltweit verbreiteten – und zerstreuten Kirche, auch wenn die traditionelle Wendung ἀπὸ τῶν περάτων τῆς γῆς die Wirklichkeit nicht genau wiedergibt, sondern eher hyperbolisch zu verstehen ist. Die Einheit des Brotes wird auch 1Kor 10,17; IgnEph 20,2 auf die Einheit der Gemeinde gedeutet, aber charakteristisch für die Didache ist die Bitte um Zusammenführung als eschatologisches Handeln Gottes. Diese Zuspitzung auf den Gedanken der Einheit fehlt wiederum den jüdischen Bitten um die Zusammenführung der

---

[41] Mit Wehr, Arznei 338, Anm. 204, gegen Wengst 80. – Anders J. Magne, Klasma, Sperma, Poimnion, in: Mélanges d'histoire des religions (FS H.-C. Puech), Paris 1974, 197-208: Klasma sei tertiär über sperma aus poimnion entstanden.
[42] So auch Niederwimmer, Textprobleme 119.
[43] Audet 429f.
[44] Wehr, Arznei 349.

Diaspora. Eine Doxologie beschließt dann das Gebet. – Die in diesem Gebet ausgedrückte Hoffnung gilt der endzeitlichen Sammlung der weltweiten Kirche in die Gottesherrschaft.

Im Dankgebet nach der Eucharistie (Did 10,5) wird die Bitte um Einigung wieder aufgenommen. Auf den zweimaligen Dank für Gottes Gaben, jeweils abgeschlossen durch eine Doxologie, folgt wieder die Bitte, aber ausführlicher als in Did 9,4. Gott wird direkt angeredet: ‚Gedenke!‘ Dieser Ruf ist geradezu ein „Notruf"[45] und soll ein Handeln Gottes auslösen, freilich nicht am Einzelnen, sondern an der Gesamtkirche. Diese soll vom Bösen gerettet[46] und in der Liebe vollkommen werden (vgl. 1Clem 50,3). Auch diese Bitten haben einen eschatologischen Aspekt: Die Rettung vom Bösen (wohl personal zu verstehen) und erst recht die Vollendung in der Liebe[47] sind Gottes Taten erst am Ende der Zeiten. An dritter Stelle wird wie in Did 9,4 um die Zusammenführung der Kirche gebetet, die wieder als weltweite Kirche verstanden ist. Das Ziel der Zusammenführung, nämlich die Gottesherrschaft, ist schon vorbereitet für die kommende Kirche. Auch diese Bitte wird mit einer Doxologie beschlossen. – Hoffnung und Bitte dieses Gebets richten sich auf Eschatologisches: Rettung vom Bösen, Vollendung in der Liebe, Zusammenführung der weltweiten Kirche in der Gottesherrschaft.

Am Ende des eucharistischen Dankgebets stehen einige Worte eschatologischen Inhalts (*Did 10,6*), denen eine Anweisung zum Gebet der Propheten folgt. Die koptische Übersetzung setzt im ersten Satz χύριος statt χάρις voraus, was wohl als Angleichung an die gängige Vorstellung zu erklären ist.[48] Am Ende desselben Satzes hat die koptische Übersetzung ‚Amen‘ ergänzt. In der zweiten Zeile bietet sie das Äquivalent zu οἴκῳ; ConstAp hat υἱῷ. Beides sind spätere Angleichungen an den Evangelientext.[49] – Form und Inhalt dieser Worte sind auf den ersten Blick rätselhaft und in der Forschung höchst umstritten. Ursprünglich waren sie wohl liturgische Stücke[50], vielleicht Zulassungsbedingungen an der Stelle, an der jetzt das Gebet

---

[45] Vgl. Lk 23,42 und Ψ 73,2; ferner Gerhard Schmidt, ΜΝΗΣΘΗΤΙ, in: Viva Vox Evangelii (FS H. Meiser), München 1951 (259-264) 261.

[46] Vgl. Did 8,2: Im Vater-Unser werden die gleichen Wörter verwendet.

[47] „Zur Ganzheit bringen": G. Delling, Art. τέλος κτλ., in: ThWNT VIII (50-88) 85.

[48] Wengst 83, Anm. 87.

[49] Wengst 83, Anm. 88.

[50] So R.A. Kraft, Did 168. – Responsorische Aufteilung bei Wengst 46.

9,5 steht[51], jetzt aber bilden sie den Schluß des nacheucharistischen
Gebets. An diese Stelle gelangten die Worte wohl wegen ihrer eschatologischen Ausrichtung.[52] Hier wird das Kommen der Gnade
Gottes erfleht. Χάρις weist vielleicht auf die Erscheinung Jesu Christi (vgl. Tit 2,11; 1Petr 1,13b), so daß die koptische Übersetzung
mit der Änderung zu ‚Herr' richtig interpretiert hätte. Wahrscheinlicher aber ist das Heilsgut schlechthin gemeint[53], das von den Betern
sehnsüchtig erwartet wird, zusammen mit dem Untergang der Welt[54].
Wahrscheinlich hofft man auf eine neue Welt.[55] Es folgt ein Jubel-
ruf auf den kommenden (oder erhöhten?) Christus. Die Bezeichnung
Christi als ‚Gott Davids' ist zwar singulär in der Formulierung, aber
in der Sache auch Barn 12,10f; Mt 22,43-45 vorhanden.[56] Nach einer
bedingten Einladung und einer Mahnung zur Umkehr, beides eher
an Christen als an Heiden gerichtet, steht schließlich das aramäische
Wort ‚maranatha'. Es kommt in der urchristlichen Literatur nur hier
und 1Kor 16,22 vor, in griechischer Übersetzung noch Apk 22,20, und
kann perfektisch oder imperativisch verstanden werden, je nach Wort-
trennung. Die Formulierung in Apk 22,20 gibt den Ausschlag für das
imperativische Verständnis.[57] Demnach ist dieses Wort ein Bittruf
um die Parusie Jesu Christi, was in Did 10,6 auch der Kontext nahelegt. Freilich ist die andere Verständnismöglichkeit – ‚Der Herr ist
da' als Warnung an die Unheiligen – nicht völlig ausgeschlossen.[58]
Das nacheucharistische Gebet schließt mit Amen. – Das endzeitliche
Kommen des Herrn Jesus Christus und die damit verbundene Vernichtung der Welt sind hier Gegenstände von Hoffnung und Bitte. Wieder
wird die eschatologische Hoffnung als solche sichtbar, selbst wenn maranatha nicht eschatologisch gedeutet wird, und wieder geschieht dies
in liturgischem Kontext. Gerade deshalb muß aber gefragt werden, ob
diese stark von der Tradition geprägten Aussagen die real existierende

---

[51] So Wengst 47; Wehr, Arznei 345f.

[52] Wengst 47, Anm. 159, mit Harnack, Lehre 34, und Knopf 29: „Gebetsrufe". –
Eine ganz andere Lösung bei Audet 411-425, die aber von Rordorf/Tuilier
41f abgewiesen wird.

[53] Bauer, Wb. 1737; H. Conzelmann, Art. χάρις κτλ., in: ThWNT IX (363-
405) 391.

[54] Anders hundert Jahre später Tertullian, apol. 39,2: Die Christen beten pro
mora finis.

[55] Harnack, Lehre 35.

[56] Dazu ausführlich Harnack, Lehre 35f.

[57] So auch G. Schneider, Art. μαρανα θα, in: EWNT II 947f.

[58] Vgl. K.G. Kuhn, Art. μαραναθά, in: ThWNT IV (470-475) 474f.

Hoffnung der Didache-Gemeinde wirklich widerspiegeln. Diese Frage ist nicht zu beantworten, soll aber vor weitgehenden Rückschlüssen warnen.

Innerhalb des gemeinderechtlichen Teils der Didache findet sich nur im Abschnitt über den Umgang mit Propheten (Did 11,7-12) eine eschatologische Aussage, und zwar in dem schwierigen Vers *Did 11,11.* Zentrum dieses Verses ist das irdische Geheimnis der Kirche, an dem jeder Prophet mitarbeitet. Was damit gemeint ist – wahrscheinlich eine geistliche Ehe (Syneisaktentum)[59] –, interessiert für meine Fragestellung nur am Rande. Dieses Handeln konnte wohl auf andere Christen anstößig wirken[60], obwohl es von großer geistlicher Symbolkraft war. So wird es dem Urteil der Gemeinde durch den Hinweis auf Gottes Gericht entzogen. Freilich – diesem Gericht wird sich der Prophet stellen müssen! – Das erwartete Gericht begrenzt also den Urteilsbereich der Menschen, weil das irdische Geheimnis der Kirche nur von Gott und nicht von Menschen angemessen beurteilt werden kann.

Die Didache endet mit allgemeinen Mahnungen zur Situation der Christen und einem apokalyptischen Ausblick *Did 16.*[61] Am Anfang dieses Schlußkapitels stehen zwei Mahnungen, die jeweils eschatologisch motiviert werden (Vv 1+2); es folgt eine apokalyptische Schilderung der Endereignisse bis zur Wiederkunft Christi (Vv 3-8). Der Ablauf wird durch vierfaches τότε gegliedert: Vv 3-4a Wandlung der Liebe in Haß; V 4b der Weltbetrüger; V 5 Feuerprobe der Welt; Vv 6f die Zeichen der Wahrheit; V 8 Wiederkunft des Herrn.

Das Leben der Christen – gemeint ist wohl weniger das irdische als das Ewige Leben – ist gefährdet und muß bewacht werden. Γρηγορεῖν tritt in der urchristlichen Literatur oft in eschatologischem Kontext auf (vgl. Mt 24,12; 25,13; Mk 13,35.37; Apk 3,2). In den folgenden Mahnungen wird konkretisiert, wie die Christen ihr Leben zu

---

[59] Vgl. Wengst 98, Anm. 99; D.E. Aune, Prophecy in Early Christianity and the Ancient Mediterranean World, Grand Rapids 1983, 226 mit Anm. 214.

[60] Harnack, Lehre 46; Knopf 32f; G. Bornkamm, Art. μυστήριον, in: ThWNT IV (809-834) 831, Anm. 165.

[61] Die Vorgeschichte dieses Kapitels ist umstritten. Vgl. zuletzt J.S. Kloppenborg, Didache 16,6-8 and Special Matthean Tradition, ZNW 70 (1979) 54-67, der Did 16 auf ein vormatthäisches Stadium der synoptischen Überlieferung zurückgehen läßt; R. Trevijano Etcheverría, Discurso escatologico y relato apokaliptico en Didakhe 16, Burg. 17 (1976) 365-393, läßt Did 16 aus einer eschatologischen Belehrung und einer apokalyptischen Erzählung entstanden sein.

bewachen haben. Auch die Gefährdung wird dargestellt. Auf den Lebensweg (Did 1-4) bezieht sich diese Mahnung wohl nicht, jedenfalls
nicht in der Art, daß Did 16 als ursprünglicher Anhang zur Zwei-
Wege-Lehre zu verstehen wäre.[62] Erste Konkretion ist die Mahnung
zur Bereitschaft V 1b. Sachlich die nächste Parallele ist Lk 12,35.
Dort steht das Bild zwar auch in einem eschatologischen Kontext,
ist aber positiv gewendet. Auch die übrigen Bilder und Mahnungen zur Wachsamkeit kommen in der urchristlichen Literatur der Sache nach vor, aber nicht in der hier vorliegenden negativen Fassung.
Wahrscheinlich hatte Did gegen eine Erschlaffung der Bereitschaft zu
kämpfen. Die Bereitschaft soll sich auf die jederzeit zu erwartende
Ankunft des Herrn richten, deren genauer Zeitpunkt allerdings unbekannt ist. Hier deutet sich vielleicht eine Verschiebung der Naherwartung ins Ungefähre an. – Zweite Konkretion ist die Mahnung zum
Zusammenkommen. Umstritten ist, ob die Christen häufig[63] oder
zahlreich[64] zusammenkommen sollen. Die anderen Belege in der urchristlichen Literatur (IgnEph 13,1; IgnPol 4,2; 2Clem 17,3) sprechen
eher für ‚häufig‘. Inhalt dieser Zusammenkünfte ist τὰ ἀνήκοντα für
die Christen, wohl das rechte christliche Handeln.[65] Ψυχή steht hier
in reflexiver Bedeutung.[66] Nach V 2b kommt es auf die Bewährung
in der letzten Zeit an. Es wird vorausgesetzt, daß die Angeredeten
schon einige Zeit Christen sind. Aber sie dürfen sich nicht auf den
Lorbeeren dieser Zeit ausruhen. Vielmehr ist es lebenswichtig, daß
sie sich gerade in der bösen Endzeit als Christen, und das bedeutet:
als vollkommen im Tun (vgl. 6,2) erweisen. Denn in der Endzeit
werden die Bedrängnisse besonders groß sein. Der Sache nach findet sich diese Mahnung auch Mt 10,22; 24,13; Mk 13,13. Eine nahe
Parallele steht Barn 4,9b.10b, aber eine literarische Abhängigkeit ist
unwahrscheinlich. Eher führte das gleiche Sachanliegen zu ähnlichen
Formulierungen.[67] Das Stichwort ἔσχατος καιρός (auch IgnEph 11,1;

---

[62] Dazu ausführlich Rordorf/Tuilier 80-83. – Gegen E. Bammel, Schema und
Vorlage von Didache 16, in: StPatr IV, Berlin 1961 (TU 79), 253-262.

[63] Harnack, Lehre 61; Bauer, Wb. 1445; Audet 468; H. Kraft, Clavis 389;
Rordorf/Tuilier 195; Giet, Énigme 245.

[64] Knopf 38; Wengst 89, Anm. 127.

[65] Wengst 89, Anm. 128. – Anders die älteren Ausleger mit Harnack, Lehre
61: „was Euern Seelen Noth ist".

[66] Vgl. Bauer, Wb. 1767.

[67] Anders Giet, Énigme 247: gemeinsame, verschieden bearbeitete Tradition.

1Petr 1,15) veranlaßt Did zu einer knappen Schilderung der Endereignisse.

In V 3 wird diese Zeitbestimmung aufgenommen, aber offen gelassen, ob die geschilderten Ereignisse jetzt, demnächst oder irgendwann geschehen werden. Das häufige Auftreten von Lügenpropheten entspricht apokalyptischer Tradition (vgl. Apk 16,13; 19,20; 20,10; Mk 13,22 par Mt 24,11.24); Verderber werden hingegen sonst nicht genannt.[68] Das Bild von den Schafen und den Wölfen kommt auch Mt 7,15 vor, wird dort aber ganz anders angewendet.[69] Hier liegt eine geistige Umdeutung nahe: „Aus friedlichen werden gefährliche, bösartige Menschen werden."[70] Die Verwandlung der Liebe in Haß ist eine allgemein geläufige Beschreibung der endzeitlichen Übel in Gestalt der Zerrüttung der sozialen Beziehungen. – Das wird in V 4 genauer ausgeführt. Die Verschlechterung der Verhältnisse wird sich auch auf das Verhalten der Menschen auswirken (vgl. Mt 24,12). Gesetzlosigkeit als Charakterzug der Endzeit scheint auf den ersten Blick typisch jüdisch zu sein, vgl. aber Barn 14,3; 18,2; 2Thess 2,3. Die gewohnte Ordnung wird zerbrechen, und Menschen werden übereinander herfallen. Vielleicht ist hier von Spitzeln und Denunzianten die Rede; jedenfalls wird man niemandem mehr vertrauen können. Auf diese Schrecknisse wird dann (τότε) das Auftreten des Weltverführers (κοσμοπλάνος; V 4b) folgen, andernorts auch Antichrist genannt. Das Wort kommt nur hier in der urchristlichen Literatur vor und ist wahrscheinlich als Gegensatz zu den Zeichen der Wahrheit (V 6) gebildet worden.[71] Nach der Didache wird der Weltbetrüger Zeichen und Wunder tun (vgl. 2Thess 2,9; Apk 13,14; Mk 13,22 par Mt 24,24), wird also mit übermenschlichen Kräften begabt sein. Insofern wird er dem Menschensohn gleichen. Dem Weltbetrüger wird auch die Weltherrschaft zufallen (vgl. der Sache nach Apk 13,7). Das Passiv παραδοθήσεται ist wohl als pass. div. aufzufassen, d.h., daß auch die Macht des Weltbetrügers begrenzt sein wird. Schrecklicher Höhepunkt seines Auftretens wird dann sein, daß er ἀθέμιτα tun wird,

---

[68] Bauer, Wb. 1697, verweist auf Diogenes Laertius IV 40: Verderber der Jugend.

[69] Gegen Harnack, Lehre 61.

[70] O. Holtzmann, Die Schafe werden sich in Wölfe verwandeln, ZNW 11 (1910) (224-231) 231.

[71] Audet 472. – Vgl. 2Joh 7; Apk 12,9; 13,13f: πλανᾶν als Tätigkeit des Antichristen.

Taten, die gegen religiöses Gesetz verstoßen.[72] Und diese Freveltaten
werden alles übertreffen, was es bisher an Unrecht gab – das hat es
bisher noch nicht gegeben (vgl. Mt 24,21; ähnlich, aber mit Bezug
auf ein Volk Joel 2,2). Es ist gut möglich, daß hier „die gottgleiche
Verehrung" gemeint ist, „die der Antichrist für sich verlangt".[73]

Das nächste Stadium der Endereignisse (τότε; V 5) wird das
Feuer der Bewährung sein (vgl. Sach 13,9; 1Kor 3,13; 1Petr 1,7):
Die Menschenwelt (vgl. Mk 16,15; Kol 1,23; auch 1Petr 2,13) wird
geprüft, ob sie im Glauben standhaft ist oder nicht. Im Hintergrund
steht wohl das Bild von der Prüfung und Läuterung des Metalls im
Ofen (Prov 27,21). Das Ergebnis wird zwiespältig sein: Viele werden
sich dazu verleiten lassen, dem Glauben untreu zu werden (vgl. Mt
24,10)[74], und dem Verderben anheimfallen. Einige aber – wieviele,
wird nicht gesagt – werden im Glauben standhaft bleiben und deshalb gerettet werden (vgl. Mt 10,22; 24,13 par Mk 13,13). Freilich
verdanken sie ihre Rettung nicht nur ihrer Standhaftigkeit, sondern
auch dem ‚Verfluchten'. Wenn man hier am Text des Cod. Hier.
54 festhält, „muß mit κατάθεμα Jesus selbst gemeint sein".[75] Hier
deutet sich schon der Umschlag der Endereignisse vom Schrecken zur
Herrlichkeit an.

Als nächstes (τότε; V 6) werden die Zeichen der Wahrheit folgen. ‚Wahrheit' heißt es hier wohl einerseits als Gegensatz zum Weltbetrüger (V 4), andererseits aber auch im Gegensatz zu κατάθεμα (V
5): „die Wahrheit dessen, was die Christen über Jesus sagen".[76] Drei
Zeichen wird es geben (Mt 24,30: ein Zeichen). Was aber das erste bedeuten soll, konnte noch nicht endgültig geklärt werden, denn
ἐκπέτασις ist ein seltenes Wort und kann sowohl ‚Öffnung'[77] als auch
‚Ausbreitung'[78] bedeuten. Am nächsten läge es, ‚Öffnung des Himmels' zu interpretieren.[79] Das aber widerspräche dem Wortlaut des
Textes. Wahrscheinlich ist ‚Ausbreitung' ein Hinweis auf das Licht-

---

[72] Vgl. A. Oepke, Art. ἀθέμιτος, in: ThWNT I 166; vgl. weiter K. Berger,
Die griechische Daniel-Diegese, Leiden 1976 (StPB 27), 70-75.

[73] Knopf 39. – Vgl. 1Petr 4,3.

[74] Bauer, Wb. 1491.

[75] Wengst 99, Anm. 137; so auch Harnack, Lehre 62f; Knopf 39; Rordorf/Tuilier
197f, Anm. 5, mit Abweisung anderer Deutungen, u.a. der von Audet 472f
(Errettung aus dem Grab). – Vgl. auch Gal 3,13; 1Kor 12,3.

[76] Harnack, Lehre 63f; so auch Knopf 39; Wengst 99, Anm. 138.

[77] H. Kraft, Clavis 143.

[78] Bauer, Wb. 483. – Vgl. noch Plutarch, De ser. num. vind. 564C.

[79] So Harnack, Lehre 63f; Bauer, Wb. 483; Audet 473; Giet, Énigme 254.

kreuz, das vor dem wiederkehrenden Christus erscheint.[80] Denn die
Ausbreitung der Hände gilt als Symbol für das Kreuz: Barn 12,4; Od
Sal 42,1ff; kopt ApkEl 32,4; DidAp syr XXVI.[81] Das zweite Zeichen,
der Trompetenstoß, hier wohl als Ankündigung des Kommens Christi
gemeint, ist weit verbreitet in der apokalyptischen Tradition (1Thess
4,16; 1Kor 15,52 in Verbindung mit der Auferstehung; Mt 24,31 von
Engeln zum Sammeln geblasen; Apk 8f als Auslöser von Zeichen).
Darauf wird als drittes Zeichen die Auferstehung der Toten folgen,
also noch vor der Wiederkunft des Herrn (1Thess 4,16f: gleichzeitig).

Freilich wird die Auferstehung keine allgemeine sein (V 7): Nur
die Heiligen, also die Christen (vgl. 4,2), werden auferstehen. Dieser
Vers wirkt etwas angehängt und nachklappend und ist vielleicht ein
redaktioneller Zusatz zur Didache. Die Einschränkung der Auferstehung wird ausdrücklich durch ein Schriftzitat begründet. Sach 14,5fin
wird fast wörtlich zitiert; es wird nur ὁ θεός μου weggelassen und der
Satz so auf Christus bezogen. Wenn aber die allgemeine Auferstehung
noch aussteht, dann ist für die Zwischenzeit an ein tausendjähriges
Reich zu denken.[82] Hat die Didache ursprünglich chiliastische Hoff-
nungen vertreten und deshalb ihren Schluß eingebüßt? Gegen diese
häufig geäußerte Vermutung ist jedoch einzuwenden, daß die Didache
eine allgemeine Auferstehung zum Endgericht (noch) nicht zu kennen
scheint.

Der nach Cod. Hier. 54 letzte Akt des eschatologischen Dramas
wird die Wiederkunft des Herrn sein (V 8). Die Formulierung ähnelt
Mt 24,30, könnte aber auch aus Dan 7,13 LXX stammen. Der Titel Menschensohn ist, vielleicht als Rückbezug auf maranatha 10,6,
durch ‚Herr‘ ersetzt worden. Unzweifelhaft ist hier Christus gemeint,
der sich in seinem wahren Wesen, nämlich als Herr, der ganzen Welt
offenbaren wird.

Im Schlußkapitel der Didache stehen also zunächst eschatologische Mahnungen allgemeiner Art: zu Wachsamkeit, Bereitschaft,
ethischer Vollkommenheit. Die darauf folgende Schilderung der En-

---

[80] So Knopf 39f; Rordorf/Tuilier 198f, Anm. 1; Wengst 99f, Anm. 139; E.
Stommel, Σημεῖον ἐκπετάσεως, RQ 48 (1953) 21-42. – Ganz anders
neuerdings A. Stuiber, Die drei ΣHMEIA von Didache XVI, JAC 24 (1981)
42-44: ‚Fahne‘.

[81] Weitere Belege bei W. Schrage, Die Elia-Apokalypse, Gütersloh 1980 (JS-
HRZ V/3), 251; W. Bousset, Der Antichrist, Hildesheim u.a. 1983 (=
Göttingen 1895), 154-158.

[82] Knopf 40; Rordorf/Tuilier 199, Anm. 2. – Vgl. z.B. EpAp 16.

dereignisse dient dann der Illustration und Belehrung: Lügenpropheten, Gesetzlosigkeit, Weltverführer, Feuer der Bewährung, Zeichen
der Wahrheit, dabei die Auferstehung der Christen, Parusie Christi.
Diese Schilderung ist so knapp, daß ein zeitgeschichtlicher Bezug nicht
(mehr) zu erkennen ist. Der Stoff ist zwar ‚apokalyptisch‘, wird aber
nicht als Offenbarung durch Vision oder Audition von Gott her vermittelt, sondern als schlichte Belehrung über die Zukunft mitgeteilt.
Dies in Verbindung mit der Stellung am Ende der Didache zeigt, daß
Eschatologie sich hier bereits auf dem Weg zum Lehrstück ‚De novissimis‘ befindet, aber erst am Anfang diese Weges steht, denn der Bezug
zur Gegenwart wird dadurch gewahrt, daß die eschatologischen Haltungen der Wachsamkeit und Bereitschaft eingeschärft werden. Es
ist also nicht auszuschließen, daß in der Didache-Gemeinde Naherwartung vorhanden war. Da aber der Akzent von Did 16 weniger auf
der Nähe der Parusie als auf der Unkenntnis der Stunde liegt und
außerdem eine ganze Reihe von Endereignissen zwischen Gegenwart
und Parusie Christi geschoben werden, scheint die Naherwartung bereits nachgelassen zu haben.

4. Eschatologie in der Didache

Um drei Schwerpunkte sammeln sich die eschatologischen Gedanken
in der Didache:
  a) die Gottesherrschaft als Gegenstand von Hoffnung und Ge-
     bet (8,2; 9,4; 10,5f);
  b) die Vergeltung, auch im Endgericht, als Drohung oder Ver-
     heißung in ethischem Zusammenhang;
  c) die Ereignisse der Endzeit als Inhalt von Belehrung, aber
     auch als Motivation zur Festigung der Gemeinschaft (c.16).
Diese drei Schwerpunkte lassen sich recht genau drei der vier Teile
der Didache zuordnen: Der Vergeltungsgedanke der Zwei-Wege-Lehre
cc.1-6; die erhoffte Gottesherrschaft dem liturgischen Abschnitt cc.7-
10[83]; und die Endereignisse der ‚Apokalypse‘ c.16. Aus dem gemeinderechtlichen Teil gibt es nur einen kurzen Hinweis auf das Gericht
Gottes (11,11).

---

[83] Vgl. dazu ausführlich W. Rordorf, Liturgie et eschatologie, Aug. 18 (1978)
153-161.

Hervorzuheben ist die kirchliche Orientierung dieser eschatologischen Gedanken: Die Sammlung der Kirche wird erbeten; die Schilderung der Endereignisse soll das Gemeindeleben intensivieren. Die Vergeltungsgedanken hingegen haben den einzelnen Christen, seinen Glauben und sein Tun im Blick. Das gleiche gilt für die Verheißung der Auferstehung: Sie ist allein den Christen vorbehalten. Das entspricht urchristlicher, z.B. paulinischer Auffassung (1Kor 15,50; 1Thess 4,16), muß also kein Indiz für Chiliasmus in der Didache sein. Auch die Welt kommt in den eschatologischen Gedanken der Didache vor: Man sehnt ihre Vernichtung herbei. Ob das als „Schadenfreude" zu werten ist, wie jüngst behauptet[84], sei dahingestellt. Viel sehnlicher als das Ende der Welt wird das Kommen Christi erhofft, erwartet und erfleht (10,6; 16,8). Im übrigen sind die eschatologischen Gedanken der Didache ganz auf Gott als den Handelnden zentriert, gerade in der Schilderung der Endereignisse. Auch der Weltbetrüger hat letztlich keine eigenständige Macht.

Auch zur Motivierung ethischer Weisungen dienen die eschatologischen Gedanken, insbesondere die Vergeltungslehre. Außer begründungslos hingestellten Imperativen und Prohibitiven finden sich noch folgende Begründungen ethischer Weisungen: Die goldene Regel (1,2b); drohende größere Sünden (3,2-6); Berufung auf Gottes- oder Herrengebote. Bei weitem überwiegen die begründungslosen Weisungen, unter ihnen wiederum, auch im Lebensweg, die Prohibitive. Der Vergeltungsgedanke ist weder die einzige noch die wichtigste Motivation ethischer Weisungen in der Didache. Über die näheren Umstände endzeitlicher Vergeltung sowie über einen eventuellen Zwischenzustand steht nichts in der Didache.

Schon wegen der verwendeten Traditionen, dann auch wegen der Bewegungsrichtung (Kommen) der Eschatologie und der kollektiven Orientierung sind die eschatologischen Gedanken der Didache überwiegend dem apokalyptischen Typus zuzuordnen.

---

[84] E. Jüngel, Einbringungsreferat zum Votum des Theologischen Ausschusses der EKU: Die Bedeutung der Reich-Gottes-Hoffnung für das Zeugnis der christlichen Gemeinde, Berliner Theologische Zeitschrift 3 (1986) (344-353) 353.

IV. Eschatologie und Gemeindekonflikt
Der Erste Clemensbrief

1. Zur Entstehung des 1. Clemensbriefes[1]

Der 1.Clemensbrief ist wohl diejenige Schrift unter den Apostolischen Vätern, die am knappsten außerhalb des Kanons blieb. Wird
doch ihr Verfasser von Clemens Alexandrinus einmal direkt als Apostel bezeichnet (strom. IV 105,1). Auch sind drei der sechs Textzeugen für diese Schrift Bibelhandschriften: Erstens des Cod. Alexandrinus (5. Jh.), der beide Clemensbriefe im Anschluß an die Apk
Joh bietet, 1Clem allerdings ohne 57,7 - 63,4 (Blattverlust); zweitens
eine syrische NT-Übersetzung aus dem 12. Jh.; drittens die koptischen Fragmente in einer Straßburger Bibelhandschrift (5.-8. Jh.)
für 1Clem 1,1 - 26,2 mit Lücken. Des weiteren wird 1Clem auch von
Cod. Hier. 54 aus dem Jahre 1056 geboten, der einzige vollständige
griechische Text. Schließlich existiert noch eine lateinische Übersetzung aus dem 2. Jh. in einer Handschrift des 11. Jahrhunderts und
eine weitere koptische Übersetzung (4. oder 5. Jh.) ohne 34,5 - 42,2.
Zu berücksichtigen sind bei der Textkritik auch die zahlreichen Zitate
im Werk des Clemens Alexandrinus.[2]

Schon die Tatsache, daß 1Clem in drei Sprachen übersetzt wurde,
bezeugt das hohe Ansehen, das Clemens Romanus in der Alten Kirche
genoß. Dafür spricht auch, daß weitere Schriften unter seinem Namen
entstanden: der sog. 2Clem und die Pseudo-Clementinen. Natürlich
gibt es auch ein Clemens-Martyrium, das jedoch historisch wertlos ist.
Selbstverständlich kommt 1Clem auch in den alten Kanonverzeichnis-
sen vor: In ConstAp VIII 47,85 wird er zu den neutestamentlichen
Büchern gerechnet, bei Eusebius, h.e. VI 13,6, und bei Nikephor
hingegen unter die Antilegomena bzw. Apokryphen. Für die

---

[1] Vgl. dazu Vielhauer, Geschichte 529-540; Altaner-Stuiber, Patrologie 45-
47.550f (Lit.); D. Powell, Art. Clemens von Rom, in: TRE 8 (1981) 113-120.
[2] S. das Register in GCS 39, 27f. – Einzelne Angaben auch bei Knopf 42.

Beliebtheit des 1Clem spricht schließlich auch, daß er nach Eusebius, h.e. III 15, als gottesdienstliche Leseschrift verwendet wurde.[3]

Das Schreiben selbst läßt Folgendes über Anlaß, Entstehung und Zweck[4] erkennen: In der korinthischen Gemeinde hatten einige ‚Jüngere' einige Presbyter abgesetzt (1,1; 3,3; 44,3f; 47,6), aus römischer Sicht ein Aufstand (στάσις), dessen Ursache und Anlaß im Brief nicht erwähnt werden. Sie werden den Korinthern wohl auch besser bekannt gewesen sein als den Römern. Durch diesen Brief, mit dessen Abfassung Clemens beauftragt worden war, greift die römische Gemeinde in den Streit ein und fordert die Wiedereinsetzung der alten Presbyter sowie die Auswanderung der Rebellen. Es werden sogar drei Männer als Schiedsrichter nach Korinth geschickt (65,1). Der Erfolg dieses Unternehmens ist nur aus der Tatsache der Überlieferung des Schreibens zu erschließen. Laut Eusebius, h.e. III 16, geschah dieser korinthische Streit während der Regierungszeit Domitians. Dazu könnte passen, daß 1,1 auf soeben vergangene Heimsuchungen und Drangsale zurückblickt, mit denen vielleicht die ‚domitianische Christenverfolgung' gemeint ist. In diesen Zeitraum weist auch, daß auf die Martyrien Petri und Pauli im Rahmen der neronischen Verfolgung als historische Ereignisse zurückgeblickt wird. Mit Hilfe dieser Indizien kommt man auf die Mitte der neunziger Jahre des 1. Jahrhunderts nChr als Abfassungszeit.

Über die Person des wahrscheinlichen Verfassers ist außer seinem Namen fast nichts bekannt, auch wenn die altkirchliche Tradition schon recht früh von Clemens Romanus und seinem Brief nach Korinth weiß: Dionysius von Korinth (um 170), nach Eusebius, h.e. IV 23,11. Hermas nennt in 8,3 einen Clemens, der mit der Führung der Korrespondenz der römischen Gemeinde beauftragt war und deshalb gut der Verfasser des 1Clem sein könnte. Für Irenäus, haer. III 3,3, ist dieser Clemens einer der Nachfolger Petri auf dem römischen Bischofsstuhl. Dabei wird allerdings der Monepiskopat in die Frühzeit zurückprojiziert; vermutlich war die Gemeindeleitung anfangs als Presbyterkollegium organisiert. Die Identität mit dem von

---

[3] Die altkirchlichen Zeugnisse sind zusammengestellt bei Lightfoot I/1, 148-200; Harnack, Geschichte I/1, 39-47.

[4] Über die bisherige Forschung zu diesem Problem informiert gründlich H.-G. Leder, Studien zum 1. Clemensbrief, B-Diss. Greifswald 1974 (masch.), 1-199. – Ferner ist noch zu vgl. J. Rohde, Häresie und Schisma im ersten Clemensbrief und in den Ignatiusbriefen, NT 10 (1968) 217-233.

Paulus Phil 4,3 genannten Clemens[5] ist nicht zu beweisen. Das Schreiben selbst läßt auf einen nicht ungebildeten Verfasser schließen. Dieser verwendet nicht nur fleißig die LXX, sondern ist auch mit hellenistischer Philosophie, besonders der Stoa, und Mythologie vertraut. Daneben sind ihm neutestamentliche Schriften bekannt, vor allem der 1Kor des Paulus. Schließlich ist wohl die Liturgie eine wichtige Quelle für ihn gewesen.[6]

Der Form nach ist 1Clem ein echter Brief, ein amtliches Schreiben der römischen Gemeinde an die korinthische (praescr).[7] Dementsprechend liegt hier ein Dokument ‚offizieller' römischer Theologie vor. A. von Harnack zählte „Anlage und Disposition" zu den „noch nicht abschließend untersuchten Problemen, die der Brief stellt"[8]. Wie recht er damit immer noch hat, kann ein Überblick über die Gliederungsversuche in den Einleitungen zum 1Clem zeigen: Jeder Forscher findet eine andere Gliederung. Dieser Sachverhalt weist auf ein Problem, das der 1Clem selbst stellt: Wie verhalten sich Anlaß und Ausführung des Briefes zueinander? Denn ganz offenkundig erschöpft sich die Absicht des Verfassers nicht in der Schlichtung des korinthischen Streits. Am Proömium wird nämlich sogleich deutlich, daß Clemens nicht nur die konkreten Probleme in der korinthischen Gemeinde abhandeln will, sondern diese Schwierigkeiten vom Grundsätzlichen her betrachten wird. Denn der korinthische Streit wird nur 1,1 kurz erwähnt. Im weiteren Verlauf der cc.1-3 verdeutlicht Clemens, daß er diesen Streit nur als Symptom bzw. Zeichen einer grundsätzlichen Veränderung in der Gemeinde sieht: Er beschreibt den früheren guten Zustand der Gemeinde (cc.1-2) und dann die derzeitige geistliche Schwäche (c.3), die alle Bereiche des Gemeindelebens in Mitleidenschaft gezogen hat. Die im Proömium genannten Stichworte werden zu wesentlichen Teilen im ersten Hauptstück des Schreibens (cc.4-39) wieder aufgenommen. In diesen Kapiteln dominiert die grundsätzliche Argumentation, der korinthische Streit kommt nur andeutungsweise vor (14,1; 15,1).

---

[5] So Origenes, In Joh. 6,36; Eusebius, h.e. III 15.

[6] Vgl. dazu die Ausführungen bei Knoch, Eigenart 56-64, und weiter D.A. Hagner, The Use of the Old and New Testaments in Clement of Rome, Leiden 1973 (NT.S 34).

[7] Dazu ausführlich W.C. van Unnik, Studies over de zogenaamde Eerste Brief van Clemens. I. Het litteraire Genre, Amsterdam 1970 (MNAW.L NS 33,4). Er rechnet 1Clem zum genos symbouleutikon (56).

[8] A. von Harnack, Einführung 99.

Eine Gliederung nach den thematischen Stichworten des Proömiums
sieht so aus:

4 - 6	φθόνος καὶ ζῆλος	3,2	
7 - 8	μετάνοια	./.	(dann aber 57,1; 62,2)
9 - 12	πίστις καὶ φιλοξενία	1,2	
13 - 19,1	ταπεινοφροσύνη	2,1	(dort auch ἀλαζονεία)

19,2 - 22	εἰρήνη, ὁμόνοια	2,2; 3,4
23 - 28	ἀνάστασις	./.
29 - 36	Heiligkeit der Seele	vgl. 2,3
37 - 39	ὑποτάσσεσθαι	2,1

Die drei zuletzt genannten Kapitel bilden schon den Übergang zum
zweiten Hauptteil, der sich mit der Abstellung des korinthischen Miß-
standes befaßt.

40 - 48	Die gottgegebene Gemeindeordnung
49 - 50	Die Liebe und ihre Wirkungen
51 - 58	An die Rebellen: Reue, Emigration, Unterwerfung

Aber auch der zweite Hauptteil ist von grundsätzlichen Erwägungen
durchzogen, aus denen dann die Anweisungen für den konkreten Fall
hergeleitet werden. Gleichsam als Zusammenfassung folgt noch ein
Schlußteil:

59 - 61	Großes Kirchengebet
62 - 63	Zusammenfassung mit allgemeiner Mahnung
64	Segenswunsch
65,1	‚Korrespondenz‘

Clemens bzw. die römische Gemeinde gründet also die Einmischung
in die inneren Verhältnisse der korinthischen Gemeinde auf grundsätzliche Überlegungen zur Gemeinde-Ethik.[9] Die Themen des ersten
Hauptteils beziehen sich ja fast alle auf die Gemeindebeschreibung
und werden teilweise in den ‚aktuellen‘ Ausführungen wieder aufgenommen. Nur der Abschnitt über die Auferstehung fällt aus diesem
Rahmen. Ist er vielleicht durch ‚Irrlehren‘ in Korinth hervorgerufen?

---

[9] Der Versuch gerät mehr in die Breite als in die Tiefe (Vielhauer, Geschichte 535).

Es könnte sein, ist aber unwahrscheinlich, daß die korinthischen Rebellen eine ,falsche' Eschatologie vertraten, vielleicht nach dem Muster der in 1Kor 15 erkennbaren ,Häresie'.[10] Dagegen spricht aber,
daß dieses Thema im zweiten (aktuellen) Hauptteil nicht wieder aufgegriffen wird, wo allein die Kirchenordnung im Mittelpunkt steht.

2. Die bisherige Forschung

Eine große Arbeit zur Eschatologie des 1Clem gibt es: die Dissertation von O. Knoch aus dem Jahre 1959. Doch soll zunächst der
einschlägige Abschnitt aus der älteren Studie von *J. Beblavý* (Idées
140-156) referiert werden. Denn Beblavý tut im wesentlichen nichts
anderes, als den Bestand eschatologischer Gedanken relativ textgetreu
nachzuerzählen. Er verzichtet weitgehend auf eine Systematisierung
des Befundes. Von diesem Hintergrund werden sich Knochs Arbeit
und These um so deutlicher abheben. Nach Beblavý erinnert Clemens
die Korinther an die nahe bevorstehende Parusie (141). Er habe es
mit ähnlichen Gegnern wie Paulus 1Kor 15 zu tun (143). Gegen diese
beweise Clemens die künftige Auferstehung mit Bildern aus der Natur, die freilich nicht unproblematisch seien (144f). Clemens halte die
Auferstehung für ein Privileg der Gläubigen (147). Er überliefere die
jüdisch-apokalyptische Anschauung von den Hadeskammern (50,3f),
die Beblavý interessanterweise mit dem Ort des Ruhms (5,4.7) identifiziert (148). Das Beispiel von Dathan und Abiram (4,12; 51,3f),
d.h. die Höllenfahrt der Sünder, sei als Warnung für die korinthischen Rebellen gedacht (149). Beblavý findet neben der Rechtfertigung aus Glauben (32,4) auch die Vergeltung nach den Werken (34f),
die Clemens im Sinne des nachapostolischen Moralismus miteinander
kombiniert habe (149-151). Problematisch wird dann Beblavýs Unterscheidung und Zuordnung von postmortalem Los und endgültigem
Schicksal der Gläubigen (152). Gesamturteil über Clemens: Er sei
durchaus als Schüler des Paulus zu betrachten (153), erreiche aber
in der Auferstehungshoffnung wegen verschiedener jüdischer Relikte
nicht dessen Spiritualität (155f). – Beblavý gibt die eschatologischen
Gedanken des 1Clem richtig wieder. Insbesondere die Instrumenta-

---

[10] So Aono, Entwicklung 105. – Vgl. aber Bardo Weiss, Amt und Eschatologie
im 1. Clemensbrief, ThPh 50 (1975) 70-83.

lisierung des Gedankens vom plötzlichen Tod als Drohung gegen die korinthischen Rebellen ist richtig erkannt. Anzuzweifeln ist jedoch die Gleichsetzung des Ruhmesortes mit der Gegend der Heiligen.

O. Knoch[11] will die eschatologischen Aussagen des 1Clem als Beispiel für die Umschichtung neutestamentlicher Eschatologie darstellen und untersuchen. Dieser Umschichtungsprozeß verlaufe von der Naherwartung des Kommens Christi zur sakramental-ethischen Orientierung christlichen Lebens (28). Das soll im einzelnen so geschehen, daß die heilsgeschichtliche Konzeption – Zeit- und Geschichtsverständnis, Einordnung des Christusereignisses, Verhältnis von christlicher Gegenwart und eschatologischer Zukunft – und die Beschäftigung des Clemens mit Naherwartung und Parusieverzögerung untersucht werden (29). Knoch nennt seine Arbeit im Untertitel „eine auslegungsgeschichtliche Untersuchung", stößt aber mit dieser Methode sogleich auf die Grundschwierigkeit, daß Clemens das Neue Testament als Kanon und damit als Gegenstand von Schriftauslegung noch gar nicht kennen konnte. Knoch löst dieses Problem, indem er einzelne wichtige Begriffe in ihrem inhaltlichen Gebrauch für den 1Clem erhebt und ihre Herkunft erhellt. Aus dem Vergleich mit dem neutestamentlichen Gebrauch soll sich dann die Eigenart des 1Clem ergeben. Das so gewonnene Ergebnis wird systematisiert nach Gegenwärtigkeit und Zukünftigkeit des Heils.

Im ersten Teil (31-101) klärt Knoch die für das Verständnis des Briefes wichtigen Vorfragen, nämlich die Einleitungsfragen und die Fragen nach den möglichen Quellen des 1Clem. Unter der Zukünftigkeit des Heils (zweiter Teil, 102-220) ordnet Knoch ein: das Kommen des Gottesreiches, die Auferstehung, den Gerichtsgedanken, schließlich Thlipsis, Widersacher, Weltuntergang und künftige Heilsgüter. Diese Einteilung zeigt jedoch bereits die Problematik des Oberbegriffs, die Knoch auch selbst sieht (185), wenn nämlich in diesem Abschnitt u.a. auch vom gegenwärtigen Strafgericht Gottes die Rede ist. Daß Auferstehung und Gerichtsgedanke im 1Clem einen sehr viel größeren Raum einnehmen als die künftigen Heilsgüter, hat Knoch richtig erkannt. Es folgt ein Abschnitt über die auf das Eschaton bezogenen christlichen Grundhaltungen (221-316): Gottesfurcht, Glaube, Hoffnung, Geduld, Buße, Liebe, Stellung zum Kosmos – also eine Reihe christlicher Tugenden. Dieser Abschnitt scheint vor allem das

---

[11] O. Knoch, Eigenart und Bedeutung der Eschatologie im theologischen Aufriß des ersten Clemensbriefes, Bonn 1964 (Theoph. 17).

Verbindungsstück zum folgenden Teil über die Gegenwärtigkeit des Heils (317-396) zu sein. Zwar gebe es Heilsgüter, die für die Christen jetzt schon da sind – Leben, Unsterblichkeit, Gnosis, Seligkeit, Soteria –, diese seien aber weniger Vorausverwirklichung des Endheils als Ausrüstung für den Kampf um den verheißenen Lohn. Diese Verschiebung sei durch den heilsgeschichtlichen Aufriß des 1Clem bestimmt, der auch dazu führe, das Dasein der Kirche nicht als eschatologische Existenz, sondern als Zwischenzeit zu verstehen. Der heilsgeschichtliche Aufriß des 1Clem wird im letzten Abschnitt der Arbeit thematisiert (397-448), und zwar so, daß Knoch die Zeitkategorien des 1Clem, seine Auffassung von Altem und Neuem Bund und schließlich sein Gottesbild darstellt. Das Ergebnis (448-458): Basis des theologischen Entwurfs im 1Clem sei der Glaube an Gott als Schöpfer, Gesetzgeber und Erhalter des Kosmos. In der Schöpfung tue Gott seinen Heilsplan kund: Wenn die Menschheit durch Einfügen in die Schöpfungsordnungen die Harmonie des Kosmos verwirklichte, dann werde die Schöpfung aufgehoben in das Gottesreich (449). Christus spiele in diesem Plan keine große Rolle; er sei lediglich Verkünder des Gottesreiches, wie es auch Noah war. Der Unterschied zwischen beiden sei nicht wesenhaft, sondern nur graduell. Diese Auffassung der Heilsgeschichte als Vollendung der Schöpfung bringe im Vergleich mit der neutestamentlichen Auffassung christologische und eschatologische Verkürzungen mit sich (453). Die Naherwartung sei durch die Umdeutung des Nähe-Begriffs grundsätzlich überwunden. Clemens sei in seiner eschatologischen Argumentation vor allem am Erweis der Wahrheit der eschatologischen Verheißungen Gottes interessiert (454). Die universale Eschatologie trete hinter der individuellen zurück. Diese wiederum sei durch den alttestamentlich-spätjüdischen (sic!) Vergeltungsglauben bestimmt und motiviere so das Handeln durch die Furcht vor dem allgegenwärtigen richtenden Gott (456). Summa: „Die eschatologischen Fakten werden festgehalten, während das eschatologische Gegenwarts- und Existenzverständnis und der eschatologische Glaube mehr und mehr schwinden bzw. ummotiviert werden" (458).

Knochs Arbeit ist ein grandioser Versuch, das theologische Gedankengebäude des Clemens Romanus zu rekonstruieren und in seiner Eigenart zu erfassen. Freilich muß Knoch bei dieser Rekonstruktion Anlaß und Zweck des 1Clem vernachlässigen; zumindest stellt er die Frage nicht, ob, wie und warum dieses Gedankengebäude zur Beile-

gung des korinthischen Streits geeignet war. Sein Verfahren scheint
auf den ersten Blick eher den Namen ‚traditionsgeschichtlich' zu verdienen. Dagegen ist jedoch einzuwenden, daß Knoch *die* neutestamentliche Verwendung der Begriffe als Einheit voraussetzt – die es so
nicht gibt und schon gar nicht für die Zeit des Clemens angenommen
werden kann. Bei näherer Betrachtung stößt man auf einen Schema-
tismus, dem Knoch das Verständnis der einzelnen Begriffe unterord-
net: Einerseits stellt er sehr ausführlich das biblische (hier meist das
alttestamentliche) Verständnis der Begriffe dar, anderseits verweist er
je und je recht global auf stoische oder hellenistische Herkunft. Zwischen diesen beiden Polen sieht Knoch den 1Clem sich bewegen, in
der Kombination beider findet Knoch die Eigenart des 1Clem. Diese
Polarität müßte allerdings traditionsgeschichtlich präziser erfaßt werden. Methodisch ist auch zu fragen, ob die Orientierung an Begriffen,
meist also an einzelnen Wörtern, wirklich zum Verständnis der Eschatologie hilft. Der Zusammenhang mit Kontext und Situation droht
dadurch eben doch verlorenzugehen, und deshalb wird der Gewinn,
die Geschlossenheit des Systems, fragwürdig. In einem Punkt scheint
Knoch auch dem 1Clem selbst zu widersprechen, wenn er nämlich nur
Noah auf die gleiche Stufe wie Christus stellt. Denn Clemens schreibt
ausdrücklich, daß Gott *jeder* Generation Bußgelegenheit eingeräumt
hat, und führt nicht nur Noah, sondern auch Jona als Beispiel an.
Ich befürchte also, daß Knochs schönes Schema auf S. 483 nicht dem
Befund im 1Clem entspricht.

A.P. O'Hagan muß gleich zu Beginn seines Abschnitts über
1Clem (Re-Creation 94-103) eingestehen, daß Clemens das Thema
‚materielle Neuschöpfung' nirgends explizit traktiere (94). Auch spreche die Vermischung jüdischen und hellenistischen Gedankenguts gegen das Vorhandensein dieser Lehre im 1Clem. Dennoch findet O'Hagan einen Ansatzpunkt, um das implizite Dasein dieser Lehre „with
good assurance in the sphere of probabilities" (103) nachweisen zu
können: Die leibliche Auferstehung sei bei Clemens mit dem Christusreich verbunden, dieses wiederum in der Tradition als messiani-
sches Reich mit der Hoffnung auf irdische Erneuerung (96f). Auch
habe die 1Clem 10,4ff zitierte Landverheißung an Abraham eschatologischen Charakter (100); anderseits muß selbst O'Hagan zugeben,
daß die eschatologischen Verheißungsgüter rein geistlicher Natur sind
(102).

Richtig stellt O'Hagan das Nebeneinander apokalyptischer und hellenistischer Anschauungen heraus. Aber seine Schlußfolgerungen erscheinen erheblich zu vage.

Nach *T.H.C. van Eijk* (Résurrection 41-61) hat sich Clemens anders als die neutestamentlichen Schriften mit Zweifeln an den eschatologischen Verheißungen auseinanderzusetzen gehabt, die durch die Parusieverzögerung ausgelöst und durch Judenchristen aus Jerusalem – sie sollen die δίψυχοι gewesen sein – verstärkt worden seien (43). Dann zählt van Eijk Schwächen und Besonderheiten der clementinischen Eschatologie auf: Geringe Rolle des Gottesreiches; Endereignisse als Weltgeschichte; christologisches Defizit; vom Zeitlichen ins Kosmische veränderte Naherwartung (44f). Mehr als das Endgericht werde die innerzeitliche Vergeltung Gottes betont (46). Auch der Auferstehungsgedanke sei umgeformt worden: Die Auferstehung sei nicht auf Christen, sondern auf die Täter des Willens Gottes beschränkt (48) – die für Clemens jedoch identisch gewesen sein dürften. Der Akzent der Auferstehungsbeweise liege bei der von Gott festgesetzten Zeit der Auferstehung (1Clem 25,5; 50). Auch van Eijk weist auf die theologischen Risiken der Naturbeweise für die Auferstehung hin. 1Clem 50,4 zeige einen weiteren Unterschied zur apostolischen Tradition: Die Toten sind nicht bei Christus, sondern im Hades (58). Auch sei Unsterblichkeit kein eschatologisches Gut, sondern schon im Abendmahl zugänglich (anders Paulus; 2Clem; vgl. aber Ignatius; 59). Die theologische Bilanz, die van Eijk für den 1Clem zieht, ist ambivalent: Die Stärke dieser Theologie liege in der Betonung des Schöpfungsgedankens, wie sich zwei Generationen später im Streit mit dem Gnostizismus herausgestellt habe; dadurch werde aber das christologische Defizit der clementinischen Auferstehungshoffnung nicht ausgeglichen (60f).

T. Aono bemüht bei seiner Darstellung zum 1Clem (Entwicklung 32-115) zuerst um die Erklärung aller für den Gerichtsgedanken einschlägigen Stellen (35-78). Dabei zeige sich, daß Clemens das Gottesgericht vor allem diesseitig-allgegenwärtig, nur selten jedoch futurisch-eschatologisch verstanden habe (109). Das Ergebnis des Gerichts werde entweder als plötzlicher Straftod oder als irdisches Wohlergehen beschrieben. In jedem Falle werde allein im Gottesgericht über Heil oder Unheil des Menschen entschieden. Das Heil sei Schuldigkeitslohn und so vom Tun des Menschen abhängig. Folglich fungiere der Gerichtsgedanke immer wieder, und zwar in Gestalt der Drohung, als Begründung der Paränese (110). Von der positiven Seite des Gerichts wisse Clemens nicht zu reden, anders als Paulus (111). Zwar bezwecke Clemens mit seinem Schreiben eine Ermahnung der korinthischen Gemeinde, aber dieser Zweck reiche zur Erklärung des rechtfertigungstheologischen und christologischen Defizits bei Clemens nicht aus (112). Es sei also trotz Kenntnis des 1Kor und der paulinischen Rechtfertigungslehre eine Entfernung von Paulus zu konstatieren (113-115). Denn der Gerichtsgedanke sei der Rechtfertigung über-, nicht wie bei Paulus untergeordnet (87). Christus habe kein neues Gottesverhältnis ermöglicht, sondern nur die Rechtschaffenheit des Menschen als Neuanfang der Heilsverwirklichung (98). Aus diesem Grunde sei Heilsgewißheit ausgeschlossen und die Gefahr von Werkgerechtigkeit und Gesetzlichkeit gegeben. – Richtig erkannt ist die enge Verbindung zwischen Gerichtsgedanke und Ethik; noch deutlicher hätte diese Verbindung im Hinblick auf die Absicht des 1Clem dargestellt werden können.

Die bisherige Forschung stimmt darin überein, daß Clemens sehr stark von profan hellenistischen und auch nicht wenig von jüdischen Traditionen beeinflußt ist. Einer dieser beiden Einflüsse erklärt dann die Eigenart des Clemens gegenüber der älteren urchristlichen Tradition. Die Problematik der Auferstehungsbeweise aus der Natur wird klar erkannt und kritisch betrachtet. Entsprechend wird auch das große Gewicht von Vergeltungslehre und Gerichtsgedanke markiert. Die Verbindung dieser beiden Gedanken mit der Absicht des 1Clem wird jedoch meist zu wenig beachtet.

3. Exegetische Analysen

Bereits im *Praeskript* wird ein eschatologischer Sachverhalt angedeutet: Die römische Gemeinde bezeichnet sich und die korinthische Gemeinde als παροικοῦσα – ‚in der Fremde wohnend‘. Dieses Wort findet sich auch in anderen urchristlichen Briefpräskripten: PolPhil; MartPol; Dionysius von Korinth (bei Eusebius, h.e. IV 23,5); Brief aus Vienne (Eusebius, h.e. V 1,3). Es scheint also zu einem festgeprägten Begriff geworden zu sein. Vielleicht stammt diese Formulierung aus dem jüdischen Briefeingang.[12] Freilich hat sich gegenüber

---

[12] Dies vermutet E. Peterson, Praescriptum 129, aufgrund der Gleichsetzung

dem Ursprung die Bedeutung verschoben: Es ist nicht mehr die Diaspora außerhalb Palästinas, sondern die Fremdlingschaft der Christen in der Welt gemeint.[13] Die Gemeinden wohnen nur vorläufig und vorübergehend in Rom und Korinth (vgl. auch Jak 1,1; 1Petr 1,1 der Sache nach), die eigentliche und endgültige Heimat ist nicht in und von dieser Welt. Es muß jedoch gefragt werden, ob und wieweit dieses Wort wirklich eschatologisches Bewußtsein ausdrückt oder etwa schon zur Formel erstarrt ist.

Innerhalb des Abschnitts über ζῆλος καὶ φθόνος (cc.4-6) am Anfang des ersten Briefteils finden sich einige Notizen über die Märtyrer Petrus und Paulus, die als ‚Beispiele unserer Generation‘ hingestellt werden. Für meine Frage ist wichtig, wie das Ziel ihres Zeugnisweges dargestellt wird (5,4+7). – In V 7 bieten die Übersetzungen ‚susceptus est‘ statt ἐπορεύθη. Eine spätere Angleichung ist wahrscheinlicher als eine spätere Differenzierung; nur ist das ursprüngliche griechische Wort nicht mehr sicher zu ermitteln.[14] Petrus gelangte also nach seinem Märtyrertod an einen besonderen Ruhmesort (τόπος), vermutlich in die Nähe Gottes, und dieser Ort stand ihm nach seinen Leiden auch zu (ὀφειλόμενος). Paulus wurde gar aufgenommen – Hinweis auf eine Himmelfahrt? (vgl. zur Vokabel Act 1,25!) – an den heiligen Ort. Wieder ist wohl an eine besondere Nähe zu Gott[15] gedacht, die den Märtyrern wegen ihres Martyriums zuteil wird. Zu beachten ist die Räumlichkeit der Jenseitsvorstellung.

In 6,2 stellt Clemens das Ende einiger Märtyrerinnen im Bilde eines Wettlaufs dar: Die Frauen erreichten das Ziel[16], d.h.: Sie blieben standhaft bis zum Tod und erhielten dafür einen Ehrenpreis. Worin dieser bestand, wird nicht gesagt; wahrscheinlich ist aber wieder die besondere Nähe zu Gott gemeint wie bei Petrus und Paulus.

Im nächstfolgenden Abschnitt des Schreibens (cc.7+8), der von der Buße (μετάνοια) handelt, wird anhand zweier alttestamentlicher

---

παροικία – διασπορά. Vgl. noch K.L. und M.A. Schmidt, Art. πάροικος κτλ., in: ThWNT V (840-852) 852,14f; außerdem Diog 6,8.

[13] Gegen E. Peterson, Praescriptum, für die Mehrheit der Forscher. – Einen ähnlichen Umformungsprozeß haben die Gebete in Did 9f hinter sich: ‚Eschatologisierung und Transzendentalisierung‘.

[14] Das griechische Äquivalent wird entweder mit ἀνελήμφθη (Jaubert; Bihlmeyer; Harnack; Fischer) oder mit ἐπήρθη (Lightfoot) angegeben.

[15] Vgl. 4Esra 14,49; PolPhil 9,2; 1Clem 44,5. – Zum traditionsgeschichtlichen Hintergrund: K. Beyschlag, Clemens Romanus 323-328.

[16] Knopf 54; Lightfoot I/2, 34; anders O. Bauernfeind, Art. τρέχω κτλ., in: ThWNT VIII (225-235) 234: Standhaftigkeit des Laufes.

Beispiele das richtige Verhalten gegen die Bußpredigt sowie dessen Folgen angegeben (*7,6+7*). Noah predigte Buße[17]; die der Bußforderung und damit Gottes Willen (vgl. 9,1) gehorchten, wurden gerettet, nach dem alttestamentlichen Bericht vor der Sintflut, nach Meinung des Clemens aber sicher zum ewigen Heil.[18] Jona kündigte den Niniviten den Untergang ihrer Stadt an (vgl. Jona 3,4), woraufhin die Niniviten Buße taten, also sich von ihren Sünden abkehrten (vgl. Jona 3,8) und durch ihre Bitten Gott erweichten (Jona 3,10), so daß Gott die Stadt Ninive nicht vernichtete. Für Clemens aber ist auch damit die Erlangung ewigen Heils gemeint (vgl. 11,1; 12,1).[19] In beiden Fällen wird das Heil ohne Christus allein durch μετάνοια erlangt[20], d.h. durch das Tun des Gotteswillens.

Das Thema μετάνοια steht auch noch *9,1* im Hintergrund, wo Clemens sich und seine Hörer aufruft, sich Gottes Erbarmungen (οἰκτιρμοί)[21] zuzuwenden. Hier schildert Clemens, auch als Zusammenfassung des Vorherigen, was menschlicherseits zur μετάνοια gehört: Positiv der Gehorsam gegen Gottes Willen (vgl. 7,6), die unterwürfige Bitte (vgl. 7,7) um Gottes Mitleid und die Zuwendung zu Gottes Erbarmen, die zugleich das Verlassen von ματαιοπονία, ἔρις καὶ ζῆλος bedeutet. Ματαιοπονία[22] ist Oberbegriff zu Zorn und Eifersucht, die hohle, vergebliche, fruchtlose Bemühung. Über Zorn und Eifersucht hatte Clemens bereits in den cc.4-6 unter Heranziehung von Beispielen gehandelt. Dort hatte er auch schon mehrfach ausgeführt, daß Eifersucht zum Tode führt, vgl. insbesondere 4,12, wo Eifersucht mit einem plötzlichen Tod bestraft wird. Ähnlich dürfte auch hier gemeint sein, daß die Untugend der Eifersucht den Tod als Strafe nach sich zieht. Zwischen zeitlichem und ewigem Tod wird hier nicht unterschieden. Es ist aber anzunehmen, daß die Bestrafung als endgültige gedacht ist und nicht etwa durch Auferweckung wieder rückgängig gemacht wird. Dieser Strafandrohung, der keine Heilsverheißung gegenüber-

---

[17] Nicht nach dem Alten Testament, aber nach einer frühjüdischen Tradition: Sib I 128ff; Josephus, ant. I 74. – Vgl. noch 2Petr 2,5; 1Clem 9,4: Theophilus, Ad Autolyc. III 19.
[18] Knopf 56.
[19] Knopf 56.
[20] Mit Knopf 56 gegen Bauer, Wb. 1587.
[21] Der Plural wird hier – wie auch 1Clem 18,2; 20,11; Röm 12,1; 2Kor 1,3 – verwendet in Anlehnung an den Sprachgebrauch der LXX und zur Kennzeichnung konkreter Gestalten des Erbarmens.
[22] Nur hier in der urchristlichen Literatur; profane Belege bei Bauer, Wb. 979.

steht, ist als Schluß des Satzes eine weitere eindrucksvolle Motivation zur μετάνοια.

Unter den Beispielen besonderen Gottesgehorsams steht in c.11 die Geschichte von Lot. Die allgemeingültige Quintessenz dieser Geschichte findet sich als Gottesoffenbarung in *11,1b*. Gottes Verhalten zu den Menschen entscheidet sich am Verhalten der Menschen zu ihm. Die einen – formuliert in Psalmensprache, ohne ein direktes Zitat zu sein[23] – vertrauen auf Gott, wie z.b. Lot, und können sich deshalb seines Beistand sicher sein. Die anderen, wie z.b. Lots Frau, neigen in die entgegengesetzte Richtung[24], mißtrauen also Gott und werden deshalb von ihm in Strafe und Qual versetzt. Κόλασις meint hier wohl mehr als eine zeitliche und begrenzte Strafe (vgl. Mt 25,46), aber sicher festzustellen ist das nicht, zumal αἰκισμός auch die Bedeutung ‚Züchtigung'hat. Sicher aber wird hier ein Tun-Vergeltung-Zusammenhang aufgezeigt, der in diesem Leben und auch darüber hinaus wirksam ist.[25]

Daß der allgemeingültige Satz 11,1b nicht allein auf dieses Leben bezogen ist, zeigt dann seine exemplarische Anwendung auf Lots Frau in *11,2b*. Hier wird die allgemeine Vergeltungslehre am Beispiel von Lots Frau konkretisiert. Betroffen sind Menschen, die wie Lots Frau an Gottes Macht zweifeln und überhaupt die wahre Einfalt vermissen lassen (δίψυχοι), also das genaue Gegenteil von Glauben haben.[26] Solche Zweifler werden der Verurteilung Gottes unterliegen und wie Lots Frau ein Warnzeichen für alle Generationen sein. Κρίμα ist das Verdammungsurteil Gottes, hier über die Zweifler. Hier wird also der Zusammenhang zwischen Zweifel und göttlichem Todesurteil behauptet. Die Entscheidung über Heil und Unheil wird bestimmt durch das Verhalten der Menschen.[27]

Ziemlich zu Beginn der Ausführungen über die Demut (cc.13-19) werden in *13,2* einige Herrenworte zitiert, die wieder die Entsprechung von menschlichem Tun und göttlicher Vergeltung konstatieren. Diese Sätze sind weder vollständig noch in der gleichen Form in den kanonischen Evangelien überliefert; für χρηστεύεσθε ist überhaupt

---

[23] S. Hatch-Redpath, Concordance, zu ἐλπίζω und ἐγκαταλείπω.
[24] Ἑτεροκλινής nur hier und 47,7 in der urchristlichen Literatur.
[25] Anders Aono, Entwicklung 36: innerweltlich-diesseitig.
[26] Vgl. Knopf 61 mit Hinweis auf Weish 10,7.
[27] Vgl. Aono, Entwicklung 39.

keine wörtliche Entsprechung zu finden.[28] Der Sache nach stehen die meisten Sätze auch in der matthäischen Bergpredigt und in der lukanischen Feldrede. Dort ist von menschlicher Vergeltung die Rede (s. bes. Mt 7,12 par Lk 6,34), jedoch auch von Gottes Vergeltung. Clemens hat wohl nicht frei zitiert[29], sondern vorgegebene Tradition (mündlich? Logiensammlung?)[30] übernommen und vielleicht überarbeitet sowie zur Siebenzahl ergänzt. – Diese knappen Sätze lassen allerdings offen, ob die Vergeltung von Gott oder von den Menschen her geschieht und ob diese Vergeltung in oder nach diesem Leben geschehen wird. In jedem Falle wird die Vergeltung dem Handeln der Menschen entsprechen. Und diese künftige Vergeltung soll den gebotsgemäßen Wandel stärken bzw. motivieren (13,3). Wenn hier eschatologische Gedanken im Hintergrund stehen, dann werden sie zur Motivation des ethisch richtigen Handelns benutzt.[31]

Im folgenden c.14 bringt Clemens eine erste Anspielung auf das Problem der korinthischen Gemeinde, indem er in V 1 den Gehorsam gegen Gott gegen die Parteinahme für prahlerische, unordentliche und eifersüchtige Rädelsführer stellt. Wenn man nämlich diesen Anführern folgt und so die rechte Ordnung verläßt, ist das mit einer großen Gefahr (κίνδυνος μέγας, V 2) verbunden. Vielmehr sollte man gütig gegeneinander sein (V 3). Diese Mahnung wird mit zwei Schriftzitaten untermauert, die in diesem Zusammenhang die Folgen des jeweiligen Verhaltens und damit auch die ‚große Gefahr' schildern (*14,4+5*). – In V 4a wird Prov 2,21a zitiert, während V 4b wahrscheinlich freie Bildung des Clemens in Anlehnung an Ψ 36,38 ist. Der Satz wurde also passend zum übrigen Gedankengang ergänzt. V 5 wiederum ist bis auf die Schlußzeile wörtliches Zitat von Ψ 36,35f. Die Textänderung in der Schlußzeile hat jedoch den Sinn nur geringfügig verschoben. – Den Gütigen wird das Wohnen im Lande verheißen[32], während den Gesetzesübertretern die Vertilgung aus demselben ange-

---

[28] Das Wort in der urchristlichen Literatur nur noch 1Kor 13,4; 1Clem 14,3. – Zum Herrenwort vgl. noch Clemens Alexandrinus, strom. II 18,91,2, und weiter M. Mees, Schema und Dispositio in ihrer Bedeutung für die Formung der Herrenworte aus dem 1.Clemensbrief, Kap. 13,2, VetChr 8 (1971) 257-272.

[29] So Lightfoot I/2, 52.

[30] Vgl. dazu Köster, Überlieferung 12-16; Hagner, Use 135-151.

[31] Eine „Drohung" kann ich hier nicht finden, gegen Aono, Entwicklung 42.

[32] Daß man aus diesem Zitat schließen kann, Clemens habe das Heil rein diesseitig verstanden (Aono, Entwicklung 37), bezweifle ich. Eine ‚übertragene' Deutung ist immerhin möglich.

droht wird. Zur weiteren Ausführung der Warnung dient das Schicksal eines Gottlosen und Überheblichen, der spurlos von seinem Ort verschwunden ist. Diese Gefahr besteht auch für alle, die sich prahlerischen Anführern anschließen: Sie verfallen der göttlichen Strafe, die im Vertilgen von dieser Erde besteht.

Im 20. Kapitel gibt Clemens eine Überblick über die Wohltaten Gottes im ordnenden Rahmen der Schöpfung. Dabei ist die gesamte Welt im Blick, auch die Unterwelt (*20,5*). – Die Textüberlieferung dieses Verses ist einheitlich, aber das Verständnis des Wortes κρίματα umstritten.[33] Κρίμα ist der Urteilsspruch, der zur Bestrafung führt; für die Bedeutung ‚Ordnung' gibt es keine Belege.[34] Allerdings ist auch der Ausdruck ‚Strafen des Abgrunds und der Unterwelt' einmalig. Die einleuchtendste Erklärung hat Knopf[35] gegeben: Die Urteile des Abgrunds meinen die Verurteilung des Satans, die Urteile der Unterwelt das unmittelbar postmortale Gericht, das über die Aufbewahrung der Seelen entscheidet. Diese Entscheidungen werden ebenso wie himmlische und irdische Ordnungen durch Gottes Vorschriften aufrechterhalten. Die Beurteilung jedes Einzelnen unmittelbar nach seinem Tod gehört für Clemens selbstverständlich zur göttlichen Schöpfungsordnung. Diese Urteile sind für Menschen unerforschbar und unaussprechlich, weil sie Gottes alleinige Angelegenheit sind.

Clemens entfaltet in *21,1* die Verantwortung, die den Menschen aus den vielen Wohltaten Gottes, insbesondere in der Schöpfung, erwächst. Diese Wohltaten können nämlich auch zur Verurteilung der Menschen führen. Denn zum rechten Empfang der Wohltaten muß die Bedingung gotteswürdigen Lebenswandels erfüllt werden (vgl. Phil 1,27; 1Thess 2,12). Das geschieht, wenn die Menschen einträchtig das Gute und Wohlgefällige tun, sich also genauso wie die übrige Schöpfung (vgl. 20,10f) an Gottes Vorschriften halten. Tun die Menschen das nicht, drohen ihnen Verurteilung und Strafe Gottes.[36] Diese Aussage wird noch verstärkt, indem in 21,2f die kontrollierende Nähe Gottes erwähnt wird (vgl. auch 27,3 mit umgekehrter Blickrichtung; ferner IgnEph 15; Herm 7). Diese Nähe ist ganz offensichtlich nicht

---

[33] Lightfoot I/2, 71; Harnack, Einführung 111, konjizierten κλίματα; dieser Vorschlag wird heute allgemein abgelehnt.

[34] Liddell-Scott, Lexicon 995; gegen Lightfoot I/2, 71; Knopf 79; Jaubert 134.

[35] HNTA 181; Komm. 79.

[36] Aono, Entwicklung 46: „die strenge Kehrseite der Barmherzigkeit Gottes".

die Nähe des zum Endgericht kommenden Gottes, sondern die Allgegenwart des Gottesgeistes, der die Herzen der Menschen erforscht
und so die Erfüllung des Gotteswillens kontrolliert (V 3) und motiviert (V 4).[37]

Lose angeschlossen durch einen weiteren Hinweis auf Gottes Wohltätigkeit beginnt in c.23 ein ‚eschatologischer Exkurs‘, der bis c.27
einschließlich reicht. Er setzt ein mit einer Mahnung, angesichts der
Wohltaten Gottes[38] vom Zweifel abzulassen. Es folgt ein Schriftzitat
über die Zweifler: *23,4+5*. Dieses Zitat ist weder im Alten Testament noch in der erhaltenen frühjüdischen Literatur nachzuweisen.
Mit einigen Abwandlungen wird es auch 2Clem 11,3f angeführt. Es
stammt wohl aus einer frühjüdischen Schrift mit kanonischer Geltung,
weil es hier als γραφή eingeführt wird.[39] Nur zu vermuten ist, daß
dieses Zitat aus einer Apokalypse bzw. aus dem Buch ‚Eldad und
Modat‘ stammt.[40] – In diesem Zitat werden zunächst die Zweifler
beschrieben (V 3b): Sie sind unglücklich, erbärmlich, denn sie sind
in ihrer Seele gespalten. Οἱ διστάζοντες τῇ ψυχῇ ist wohl gegenüber
der Vorlage διστάζοντες τῇ καρδίᾳ umgeformt als Entsprechung und
Erläuterung von οἱ δίψυχοι. Dann wird die Meinung der Zweifler zitiert (V 3c; vgl. 2Petr 3,3): Sie haben darüber schon von ihren Vätern
gehört und sind selbst alt geworden, während nichts davon eingetreten ist. Freilich ist das Zitat derart aus dem Zusammenhang gerissen,
daß zunächst völlig unklar bleibt, was eigentlich angekündigt war und
noch nicht eingetreten ist.[41] In V 4 werden die Zweifler direkt angeredet und als unverständig abqualifiziert. Zu ihrer Belehrung wird ein
Bild vom Baum am Beispiel eines Weinstocks gezichnet. Die Zweifler
sollen ihr Schicksal mit der Entwicklung eines Baumes parallelisie-
ren. Die Entwicklung eines Weinstocks innerhalb eines Jahres wird
in sechs Stadien geschildert: Laubabwurf, Sproß, Blatt, Blüte, Her-
ling, reife Traube. Den gleichen Bildstoff verwendet Epiktet, diss.
I 14,3.[42] An der Stelle, wo ὄμφαξ stehen müßte, steht dort ἐκφέρειν
τὸν καρπόν, so daß hier wohl die unreife Traube gemeint ist. Er hat
auch den Laubabwurf am Ende, wie es dem Ablauf der Vegetationspe-
riode entspricht, und nicht am Anfang wie Clemens. Diese Tatsache

---

[37] Vgl. dazu die Ausführungen bei Knoch, Eigenart 185-189.
[38] Die Auferstehung? So jedenfalls Knopf 86; Aono, Entwicklung 49.
[39] Vgl. Harnack, Einführung 111.
[40] So z.B. Lightfoot I/2, 80; Knoch, Eigenart 123.
[41] Ähnlich rätselhaft Did 4,4 par Barn 19,5!
[42] Zitiert bei Knopf 86.

erscheint nur dann sinnvoll, wenn hier bildlich von der Auferstehung gesprochen und der Laubabwurf für den Tod stehen würde. Jenes ist aus dem Kontext der folgenden Kapitel wahrscheinlich – anders als im 2Clem – und aus der Aufforderung am Anfang des Verses, *sich* mit einem Baum zu vergleichen; dieses ist nur schwer aus der Wortbedeutung einsichtig zu machen. Die Auswertung des Bildes (und damit des Zitats) durch Clemens[43] folgt im letzten Satz von V 4. Ihm kommt es besonders darauf an, daß die Frucht *in kurzer Zeit* zur Reife kommt.[44] Der Gedanke der kurzen Zeit wird in V 5 bekräftigt (ἐπ' ἀληθείας) und von einer anderen Seite betrachtet: Der Wille, auch: das Vorhaben, der Plan Gottes wird rasch und plötzlich vollendet werden. Mit βούλημα ist hier vielleicht die Auferstehung gemeint, wahrscheinlich auch die Parusie. Für letzteres spricht auch das nächste Schriftzeugnis, das Clemens einführt (V 5b): ein Mischzitat aus Jes 13,22[45] und Mal 3,1b, letztere Stelle freilich am Ende auf Christus hin verändert.[46] In zwei Sätzen wird das rasche, plötzliche und unverzügliche Kommen Gottes angekündigt, wobei der erste Satz auch aus apokalyptischer Überlieferung bekannt ist. In der zweiten Satzhälfte ist das Kommen Gottes in seinen Tempel als christliche Erwartung nicht so recht einsichtig zu machen, während ὁ ἅγιος, der hier statt ὁ ἄγγελος διαθήκης steht, höchst wahrscheinlich Christus ist (vgl. Apk 3,7; Diog 9,2). Der Schluß spielt auf die besondere christliche Erwartung des Herrn an. An dieser Stelle wird also das schnelle (baldige?) und überraschende Eintreten der Parusie angekündigt, unterstützt durch einen Schriftbeweis.[47] Dieser Gedanke wirkt freilich wie eine Abschweifung in einem Kontext, dessen Argumentation auf den Beweis der Auferstehung konzentriert ist.

Mit *c.24* beginnt Clemens explizit seine Überlegungen zum Thema Auferstehung. Der Gedankengang verläuft so:

---

[43] Ausführlicher Nachweis bei Lightfoot I/2, 81f.

[44] Eine andere Deutung bei Knoch, Eigenart 126: Das Kommen des Reiches sei eine in der gottgegebenen Ordnung der Schöpfung begründete und daher gewisse Tatsache.

[45] Vgl. Hab 2,3 (auch zitiert in Hebr 10,37), syrBar 20,6; 48,39; dazu A. Strobel, Untersuchungen 117-120.

[46] Keineswegs „an inadvertance of Clement", wie Lightfoot I/2, 82, meint. Vielleicht hat Clemens diese Kombination auch übernommen, vgl. Knoch, Eigenart 129f.

[47] Naherwartung mit Akzentverschiebung auf die Plötzlichkeit, so Aono, Entwicklung 51; Knoch, Eigenart 130.

24,1+2 Thema: Die künftige Auferstehung zur festgesetzten Zeit
24,3   Erster Beweis aus der Natur: Tag und Nacht
24,4+5 Zweiter Beweis aus der Natur: Saat und Frucht
25,1-5 Dritter Beweis aus der Natur: Phönix
26,1-3 Schriftbeweis
27,2-7 Garantie für die Wahrheit der Verheißungen
        aus der Allmacht Gottes
28,1   Ethische Konsequenz aus der Nähe Gottes

Das Thema dieses Abschnitts wird in zwei Anläufen *24,1+2* formuliert. Nach V 1 lautet es: Wie zeigt Gott uns die künftige Auferstehung an? Diese Frage beantwortet Clemens in 24,3 - 25,5: in der Schöpfung. Wie wichtig ihm das Thema Auferstehung ist, zeigt die zweimalige direkte Anrede an die Hörer. Clemens will die Wirklichkeit der künftigen Auferstehung beweisen, und er wird diesen Beweis weniger christologisch als kosmologisch führen. Die christologische Begründung der Auferstehungshoffnung kommt nur im Nebensatz V 1b zur Sprache. Diesen Gedanken hat Clemens wahrscheinlich aus 1Kor 15,20.23 übernommen. Ἀπαρχή hat ein kausales und ein temporales Moment, bedeutet aber in stark verblaßter Fassung kaum mehr als ‚der zahlenmäßig Erste‘.[48] Ein weiterer Zusammenhang zwischen der Auferstehung Christi und der künftigen allgemeinen Auferstehung wird nicht hergestellt. Im übrigen hat die Formulierung noch ganz die klassische Fassung: Gott hat Jesus Christus von den Toten auferweckt. – Die zweite Formulierung des Themas (V 2) legt mehr Gewicht auf den Zeitpunkt der Auferstehung: Sie wird κατὰ καιρόν, d.h. zur von Gott festgesetzten Zeit geschehen. Damit ist das tertium comparationis für die folgenden Beweise aus der Natur angegeben.

Als erster Beweis aus der Schöpfung folgt der Wechsel von Tag und Nacht (*24,3*). Offensichtlich soll der regelmäßige Wechsel von Tag und Nacht zeigen, daß die Auferstehung mit der Sicherheit eines Naturgesetzes eintreten wird. Es ist nicht daran gedacht, daß der Tag die Auferstehung und die Nacht den Tod symbolisiere; vielmehr gilt die Naturgesetzlichkeit des Tag-Nacht-Wechsels auch für die Auferstehung.[49] Die Einmaligkeit der Auferstehung kann Clemens mit diesem Bild nicht beweisen; an dieser Stelle würde der Vergleich schief.

---

[48] Aono, Entwicklung 56, mit Berufung auf Harnack, Einführung 62; Knoch, Eigenart 105f.141f.
[49] Deutlicher und ausführlicher wird der Gedanke bei Tertullian, De res.

Den zweiten natürlichen Beweis für die Auferstehung findet Clemens in der Verwandlung des Samens zur Frucht (*24,4+5*). Der Gegensatz zwischen Saat und Früchten wird in V 4 deutlich markiert, indem ὁ σπόρος vorgezogen wird und so unmittelbar neben die Früchte zu stehen kommt. Die Frage nach dem Wie des Geschehens (V 4b) wird in V 5 beantwortet, wobei Clemens Wendungen aus dem synoptischen Sämannsgleichnis verwendet: ᾿Εξῆλθεν ὁ σπείρων (Mk 4,3parr) und πεσεῖν εἰς τὴν γῆν (Mk 4,8parr; Joh 12,24). Der Vorgang des Säens wird mit liebevoller Umständlichkeit beschrieben: Der Säer geht aus, legt jeden Samen einzeln auf die Erde, die Samen fallen trocken und nackt (vgl. 1Kor 15,36) auf/in die Erde. Dann erst kommt das wirklich Wichtige: Die Samen werden aufgelöst, sie zerfallen. Danach, aus dieser Auflösung, läßt sie die Großzügigkeit der Vorsorge Gottes auferstehen. Die drei Wörter μεγαλειότης, πρόνοια, δεσπότης zeigen deutlich das eigene Profil des Clemens gegenüber der übrigen urchristlichen Literatur, denn sie kommen dort selten oder gar nicht vor. Die ‚Auferstehung‘ der Samen besteht in ihrer Vermehrung bzw. im Fruchttragen (vgl. Joh 12,24). – In diesem Beweis wird die Verbindung zwischen Auflösung und Auferstehung durch die großmütige Vorsorge Gottes hergestellt. Diese wird – das ist wohl die Intention des Clemens – auch für die Auferstehung der Menschen sorgen; sie läßt auf den Tod die Auferstehung folgen.

Als dritten natürlichen Beweis für die Auferstehung führt Clemens die Geschichte vom Phönix an (*25,1-5*). Diese wird eingeführt als Schilderung eines Ereignisses, welches der üblichen Meinung widerspricht (παράδοξος)[50] und ein Zeichen aus der Natur für die Auferstehung ist. Diese Geschichte wird irgendwo, nicht allzu genau, im Orient lokalisiert. – Die Phönixgeschichte ist weitverbreitetes antikes Gemeingut seit Hesiod.[51] Alle Bestandteile der clementinischen Version lassen sich in älteren antiken Texten nachweisen, auch die Wiedergeburt des Phönix als Wurm.[52] Nach Clemens wird diese Geschichte häufig von der altkirchlichen Auferstehungsapologetik verwendet, zu-

---

carn. 12 (zitiert bei Knopf 87), verwendet. – Das Bild entstammt stoischer Tradition und kommt so auch bei Seneca vor (ep. 36,11).

[50] Vgl. Bauer, Wb. 1221.

[51] Vgl. dazu ausführlich R. van den Broek, The Myth of the Phoenix according to Classical and Early Christian Traditions, Leiden 1972 (EPRO 24) (mit Abbildungen!); ferner A. Rusch, Art. Phoinix 5) Der Wundervogel, in: PRE I/20,1 (1941) 414-423.

[52] Sehr schön aufgelistet bei R.M. Grant, 1Clem 51.

erst bei Tertullian, De res. carn. 13. Schon Plinius zweifelte an der Wahrheit der Geschichte, aber Clemens scheint von solchen Zweifeln unberührt. – 25,2 erzählt die ‚Lebensgeschichte' des Phönix: Er ist ‚Einzelkind' und lebt 500 Jahre[53]. Wenn er spürt, daß seine Zeit abläuft, baut er sich ein Nest[54] aus lauter Gewürzen – er befindet sich ja im Gewürzland Arabien –, schlüpft hinein und stirbt dort. In V 3 berichtet Clemens die ‚Auferstehungsgeschichte' des Phönix: Im verfaulenden Fleisch des toten Vogels entsteht ein Wurm[55], der sich vom Leichensaft ernährt und, sobald er erwachsen ist, die Knochen des Toten im Fluge nach Heliopolis in Ägypten überführt. Dort legt er sie am hellichten Tage vor aller Öffentlichkeit ab und fliegt wieder davon (V 4). Für Clemens kommt es besonders auf die zeitliche Regelmäßigkeit dieser ‚Auferstehung' an, denn in V 5 schreibt er noch, daß das Auftreten des Phönix in den ägyptischen Zeittafeln vermerkt sei, die als besonders alt und zuverlässig galten.[56] Clemens verwendet die Geschichte vom Phönix also als Beweis für die Auferstehung κατὰ καιρόν.

Mit *26,1* schließt Clemens seinen Beweisgang ab. Hier wird die Auferstehung eingeschränkt: Auferstehen werden nur die Gläubigen. Das sind diejenigen, die Gott gehorsam (gewesen) sind, in dem Vertrauen, das zum guten Glauben dazugehört. Πεποίθησις betont das Vertrauensmoment innerhalb der πίστις (vgl. 1Clem 35,2; Eph 3,12)[57] und ist hier wohl auf die Verheißung der Auferstehung bezogen. Es ist jedenfalls deutlich, daß ‚Verheißung' hier für Auferstehung steht.

Es folgt ein dreifacher Schriftbeweis für die Auferstehung (*26,2+3*). Allerdings ist von den drei dicta probantia nur eines wörtlich in der LXX wiederzufinden: V 2b ist eine Kombination aus Ψ 3,6 und 22,4, V 3 eine veränderte Wiedergabe von Hi 19,26, und V 2a erinnert von ferne an Ψ 27,7 und 87,11.[58] Die Grundaussage der drei Zitate ist identisch: ‚Du wirst mich auferwecken'. Die Auferstehung

---

[53] Zum Streit um die Phönixperiode vgl. Van den Broek, Myth 67ff; Rusch, Phoinix 415.

[54] Σήκος (nur hier in der urchristlichen Literatur) kann auch ‚Grab' bedeuten, vgl. Bauer, Wb. 1481.

[55] Die Entstehung von Maden in Tierkadavern war den Alten schlechterdings unerklärlich, ein Akt von ‚Selbstschöpfung' (Rusch, Phoinix 421).

[56] Tatian, or. 38; Josephus, c.Ap. I 6,28 (zitiert bei Knopf 90).

[57] Vgl. R. Bultmann, Art. πεποίθησις, in: ThWNT VI 8f.

[58] Jaubert 145, Anm. 3, vermutet apokryphe Herkunft; Knoch, Eigenart 154, hingegen ein christliches Testimonium.

wird also als sichere Hoffnung der Gläubigen formuliert, als Vertrauensaussage. Clemens bringt nicht Jes 25,8 oder Dan 12,2, die später als alttestamentliche dicta probantia für die Auferstehung verwendet wurden, sondern sehr persönliche Aussagen.

Mit *27,1* wird der Blick von der persönlichen Hoffnung auf den verheißenden Gott gelenkt. Die Auferstehungshoffnung, wie sie in den Schriftzitaten 26,2f formuliert worden war, wird jetzt in Gott selbst begründet: Gott ist zuverlässig in der Erfüllung seiner Verheißungen (vgl. Hebr 10,23; 11,11) und gerecht in seinen Urteilen (vgl. 60,1). Clemens schließt seinen Beweis für die Auferstehung mit einer Darstellung der Allmacht Gottes ab (27,2-7): Gott kann nicht lügen, also ist seine Verheißung der Auferstehung glaubwürdig. Gott hat das All geschaffen und kann es wieder zerstören, er kann also alles tun, was er will, folglich auch die Christen auferwecken. Zu beachten ist, daß Clemens von Gottes Fähigkeit zur Zerstörung des Alls handelt und nicht von einem künftigen Weltende. Hinsichtlich der künftigen Auferstehung ist hier die Gewißheit, daß sie geschehen wird, wichtiger als ihre Nähe.

Aus der Allgegenwart Gottes wird *28,1* die ethische Konsequenz gezogen. Die in 27,6 konstatierte Allwissenheit Gottes soll bei den Menschen Gottesfurcht und Sinnesänderung hervorrufen. Ἀπολείπειν steht hier (wie schon 7,2; 9,1) synonym für Buße, Umkehr oder Sinnesänderung. Diese wird Gottes Erbarmen auslösen und so künftigen Verurteilungen vorbeugen. Die Menschen müssen sich also Gottes Erbarmen durch Wohlverhalten erwerben, und das Wohlverhalten bewahrt vor künftiger Verurteilung, hat also – nach dieser Stelle – keine weitere positive Belohnung in Aussicht. Die κρίματα μέλλοντα stehen wohl für das Endgericht[59] und meinen die Strafen, die die Sünder treffen werden.[60] In den folgenden Vv 2-4 wird die Allgegenwart Gottes als Unentrinnbarkeit für die Menschen gedeutet und aus Ψ 138,7-10 bewiesen.

Nach dem ‚paulinischen‘ c.32, in dem die Rechtfertigung durch den Glauben dargestellt wird, ermahnt Clemens zum Tun aller guten Werke (33,1). Dies begründet er (33,2-8) mit Gottes Freude an seinem Werk, dann aber auch mit der Vergeltung Gottes (34,1-3). Der Unter-

---

[59] Nach Knoch, Eigenart 173, die einzige ausdrückliche Erwähnung des Endgerichts im 1Clem.

[60] Deshalb ist Knopfs Übersetzung (92) „das nahende Gericht" nicht ganz richtig.

ordnung unter Gottes Willen werden große Verheißungen in Aussicht
gestellt (34,4-8). Die künftigen Verheißungsgüter werden die jetzigen
Gaben Gottes noch übertreffen und sind durch Gehorsam gegen seinen Willen zu erlangen (35,1-5). Aus der Schrift wird Gottes Haß auf
die Sünder bewiesen (35,6-11 mit Zitat aus Ψ 49,16-23).

Zunächst (*c.34*) führt Clemens den Vergeltungsgedanken im Bild
von Arbeitnehmer und Arbeitgeber ein: Der gute, d.h. fleißige Ar-
beiter nimmt guten Gewissens seinen Lohn entgegen, der faule und
lässige (die Wörter auch Sir 4,29) schaut seinem Arbeitgeber schuld-
bewußt nicht in die Augen (V 1). Weil die Menschen aber ein gutes
Verhältnis zu Gott brauchen, müssen sie willig zum Tun des Guten
sein, denn Gott verteilt alles, Lohn und Strafe[61] (V 2). Das wird
als Voraussage aus der Schrift belegt (V 3). Προλέγειν in einer Zitationsformel ist selten in der urchristlichen Literatur. Vielleicht deutet
das darauf hin, daß hier nicht die Schrift im engeren Sinne, sondern
ein Apokryphon oder ein urchristliches Prophetenwort zitiert wird.
Das Zitat als solches ist nämlich nirgends nachzuweisen.[62] Einzelne
Stücke desselben finden sich an verschiedenen Stellen der LXX: Jes
40,10; 62,11; Prov 24,12; Ψ 51,13. Insbesondere die Vergeltung nach
den Werken kommt häufig vor (vgl. in der urchristlichen Literatur
vor allem Mt 16,27; Röm 2,5 als Zitat von Prov 24,12 sowie Apk
22,12).[63] – Offensichtlich ist hier auf das Endgericht bei der Parusie
angespielt.[64] Zuerst wird das Gekommensein Gottes angezeigt (vgl.
den Kontext in Jes 40,10; 62,11). Μισθός meint hier (wie Apk 22,12)
Vergeltung im allgemeinen Sinne, also Lohn und Strafe. Diese Vergeltung geht vor dem Herrn her[65] (vgl. Jes 62,11). Wie man sich
das vorzustellen hat, darüber schweigen sich fast alle Kommentare
(auch die zu Jes und Apk) aus; nur bei Duhm (zu Jes 40,10) findet
sich der Hinweis, daß diese Formulierung durch das Bild vom Hirten und seiner Herde geprägt sein könnte – aber das ist für Clemens
wohl kaum noch aktuell. Vermutlich war auch ihm der Satz nicht

---

[61] Vgl. Knopf 102. – Der gleichlautende Ausdruck in 1Kor 8,6; Röm 11,36 ist
umfassender als hier gemeint.
[62] Lightfoot I/2, 104: „a confusion"; Knopf 102: „zusammengeflickt".
[63] Die Ausleger erforschen mit viel Scharfsinn die Herkunft des Zitats, ver-
wenden aber keinen Gedanken auf die Erklärung des Inhalts. – Vgl. noch
R.M.Grant, 1Clem 61, oder: Wie ein moderner Gelehrter ein Zitat als Puzz-
le zusammensetzt, Clemens es aber mit Sicherheit nicht getan haben wird;
Hagner, Use 61f.
[64] Anders Aono, Entwicklung 63: „Unmittelbarkeit Gottes".
[65] Bauer, Wb. 1430f.

mehr so ganz klar, denn er fügt noch die klassische Vergeltungsformel an. Ἔργον ist hier als kollektiver Singular zu verstehen[66]; man kann vielleicht umschreiben ‚das Lebenswerk'. Die Qualität dieses Werkes wird das Urteil im Endgericht bestimmen. Die ethische Folgerung aus dieser Gerichtsankündigung wird als Gottesrede präsentiert: Glaube an Gott und Bereitschaft zu jedem guten Werk. Allerdings liegt hier kein alttestamentliches Zitat vor. – Diese ethische Folgerung wird in V 5 mit anderen Worten aufgenommen und verdeutlicht. Glauben heißt, Ruhm und Freimut von Gott zu erwarten; das gute Werk geschieht in Unterordnung unter seinen Willen. Für diesen Dienst in Unterordnung sind die Engel das Beispiel (V 5fin). Das wird mit einem Schriftbeweis aus Dan 7,10 und Jes 6,3 belegt (vgl. Apk 4,8; 5,11). Aus diesem Zitat gewinnt Clemens noch weitere Gedanken, die er in V 7 ausführt. Die Engel sollen auch das Vorbild abgeben für ὁμόνοια und ὡς ἐξ ἑνὸς στόματος βοᾶν. Clemens denkt hier an die einträchtig versammelte gottesdienstliche Gemeinde, die mit *einer* Stimme zu Gott beten soll. Βοᾶν soll hier wohl nicht den Hilfeschrei in (eschatologischer) Bedrängnis bezeichnen[67], sondern in einem allgemeineren Sinne das Beten zu Gott.[68] Über den Inhalt des Gebets verlautet hier nichts – vielleicht das in V 6 zitierte Trishagion? – , aber sein Zweck wird angegeben[69]: Anteil zu bekommen an den Verheißungsgütern Gottes.[70] Die Verheißungen werden als groß und glänzend dargestellt, weil sie von Gott kommen (vgl. 19,2; 23,2; 45,7; 58,1). Inhalt der Verheißung ist die Auferstehung (vgl. 26,1; 27,1), aber noch mehr als diese, wie das Schriftzitat in V 8 beschreibt. Die Herkunft dieses Zitats ist durchaus unklar[71]; es stammt vielleicht aus einer apokryphen Schrift, die Jes 64,3; 65,16 verarbeitet hat[72], und kommt erstmals bei Paulus 1Kor 2,9 vor. Die clementinische Fassung unterscheidet sich nur in einem von der paulinischen: Τοῖς ἀγαπῶσιν wurde

---

[66] Bauer, Wb. 609.

[67] Gegen W.C. van Unnik, 1Clement 34 347f.

[68] E. Stauffer, Art. βοάω, in: ThWNT I (624-627) 626, Anm. 17: „sehr viel blasser ... für das eschatologische Bittgebet der Kirche".

[69] Bl.-Debr.-Rehk. § 402,2: εἰς τό.

[70] Vgl. Hebr 3,1: Teilhaber der Verheißungsgüter Gottes.

[71] Vgl. dazu ausführlich K. Berger, Zur Diskussion über die Herkunft von I.Kor II.9, NTS 24 (1978) 270-283.

[72] W.C. van Unnik, 1Clement 34 351. – Anders Hagner, Use 204-208: Clemens sei von Paulus abhängig.

(wegen des Kontextes?[73]) durch τοῖς ὑπομένουσιν ersetzt. Das Zitat
soll beweisen, daß die verheißenen Güter jede menschliche Vorstellung übertreffen und menschlichem Denken unzugänglich sind. Diese
Dinge hat Gott vorbereitet für die, die auf ihn warten. ῾Υπομένειν
hat bereits in der LXX als Erwartung Gottes eschatologischen Klang,
wird aber in der urchristlichen Literatur sonst nicht mit Bezug auf
Gott gebraucht (vgl. 2Thess 3,5; Apk 1,9; 3,10 mit Bezug auf Christus).[74]

In *c.35* folgen nähere Ausführungen zu den Verheißungen (Vv 1-
3), dann die Ermahnung, sich um das Erlangen der verheißenen Güter
zu bemühen (Vv 4f), und schließlich eine Bemerkung über die Sünder
samt Schriftbeweis (Vv 5-12 mit Zitat aus Ψ 49,16-23).

Die Vv 1+2 zählen die Gaben Gottes in diesem Leben auf. Diese
Geschenke (je „ein Stück inneren Besitzes"[75]) sind wesentliche Heilsgüter, die den Christen als Geschenke, d.h. unverdient zuteil geworden sind. Sie bezeichnen das menschliche Wesen (ζωή, λαμπρότης,
ἀλήθεια), die Beziehung zu Gott (πίστις) und das sittliche Verhalten
(ἐγκράτεια). Was bleibt dann noch übrig für das Eschaton? Diese
Frage stellt Clemens in V 3, indem er Formulierungen aus dem Schriftzitat 34,8 aufnimmt, und beantwortet sie sogleich: Nur der Schöpfer
kennt ihre Menge und Schönheit. Freilich ist dies nicht eigentlich
eine Antwort, sondern nur eine Erklärung, warum diese Frage nicht
zu beantworten ist. Clemens intendiert wohl einen Schluß a minore
ad maius[76]: Wenn schon die gegenwärtigen Gaben Gottes selig und
bewundernswert sind, um wieviel mehr dann die verheißenen Güter,
und zwar in einem Maße, das nur Gott bekannt ist. Clemens will also
nichts über die Gestalt des Ewigen Lebens sagen, sondern das Verheißensein desselben mit Hilfe des Lohngedankens für die Paränese
fruchtbar machen.

In den Vv 4+5 beschreibt Clemens, wie man diese Güter erlangt.
Cod. Alexandrinus hat hinter ὑπομενόντων noch αὐτόν, welches mit
Cod. Hier. 54 und der lateinischen Übersetzung nicht zu berück-

[73] Lightfoot I/2, 107. – Andere Vermutung: Einwirkung von Jes 64,3, so Knopf
103; W.C. van Unnik, 1Clement 34 350; Jaubert 157.
[74] Vgl. F. Hauck, Art. ὑπομένω, in: ThWNT IV 585-593. – Die Standhaftigkeit in weltlichen Bedrängnissen ist hier weniger im Blick, gegen W.C. van
Unnik, 1Clement 34 352f.
[75] Knopf 104.
[76] Vgl. W.C. van Unnik, 1Clement 34 353.

sichtigen ist, denn bereits in V 3 stand ὑπομένουσιν absolut.[77] Die
Christen müssen um die Aufnahme in die Zahl der Standhaften kämpfen. ‚Standhalten' und ‚Kämpfen' erklären sich hier gegenseitig. Im
Vordergrund steht das Bemühen des Menschen, an ein gestecktes Ziel
zu gelangen.[78] Dieses Ziel wird im Nebensatz angegeben: Anteil an
den verheißenen Gaben, hier wohl die eschatologischen Güter, die in
34,8; 35,3 als jede menschliche Vorstellungskraft übertreffend geschildert worden waren. Der Kampf hat drei Schwerpunkte (V 5):

διάνοια πιστῶς ἐστηριγμένη,

ἐκζητεῖν τὰ εὐάρεστα καὶ εὐπρόσδεκτα,

ἐπιτελεῖν τὰ ἀνήκοντα τῷ ἀμώμῳ βουλήσει,

ἀκολουθεῖν τῇ ὁδῷ τῆς ἀληθείας.

Zwar steht der gläubige Sinn (nicht die πίστις !) an erster Stelle, es
folgen aber drei Umschreibungen für das Tun, die schließlich durch einen Lasterkatalog konkretisiert werden: *Das* ist der wichtigste Kampf-
platz!

Auf die Ausführungen über die Sünder 35,5-12 folgt in *36,1-5* ein
christologischer Abschnitt, der wohl aus liturgischer Tradition stammt
und diesen Ursprung mit Hebr 1 gemeinsam hat. Allerdings ist der
Zweck des Zitats bei Clemens ein anderer als im Hebr: Geht es diesem um ein erste Entfaltung seiner Christologie (‚Christus höher als
die Engel'), so ist jenem die endzeitliche Herrschaft Christi besonders
wichtig. Dies ist daran zu erkennen, daß Clemens dem in Hebr 1,5
zitierten Ψ 2,7 noch V 8 anfügt und darauf sogleich Ψ 109,1 folgen
läßt, welchen Vers der Hebr erst erheblich später (1,13) anführt. –
Wieder sagen die Kommentare viel zur Herkunft der Zitate, aber
fast nichts zu ihrem Inhalt. Die Zitationsformeln stammen in beiden
Fällen (Vv 4+5) von Clemens und führen die Psalmworte als Reden
Gottes an seinen Sohn ein. Der Wortlaut der Zitate entspricht genau
der LXX-Fassung. Der Sohn wird zum Weltherrscher proklamiert
(V 4), alle Feinde werden ihm von Gott unterworfen. Ob Clemens
hier die endzeitliche Herrschaft im Blick hat, kann man erwägen, ist
aber nicht sicher. Seine Auswertung dieser Zitate zielt in eine andere
Richtung und nimmt sich neben den feierlichen Worten etwas banal
aus: Die Sünder, also diejenigen, die sich Gottes Willen widersetzen (und nicht unterordnen, vgl. 34,5), werden gedemütigt werden.

---

[77] Mit Knopf 105; Fischer 68; Jaubert 158 gegen Lightfoot I/2, 108.
[78] E. Stauffer, Art. ἀγών κτλ., in: ThWNT I (135-140), bes. 139f.

Wahrscheinlich ist dies eine weitere angedeutete Drohung an die korinthischen Rebellen.[79]

In c.39 weist Clemens die Ohnmacht des Menschen (im Vergleich zu Gottes Allmacht, 38,3f) durch ein Zitat aus Hi 4,16 - 5,5 nach. Sicher nicht ohne Absicht bringt Clemens den ganzen Textzusammenhang bis zu einer Stelle, an der die weisheitliche Vergeltungslehre ausgesprochen wird: *39,7b*. Eifersucht und Zorn bringen dem Unverständigen den Tod ein – so hatte es Clemens selbst in 9,2 auch formuliert. Nur heißt es bei ihm nicht ὀργή καὶ ζῆλος, sondern ἔρις καὶ ζῆλος. Auch dieses Zitat zielt auf die korinthischen Rebellen (vgl. 39,1), die Unverständigen, die sich selbst durch Absetzung von Presbytern erhöhen wollen. Der weisheitliche Lehrsatz wird in den *Vv 8+9* noch konkreter ausgeführt. Dabei fällt insbesondere eine der wenigen Änderungen gegenüber dem LXX-Text auf: Statt ἃ γὰρ ἐκεῖνοι συνήγαγον schreibt Clemens ἃ γὰρ ἐκείνοις ἡτοίμασται. So formuliert, könnte der Satz auf den endgültigen Verlust der Verheißungsgüter hinweisen, denn Clemens verwendet ἑτομάζειν nur in solchem Zusammenhang (vgl. 34,8; 35,3). Die positive ethische Konsequenz steht dann in 40,1ff.

Die gottgewollte Ordnung des Gottesdienstes ist das Thema der cc. 40+41. Das Übertreten dieser Ordnung, deren Vorbild Clemens im Kultgesetz findet, wird hart bestraft: *41,3*. Dieser Satz gehört wohl noch zur Schilderung der alttestamentlichen Ordnung: Die Strafe für das Übertreten der kultischen Ordnung ist (allgemeingültiges oder historisches Präsens) der Tod. Die einzigen konkreten Belege dafür finden sich in Lev 17,1-9, dort aber auf die Stiftshütte bezogen. Das Gebot der Kultzentralisation ist von Verheißungen und nicht von Drohungen begleitet (Dtn 12). Freilich betrifft der Satz an sich in seiner allgemeinen Fassung *jede* Gebotsübertretung. Er ist wohl von Clemens selbst als Resumée zur vorangegangenen Kultschilderung formuliert[80], denn τὸ καθῆκον und πρόστιμον sind ‚hellenistische‘ Wörter und kommen in der LXX kaum vor.[81] Steigernd zieht Clemens in *41,4* aus dieser Vorschrift den Schluß für die Christen. Das Maß der Gefährdung ist mit dem Maß der Erkenntnis gewachsen. Ein solcher Vergleich ist jedoch im vorangegangenen Text nirgends

---

[79] Knopf 108.
[80] Anders Jaubert 169: vielleicht aus einer zadokidischen oder sadduzäischen Quelle.
[81] Vgl. Knopf 115.

angelegt; die Voraussetzung muß also ergänzt werden. Diese könnte verschieden aussehen: Wir haben eine größere Erkenntnis als die Juden, oder: Je weiter wir in der Erkenntnis des Glaubens fortschreiten, oder: Je mehr Erkenntnis wir von Amts wegen haben. Κίνδυνος ist für Clemens das Strafrisiko, das man bei einer Gebotsübertretung eingeht (vgl. 14,2.4f), hier eben der Tod, wie in V 3 angegeben. Das Risiko ist mit dem Maß der Erkenntnis größer geworden, nicht die Strafe selbst, denn eine größere Strafe als der Tod ist nicht denkbar.

Gleichsam im Vorbeigehen, bei der Darstellung der gottgewollten Ämterordnung, nennt Clemens in *42,3* das Thema der apostolischen Missionspredigt. Offensichtlich kann Clemens bei seinen Lesern eine Vorstellung vom Gottesreich voraussetzen. Die Formulierung μέλλειν ἔρχεσθαι findet sich nur selten in der urchristlichen Literatur (vgl. Lk 19,11; 2Clem 5,5) und soll die strikte Zukünftigkeit des Gottesreiches betonen.[82] Auch fehlt der Aspekt der Nähe wie beim synoptischen ἐγγίζω, ἐγγύς. „Offensichtlich gibt es für Cl. selbst kein echtes Problem der Parusieverzögerung mehr."[83]

In c.44 stellt Clemens zunächst die apostolische Einsetzung des Bischofs- (= Presbyter-?)Amtes fest und erklärt die Absetzung von Amtsinhabern zu einer schweren Sünde. Dann (*44,5*) formuliert er einen Stoßseufzer, der vielleicht bei den korinthischen Rebellen ein schlechtes Gewissen auslösen soll, über die bereits verstorbenen Presbyter, denen eine ungestörte Amtszeit vergönnt war: Sie müssen nicht (mehr) fürchten, von dem für sie errichteten Ort vertrieben zu werden. Hier spielt Clemens wohl mit der schillernden Bedeutung des Wortes τόπος, das sowohl ‚Amt' als auch ‚jenseitiger Ehrenplatz' heißen kann.[84] Für letztere Bedeutung[85] spricht die analoge Verwendung von τόπος in 5,4.7 und die Rede vom Verstorbensein sowie vom Bereitetsein des Ortes; für Amt eigentlich nur der Ausdruck ‚Absetzen' und die größere Häufigkeit im allgemeinen Sprachgebrauch.[86] Es läßt sich also nicht sicher entscheiden, ob Clemens hier einen besonderen

---

[82] Gebhardt-Harnack 68. – Anders Knoch, Eigenart 104: Er findet hier die Nähe des Gottesreiches angesagt, macht aber seine Interpretation durch den Hinweis auf nicht allzu buchstäbliches Verstehen halb rückgängig.

[83] Knoch, Eigenart 105.

[84] Vgl. Bauer, Wb. 1628.

[85] Dies für Knopf 120 die einzige Möglichkeit. So auch Knoch, Eigenart 165; Aono, Entwicklung 67.

[86] Deshalb werden bei Lightfoot I/2, 136, und Fischer 81 auch beide Möglichkeiten genannt.

jenseitigen Ehrenplatz für Presbyter im Auge hat – diesen gibt es für
Märtyrer! –; also kann diese Stelle zu einer Eschatologie des 1Clem
fast nichts beitragen.

Die in c.45 aufgestellte Reihe alttestamentlicher Beispiele für Gerechte, die von Ungerechten verfolgt werden, wird *45,8* mit einer allgemeinen Bemerkung über das Schicksal der Verfolgten abgeschlossen.
Die Dulder, die der Unterdrückung durch die Ungerechten standge-
halten haben, haben im Himmel[87] Ruhm und Ehre erlangt. Sie haben
nur standhalten können im Vertrauen auf Gott, welches ein wesent-
licher Aspekt des Glaubens ist (vgl. 35,5). Sie werden von Gott
erhöht[88] und in sein Gedächtnis eingeschrieben.[89] Daß Gott sich eines
Menschen erinnert, ist besonders in den Psalmen ein wichtiger Aspekt
des Heils, während das Tilgen aus seinem Gedächtnis als Fortsetzung
der Todesstrafe mit anderen Mitteln gilt (vgl. Ψ 68,29). Dementsprechend steht hier wohl ‚Gedächtnis für alle Ewigkeit' für das endgültige
Heil. Die Schlußklausel εἰς τοὺς αἰῶνας τῶν αἰώνων ἀμήν setzt sich
dem Verdacht aus, formelhaft und/oder später angefügt zu sein, obwohl der textkritische Befund eindeutig für sie spricht. Denn bereits
V 7 endete mit dieser Formel. Über die Formulierung dieses Verdachts
ist aber wohl kaum hinauszukommen.

In *47,7* stellt Clemens den korinthischen Rebellen die Folgen der
von ihnen verursachten Spaltung vor Augen. Diese Spaltung hält
er für schwerwiegender als die von Paulus in 1Kor 1-3 geschilderte.
Denn das Gerücht vom Streit in der korinthischen Christengemeinde
hat nicht nur die römische Gemeinde erreicht, sondern auch ‚An-
dersgesinnte'. Herkömmlich wird dies auf Juden und Heiden gedeutet.[90] Ἀφ' ἡμῶν – ‚von uns weg' löst aber die Vermutung aus, daß
hier vielleicht römische Rebellen gemeint sein könnten, die durch die
Vorgänge in der korinthischen Gemeinde bestärkt werden könnten
– so die Befürchtung des Clemens. Wie dem auch sei, die Verbreitung dieser Nachricht hat zu Lästerungen gegen den Namen Christi
geführt, und das ist durch den Unverstand der korinthischen Rebellen

---

[87] Anders Knopf 121: bei den Menschen.
[88] In den Himmel (Bauer, Wb. 558)? An den Ort des Ruhms (Knopf 121)?
Anders Knoch, Eigenart 170f: Im Hades (mit Verweis auf 50,3). Aber reicht
das Zitat 50,4 ‚(Hades-)Kammern' aus zur Begründung?
[89] Ἔγγραφος nur hier und Herm 56,8 in der urchristlichen Literatur. Vgl.
dazu R. Stuhlmann, Das eschatologische Maß im Neuen Testament, Göttingen 1983 (FRLANT 132), 145.
[90] Harnack, Einführung 117; Knopf 124; Jaubert 178; Fischer 85, Anm. 274.

verschuldet worden. Unverständig und töricht sind nämlich Rebellion und Gemeindespaltung, und Blasphemie ist ein todeswürdiges geistliches Verbrechen. Die Korinther riskieren also durch ihre Spaltung das göttliche Strafgericht.[91] Als Subjekt des ὥστε-Satzes dürfte demnach ὑμᾶς zu ergänzen sein.[92] Hier liegt also ein mit dem Gerichtsgedanken begründetes Drohwort vor.[93]

Innerhalb seiner Ausführungen über die Liebe (cc.49+50) schreibt Clemens in *50,3* auch von den eschatologischen Auswirkungen der Liebe. Alle Menschen seit Adam sind vergangen, gestorben (und führen nur noch ein Schattendasein), einige aber wurden nach Gottes Gnade[94] in der Liebe vollendet (vgl. 40,5). Das bedeutet für Clemens, daß sie Gottes Gebote erfüllt haben (49,1) und dazu durch Gottes Gnade befähigt wurden. Deshalb gelangten sie zum Ort der Frommen (vgl. 5,4.7; 44,5). Offensichtlich fällt unmittelbar nach dem Tod eine Vorentscheidung über das Dasein im Jenseits. Hier jedenfalls ist die Trennung von Frommen und Unfrommen vorausgesetzt, die der Terminologie nach griechischer Herkunft ist.[95] Wer aber diese Vollendeten sind, das wird erst am Jüngsten Tag offenkundig (vgl. 2Kor 5,10). ‚Offenbar werden‘ kann aber auch für die Auferstehung stehen. Clemens läßt (bewußt?) offen, ob nur Christen oder auch vorchristliche Fromme zu den Vollendeten zählen. Ἐπισκοπή umfaßt positive und negative Aspekte (vgl. Weish 3,7; Lk 19,44; 1Petr 2,12). Hier ist wohl das Kommen des Reiches Christi gemeint. Dieses ist rein zukünftig. In der Geschichte seit Adam hat es durch Christi Heilshandeln keinen wesentlichen Einschnitt gegeben.[96]

Clemens läßt in *50,4* sogleich den Schriftbeweis folgen. Allerdings ist das Zitat nirgends zu finden. Die ersten beiden Sätzen basieren auf Jes 26,20, aber nicht ohne Abweichungen; für den dritten Satz gibt es keinen weiteren Beleg, und der vierte könnte eine Anspielung auf Ez 37,12 sein (vgl. aber auch Jes 26,19).[97] Jedenfalls wird das in V 3 geschilderte Geschehen hier ebenfalls erzählt: Das Eingehen in die

---

[91] Harnack, Einführung 117: ein Eingreifen der Polizei. – Vgl. aber 14,2; 41,1; 59,1.

[92] Vgl. Lightfoot I/2, 145.

[93] Aono, Entwicklung 68.

[94] Vgl. Knopf 127 zum grammatikalischen Bezug.

[95] Vgl. Knopf 127 mit Hinweis auf Lukian. – Zum patristischen Gebrauch dieser Wendung vgl. Lightfoot I/2, 150.

[96] Vgl. Knoch, Eigenart 107.

[97] Deshalb vermutet Jaubert 182 die Herkunft aus einer Testimoniensammlung.

Kammern (Hadeskammern, vgl. 4Esra 7,78-80.88-99) entspricht dem
Bewohnen des Landes der Frommen, und die Auferweckung durch
Gott entspricht dem Offenbarwerden. Darüber hinaus wird noch die
Kürze der in den Kammern zu verbringenden Zeit betont (zur Formulierung vgl. Hebr 10,37), vor allem aber Gottes Handeln: Gottes Zorn
und Wut müssen vorüberziehen – eine Anspielung auf die Bedrängnisse der Endzeit?[98] Der ‚gute Tag' steht wohl für den alttestamentlichen ‚Tag Jahwes' , also das Kommen Gottes; schließlich wird Gott
die Christen aus ihren Gräbern auferwecken.

In c.51 spricht Clemens die korinthischen Rebellen direkt an und
legt ihnen das Bekennen ihrer Sünden nahe, indem er *51,3-5* auf die
harte Strafe hinweist, der im Alten Testament die Hartherzigen an-
heimgefallen sind. – Am Anfang dieser Argumentation steht die These
(V 3a), die dann in zwei Schritten aus der Schrift belegt wird: Zuerst
nach der negativen Seite (Vv 3b-5), nämlich die Herzensverhärtung
und ihre tödlichen Folgen, dann nach der positiven Seite (c.52). In
beiden Fällen argumentiert Clemens aus der Schrift; in den hier inter-
essierenden Vv 51,3b-5 allerdings nicht in wörtlichen Zitaten, sondern
durch Zusammenfassung zweier Geschichten auf das für seinen Zweck
Notwendige. Für Clemens ist die Verhärtung des Herzens (σκληρύνειν
τὴν καρδίαν, vgl. Hebr 3,8.15; 4,7 als Zitat aus Ψ 94,8) das Wichtigste an diesen beiden Geschichten. Denn diese Formulierung aus der
These der Argumentation tritt in beiden Nacherzählungen wörtlich
wieder auf. Das erste Beispiel (Vv 3b+4) ist aus Num 16 (Rebellion der Rotte Korah) genommen, obwohl dort Herzensverhärtung
nicht vorkommt, ebensowenig στασιάζειν, welches ein Lieblingswort
des Clemens ist.[99] Aber V 4a erinnert doch zu deutlich an Num
16,33 (vgl. auch ConstAp II 27), um Num 16 als Hintergrund dieser
Nacherzählung zu übersehen, zumal der dort geschilderte Vorfall bereits 4,12 von Clemens als warnendes Beispiel verwendet wurde. Die
beiden wichtigsten Aspekte hat er also in die Geschichte eingetragen,
um sie seinem Zweck dienstbar zu machen: Durch die Bezeichnung
der Rotte Korah als στασιάσαντες, welches Wort sonst ständige Bezeichnung der korinthischen Rebellen ist, kann er diese Geschichte
als Drohung mit dem göttlichen Gericht an die Adresse der Rebellen
einsetzen. Herzensverhärtung steht in diesem Zusammenhang wohl

---

[98] Aono, Entwicklung 72: Die Frommen werden das Gericht nicht erleben; der
gute Tag stehe für die Auferstehung als Heilsgut.
[99] Vgl. Bauer, Wb. 1514.

für Mangel an Bußfertigkeit und Einsicht in die eigene Schuld, im ersten alttestamentlichen Beispiel auch für die Meuterei gegen den Gottesknecht Mose. Die Bestrafung *dieser* Rebellen ist allgemein bekannt – droht sie auch den korinthischen Rebellen? –: Sie mußten lebendig in die Unterwelt hinab (vgl. Num 16,30.33; 1Clem 4,12), sie erlitten also den plötzlichen vorzeitigen Tod von Gottes Hand. Der Tod beherrscht sie (vgl. Ψ 48,15). – Das zweite Beispiel (V 5) basiert auf Ex 14: (Der) Pharao und das ägyptische Heer wurden allein wegen ihrer Herzensverhärtung[100], d.h. Uneinsichtigkeit, im Roten Meer ertränkt. Auch hier ist also der plötzliche Tod die Strafe für Herzensverhärtung, die in diesem Falle um so schlimmer war, als die Ägypter Gottes Macht an den durch Mose geschehenen Wundern hätten erkennen können und müssen.

In *c. 57* fordert Clemens die korinthischen Rebellen zur Unterwerfung auf (Vv 1+2a). Er begründet diese Forderung mit einem allgemeingültigen Satz (V 2b), der dann noch durch ein langes Schriftzitat (Vv 3-7) untermauert wird. Der Satz V 2b ist von Clemens selbst formuliert, wie manche Spezialworte (ἐλλόγιμος, ὑπεροχή) zeigen. Die Geringen, d.h. Demütigen, Untergeordneten in der christlichen Gemeinde werden als die von Gott Erwählten im Endgericht dastehen. Die sich aber für etwas Besseres halten, werden von der Hoffnung auf Christus ausgeschlossen werden. Es ist völlig klar, welches Verhalten Clemens von den Rebellen erwartet: die demütige Unterwerfung. Er motiviert seine Forderung mit dem Hinweis auf die eschatologischen Folgen des einen oder anderen Verhaltens.

Zum Zwecke der direkten Drohung wird ein Zitat aus Prov 1,23-33 als Rede der personifizierten Weisheit[101] angeschlossen (Vv 3-7), die unmittelbar an die Rebellen gerichtet ist. Auf die Einleitung des Zitats V 3a und die Lehreröffnungsformel V 3b folgt V 4a die Schilderung des Sachverhalts und Vv 4b+5a die Konsequenz, die die Weisheit daraus zieht. V 5b bringt noch einmal den Sachverhalt, Vv 6+7a die Konsequenzen für die Übeltäter, V 7b schließlich Tun und Ergehen der Guten als Kontrast.

Der Tatbestand: Die Bösen haben die Worte der Weisheit weder gehört noch aufgenommen, sondern ihre Ratschläge mißachtet. Die

---

[100] Erweiterung gegenüber Ex 14,17: Dort ist nur von der Herzensverhärtung des Pharaos die Rede.

[101] Nach Eusebius, h.e. IV 28,8, wurde Prov in der Alten Kirche oft πανάρετος σοφία genannt.

Folgen: Verderben, plötzlicher Untergang, Bedrängnis – und Schadenfreude der Weisheit. Erbarmungslos wird sie ihre Ohren verschließen
vor den Hilferufen der Bösen. Offensichtlich will Clemens mit diesem
Zitat das Schicksal ausmalen, welches den Rebellen droht, wenn sie
hochmütig seine Ratschläge mißachten.

Noch einmal (Vv 5b-7) wird das Schicksal der Bösen geschildert. Der
Tatbestand: Die Bösen lehnten die Weisheit, d.h. die Gottesfurcht
ab, sie verschmähten ihre Ratschläge. Die Folgen: Ihr Fehlverhalten
wird auf die Bösen selbst zurückfallen, sie werden wegen ihrer Untaten
getötet werden. Der Gute hingegen, der auf die Weisheit hört, wird
furchtlos und hoffnungsvoll leben können. Hier knüpft Clemens die
aktuelle Auswertung des Zitats (c.58) an, indem er die Paränese in
diesen Vergeltungsaussagen begründet (οὖν).

Mit einer letzten Aufforderung und einer beschworenen Verheißung beschließt Clemens in *58,2* die unmittelbare Anrede an die korinthischen Rebellen. Der Satz beginnt mit einer trinitarischen
Schwurformel, die der LXX-Fassung der alttestamentlichen Schwurformel nachgebildet ist (vgl. 1Sam 26,16 u.ö.). Hier wie dort dient
sie einer letztgültigen Bekräftigung der folgenden Worte. Vorher wird
noch eine erklärende Apposition eingeschoben: Glaube und Hoffnung
beziehen sich auf die Trinität. Die solchermaßen bekräftigte Aussage
steht in dem fast überladenen ὅτι-Satz, in dem Clemens den theologischen Grundgedanken seines Schreibens zusammenfaßt. Das Tun der
von Gott gegebenen Rechtssätze und Vorschriften (vgl. 2,8) wird verlangt sowie eine besondere Art dieses Tuns: Demut und Milde (vgl.
30,8; 56,1) sollen das Tun bestimmen, außerdem soll es beharrlich
und unbeirrbar geschehen. Wer so handelt, wird zu denen gehören,
die durch Jesus Christus gerettet werden. Der Christ hat also eine
Leistung zu erbringen; nur als ein Leistungsträger wird er gerettet
werden. Aber nicht alle werden gerettet werden. Ἐλλόγιμος (44,3;
57,2; 62,3) und ἀριθμός (2,4; 35,4; 59,2) zeigen an, daß es auch Ver-
lorene geben wird. Schließlich deutet Clemens auch noch an, daß die
Rettung durch Jesus Christus geschieht, aber das wirkt neben der
geforderten Leistung eher als Anhang und Nebensache. Das Gewicht
dieses Satzes wird betont durch den doxologischen Abschluß. Das
Tun des Gotteswillens wird also durch den Hinweis auf die künftige
Belohnung motiviert.

Vor die Einleitung zum Großen Kirchengebet stellt Clemens in
59,1 noch eine autoritative Drohung gegen die Ungehorsamen. Die

römische Gemeinde reklamiert hier (wie auch 63,2; 56,1) göttliche
Autorität für ihr Mahnschreiben nach Korinth. Dementsprechend ist
Ungehorsam Sünde, und die Ungehorsamen setzen sich einer nicht geringen Gefahr aus (vgl. 14,2; 41,4; 47,7), genauer: Die Ungehorsamen
riskieren den plötzlichen Tod als Gottes Strafe.

4. Strukturen clementinischer Eschatologie

Drei Themen heben sich beim Blick auf die eschatologischen Aussagen des 1Clem heraus: Die Auferstehung, die Parusie und eine aus-
giebig traktierte Vergeltungslehre, wobei letztere eindeutig das Übergewicht hat. Das hängt direkt mit dem ethischen Zweck des Briefes
zusammen. Die ‚klassischen' eschatologischen Themen Auferstehung
und Parusie sind hingegen nicht so recht mit Anlaß und Absicht des
Schreibens in Verbindung zu bringen. ‚Vergeltungslehre' steht begriff-
lich zwischen ‚Tun-Ergehen-Zusammenhang', welchen Clemens aus
weisheitlicher Tradition übernommen hat (man beachte die ausführlichen Zitate aus Prov und Hi!), und ‚Endgericht', welches eine sehr
geringe Rolle spielt. Wenigstens tritt das Wort κρίσις nirgends auf,
nur κρίμα weist in diese Richtung. Meist wird aber überhaupt nicht
gesagt, wie die Vergeltung erfolgen soll, sondern nur, daß sie geschehen
wird. Mittelbar zu dieser Vergeltungslehre gehören auch die Angaben
über die jenseitigen Orte der Verstorbenen, sofern der Aufenthalt an
denselben durch das Verhalten in diesem Leben bestimmt wird. Das
Wort ‚Vergeltungslehre' habe ich auch deshalb gewählt, weil ‚Tun-
Ergehen-Zusammenhang' eher diesseitigen Klang hat. Denn die Vergeltungslehre ist zwar aus diesem weisheitlichen Gedanken herausge-
wachsen, bildet jetzt aber einen Bestandteil der Eschatologie, sofern
sie Aussagen über das endgültige Ergehen der Menschen macht. Und
dazu gehört auch der Tod, denn er ist *das* endgültige Ereignis eines
Menschenlebens und wird deshalb zu Recht der Eschatologie zugeordnet.

Für Clemens entscheidet sich das endgültige Schicksal der Menschen an der Qualität ihres Lebenswerkes. Demütigung und Tod drohen denen, die sich Gottes Geboten widersetzen (11,1f; 14,2.4f; 21,1;
41,3f; 47,7; 51,3-5; 59,1). Dieses Risiko gehen insbesondere die ein,
die sich an der gottgegebenen Gemeindeordnung vergehen und den

römischen Ratschlägen nicht folgen (χίνδυνος-Aussagen 14,4f; 41,4; 47,7; 59,1). Zur Rettung, zum ewigen Heil, zum Empfang der Verheißungsgüter führen nur Buße (μετάνοια), Gehorsam und geduldiges Ausharren (7,6f; 28,1; 35,4f; 45,8; 50,3f; 58,2). Die verheißenen Güter sind für Menschen unvorstellbar (34,7f; 35,1-3). Diese Vergeltungslehre wird von Clemens als Drohung und Verheißung an die Adresse der korinthischen Rebellen eingesetzt, als Motivation mit dem Ziel, das Verhalten der Rebellen zu ändern, genauer: ihre demütige Unterwerfung und die Wiederherstellung des status quo ante zu erreichen. Clemens verwendet noch einige andere Mittel zum selben Zweck: Beispiele – zur theologischen Diagnose der korinthischen Situation (cc.4-6), aber auch als Vorbilder, darunter Christus und das römische Heer; den Willen Gottes (9,1); das inspirierte Schriftwort (13,1); den Versuch, die Rebellen von der Gemeinde zu isolieren; Anweisungen im kommunikativen Plural und noch einige andere Dinge mehr. Unter diesen Mitteln ist die Vergeltungslehre vielleicht nicht das häufigste, aber das gewichtigste Argument.[102] Mit Bedacht erwähnt Clemens zweimal (4,12; 51,4) den in Num 16 geschilderten Vorfall, als Rebellen gegen die gottgegebene Kultordnung vom Straftod ereilt wurden. Dieses Schicksal droht er auch den korinthischen Rebellen an – das einzige, noch dazu rein theologische Druckmittel, das der römischen Gemeinde neben den Schiedsrichtern (65,1) zur Verfügung steht.

Unausgeglichen mit diesen Gedanken und in sich läßt Clemens aber auch eine gewisse Jenseits-Topographie erkennen: Märtyrer, Presbyter und überhaupt Fromme erhalten je eigene Orte zugeteilt (5,4.7; 50,3; vielleicht auch 44,5); auch gibt es Urteile der Unterwelt gegen die Bösen (20,5). Dabei wird aber nicht so recht deutlich, ob Clemens den Zwischen- oder den Endzustand der Gestorbenen meint.

Die Auferstehung scheint für Clemens ein Heilsgut und keineswegs allgemein zu sein (50,3f). Die Formulierungen sind so wenig eindeutig, daß durchaus auch vorchristliche Fromme an der Auferstehung teilhaben könnten. Einen eigenen Abschnitt verwendet Clemens auf den Beweis der Auferstehung (cc.24-27). Er will zeigen, daß die Auferstehung zur von Gott festgesetzten Zeit (κατὰ καιρόν) geschehen wird. Dazu taugt der Beweis aus der Auferstehung Christi nicht, die deshalb nur am Rande erwähnt wird. Neben einigen Schriftzitaten, die der

---

[102] Vgl. dazu ausführlich A. Faivre, Le ‚System normatif‘ dans la Lettre de Clément de Rome aux Corinthiens, RevSR 54 (1980) 129-152. Für Faivre sind das christlich verstandene Alte Testament und die Apostel die wichtigsten der von Clemens verwendeten Normen.

Gewißheit der persönlichen Auferstehungshoffnung Ausdruck geben, und dem Hinweis auf die Allmacht Gottes zieht Clemens vor allem drei Naturabläufe als Beweismittel heran: den Tag-Nacht-Wechsel, das Entstehen der Frucht aus dem Samen und die Phönixgeschichte. Alle drei bergen theologische Risiken: Der Tag-Nacht-Wechsel und die Phönixgeschichte schildern zyklische Abläufe, und die Frucht vermehrt sich aus dem Samen – zwei Sachverhalte, die nicht auf die Auferstehungshoffnung übertragbar sind. Wenn dieser Abschnitt nicht durch aktuelle Diskussionen in Korinth ausgelöst wurde, so zeigt er jedenfalls, daß die Hoffnung auf Auferstehung schon damals alles andere als selbstverständlich war.

Von einer Naherwartung der Parusie wird man bei Clemens schon nicht mehr sprechen können. Zwar gibt es in c.23 ein traditionelles Stück Naherwartungsapologetik, aber gerade in diesem Zusammenhang tritt das Wort ἐγγύς nicht auf. Vielmehr wird die Plötzlichkeit der Parusie betont und dann relativ rasch zum nächsten, wichtigeren Thema, nämlich der Auferstehung, übergeleitet. Die Nähe Gottes wird in den cc.21+27 gerade nicht zeitlich, sondern als Allwissenheit und Unentrinnbarkeit interpretiert. Nach dem Schriftzitat 34,3 wird bei der Parusie die Vergeltung der menschlichen Taten stattfinden. Das Reich Gottes und sein Kommen werden einmal eher beiläufig und formelhaft erwähnt (42,3). Es war für Clemens Inbegriff der apostolischen Missionspredigt und wird als strikt zukünftig verstanden.

Es fällt auf, daß auch in eschatologischen Zusammenhängen fast gar nicht von Jesus Christus gesprochen wird (Ausnahmen: 36,4f; 57,2). Auch auf diesem Gebiet schlägt die Theozentrik der clementinischen Theologie durch. Wegen seines gemeinde-ethischen Interesses schreibt Clemens fast nichts vom eschatologischen Schicksal der Welt; 27,4 ist bezeichnenderweise nicht von einem künftigen, sondern von einem möglichen Weltende die Rede.

Die Gedanken von den jenseitigen Orten, die Interpretation der Nähe Gottes als Allwissenheit und der in der Vergeltungslehre betonte individuelle Aspekt charakterisieren die Eschatologie des 1Clem als stark hellenisiert; Apokalyptisches ist nur bruchstückhaft vorhanden (50,4).

V. Eschatologie in der Predigt
Der Zweite Clemensbrief

1. Einleitungsprobleme[1]

Die als ‚Zweiter Clemensbrief' bezeichnete Schrift ist lediglich in drei Handschriften überliefert: Im Bibelcod. Alexandrinus (A; 5. Jh.) nur bis 12,5 am Ende des Neuen Testaments; in der Sammelhandschrift Cod. Hier. 54 (H; 1056) vollständig; in einer syrischen Übersetzung des Neuen Testaments (S; etwa 1170) vollständig, und zwar zwischen den katholischen Briefen und dem Corpus Paulinum. In allen drei Fällen folgt 2Clem dem 1.Clemensbrief.

Zum ersten Mal bezeugt wird die Schrift bei Eusebius, h.e. III 38,4. Die Formulierung der Stelle läßt erkennen, daß Eusebius zwar von der Existenz des 2Clem wußte, diesen aber wahrscheinlich nicht zur Hand hatte.[2] Nur wenige Jahre später werden die beiden Clemensbriefe in den Apostolischen Canones (ConstAp VIII 47,85) als kanonische Schriften bezeichnet, ebenso im Inhaltsverzeichnis des Cod. Alexandrinus. In späteren Kanonslisten jedoch werden sie bestenfalls als Apokryphen geführt.[3] In keinem altkirchlichen Zeugnis wird die Verfasserschaft des Clemens Romanus angezweifelt oder bestritten. Seit einigen Jahrzehnten ist es jedoch opinio communis, daß 2Clem nicht von Clemens Romanus stammt, denn die Unterschiede in Terminologie, Gedankenwelt und Argumentationsweise sind zu groß.

Eine Gliederung des Textes ist außerordentlich schwierig wegen der lockeren, kaum thematisch akzentuierten Gedankenfolge. Theologische Erwägungen im engeren Sinn des Wortes treten hin und wieder auf, münden aber sogleich in Mahnungen. Auch werden viele in

---

[1] Vgl. dazu ausführlich Wengst 205-236; ferner D. Powell, Art. Clemensbrief, Zweiter, in: TRE 8 (1981) 121-123; Altaner-Stuiber, Patrologie 88.558 (Lit.); Vielhauer, Geschichte 737-744. – Die letzten Monographien zum Thema: Stegemann, Herkunft; Donfried, Setting. – Erst nach Abschluß des Manuskripts kam mir zur Kenntnis R. Warns, Studien zum 2. Clemensbrief, Diss. Marburg 1985 (noch ungedruckt).

[2] Vgl. Wengst 208; Stegemann, Herkunft 50-53.

[3] Vgl. dazu Stegemann, Herkunft 46-48.

sich geschlossene Abschnitte durch Stichwortaufnahme miteinander
verknüpft, z.B. 8,6 und 9,1 durch das Stichwort σάρξ.
Ich erkenne folgenden Gedankengang[4]:

   1 - 4   Christi Heilstat fordert die Gegenleistung der Christen
   5 - 6,6 Kurzer Aufenthalt in dieser Welt
   6,7 - 8,6 Christliches Leben als Wettkampf und als einzige Buß-
            gelegenheit. Ziel: Bewahrung des Taufsiegels
   9 - 12   Vom Wert der σάρξ. Buße und Tugend zur Erlangung
            der künftigen Verheißung. Ethische Interpretation der
            Frage nach dem Parusietermin
   13 - 18 Mahnung zur Buße mit Rücksicht auf die Heiden, wegen
            des Wesens der Kirche, um Redner und Hörer zu retten,
            angesichts des kommenden Gerichts
   19,1 - 20,4 Vom Sinn der Ermahnung. ‚Theodizee'
   20,5   Doxologie als Abschluß

Das Thema des 2Clem und zugleich seine Argumentationsweise sind
prägnant in 19,3 zusammengefaßt: ‚Laßt uns Buße tun, damit wir
gerettet werden'. In 15,1f; 17,3 und 19,1 charakterisiert sich 2Clem
selbst als Mahnrede, die von einem Presbyter im Gottesdienst ver-
lesen worden ist. Es handelt sich also ursprünglich wohl nicht um
einen Brief im engeren Sinn des Wortes, wie es die Handschriften an-
geben, zumal auch sämtliche formalen Merkmale eines Briefes fehlen.
Freilich ist vorstellbar, daß diese Predigt auch verschickt wurde, aber
dafür fehlen jegliche Hinweise. Ein endgültiger Beweis für die Einordnung des 2Clem als Predigt wird sich aus Mangel an zeitgenössi-
schem Vergleichsmaterial nicht führen lassen. Die verbreitete Meinung, 2Clem sei die älteste erhaltene christliche Predigt, sollte sich
durch analoge Überlegungen zum Hebr[5] relativieren lassen. Gerichtet
ist diese Mahnrede an irgendeine christliche Gemeinde, deren Kontur
und Situation im Text kaum zu erkennen ist. Von einer Gemeindeverfassung wird nur das Presbyteramt angeführt. Immerhin muß 2Clem
sich mit abweichenden Meinungen beschäftigen: Abwertung der σάρξ
(c.9), Zweifel am Eintreten der Verheißung (c.11), Frage nach dem
Parusietermin (c.12). Alle diese Probleme werden in einen ethischen
Kontext gestellt und dort ‚gelöst'. Ebenso ethisierend werden auch

---

[4] Vgl. auch die Vorschläge bei Knopf 151; Vielhauer, Geschichte 737; Graham
     111; Wengst 209.
[5] Den Anlaß für solche Überlegungen gibt Hebr 13,22; vgl. Vielhauer, Ge-
     schichte 241-243; A. Vanhoye, Art. Hebräerbrief, in: TRE 14 (1985) (494-
     505), 497f.

‚gnostische' Begriffe aufgenommen und interpretiert.[6] 2Clem dürfte
es also mit einer Gruppe gnostisierender Christen innerhalb seiner Gemeinde zu tun gehabt haben. Das auffallende Fehlen jeder weiteren
Polemik könnte auf ein frühes Stadium der Konkurrenz Großkirche –
Gnostizismus deuten.

Für eine nicht zu späte Ansetzung des 2Clem spricht auch die
noch nicht durch die kanonischen Evangelien normierte Verwendung
von Herrenworten: Es gibt apokryphe Logien (12,2.6) sowie die Kombination zweier Logien (5,2-4), die wahrscheinlich einer apokryphen
Evangelienschrift entnommen sind.[7] Im übrigen beruft er sich auf
‚die Schrift' als Autorität, die aber durchaus auch Apokryphes bietet
(11,2ff). Alles in allem dürfte eine Ansetzung in der ersten Hälfte des
zweiten Jahrhunderts richtig sein.

Die Zitate geben auch erste Hinweise auf den traditionsgeschichtlichen Hintergrund des 2Clem: Herrenworte und Sätze aus der Schrift.
Paulus hingegen kommt weder als Zitatquelle noch als (impliziter)
Opponent vor[8]. Die Herrenworte entstammen der synoptischen Tradition vor ihrer Kanonisierung und Normierung. Das ‚alttestamentlich-
apokryphe' Zitat 11,2ff sowie einige weitere Aussagen gehen auf jüdisch-apokalyptische Traditionen zurück, während Form (Mahnrede)
und ethische Inhalte durch das hellenistische Judentum aus der stoi-
schen Popularphilosophie vermittelt wurden.[9] Auf diesen jüdisch-
hellenistischen Hintergrund ist wohl auch die Nähe zu gnostisieren-
den Anschauungen zurückzuführen, die sich unüberhörbar durch laute
Polemiken in den cc.9;12;14 bemerkbar macht.

2. Die bisherige Forschung

Die Eschatologie des 2Clem ist bisher noch nicht Gegenstand einer eigenständigen Untersuchung gewesen. Nach B. Daley (Eschatologie 94) bietet 2Clem „eine eindeutig apokalyptische Zukunfts-
hoffnung". Diese Charakteristik trifft nur einen Teil des Befundes

---

[6] Zusammenstellung bei Wengst 226f.

[7] Vgl. Wengst 227; Vielhauer, Geschichte 743; Köster, Überlieferung 109-111.

[8] Die Differenzen zur paulinischen Theologie zählen auf Aono, Entwicklung
159-162; Donfried, Theology 497f.

[9] Vgl. dazu zusammenfassend E. Öffner, Der Zweite Klemensbrief, Diss.
Erlangen-Nürnberg 1976, 88-151.

und müßte noch differenziert werden. Im übrigen wird die neuere Forschung zum Thema beherrscht durch *H. Windischs* traditionsgeschichtliche Analyse des Christentums des 2Clem.[10] Nach einer kurzen Darstellung älterer Arbeiten zum Thema (119-121) beschreibt Windisch den theologischen Charakter des 2Clem als Schichtung aus verschiedenen Traditionsstoffen auf prophetisch-synopti-scher Grundlage (121f). Das Ergebnis lautet so (132):

> „Das Christentum des II.Clem. hat sich gespeist aus der prophetischen Drohrede, der synoptischen Predigt vom kommenden Gericht und vom kommenden Reich, aus der spätjüdischen Zweiwegelehre und allerlei damit verwandten ethisch-eschatologischen Motiven, aus einigen die Synopse weiterführenden Gedanken der apostolischen Überlieferung, aus den in apostolischer Zeit begründeten Lehren vom göttlichen Christus und seiner Epiphanie und von der himmlischen Kirche, endlich aus der gleichfalls in apostolischer Lehre und Praxis festgelegten Lehre von der Taufverpflichtung."

So gut wie keine traditionsgeschichtliche Möglichkeit ist hier ausgelassen, so daß das Bild schon wieder unscharf wird. Insbesondere Eschatologisches scheint dem 2Clem von überall her zugeströmt zu sein, wie überhaupt gelte: „Das Christentum ist wieder überwiegend eschatologische Religion geworden" (131). Das Eschatologische spielt also in Verbindung mit dem Ethischen eine große Rolle im 2Clem.

Auch *J. Beblavý* stellt die Dominanz des Eschatologischen im einschlägigen Kapitel seiner Arbeit (Idées 156-169) fest. Einen paulinischen Einfluß kann er nicht finden (167f). Denn die Auferstehungshoffnung des 2Clem sei materialistisch, die des Paulus geistlich (161). Glaube und Christus spielten keine heilsentscheidende Rolle; allein der Mensch mit seinen endgerichtlich zu beurteilenden Werken erwerbe sich das Heil oder eben auch nicht (163). Auch der Tag der Parusie sei nicht vom Gotteswillen, sondern von der menschlichen Erfüllung eines asketisches Ideals abhängig (158f). Aus alledem werde deutlich, daß eschatologische Gedanken vor allem in ethischem Kontext auftreten.

---

[10] H. Windisch, Das Christentum des zweiten Clemensbriefes, in: Harnack-Ehrung, Leipzig 1921, 119-134.

A.P. O'Hagan (Re-Creation 70-87) findet im 2Clem keine explizite Erwähnung der Hoffnung auf materielle Neuschöpfung. Sie sei jedoch wahrscheinlich durch die anderen eschatologischen Gedanken impliziert (87). Das sei damit zu erklären, daß 2Clem eben keine theologische Studie, sondern eine moralische Ermahnung schreibe (86). An sieben eschatologischen Elementen zeigt O'Hagan, wie er sich das Impliziertsein der Hoffnung auf materielle Neuschöpfung vorstellt. Die leibliche Auferstehung werde vom 2Clem so betont, daß er nicht zu einer spiritualisierten Eschatologie neige (85). Der Gerichtsgedanke betone vor allem den Läuterungsaspekt, so daß der Gedanke der Neuschöpfung nicht ausgeschlossen sei (73). Die Sammlung der Auserwählten sei in der jüdischen Tradition eng mit der Landverheißung verbunden, also im 2Clem mit der Hoffnung aus Neuschöpfung (75). Christi eschatologisches Reich trage zwar irdische Züge, aber nicht im chiliastischen Sinne (78). Die Verbindung der endzeitlichen Ruhe-Verheißung mit τρυφή zeige die Erdverbundenheit der Hoffnung des 2Clem, wie sie ihm aus jüdischer Tradition zugewachsen sei (80). Die Lehre von der präexistenten Kirche sei bei Hermas und in der Apk Joh mit dem Gedanken der irdischen Erneuerung verbunden, folglich sei dieser auch im 2Clem impliziert (82). Für diesen Schluß muß O'Hagan freilich den Fleisch-Geist-Gegensatz aus 2Clem 14 abschwächen. Der Gedanke vom ewigen Leben in einem überirdischen Himmel (2Clem 19,4) sei mit einer irdischen Erneuerung nicht zu vereinbaren; er stamme wie die cc.19+20 insgesamt aus einer anderen Tradition. Diese logische Inkonsistenz beruhe auf der ethischen Zielsetzung des 2Clem (84). Damit scheint mir der Punkt getroffen, von dem sich Einheit und Verschiedenheit der eschatologischen Gedanken im 2Clem erklären lassen. Ob 2Clem vielleicht auch eine materielle Neuschöpfung gedacht haben könnte, erscheint demgegenüber als allzu spekulative Nachfrage. O'Hagan stellt, nebenbei bemerkt, auch nicht die Frage, in welchem theologischen Zusammenhang der Gedanke der eschatologischen Neuschöpfung hätte erwartet werden können – in dem er dann aber tatsächlich nicht auftritt.

T.H.C. van Eijk (Résurrection 62-86) betrachtet 9,1ff als Zentralbeleg für die Auferstehungshoffnung des 2Clem. Er vergleicht diese Stelle mit 1Kor 6,13ff und stellt nicht nur Unterschiede, sondern auch Gemeinsamkeiten fest: Beide Male seien Moral und Endgericht existentieller Ort des Glaubens an die Auferstehung (83), anders formuliert: die Verantwortlichkeit des Christen und die Vergeltung (65).

Van Eijk hält ‚das Fleisch rein bewahren' für den ethischen Zentralsatz des 2Clem (86) und schließt von dort auf die Wichtigkeit der leiblichen Auferstehung für die Argumentation des 2Clem. Die Gegner
des 2Clem vermag er nicht so genau zu erkennen; er sieht nur häre-
tische Tendenzen (73f). Die Verteidigung der Auferstehungshoffnung
leiste 2Clem einerseits mit dem Hinweis auf die Verantwortlichkeit
der Christen (75f), anderseits christologisch, und zwar erstmals in
der Theologiegeschichte durch den Rückgriff auf die Inkarnation (86).
Zwar lehre 2Clem wahrscheinlich die Auferstehung als Privileg der
Gerechten (82), aber die Auferstehung als solche sei noch kein Heilsgut, vielmehr Voraussetzung zur Erlangung desselben (Ruhe, Ewiges
Leben; 83). Damit hat van Eijk die Auferstehungshoffnung des 2Clem
ausführlich dargestellt und systematisch eingeordnet. Wahrscheinlich
wird man die Paränese als existentiellen Ort nicht nur der Auferstehungshoffnung, sondern aller eschatologischen Gedanken des 2Clem
betrachten müssen.

In seinem Aufsatz zur Theologie des 2Clem stellt *K.P. Donfried*
die Thesen und Ergebnisse seiner bald darauf veröffentlichten Dissertation in Kurzfassung vor.[11] Die Titel des Aufsatzes trifft nicht ganz
auf den Inhalt zu, da die Theologie des 2Clem nur neben Formkri-
tik und ‚Setting' zur Sprache kommt. Die Gliederung der Schrift in
drei säuberlich unterscheidbare Teile Theologie 1,1 - 2,7; Ethik 3,1 -
14,5; Eschatologie 15,1 - 18,2 (487f) erweist sich schon wegen des
durchgängigen Vorkommens ethischer und eschatologischer Gedanken als unangemessen. Und die These, 2Clem sei die Antrittspredigt
der durch 1Clem in Korinth wieder eingesetzten Presbyter (499f),
steht und fällt mit der engen Interpretation von 7,1. Zur Eschatologie ist immerhin zu erfahren, daß sie von der Christologie getrennt sei
– dagegen sprechen 1,1; c.17 –, und daß eine scharfe Vergeltungslehre
vertreten werde (497), was wohl zu bestätigen sein wird.

Auch *T. Aono* (Entwicklung 116-162) konstatiert die eschatologische Begründung der Paränese im 2Clem, hier als Verknüpfung des
Gerichtsgedankens mit der Paränese (116). Des Heil werde nämlich
nach Aussage des 2Clem als Lohn im künftigen Gericht verteilt (122),
nach manchen Stellen auch unmittelbar postmortal. Aoristische Heils-
aussagen seien nur aus der Tradition übernommen und nicht in das
Denken des 2Clem integriert. „Durch das ganze Schreiben hindurch
begründet also der Gerichtsgedanke die Paränese und hat die Funk-

---

[11] K.P. Donfried, The Theology of Second Clement, HThR 66 (1973) 487-501.

tion einer Drohung" (131). Die Gegner des 2Clem sind nach Aono Libertinisten, Auferstehungs- und Gerichtsleugner (141), aber keine Gnostiker, denn 2Clem selbst bediene sich gnostischer Terminologie (147). Zwar übernehme 2Clem das präsentische Heilsverständnis aus der Tradition (c.1; 150), aber er selbst predige eine handfeste Werkgerechtigkeit, und entsprechend fehlten Heilsgewißheit und Glaubensrechtfertigung (151). Folglich könne sich Zuversicht für das Abschneiden im Gottesgericht allein auf die menschliche Rechtschaffenheit stützen (157). Mit Windisch charakterisiert Aono das Christentum des 2Clem als spätjüdisch(sic!)-synoptisch-prophetisch. Paulinischer Einfluß sei weder positiv noch negativ spürbar (159f). Naherwartung sei nicht vorhanden (161). Im großen und ganzen hat Aono das eschatologische Denken des 2Clem richtig erfaßt, aber seine Bestimmung der Gegner als Nicht-Gnostiker ist zu hinterfragen.

Insgesamt stimmen die dargestellten Arbeiten darin überein, daß 2Clem von Eschatologie durchsetzt ist und die Eschatologie von großer Wichtigkeit für die Begründung seiner Paränese ist. Dieses Ergebnis ist jetzt an den Texten zu bewähren. Zugleich ist auch zu fragen, ob der traditionsgeschichtliche Hintergrund nicht präziser erfaßt werden kann als durch Windisch. In diesem Zusammenhang wird sich auch die Frage eines eventuell vorhandenen paulinischen Einflusses klären lassen, die in der Forschung bisher verschieden beantwortet worden ist. Schließlich ist in den bisherigen Arbeiten noch nicht nach anderen Motivationen für die Paränese als der eschatologischen gefragt worden.

3. Exegetische Analysen

2Clem eröffnet seine Predigt mit einer Mahnung zur rechten Christologie: *1,1f.* Für ihn steht Jesus Christus neben Gott, weil und sofern er der (künftige) Richter der Lebenden und der Toten ist. Dieser Titel wurde auch schon von anderen urchristlichen Schriften verwendet, vgl. Act 10,42; PolPhil 2,1; 1Petr 4,5; 2Tim 4,1[12], dort aber nicht aus so ausgeprägt christologischem Interesse. Vielleicht ist hier

---

[12] Zur Entwicklung dieser Vorstellung vgl. E. Lohse, Christus als der Weltenrichter, in: Ders., Die Vielfalt des Neuen Testaments, Göttingen 1982, 70-81.

schon eine Polemik gegen ebionitische Christologie zu entdecken.[13] In diese Richtung geht jedoch nicht das Hauptinteresse des 2Clem. Nach seiner Meinung hat nämlich eine zu bescheidene Christologie ethische Folgen: Wird Christus gering eingeschätzt, dann wird auch das Heil gering eingeschätzt, damit aber auch die künftige Belohnung für klein gehalten (V 2a) und letztlich das Gewicht der Sünde nicht wahrgenommen. Λαμβάνειν meint hier den Empfang der künftigen Belohnung (vgl. 1,5; 11,7). Daß das christologische Interesse der ethischen Intention dienstbar gemacht ist, zeigt auch die Wahl der christologischen Funktion: Um die Göttlichkeit Christi zu betonen, hätte 2Clem z.B. auch auf die Präexistenz verweisen können (vgl. Joh 1,1ff; Phil 2,5ff). Jedenfalls machte 2Clem 1,1 als (vorgeblich ältester) Väterbeleg für die Göttlichkeit Christi Karriere in den christologischen Streitigkeiten des sechsten Jahrhunderts.[14] Jesus Christus wird als endzeitlicher Richter Gott gleichgestellt und fordert so höchsten Respekt. Mit diesen Sätzen steckt 2Clem den eschatologischen Rahmen ab für die alsbald folgenden Ermahnungen. Denn der endzeitliche Richter beurteilt die Menschen nach ihren Taten, zu denen 2Clem ermahnen will.

In c.3 wird das Erbarmen Christi als Vermittlung der Erkenntnis des Vaters beschrieben. Diese Erkenntnis ist aber ein Nicht-Verleugnen des Erkenntnis-Mittlers, also ein Bekennen. Dieses Bekennen geschieht durch Taten (3,4; 4,3). – Durch das Zitieren eines Herrenwortes in *3,2* soll die Brücke geschlagen werden von der Erkenntnis als Heilsgeschehen zum Bekenntnis als Tat. Das Logion kommt auch in Q vor (Mt 10,32 par Lk 12,8); wegen der Ich-Form und der Erwähnung des Vaters steht wahrscheinlich die matthäische Fassung im Hintergrund dieses Zitats.[15] Dieses Logion wird angeführt wegen des Wortes ὁμολογεῖσθαι (das Wort dann auch 3,4; 4,3 bis), und 2Clem leitet seinen Gedankengang durch μὴ ἀρνεῖσθαι auf das Zitat hin. Denn sowohl ἀρνεῖσθαι als auch ἐνώπιον (Änderung im Zitat gegenüber Q) begegnen in der negativen Ergänzung des zitierten Satzes Lk 12,9 (par Mt 12,33). Das Herrenwort läßt das Bekenntnis Christi vor Gott als Folge des Bekennens vor den Menschen erscheinen. Das Bekennen vor den Menschen heißt für 2Clem, die Gebote zu tun (V 4). Der Sinn des Zitats ist es also, die Bedeutung gegenwärti-

---

[13] So Lightfoot I/2, 211f. Kritisch Knopf 154.
[14] Belege bei Lightfoot I/1, 182.184f.
[15] Vgl. Köster, Überlieferung 72; Wengst 243, Anm. 26.

gen Handelns für das Abschneiden im Endgericht einzuschärfen. Die
Anspielung auf das (End-)Gericht ist freilich in der Q-Vorlage deutlicher, wo ἔμπροσθεν statt ἐνώπιον steht. Denn diese Wort bezeichnet
das Erscheinen bzw. Stehen vor Gericht.[16] Auch ὁμολογεῖν gehört
als ‚Zeugnis ablegen' in einer seiner Bedeutungen zur juristischen Terminologie.[17] Jedoch ist der forensische Bezug durch die Verwendung
von ἐνώπιον statt ἔμπροσθεν und des Akkusativs statt des Dativs bei
ὁμολογεῖν stark verblaßt. – Der eschatologische Gedanke von der
Verantwortung eines jeden Menschen für seine Taten wird hier als
furchterregende (4,1) Motivation der ethischen Mahnung verwendet.
Dieser Gedanke erhält als Herrenwort und durch den Bezug auf Christus noch mehr Gewicht.

Die Furcht vor Menschen – ταῦτα bezieht sich zunächst auf 4,4 –
und auch die vorher genannten falschen Verhaltensweisen werden in
4,5 mit dem negativen Urteil im Endgericht bedroht. – Diese Drohung
geschieht durch Zitierung eines Herrenworts[18], das allerdings in dieser Form nicht aus der synoptischen Tradition bekannt ist. Die erste
Hälfte hat ihre nächste und einzige Parallele im Nazoräer-Evange-
lium[19], allerdings in einer ‚matthäisierenden' Bearbeitung (τὸ θέλημα
τοῦ πατρός μου statt τὰς ἐντολάς μου), so daß eine gemeinsame freie
Tradition wahrscheinlicher ist als die Benutzung des Nazoräer-Evan-
geliums durch 2Clem.[20] Die zweite Hälfte ist dem Q-Logion Lk
13,25.27 par Mt 7,23 ähnlich. Ἐρῶ ὑμῖν (weniger wichtig) und ὑπ-
άγετε kommen dort nirgends vor, οὐκ οἶδα ... wörtlich in Lk 13,25
(V 27 Mehrheitstext), ἐργάται ἀνομίας in Varianten zu Mt 7,23 und
Lk 13,27 (D). Dieser Befund der Überlieferung macht es unmöglich,
Abhängigkeit von dem einen oder anderen Evangelium festzustellen.
Wie die zahlreichen Varianten zu den synoptischen Texten zeigen,
wird man sich mit dem Hinweis auf eine noch sehr frei bewegliche
Tradition begnügen müssen.[21] Mit Sicherheit kann aber gesagt wer-
den, daß der letzte Satz nicht direkt aus Ψ 6,9 stammt, sondern durch
die synoptische Tradition an 2Clem gelangt ist. Die beiden Belegstel-

---

[16] Vgl. Bauer, Wb. 510; Lohse, Christus 74, Anm. 24.
[17] Vgl. Bauer, Wb. 1125; O. Michel, Art. ὁμολογέω κτλ., in: ThWNT V
(199-220) 217f.
[18] Mit AH und Funk-Bihlmeyer ist ὁ κύριος zu lesen, gegen S und Wengst.
[19] Abgedruckt bei Köster, Überlieferung 92, dort auch Angabe des Fundortes. –
Vgl. auch Huck-Greeven, Synopse 43.
[20] Köster, Überlieferung 94; Wengst 222f.
[21] Köster, Überlieferung 91f; Wengst 222.

len bei Justin (apol. I 16,11; dial. 76,5) haben mit 2Clem nur ἐρῶ gemeinsam und sind im übrigen eher von Mt abhängig. – In diesem Herrenwort wird der Verlust der Gemeinschaft mit Christus angedroht bei Nichterfüllung der Gebote. Die Wendung συνηγμένοι ἐν τῷ κόλπῳ μου hat zwar Vorläufer in der LXX²² und klingt ‚johanneisch‘, was aber beides ihren Sinn nicht wesentlich erhellt. Συνάγεσθαι bedeutet allgemein das Versammeltsein von Menschen, in der urchristlichen Literatur auch zu kirchlichen Zwecken, und ἐν τῷ κόλπῳ steht für eine besonders enge Gemeinschaft.²³ Ob hier vielleicht auf die Mahlgemeinschaft der Gemeinde angespielt werden soll? Jedenfalls muß zu dieser Nähe noch die Erfüllung der Gebote hinzukommen, sonst lautet das Urteil im Endgericht auf Verdammung, hier auf Verstoßung aus der Gemeinschaft mit dem Herrn. Nicht einmal die Mahlgemeinschaft schützt vor Verleugnung durch den Herrn, wenn man sich ungesetzlich verhält. – Die reine Drohung mit dem Verdammungsurteil im Endgericht, vor dem nicht einmal Gemeindemitgliedschaft schützen kann, soll vom Übertreten der Gebote abschrecken.

Thema von *c.5* ist die Fremdlingschaft in dieser Welt. Der Aufruf, die Gastrolle in dieser Welt aufzugeben (V 1), wird mit einem Herrenwort gestützt (V 2; vgl. Lk 10,3; Mt 10,16, dort aber anderer Zusammenhang). Durch eine in der früheren Tradition nicht belegte Petrusfrage (V 3) wird ein weiteres Herrenwort angeschlossen (V 4). In V 5 interpretiert 2Clem die Herrenworte auf den Gegensatz von Diesseits und Jenseits und bringt in den Vv 6f eine paränetische Anwendung. V 4a wurde zugefügt, um die Verbindung zu V 2 herzustellen. V 4b ist wohl aus Mt 10,28 par Lk 12,4f entwickelt worden.²⁴ Der Gegensatz Leib – Seele, der die erste Hälfte des Q-Logions beherrschte, ist entfallen. Gleich geblieben ist der Unterschied zwischen ‚den Tötenden‘ und ‚dem, der nach dem Tode Macht hat‘. V 4c steht dem lukanischen Text am nächsten, ohne ihm allerdings wörtlich zu folgen; ψυχὴ καὶ σῶμα kommen nur in der matthäischen Fassung vor. In ähnlicher Form tritt das Logion auch noch bei Justin, apol. I 19,7, auf; eine Abhängigkeit etwa vom 2Clem ist allerdings nicht zu erkennen. Die kleine Szene, deren wichtigster Teil das Apophthegma V 4 ist, entstammt wohl der freien Weiterbildung synoptischer Tra-

---

²² Jes 40,11; Prov 30,4. Vgl. dazu auch Lightfoot I/2, 218.
²³ Vgl. Bauer, Wb. 874.
²⁴ S. die Synopse bei Köster, Überlieferung 95.

dition.[25] 2Clem 5,1-5 lesen sich wie eine Aufforderung zum Martyrium und eine theologische Rechtfertigung desselben[26]; erst die Vv 6f bringen eine Umbiegung ins Paränetische. Die Deutung auf das Martyrium wird insbesondere durch das Bild von den Schafen unter den Wölfen nahegelegt.

V 1 schließt durch ὅθεν an die Drohung 4,5 an und läßt eine Aufforderung zum Tun des Willens Christi folgen (4,5: Tun der Gebote). Dieses Tun besteht hier im Aufgeben der Fremdlingschaft in der Welt. Das bedeutet: Die Christen sollen die Welt verlassen, in der sie ohnehin nicht wirklich heimisch sind (vgl. 1Petr 1,17). Deshalb sollen sie auch keine Angst vor dem Tod haben. Ἐξελθεῖν ἐκ τοῦ κόσμου ist griechischer Euphemismus für ‚sterben‘.[27] Die eigentliche Begründung für diese Geringschätzung von Welt und Tod folgt erst in V 5.

Ohne recht erkennbaren Bezug werden in den Vv 2-4 zwei Herrenworte eingeschoben, die durch eine Frage des Petrus miteinander verbunden werden. Das Herrenwort V 2 steht Lk 10,3 näher als Mt 10,16 (dort πρόβατα). Die Sendungsaussage der synoptischen Tradition ist hier durch eine Situationsangabe ersetzt. Die παροικία der Christen wird im Bild der Lämmer unter den Wölfen dargestellt. Diese Situation birgt das Risiko des gewaltsamen Todes, so V 3 als Frage des Petrus. Der Herr antwortet V 4: Der Tod ist nicht so entscheidend wie das Geschehen danach. Natürlich werden die Lämmer von den Wölfen getötet, aber damit ist die Macht der Wölfe auch erschöpft. Deshalb sind die Wölfe nicht so sehr zu fürchten (vgl. 4,4!) wie der ewige Richter. Denn er allein – und zweifellos meint Christus sich nach Auffassung des 2Clem selbst (vgl. 1,1) – hat die Macht, Menschen nach dem Tode in die Feuerhölle zu befördern (vgl. 4,5 ἀποβάλλειν), vermutlich als Strafe für das Nichterfüllen der Gebote. Die Furcht vor dem gewaltsamen Tod soll hier gleichsam übertönt werden durch die Furcht vor der Strafe in der Feuerhölle.

Erst jetzt folgt die positive Relativierung des Daseins in der Welt durch die Verheißung (V 5). Die Situation der Christen wird als ἐπιδημία (nur hier in der urchristlichen Literatur) gekennzeichnet, als vorübergehender Aufenthalt. Er wird als gering und kurzfristig ge-

---

[25] So Köster, Überlieferung 99; Wengst 223. – Anders Lightfoot I/2, 219; Knopf 160: apokryphes Evangelium.
[26] Soweit richtig Knopf 159f; gegen Donfried, Setting 118; Wengst 245.
[27] Bauer, Wb. 544.

genüber der Verheißung abgewertet. Es fällt auf, daß nicht diese Welt
und die zukünftige nebeneinander gestellt werden, sondern das Dasein
in dieser Welt und die Verheißung. Damit wird die Zwei-Äonen-Lehre,
die sicher im Hintergrund steht und kosmisch orientiert ist, auf den
Menschen und seine Gegenwart bezogen. Hier macht sich ein starker
eschatologischer Vorbehalt bemerkbar. Die Verheißung wird im Gegensatz zu dieser Welt groß und wunderbar genannt und dann noch
inhaltlich erklärt (Anschluß durch καί epexegeticum). Hauptinhalt
der Verheißung ist die ἀνάπαυσις, das ist der endzeitliche Ruheort
(vgl. EvVer 40,30ff[28]). Dieser im Gnostizismus prominente Begriff
wird hier durch klassische christliche Termini erläutert und präzisiert:
βασιλεία μέλλουσα, ζωὴ αἰώνιος.[29] Freilich werden diese Begriffe nicht
ohne gewisse Änderungen übernommen. Zwar ist ζωὴ αἰώνιος weit
verbreitet in der urchristlichen Literatur, besonders im JohEv (17mal)
und im 1Joh (6mal), weniger bei den Synoptikern und im Corpus
Paulinum, und kann daher als gemeinchristliche Wendung angesehen
werden. Auch die βασιλεία kommt in fast jeder urchristlichen Schrift
einmal vor, aber, und diese Besonderheit fällt auf, nur hier und im
1Clem in Verbindung mit μέλλειν. Μέλλουσα wiederum bezeichnet
im 2Clem auch sonst die Künftigkeit eschatologischer Sachverhalte:
αἰών 6,3; ἐπαγγελία 10,3.4; κρίσις 18,2; βίος 20,2. Damit wird auch
die βασιλεία deutlich in die Zukunft gerückt, ganz anders als z.B. Mk
1,15.

Die ethische Auswertung dieser großartigen Verheißung folgt sogleich in den Vv 6+7. Bedingung des Erlangens dieser Verheißung
ist ein heiliger und gerechter Lebenswandel (ὅσιος καὶ δίκαιος auch
6,9; 15,3; 1Clem 14,1; 1Thess 2,10). Vom Martyrium ist plötzlich

---

[28] Vgl. Mt 11,28-30; Hebr 3,7 - 4,13. – Weiteres Material zur Anapausis-
Vorstellung bei Donfried, Setting 121-124; J. Helderman, Die Anapausis im
Evangelium Veritatis, Leiden 1984 (Nag Hammadi Studies 18), bes. 60-69.
Vgl. ferner noch Ph. Vielhauer, ΑΝΑΠΑΥΣΙΣ, in: Ders., Aufsätze zum
Neuen Testament, München 1965 (TB 31), 215-234, bes. 217-224; O. Hofius,
Katapausis, Tübingen 1970 (WUNT 11), 59-90.

[29] ‚Herrschaft' und ‚Ruhe' stehen auch zusammen in ThomEv log 90, während
in der Vorlage Mt 11,28-30 noch nicht von Herrschaft die Rede war. Vgl.
dazu ausführlich W. Schrage, Das Verhältnis des Thomas-Evangeliums zur
synoptischen Tradition und zu den koptischen Evangelienübersetzungen, Berlin 1964 (BZNW 29), 172-174. – Vgl. weiter P. Ox. 654,5-9 (nicht ThomEv
log 2) sowie die Texte aus dem HebrEv in NTApo[3] I, 107f (nach Clemens
Alexandrinus, strom. II 9,45; V 14,96). An diesem Befund wird deutlich,
daß das Christentum in der Umgebung des 2Clem nicht säuberlich nach
Großkirche, Judenchristentum und Gnostizismus zu unterscheiden ist.

nicht mehr die Rede, stattdessen wird die Existenz in der παροικία
bzw. ἐπιδημία expliziert: Die Dinge dieser Welt sollen nicht begehrt
werden. Im Vergleich mit dem paulinischen ὡς μή (1Kor 7,29ff) wird
hier eine Tendenz zur Askese deutlich sichtbar (vgl. Herm 50,8).
Das Grundgerüst dieser Ausführungen ist eine anthropologisch ge-
wendete Zwei-Äonen-Lehre. Die Existenz in dieser Welt ist auf eine
vorübergehende Gastrolle beschränkt und wird als klein und kurzfristig dem Jenseits gegenübergestellt. Die Drohung mit dem negativen
Urteil des Endgerichts soll die Furcht vor dem Martyrium vertreiben. Das positive Gegenstück ist die Verheißung der Ruhe. Dieser
sind die klassischen Begriffe für das eschatologische Heilsgut nachge-
ordnet: künftiges Reich, Ewiges Leben. Die Verheißung der Ruhe
– ohne Gerichtsverfahren zu erlangen? – motiviert den heiligen und
gerechten – asketischen? – Lebenswandel.

In *6,3-6* nimmt 2Clem den Gedanken von den beiden Äonen[30]
wieder auf, um die Distanz der Christen zu dieser Welt zu erklären.
Der Gegensatz der Äonen wird im moralischen Bereich sichtbar: Dieser Äon läßt Ehebruch, Schändung, Habsucht, Betrug gelten – jener hingegen enthält sich dieser Laster. Den Lastern werden also
keine Tugenden gegenübergestellt, sondern der Verzicht auf die Laster (V 4). Daran ist wieder die asketische Tendenz des 2Clem zu
erkennen. Die beiden Äonen werden als Mächte geschildert, die (um
den Christen?) im Streit liegen. Die zeitliche Folge der beiden Äonen
scheint hier keine Rolle zu spielen, denn der ‚künftige' Äon wird nur
einmal (V 3) als solcher, danach (Vv 4-6) aber nur noch als ἐκεῖνος
bezeichnet. Die beiden Äonen in ihrer Feindschaft zwingen die Christen zu einer Entscheidung für oder gegen die Sünde, die hier in vier
Lastern exemplarisch dargestellt wird (V 4; vgl. Jak 4,4, dort die Entscheidung zwischen Gott und Welt). Die Laster kommen nur hier im
2Clem vor und sind deshalb wahrscheinlich einem traditionellen Lasterkatalog entnommen. Sie werden nicht weiter erklärt; die Intention
des 2Clem zielt auf die Entscheidung seiner Hörer. Das zeigt insbesondere V 5. Da die beiden Äonen einander feind sind (V 3), müssen sich
die Christen für einen von beiden entscheiden (vgl. V 1), und 2Clem
erwartet von seinen Hörern, daß sie sich diesem Äon ab- und jenem zu-
wenden. Durch den erneuten Gebrauch von ἀποτάσσειν deutet 2Clem
an, daß er diese Abwendung als Ablegen der exemplarisch genannten

---

[30] Vgl. 4Esra 7,50; grBar 44,9-12. – Weiteres Material bei Bousset/Greßmann,
      Religion 243-249.

Laster versteht.[31] V 6 liefert endlich eine Begründung durch einen als
allgemein bekannt vorausgesetzten Satz. Jetzt ist nicht mehr von den
beiden Äonen die Rede, sondern nur ganz allgemein neutrisch von ‚den
Dingen hier‘ und ‚jenen‘. Sie werden einander als Gegensatz zugeordnet, wobei der Modus der Zuordnung weder zeitlich noch räumlich zu
sein scheint. Inhaltlich wird dieser Gegensatz durch ‚vergänglich‘ –
‚unvergänglich‘ bestimmt. Außerdem sind die hiesigen Dinge klein
und von kurzer Dauer, während jene gut sind. Entsprechend sollen
die Christen die hiesigen Dinge hassen und jene lieben. – Wieder erscheint die Zwei-Äonen-Lehre völlig anders als in der apokalyptischen
Tradition: Aus dem kosmischen Nacheinander ist ein anthropologi-
scher Entscheidungsdualismus geworden. Eschatologisches, und zwar
hellenistisch geprägt, kommt nur durch den Gegensatz vergänglich –
unvergänglich ins Spiel. Die beiden Äonen treten gleichsam persona-
lisiert auf, an Weisheit und Torheit erinnernd, und fordern von den
Christen eine moralische Entscheidung.

2Clem 6,7 - 7,6 ist ein in sich geschlossener Abschnitt, bestimmt
durch die Stichworte ῥύσασθαι und τηρεῖν. Auf die These (6,7) folgt
ein Schriftbeweis mit Anwendung (6,8f) und ein Beweis aus dem tägli-
chen Leben mit Anwendung (7,1-6).

Die These (6,7) ist einem positiven und einem negativen Satz formuliert und stellt die beiden Möglichkeiten der jenseitigen Existenz
vor Augen. Und zwar hängt die Art der jenseitigen Existenz vom
Werk hier und jetzt ab. Positiv: Das Tun des Willens Christi verschafft die ewige Ruhe als Heilsgut (vgl. 5,5). Negativ: Durch den
Ungehorsam gegen Christi Gebote verfällt man rettungslos der ewigen
Strafe (das Wort auch Mt 25,46). Wie die Gebote Christi aussehen
und was man tun kann, um sie zu erfüllen, das setzt 2Clem bei seinen
Hörern als bekannt voraus. Hier geht es ihm nur darum, das ‚Daß‘
der Gebotserfüllung einzuschärfen.

Dem dient auch der Schriftbeweis in 6,8f. Mit dem ‚Zitat‘ aus
Ezechiel soll die rettungslose Verlorenheit des Sünders bewiesen werden. Freilich ist dieses Zitat kein wirkliches Zitat, sondern ‚nur‘
eine sachgemäße Zusammenfassung von Ez 14,12-23 (vgl. Justin,
dial. 44,2; 45,3). Die hier verwendeten Wörter kommen dort in den
Vv 14.18 vor; ἐν τῇ αἰχμαλωσίᾳ wurde vom 2Clem ergänzt. Die Namen der Gerechten sind gegenüber der LXX umgestellt (vgl. ConstAp

---

[31] Weitere Belege aus der altchristlichen Literatur bei Gebhardt-Harnack-Zahn
119.

II 14,4), aber bedeutsamer ist die Ergänzung des 2Clem, die durchaus als Bestandteil des ‚Zitats' behandelt werden muß[32]. In erster
Linie ist wohl an eine konkrete Gefangenschaft zu denken. Das hätte
auch seinen guten Sinn, bezogen auf die Verkündigung Ezechiels im
babylonischen Exil. Für 2Clem dürfte jedoch eine gewisse gnostische
Färbung dieses Ausdrucks näher liegen.[33] Αἰχμαλωσία beschriebe
dann die Situation der Seele in der bösen Welt. Eine Deutung auf die
jenseitige Strafe ist mangels anderer Belege unwahrscheinlich (anders
nur Herm 1,8: αἰχμαλωτισμός für Ewigen Tod). Allein die Rettung
bzw. Nichtrettung bezieht sich hier auf die ewige Strafe, und das ‚Zitat' soll hier sagen: Nicht einmal prominente Gerechte können ihre
eigenen Nachkommen vor der ewigen Strafe bewahren, etwa durch
ihre überschüssigen guten Werke (6,9). Δικαιοσύνη pl. findet sich
nur hier in der urchristlichen Literatur, aber häufig in der LXX.[34]
Damit ist jeder Gedanke, sich etwa mit Hinweis auf große Gerechte
der Tradition vor guten Werken drücken zu wollen, abgeschnitten.
Der Zugang zum Heil steht unter einer klar formulierten Bedingung,
hier negativ gefaßt. Sie lautet: Die Taufe rein und unbefleckt bewahren. In der Taufe sind alle vorchristlichen Sünden abgewaschen, der
Getaufte darf und soll nicht wieder sündigen. Diese Formulierung hat
leicht asketische Untertöne, zumal in 8,4.6; 14,3 mit gleichen Wörtern
die Reinhaltung des Fleisches verlangt wird. Das auf diese Weise erlangte Heilsgut ist der Zugang zum βασίλειον Gottes. Nach allgemeiner Meinung steht dieses Wort für ‚Reich Gottes'. Dabei erhebt sich
aber die Frage, warum nicht βασιλεία steht, zumal die Formulierung
εἰσέρχεσθαι εἰς τὴν βασιλείαν geradezu klassisch für die urchristliche
Literatur ist und auch βασιλεία selbst dem 2Clem nicht unbekannt
war (vgl. 5,5; 9,6; 11,7; 12,1.2.6). Es scheint hier aber ein tendenziell verblassender Sprachgebrauch vorzuliegen[35], der von ‚Palast' zu
‚Herrschaft' tendiert. Dann aber ist auch eine Anspielung auf das
Gleichnis Mt 22,1ff, bes. Vv 11ff, kaum vorstellbar. Der Bedingungs-
zusammenhang zwischen Tun hier und Heil dort wird am Ende von
6,9 noch einmal anders formuliert und wohl auf das Endgericht bezogen: Nur der Besitz von heiligen Taten führt zur Hilfe durch einen

---

[32] Gegen Lightfoot I/2, 222.
[33] Hinweise bei G. Kittel, Art. αἰχμάλωτος κτλ., in: ThWNT I (195-
      197) 196.
[34] Belege bei Knopf 162; Lightfoot I/2, 222.
[35] Vgl. Lampe, Lexicon 292.

Fürsprecher.[36] Offenbar war an die Funktion der traditionellen Gerechten (V 8) als die eines Fürsprechers oder gar Verteidigers gedacht
(vgl. auch 1Joh 2,1; Joh 14,16 von Christus). Jetzt wird auch die
Bedingung des Heils positiv formuliert: heilige und gerechte Taten.
Die beiden ἐάν-μή-Sätze in V 9 stehen parallel und interpretieren sich
deshalb gegenseitig: Die Bedingung der Zulassung zum Heil ist die
Bewahrung der in der Taufe erlangten Reinheit, aber nicht nur ‚passiv‘ durch Askese, sondern ‚aktiv‘ durch heilige Werke. Was diese
sind, wird vom 2Clem als bekannt vorausgesetzt, aber so wirkt die
Ermahnung abstrakt und blaß.

Als zweiten Ansporn zum Tun des Willens Christi führt 2Clem
das Bild vom sportlichen Wettkampf ein (c. 7). Drei Einzelheiten dieses Bildes sind ihm wichtig, die er in V 1 nennt und in den folgenden
Versen erläutert:

die Anreise zum Wettkampf;

der Wettkampf selbst und das Bekränzen;

der schöne, also regelrechte Wettkampf (vgl. 2Tim 4,7; 2,5).

Dieses Kapitel ist in der früheren Auslegung oft zur Lokalisierung
des 2Clem herangezogen worden.[37] Aber der Gebrauch von καταπλεῖν
ist zu unspezifisch, um die Beweislast für die Lokalisierung allein tragen zu können.[38] Die Metapher wird allein auf der Bildebene angewendet, außer bei dem Aspekt Regelverletzung. Das zeigt, daß dieses
Bild den Hörern vertraut gewesen sein muß. Und in der Tat ist das
Bild vom Wettkampf in der damaligen Populärethik weit verbreitet.[39]
Eine erste, noch recht allgemeine Anwendung des Bildes geschieht in
V 2. Es darf angenommen werden, daß der Wettkampf für die sittliche Bemühung hier und die Bekränzung für die Belohnung dort steht.
In V 3 wird die Anwendung wiederholt und präzisiert. Das ‚Laufen
auf dem geraden Weg‘ ist zwar vielleicht durch das Wettkampfbild
evoziert, hat aber rein übertragene Bedeutung.[40] Dieses Motiv hat

---

[36] Die Werke sind hier nicht personifiziert gedacht, gegen Knopf 163. – Anders argumentiert 4Esra 7,102-115: Der Rekurs auf die Fürsprache der Gerechten wird abgelehnt mit Hinweis auf die endzeitliche Offenbarung der
Gerechtigkeit.
[37] So zuletzt von Donfried, Setting 1-7, für Korinth.
[38] Vgl. dazu im Einzelnen G.R. Stanton, 2Clement VII and the Origin of the
Document, CM 28 (1967) 314-320.
[39] Dazu ausführlich V.C. Pfitzner, Paul and the Agon Motif, Leiden 1967
(NT.S 16).
[40] So auch Wengst 247; anders Knopf 164.

eine lange Tradition bis in die LXX zurück[41], aber an keiner Stelle
hat es Wettkampfcharakter wie hier. Dieser wird durch den Einschub
sichergestellt, der zugleich die Bedeutung des laufenden Wettkampfs
hervorhebt: Es ist ein unvergänglicher, also mit Ewigkeitsbedeutung
versehener Wettkampf, im Gegensatz zu den vergänglichen Spielen
der Zeit (V 1). Was nun aber καταπλεῖν in der Anwendung zu bedeuten hat, ist einigermaßen unklar. Denn zur Teilnahme am Wettkampf
wird durch ἀγωνισώμεθα aufgefordert, und eine übertragene Bedeutung des Wortes ist nirgends belegt.[42] Es bleibt also nur, dieses Wort
auf des Konto des Bildes zu schreiben. Der Zweck und das Ziel des
Wettkampfs wird wie in V 2 mit ‚Bekränzen' angegeben (vgl. 1Kor
9,24-27). Vollends unklar ist die sachliche Bedeutung von V 3fin.
Vorausgesetzt ist, daß nicht alle bekränzt werden können, weil es nur
einen Kranz gibt, nämlich für den Sieger. Dann sollen sich die übrigen Wettkämpfer wenigstens bemühen, dem Kranz nahezukommen.
Da aber vom Sieger hier nicht ausdrücklich geredet wird, kann das
nicht heißen, den Sieger nicht allzu weit davonziehen zu lassen. Es
muß vielmehr bedeuten, daß man sich auch um den zweiten und dritten Platz bemühen soll, für die auch Preise ausgesetzt sind.[43] Das
Problem dieses Satzes ist wohl, daß das tertium comparationis nicht
zu erkennen ist. Das ganze Wettkampfbild scheint dem 2Clem etwas
aus dem Duktus seiner Ermahnung zu fallen. Sein Ziel ist es, zum
Tun des Willens Jesu Christi aufzurufen (6,7). Dies tut er mit dem
Hinweis auf die künftige Belohnung bzw. negativ durch Androhung
der ewigen Strafe. Das Bild vom Wettkampf veranschaulicht den Be-
dingungszusammenhang zwischen Mühe bzw. Kampf und Belohnung,
wird aber dann schief, wenn viele durch die Aussicht auf Belohnung
zur Mühe motiviert werden sollen. Denn bei den antiken Wettkämpfen wurde meist nur der Sieger geehrt. Und genau diesen Punkt hat
2Clem hier erreicht: Das Bild reicht zur Motivierung einer Gruppe
nicht mehr hin. Damit aber ist der Zusammenhang zwischen Mühen
und Belohnung zerbrochen.

Im letzten Teil der Anwendung ist dem 2Clem denn auch nicht
mehr die künftige Belohnung als positive Motivation wichtig, sondern die Folge eines Regelverstoßes als Abschreckung (Vv 4-6). Damit nimmt er καλῶς ἀγωνισάμενοι aus V 1 wieder auf. Er geht von

---

[41] S. die Stellenangaben bei Wengst 247.
[42] Vgl. Liddell-Scott, Lexicon 906.
[43] Vgl. Josephus, bell. I 415 (zitiert bei Knopf 164).

den allgemein bekannten Verhältnissen bei den antiken Spielen aus
(V 4), die er wieder (wie in V 1) als vergänglich bezeichnet. Diese
Verhältnisse sind auch aus anderen Quellen bekannt[44]: Ein Teilneh-
mer, der des Regelverstoßes überführt wird, wird ausgepeitscht und
des Stadions verwiesen. Mit der Doppelfrage von V 5 will 2Clem seine
Hörer zum Schluß a minore ad maius führen: Wenn bei den irdischen
Wettkämpfen schon solche Strafen für Regelverstöße drohen, welche
Strafen werden dann erst den Regelübertretern im unvergänglichen
Wettkampf drohen?

Er setzt (V 6) der Regelverletzung das Nichtbewahren des Tauf-
siegels (vgl. 6,9) gleich, d.h. das Nichttun des Willens Christi (6,7).
Solche Leute werden vom 2Clem an die Stelle der Übertreter von Jes
66,24 gesetzt; der übrige Teil des Verses wird hier wörtlich wiedergegeben. Dieser Vers ist seit Mk 9,48 bis zur altprotestantischen Orthodoxie *das* dictum probans für Dauer und Schrecken der Höllenstrafen.
So auch hier, wo diese Höllenstrafen den Sündern angedroht werden.
Wurm und Feuer stehen hier parallel für die ewigen Qualen, die die
Sünder als Strafe auszuhalten haben, nämlich Verwesung und Fol-
ter. Aber nicht in dem Sinne, daß der Körper irgendwann verbrannt
bzw. verwest sein wird und damit die Qual beendet ist, sondern diese
Vorgänge werden fortdauern. Und dieses Schauspiel wird öffentlich
sein, gleichsam zur Befriedigung der Gerechten. Freilich zeigt sich an
dieser Stelle, daß die Deutung auf die Höllenstrafen sekundär ist: In
der letzten Zeile scheint der ursprüngliche Kontext noch durch (die
Toten im Tal Gehinnom bei Jerusalem), ohne aber die Interpretation
auf das Jenseits hin zu beeinträchtigen.

In diesem Abschnitt wird das ethisch-eschatologische Profil des
2Clem sehr deutlich: Im Grunde scheitert er mit der positiven Motivation für das Tun des Gotteswillens, denn das Bild vom zu erkämp-
fenden Kranz ist eher auf einen Einzelnen als auf eine Gruppe zuge-
schnitten. Diese positive Motivation wird gerahmt von einer versteck-
ten und einer offenen Drohung: Ohne heilige Werke gibt es keinen
Zugang zu Gottes Palast, bei Regelverstoß drohen Höllenstrafen. Einen Gerichtsgedanken vermag ich hier nicht zu entdecken. Vielmehr
dominiert das Vergeltungsdenken mit Schwerpunkt auf der Drohung.
Erstmals in der christlichen Literatur steht βασίλειον für βασιλεία;
damit beginnt der gemischte Brauch beider Wörter. Auf der anderen
Seite

---

[44] Hinweise bei Lightfoot I/2, 225.

stehen die ewigen Strafen, die denen drohen, die das Taufsiegel nicht durch gute Werke rein bewahren.

Thema von *2Clem 8* ist die Buße hier und jetzt, so die These bzw. Aufforderung in V 1. Die Voraussetzung, auf die diese Aufforderung baut, wird in V 2a durch das Bild von Ton und Töpfer illustriert und in Vv 2b+3 direkt ausgesagt: Nach dem Tod ist das Schicksal der Menschen unabänderlich. Die Folgerung aus diesem Sachverhalt ist typisch für den 2Clem: den Willen des Vaters tun, das Fleisch rein bewahren (V 4). Von der Buße ist nicht mehr die Rede. Die Folgerung des 2Clem wird durch ein Herrenwort untermauert (V 5), das in V 6 auf dieselbe hin ausgelegt wird. Das Stichwort σάρξ bildet dann den Anknüpfungspunkt für die Argumentation in c.9.

Lose anknüpfend an die Höllenstrafen und ihre Dauer (7,6) fordert 2Clem sich und seine Gemeinde zur Buße hier und jetzt auf (V 1). Diese Aufforderung ergeht wohl nicht an alle Menschen[45], sondern an die Christen, und die Buße betrifft dann die nach der Taufe begangenen Sünden. In diese Richtung weist auch das in V 2 gebrauchte Bild vom Töpfer, dessen Pointe die Chance zum Neubeginn ist[46]: Wie ein Töpfer nur vor dem Brennen ein mißratenes Werkstück verbessern kann, so können die Christen nur vor dem Tode durch Buße ihr Schicksal korrigieren. Aus diesem Duktus fällt jedoch der erste Satz von V 2 heraus, der die Christen ausdrücklich mit dem Ton parallelisiert. Das doppelte, kurz aufeinander folgende γάρ sowie die Nähe zur üblichen Anwendung des Töpferbildes (vgl. bes. Jer 18,6b) setzen diesen Satz dem Verdacht aus, eine fromme Glosse zu sein, was allerdings textkritisch nicht belegt werden kann. Jedenfalls steht die hiesige Verwendung des Töpferbildes mit der Gleichsetzung Töpfer – Mensch quer zur sonst seit Jeremia bekannten Tradition[47], die von der Gleichsetzung Töpfer – Gott ausgeht. Nach dem Tod wird es keine Gelegenheit zu Sündenbekenntnis und Buße mehr geben (V 3). Etwas gewaltsam, nämlich ohne eine sachliche oder literarische Anknüpfung, zieht 2Clem seine Konsequenz (V 4: ὥστε) aus diesem Sachverhalt, die bereits aus 6,9; 7,6 bekannt ist: Bedingung für die Teilhabe am Ewigen Leben sind das Tun des Gotteswillens, das Reinbewahren des Fleisches und das Beachten der Herrengebote. Der Inhalt dieser ethischen Weisungen wird wieder als bekannt vorausgesetzt, der aske-

---

[45] Mit Wengst 272, Anm. 58, gegen Knopf 164f.
[46] Vgl. auch 9,7; Donfried, Setting 85.
[47] Stellenangaben bei Knopf 165; Donfried, Setting 84.

tische Beigeschmack[48] nur knapp durch die Aufforderung zum Tun
ausgeglichen. Aber τηρεῖν τὴν σάρκα ist für 2Clem doch das Wichtigste, es wird nämlich durch ein Herrenwort (V 5) mit Auslegung (V 6)
untermauert. Ausweislich der Zitationsformel hat 2Clem dieses Herrenwort einer Evangelienschrift entnommen, und zwar wahrscheinlich
einem verschollenen post-synoptischen Evangelium.[49] Der Text des
Zitats erinnert in der ersten Hälfte der Struktur nach an Lk 16,12,
während die zweite Hälfte außer der Einleitungsformel wörtlich Lk
16,10a entspricht. Mit der Einfügung von ἐτηρήσατε[50] hat 2Clem
das Logion seinem Gedankengang dienstbar gemacht. Jetzt steht τὸ
μικρόν für die Reinheit des Fleisches und τὸ μέγα für das Ewige Leben.[51] Die Bewahrung der Reinheit ist also Bedingung für den Empfang des Ewigen Lebens, so dann auch V 6. Aber der Sinn der zweiten
Zitathälfte in diesem Zusammenhang ist dunkel. Im lukanischen Kontext steht das Geringe für den Mammon, d.h. diese vergängliche Welt;
dem Großen entspricht das Eigentliche: die ewigen Hütten. Die Zuverlässigkeit im Kleinen ist Verheißung für Großes.[52] Zuverlässigkeit
steht für die Teilung des Besitzes mit den Glaubensgeschwistern. Für
den 2Clem ist das Bewahren des Fleisches das Geringe, das den Rück-
schluß auf das Verhältnis zum Eigentlichen, d.h. zum Ewigen Leben,
ermöglicht. Diese Verbindung hat ihn wohl zum Zitieren dieses Satzes
bewegt.

Um den hier gemeinten Sinn des Zitats ganz deutlich zu machen,
folgt in V 6 noch eine Auslegung (τοῦτο λέγει), die das Anliegen von
V 4 in die Form eines mahnenden Imperativs bringt. Diesmal wird
allerdings nur das Bewahren verlangt, so daß eine asketische Interpretation sehr nahe liegt (vgl. aber Jak 1,27). Σφραγίς ist wie in 7,6
die bei der Taufe erlangte Freiheit von Sünden,[53] und das Bewahren
dieser Sündlosigkeit hat den Zweck, das Ewige Leben[54] zu erlangen.

---

[48] Die Formulierung ist zu allgemein, als daß ihr ein Hinweis auf geschlechtliche
Askese entnommen werden könnte, mit Wengst 273; Graham 119; gegen
Knopf 165. – Vgl. ActThecl 5.12 (zitiert bei Gebhardt-Harnack-Zahn 122f).
[49] So Wengst 221; anders Köster, Überlieferung 102.
[50] Vgl. Köster, Überlieferung 100, und die dort abgedruckte Parallele Irenäus,
haer. II 34,3.
[51] Knopf 166.
[52] Nach W. Schmithals, Das Evangelium nach Lukas, Zürich 1980 (ZBK.NT
3.1), 167.
[53] Vgl. die altkirchlichen Belege für σφραγίς als Bezeichnung der Taufe bei
Gebhardt-Harnack-Zahn 121f.
[54] Αἰώνιον ist mit AH gegen S und Wengst 248 zu lesen.

In diesen Versen dominiert der Zusammenhang zwischen dem Tun hier und dem Ergehen nach dem Tode. Ein Endgericht wird nicht vorausgesetzt, wohl aber das Bekanntsein der konkreten ethischen Forderung. Die Unabänderlichkeit des Geschicks nach dem Tode soll zur Buße hier und jetzt motivieren.

Das Stichwort σάρξ veranlaßt einen kleinen Exkurs (9,1-5), der wie eine Apologie der Hoffnung auf fleischliche Auferstehung beginnt, aber letztlich doch nur die Wichtigkeit des Fleisches betont. Dabei geht es freilich um eine Grundlage der ethischen Ausführungen des 2Clem: Ist das Fleisch rein diesseitig und vergänglich, hat es also nichts mit dem Ewigen Leben zu tun, dann entfällt jede Ethik, zumindest eine, die so sehr auf das Bewahren des Fleisches bedacht ist wie die des 2Clem. Thema dieses Abschnitts ist also die Rolle des Fleisches bei der Aneignung des Heils.[55] Σάρξ ist hier wie auch sonst im 2Clem fast gleichbedeutend mit σῶμα, kommt aber erheblich häufiger vor als dieses Wort.[56]

Es geht dem 2Clem nicht um den theoretischen Nachweis einer künftigen Auferstehung des Fleisches, sondern um die Leiblichkeit des Heilsvorgangs. Eine mögliche Gegenposition wird aus der Argumentation nicht erkennbar, selbst die ‚Gegenthese' V 1 ist bereits in der Begrifflichkeit der eigenen These formuliert. Dieser Gegenthese, die via negationis die These des 2Clem präsentiert, entspricht die Schlußfolgerung V 5b. Zu dieser Folgerung gelangt 2Clem, indem er zunächst auf etwas zurückgreift, das bekannt ist bzw. sein sollte (V 2): Die Heilszueignung erfolgte in diesem Leib, ἀναβλέπειν wie in 1,6. Dieser Sachverhalt hat ethische Konsequenzen für den Umgang mit dem Leib (V 3): Er muß wie ein Tempel Gottes bewacht werden.[57] Des weiteren hat dieser Sachverhalt auch eschatologische Konsequenzen (V 4): Dem Leib wird die Vergeltung für den irdischen Lebenswandel widerfahren. ‚Kommen' kann nach dem Kontext sowohl auf das Gericht als auch auf das Reich Gottes weisen. Schließlich wird noch die Inkarnation als Heilsereignis angeführt (V 5): Weil Christus uns durch seine Fleischwerdung berufen hat – es ist also nicht an Jesu Erdenleben gedacht, werden wir die Belohnung leiblich davontragen.

---

[55] Also nicht die Auferstehung, wie Donfried, Setting 133-146, meint.

[56] 20 zu 5 nach H. Kraft, Clavis 397.417. Ob darin ein versuchter Schlag gegen gnostische Spiritualisierung zu erkennen ist (Graham 120)?

[57] Dieses Bild schon bei Paulus (1Kor 3,16f; 2Kor 6,16), aber nie von der σάρξ. Vgl. auch IgnPhld 7,2.

Wie 2Clem sich das bei negativem Ausgang vorstellt, hatte er 7,6 durch das Zitat von Jes 66,24 gezeigt. Die Schlußfolgerung stellt also den ethischen Aspekt der These V 1 heraus. Denn als Vergeltung werden Endgericht und Auferstehung für den hiesigen Lebenswandel wichtig.

2Clem verteidigt hier die leibliche Auferstehung und das Endgericht als Vergeltung für den hiesigen Lebenswandel, wahrscheinlich gegen solche, die den Leib als irrelevant für das Heil ansahen. Wiederum ist also der ethische Aspekt der Endereignisse wichtig.

Nach dem Exkurs über die Rolle des Fleisches geht 2Clem wieder zur allgemeinen Paränese über. *9,6* erinnert in seiner Struktur an 8,6: Das ethisch richtige Handeln hier hat den Zweck, das Heil dort zu erlangen. Die Mahnung zur gegenseitigen Liebe bezieht sich auf die Gemeinde[58], wird aber nicht weiter konkretisiert. ‚Reich Gottes' ist eine von mehreren möglichen Bezeichnungen für das künftige Heilsgut (so auch 5,5; 11,7; 12,1f). Hier scheint die Individualisierung ethischer Normen aufgebrochen zu sein, und zwar nicht nur durch die Gegenseitigkeit der Liebe, sondern auch durch die Betonung der πάντες, die ins Gottesreich kommen sollen. Ob 2Clem hier an gegenseitige Hilfe zu diesem Zweck denkt? – Das eschatologisch gedachte Heilsgut Reich Gottes fungiert hier als Zweck und Ziel gegenwärtigen sittlichen Handelns.

Im *c.10* ist einmal mehr die Entscheidung zwischen Tugend und Bosheit Thema, diesmal in den Aspekten ‚Verfolgen der Tugend' – ‚Verlassen der Bosheit' (Vv 1f), falsche Wahl (Vv 3f) und Vorbildfunktion für andere (V 5).

V 1 ist nach Anschluß an das Vorhergehende und Anrede an die Hörer antithetisch gebaut, wobei der positiven wie der negativen Seite zwei Aufforderungen und ein Finalsatz zukommen. Zunächst wird, typisch für 2Clem (8,4; 9,11; 14,1), zum Tun des väterlichen Willens aufgefordert. Dieses Tun ist zweckbestimmt durch die Teilhabe am Ewigen Leben. Auch diese ἵνα-Relation zwischen irdischem Tun und jenseitigem Ergehen ist typisch für 2Clem: 7,2.3; 8,2.6; 11,5; 14,1.3; 17,1.3; 19,1.3; 20,2.[59] Mit der zweiten Hälfte des positiven Teils von V 1 wird die Metapher eingeführt, die bis V 3a die Argumentation beherrscht: die Tugend verfolgen – die Bosheit verlassen. Ethische In-

---

[58] Vgl. Wengst 232. – In der urchristlichen Literatur noch Röm 13,8; 1Thess 4,9 und oft im johanneischen Schrifttum.
[59] Nach H. Kraft, Clavis 224.

halte kommen nicht vor; sie dürften den Hörern bekannt gewesen sein, und dem 2Clem liegt am meisten an Motivierung und Aufforderung zum rechten Handeln. Die Perspektive wechselt in V 2: Der Frieden verfolgt solche, die sich um rechtes Handeln bemühen, kann aber die nicht erreichen, die sich aus Menschenfurcht falsch entscheiden (V 3). Die Entscheidung muß zwischen dem hiesigen Genuß und der künftigen Verheißung fallen.[60] Menschenfurcht wird durch die Entscheidung für den hiesigen Genuß verbreitet. Genauer muß es heißen ‚menschliche Ängste‘, nämlich vor dem Tod. Im Hintergrund dieser Argumentation steht wohl eine Situation, die durch die Möglichkeit des Martyriums gekennzeichnet ist.[61] 2Clem will seine Hörer zum Martyrium ermutigen, indem er das Dasein in dieser Welt als verderblichen Genuß kennzeichnet und die künftige Verheißung samt ihrem Inhalt dagegenstellt. Vor allem droht er denen, die zur Vermeidung des Martyriums auffordern, mit dem Verlust des Friedens (deutlicher dann in V 5). Ἀπόλαυσις, sonst ‚Wohlergehen in allen seinen Formen‘[62], wird hier deutlich in malam partem gebraucht[63]. Denn 2Clem propagiert als ethische Hauptforderung die Reinhaltung des Leibes, also eine gewisse Enthaltsamkeit. Die Folgen, die mit der Entscheidung für den hiesigen Genuß bzw. die künftige Verheißung verbunden sind, werden in V 4 dargestellt: βάσανος einerseits, τρυφή anderseits. Die Entscheidung für den hiesigen Genuß zieht die jenseitige Höllenstrafe nach sich, die Entscheidung für die künftige Verheißung und damit für die jetzige Enthaltsamkeit bringt Wonne, durchaus sinnlich zu verstehen[64]. Diese Zusammenhänge sind denen unbekannt, die aus menschlichen Ängsten die Meidung des Martyriums propagieren. Genau dies aber ist das viel Schlimmere an diesen Menschen: Sie meiden nicht nur selbst das Martyrium, sondern bringen diese falsche Lehre auch noch anderen unschuldigen Seelen (Anfängern ?[65]) bei: V 5. Dafür droht ihnen und ihren Anhängern doppeltes Gericht, auch wenn sie es nicht wissen. Wüßten sie es, dann würden sie solche Pro-

---

[60] Vgl. die Verwendung der Zwei-Äonen-Lehre 6,3-6.
[61] So auch Wengst, Anm. 83 auf S. 273.
[62] Nach C. Spicq, Notes de lexicographie Néo-testamentaire I, Fribourg 1978 (OBO 22,1), 137f.
[63] Vgl. Stephanus, Thesaurus linguae graecae II, Graz 1954 (Nachdruck), 1516f.
[64] Vgl. Knopf 168 und die allerdings etwas blasse Illustration durch äthHen 103,3 bei Wengst, Anm. 84 auf S. 273.
[65] So Knopf 169. – Zur verschärften Strafe für erfolgreiche Falschlehrer vgl. IgnEph 16,2 sowie evtl. schon Mt 16,8parr.

paganda unterlassen. Κρίσις διασή steht hier wohl für verschärfte Strafe (vgl. ConstAp V 6,5), weil einerseits die Falschlehrer andere verführen und weil anderseits einige Christen auf solche Falschlehrer gehört haben. Weniger wahrscheinlich ist, daß διασή sich auf die beiden betroffenen Gruppen bezieht.

In diesem Kapitel kommt wieder die ἵνα-Relation zwischen hiesigem gutem Handeln und dortigem Ewigem Leben vor, eschatologisches Gedankengut als Zweck (und nicht als Ursache) sittlichen Handelns. Weiterhin wird ähnlich wie in 6,3-6 ein Dualismus zwischen späterer Verheißung und hiesigem Genuß aufgebaut, um die Entscheidung gegen das Martyrium als heillos zu erweisen: Zu diesem Zweck wird der hiesige Genuß mit der Höllenqual und die künftige Verheißung mit der Himmelswonne verbunden. Die Entscheidung für oder gegen das Martyrium hat also Ewigkeitsbedeutung; dies wiederum soll positiv und negativ motivieren. Schließlich wird den Falschlehrern und ihren Anhängern ein verschärftes Gerichtsurteil angedroht.

Die Verheißung und das Vertrauen in sie bilden das Thema von *c.11.* Dieses Vertrauen ist Kriterium für den rechten oder falschen Gottesdienst und damit ausschlaggebend für das Ergehen im Endgericht (V 1). In V 2 werden die Zweifler durch ein ‚apokryphes' Schriftzitat und ein darin enthaltenes Selbstzitat charakterisiert. Der erste Widerspruch erfolgt bereits im Zitat selbst (V 3) durch den Verweis auf eine natürliche Entwicklung. Diese wird in V 4, noch immer im Rahmen des Zitats, auf ‚das Volk' interpretiert. V 5 bringt dann die Interpretation des gesamten Zitats durch 2Clem, sachlich anschließend an V 4. In V 6 schließlich wird die Gewißheit des Endgerichts auf die Zuverlässigkeit des Verheißenden gegründet, und V 7 verdeutlicht endlich die ethische Bedingung der Teilhabe an der Verheißung sowie die Größe derselben.

Den Auftakt (V 1) bilden zwei fast parallel konstruierte Sätze, die die Beurteilung im Endgericht mit dem jetzigen Handeln konditional verknüpfen. Das doppelte Ergebnis des Endgerichts wird durch den Gegensatz δίκαιος – ταλαίπωρος dargestellt, wobei letzteres Wort bereits den Anknüpfungspunkt für das Zitat Vv 2ff bildet. Dieses Ergebnis hängt vom jetzigen Dienen ab: Ob man Gott mit reinem Herzen oder gar nicht dient. Das Nicht-Dienen ist hier durch das Nicht-Vertrauen auf Gottes Verheißung beschrieben, was via negationis auch das reine Herz (V 1a) erklärt. Vielleicht ist auch das reine Herz schon Voraus-Hinweis auf das Zitat V 2, und zwar als Gegensatz. Die Verbindung von πιστεύειν und ἐπαγγελία ist einmalig in der urchristlichen Literatur (vgl. noch Barn 6,17). Eher würde man ein Verb der Erwartung oder Hoffnung vermuten. Hier ist aber das Verhältnis zur Verheißung in den Rang einer heilsentscheidenden Glaubenshaltung eingerückt. Auf diese Weise erhält auch das Problem der ausbleibenden Verheißung, das hinter den Vv 2-5 steht, seine richtige Dimension und Einordnung.

Es folgt ein Zitat mit förmlicher, autoritativer Einleitung, das die ταλαίπωροι beschreiben und ihre Zweifel widerlegen soll (Vv 2-4). Dieses Zitat wird auch 1Clem 23,2-5 verwendet, dort allerdings in einem anderen Kontext (Streit um die Auferstehung) und deshalb mit teilweise anderer Formulierung[66]; der hiesige V 4 fehlt dort ganz. Die Herkunft des Zitats ist unbekannt. Es gliedert sich in drei Teile: Charakterisierung der Zweifler, auch durch ein Selbstzitat (V 2), ihre Widerlegung durch ein Bild aus der Natur (V 3), Auslegung dieses Bildes auf ‚mein Volk‘ (V 4).

Προφητικὸς λόγος (vgl. 2Petr 1,19) soll das Zitat als Gottesrede ausweisen (vgl. auch λαός μου V 4), also als Urteil Gottes über die, die an seiner Verheißung zweifeln. Es lautet: Sie sind elend, erbärmlich. Die Zweifler werden δίψυχοι genannt, ‚gespaltenen Sinnes‘, und dieses bis dahin seltene Wort[67] wird durch die – auch nicht wesentlich häufigere – Wendung διστάζοντες τὴν καρδίαν[68] präzisiert: Dieser Zweifel geht vom Herzen, also vom Personzentrum des Menschen aus. Der nun folgende Satz wird mit οἱ λέγοντες als Aussage der Zweifler eingeführt. Der Gegenstand dieser Aussage bleibt allerdings dunkel (ταῦτα, οὐδὲν τούτων) bzw. wird als bekannt vorausgesetzt. Diese Lage ist an den verwandten Stellen Did 4,4 par Barn 19,5; 1Clem 23,3 gleich. Aus dem Kontext wäre hier wohl zu ergänzen ‚die Verheißung‘ bzw. ‚das Verheißene‘. Die Verheißung ist schon mindestens eine Generation alt – es ist wohl ἠκούσαμεν zu lesen[69] –, aber die dauernde Erwartung ist bisher nicht erfüllt worden. Die erste Halbzeile entspricht bis auf πάλαι völlig 1Clem 23,3, die zweite Halbzeile ist völlig anders als dort, ohne daß ein Motiv für die Änderung hier oder

---

[66] Die Differenzen werden von Knopf 169 aufgezählt.

[67] Jak 1,8; 4,8; 1Clem 11,2; 23,3; häufiger dann bei Hermas. „Innere Zerspaltenheit“, so V. Herntrich/F. Büchsel, Art. κρίνω κτλ., in: ThWNT III (920-955) 949,17f.

[68] Vgl. Herm 39,5; nicht in der LXX, aber kopt ApkEl 24,3f.

[69] Mit A und Lightfoot, Bihlmeyer, gegen HS und Wengst.

dort erkennbar wäre. Hier steht die vergebliche Erwartung im Vordergrund, während dort das Ausbleiben des Geschehens betont wird. Die Zweifler sind – aus der Sicht des 2Clem – nicht damit zufrieden, die Verheißung gehört zu haben, sie wollen auch das Verheißene sehen. ‚Sehen' ist ein geradezu klassischer Begriff für das Erleben von Parusie und Endvollendung.[70]

Die Entgegnung folgt, noch immer im Rahmen des Zitats, auf dem Fuße (V 3). Es ist aber keine Widerlegung in dem Sinne, daß der Vorwurf der Zweifler aufgenommen und argumentativ widerlegt würde. Vielmehr wird die enttäuschte Erwartung darauf verwiesen, daß die Trauben nicht gleich am kahlen Weinstock hängen, sondern eine gewisse Zeit zur Reifung brauchen: Auf das Kahlwerden folgen Knospen und Herlinge, bevor die reife Traube da ist (1Clem bringt noch zwei weitere Stadien). Der Vergleich zielt auf die Zweifler selbst: συμβάλετε ἑαυτούς, und der hier gemeinte Sinn wird durch die Deutung – auch noch im Rahmen des Zitats – V 4 erschlossen: Wie ein Weinstock zuerst kahl wird, bevor nach einigen Zwischenstadien eine reife Traube da ist, so erleidet das Volk Gottes zuerst Bedrängnis, bevor es das verheißene Gut empfängt. 1Clem brach das Zitat nach dem Bild vom Weinstock ab, um die Plötzlichkeit des Kommens Gottes zu betonen. Für 2Clem – wie auch für das Zitat selbst – ist das sichere Eintreten des Verheißenen trotz akuter Bedrängnis wichtig. Das Zitat interpretiert nämlich den natürlichen Ablauf auf das Ergehen des Gottesvolkes: Das Volk hat zuerst Unruhen und Bedrängnisse – wohl von außen her – zu erleiden, dann aber wird es die künftigen Heilsgüter in Empfang nehmen. Das ist genauso sicher wie die Folge von Laubabwerfen und Fruchttragen beim Weinstock. Θλίψεις sind insbesondere die endzeitlichen Nöte, die nach apokalyptischer Tradition dem Umschlag der Verhältnisse zum Guten vorausgehen.[71]

Die Interpretation des Zitats durch 2Clem (V 5) schließt sich vor allem an das negative Gottesurteil über die Zweifler an. Für ihn ist die Teilhabe am Heilsgut mit einer Bedingung verknüpft und tritt gerade nicht mit der Sicherheit eines Naturvorgangs ein. Diese Bedingung ist das geduldige Festhalten an der Hoffnung, dessen Zweck und Ziel die Teilhabe am endzeitlichen Lohn ist. Die Gewißheit des

---

[70] Vgl. Did 16,8; weitere Belege bei W. Michaelis, Art. ὁράω κτλ., in: ThWNT V (315-381) 366-368.

[71] Vgl. z.B. syrBar 25,1ff. – Weitere Belege bei H. Schlier, Art. θλίβω κτλ., in: ThWNT III (139-148) 144f.

Heilsempfangs gründet in der Zuverlässigkeit dessen, der das Endgericht nach den Werken verheißen hat (V 6). Die Akzentverschiebung ist deutlich: 2Clem betont gerade das, was in der zitatinternen Interpretation höchstens impliziert war: Nur geduldiges Hoffen bringt den erhofften Lohn ein. ῾Υπομένειν hat hier sicher auch den Nebensinn ‚Standhalten‘, vielleicht wie in der Apk unter äußerem Druck (θλίψεις V 4!).[72]

Der Anfang von V 6 entspricht Hebr 10,23b, ist aber als einziger Bezugspunkt und wegen des verschiedenen Kontextes kein Indiz für die Bekanntschaft des 2Clem mit dem Hebr.[73] Die Zuverlässigkeit und Gerechtigkeit des Endgerichts wird durch die Treue des verheißenden Gottes garantiert (vgl. 1Clem 27,1). Hier ist der Gerichtsgedanke des 2Clem auf seine kürzeste Form gebracht.[74] ᾿Αντιμισθία findet sich weder in der profanen Gräzität noch in der LXX.[75] Es ist sonst ein Lieblingswort des 2Clem (1,3.5; 9,7; 15,2) für die Gegenleistung der Christen, zu der sie durch die Vorleistung Gottes bzw. Christi verpflichtet sind. Hier betont dieses Wort sehr stark die Entsprechung zwischen dem endgerichtlichen Urteil Gottes und den Werken der Christen durch den Plural und das Präfix ἀντι-. Üblich ist sonst μισθός sg. ᾿Αποδιδόναι (κατά) steht seit der LXX für die Vergeltung im Endgericht.

In V 7 schließt sich der Ring der Argumentation, zugleich erfolgt eine ethische Auswertung. Der Zugang zum Reich Gottes ist an die Bedingung geknüpft, die Gerechtigkeit vor Gott zu tun (vgl. V 1a). ᾿Εναντίον heißt hier ‚im Urteil von‘[76]; das rechtschaffene Tun muß also vor Gott im Urteil des Endgerichts bestehen können, bevor die Christen ins Gottesreich eingehen und an den Verheißungsgütern teilhaben können. Ληψόμεθα erinnert schwach an die analoge Formulierung im Zitat (V 4b); ἐπαγγελίαι sind eher die verheißenen Güter als das Wort bzw. der Vorgang der Verheißung. Zeitpunkt und Modus des Übergangs in die endgültige Seinsweise läßt 2Clem offen, denn er ist mehr an der Vergeltung interessiert. Mit einer apokalypti-

---

[72] Vgl. F. Hauck, Art. μένω κτλ., in: ThWNT IV (578-593) 592f.
[73] Mit Wengst, Anm. 90 auf S. 274, gegen Knopf 170.
[74] Vgl. Mt 16,27; Röm 2,6; 2Tim 4,14; Apk 22,12 mit Bezug auf Prov 24,12; Ψ 61,13 (Sir 35,22).
[75] Nach C.H. Peisker, Art. μισθός κτλ., in: ThWNT IV (699-736) 700.701; 707,11: „Gegenlohn“. – In der urchristlichen Literatur außerhalb des 2Clem nur noch Röm 1,27; 2Kor 6,13.
[76] Vgl. Bauer, Wb. 519.

schen Wandertradition, die auch 1Kor 2,9; 1Clem 34,8 aufgenommen wird[77], werden die verheißenen Güter als schlechthin unzugänglich für menschliche Erkenntnis in jeder Form gekennzeichnet.

In diesem Kapitel ist die eschatologische Haltung selbst Gegenstand der Argumentation. Sie richtet sich als πιστεύειν, προσδέχεσθαι, ἐλπίσαντες ὑπομένειν auf die Verheißung. Inhalt dieser Verheißung ist vor allem die gerechte Vergeltung, speziell auch der Lohn, auch das, was jedes menschliches Erkenntnisvermögen übersteigt. Der Empfang des Verheißenen steht hier gleichwertig neben dem Eingehen in das Gottesreich. Abgelehnt werden Haltungen wie μὴ πιστεύειν, διψυχεῖν, διστάζειν, auch wenn man das Verheißene noch nicht gesehen hat. 2Clem setzt also gegen eine ungeduldige Naherwartung die hoffende, ausharrende Stetserwartung, indem er

a) diese als δίκαιος, jene als ταλαίπωρος kennzeichnet,

b) auf die Treue des Verheißenden verweist sowie

c) mit überwältigendem Lohn für Geduld und Rechtschaffenheit rechnet.

Zwar kommen auch die endzeitlichen Nöte vor samt der ihnen angemessenen Haltung des Ausharrens, aber der Akzent liegt doch auf der künftigen Vergeltung. Den Zweifel am Eintreten der Verheißung sucht 2Clem durch den Hinweis auf das negative Gottesurteil über die Zweifler zu überwinden.

Die Frage nach dem Zeitpunkt der Parusie Gottes und seines Reiches wird in *c.12* abgehandelt. Bereits mit der These V 1 wird die Unbekanntheit des Zeitpunkts festgestellt. Belegt wird diese Feststellung durch ein Herrenwort (V 2), dessen rätselhafter Gehalt in den Vv 3-5 ethisch ausgelegt wird, und zwar in der Art, daß jede Sinneinheit des Herrenworts einzeln zitiert und erklärt wird. V 6 bringt dann eine Zusammenfassung in dem Sinne, daß das Handeln der Christen Vorbedingung für das Kommen das Gottesreiches ist.

Durch οὖν und die Aufnahme von βασιλεία lose mit 11,7 verbunden, fordert 12,1 die Gemeinde im kommunikativen Plural zu geduldiger Stetserwartung auf. Καθ᾽ ὥραν ist adverbielle Bestimmung zu ἐκδεχώμεθα. Drei Bedeutungen bieten sich für diese Wendung an:

a) ‚Zur rechten Zeit‘, wie es der LXX-Tradition entspricht (vgl. 1Clem 56,15 mit dem Zitat aus Hi 5,26);

---

[77] Weitere Belege bei K. Berger, Zur Diskussion über die Herkunft von I.Kor II.9, NTS 24 (1978) 270-283.

b) ‚stündlich' im Sinne von ‚es kann jede Stunde kommen'[78],
   ohne weitere griechische Belege;
c) ‚jederzeit' im Sinne von ‚dauernd erwarten'[79].

Die zuletzt genannte Bedeutung entspricht dem Kontext am besten,
denn in c.11 wurde gerade der Naherwartung zugunsten einer ge-
duldigen Stetserwartung widersprochen. Außerdem wird der Modus
der Erwartung durch ἐν ἀγάπῃ καὶ δικαιοσύνῃ ethisch präzisiert, wie
es auch die Tendenz der Auslegung des Herrenworts in den Vv 3-
5 ist (vgl. auch schon 11,7). Die Dauer und Gleichmäßigkeit der
Erwartung soll sich also in Liebe und Rechtschaffenheit manifestie-
ren. Ἀγάπη meint im 2Clem vor allem das Verhalten der Christen untereinander (15,2; 4,3; 9,6), während δικαιοσύνη die Rechtschaffenheit als Tun guter Werke bedeutet (4,2; 11,7; 19,3). Diese
Dauer-Erwartung ist begründet in der Unkenntnis des Parusietermins.
Ἐπιφάνεια kommt in dieser Bedeutung sonst nur in den Pastoralbriefen vor (1Tim 6,14; 2Tim 4,1.8; Tit 2,13) und trägt im Unterschied
zu παρουσία noch das Moment das helfenden Eingreifens in sich.[80]
Hier liegt auf diesem Aspekt allerdings kein Gewicht, es hätte genausogut παρουσία stehen können. Gegenüber der ersten Vershälfte, wo
das Kommende selbst im Vordergrund steht, wird hier der Vorgang
des Kommens betont. Ἐπιφάνεια ist also nicht etwa Synonym zu
βασιλεία.

Zur Begründung von V 1b führt 2Clem in V 2 ein Herrenwort
ein, inszeniert in der Form eines Apophthegmas. Dieses Herrenwort
kommt in der synoptischen Tradition nicht vor – wohl aber die Frage
–, hat jedoch Parallelen im Ägypter-Evangelium (ausdrücklich von
dort zitiert von Clemens Alexandrinus, strom. II 13,92f) und im
Thomas-Evangelium, log 22.[81] Eine literarische Abhängigkeit in die
eine oder andere Richtung besteht nicht. Vielmehr scheint 2Clem
12,2 ein früheres Stadium der im ÄgEv und im ThomEv verwendeten
Tradition

---

[78] So Lightfoot I/2, 236; H. von Schubert, HNTA 251; Knopf 170, G. Delling,
Art. ὥρα, in: ThWNT IX (675-681) 681,25.

[79] So Bauer, Wb. 1772; Wengst 253.

[80] Dazu ausführlich D. Lührmann, Epiphaneia, in: Tradition und Glaube (FS
K.G. Kuhn), hg. G. Jeremias/H.-W. Kuhn/H. Stegemann, Göttingen 1971,
185-199, bes. 198.

[81] Beide abgedruckt bei Donfried, Setting 73.75. – Wengst 223f berücksichtigt
Thom Ev log 22 nicht; Köster, Überlieferung 102-105, konnte es noch nicht
kennen.

zu repräsentieren.[82] ThomEv log 22 steht dem hiesigen Zitat freilich näher als das Fragment aus dem ÄgEv, denn dort ist zwar wie im
2Clem das Gottesreich Thema, aber mit einer wichtigen Differenz: Im
ThomEv fragen die Jünger nach dem Eingehen in das Reich, während
es für den 2Clem um den Termin des Kommens des Gottesreiches
geht.[83] Im ÄgEv ist vom Gottesreich überhaupt nicht die Rede.[84]
Außerdem wird im ThomEv ein Tun der Jünger verlangt, während
das Zitat im 2Clem abstrakt, sozusagen prinzipiell formuliert. Diese
Differenz in der Form wird durch die ethische Auslegung des 2Clem
wieder eingeebnet. Anders als das ÄgEv, wo der Herr von Salome
gefragt wird, läßt 2Clem die Person des Fragestellers völlig anonym.
Das deutet zum einen auf ein höheres Alter der hier zitierten Form des
Logions, kann zum anderen aber auch von 2Clem beabsichtigt sein,
um zeitgenössischen Fragestellern die Berufung auf den Jüngerkreis
unmöglich zu machen. Die Frage lautet: Wann wird das Reich Christi kommen? Der Bezug der βασιλεία auf Christus ist vergleichsweise
selten und kommt terminologisch erst in der späteren urchristlichen
Literatur vor: Kol 1,13; Eph 5,5 (neben Gott!); Hebr 1,8 (im Schriftzitat); 2Tim 4,1.18; 2Petr 1,11; Barn 4,13; 8,5; 1Clem 50,3.[85] Die
Sache ist bereits in den synoptischen Evangelien da (vgl. Mt 13,41;
16,28; Lk 1,33; 23,30.42); und zwar kommt es aus christologischen
Gründen zu der Neubildung ‚Herrschaft Christi', denn schon Jesus
wird βασιλεύς genannt (z.B. Joh 18,27parr). Wenn Jesus aber den Kö-
nigstitel trägt, der nach israelitisch-jüdischer Tradition Gott zusteht,
dann gibt es auch eine Herrschaft Christi, wie es eine Gottesherrschaft
gibt. Die trinitätstheologischen Probleme, die sich damit stellen, haben die Autoren der urchristlichen Zeit noch nicht beschäftigt. So
kann auch 2Clem Gottesherrschaft und Christusherrschaft promis-
cue gebrauchen (11,7; 12,6) und damit offenkundig dasselbe meinen.
Jedenfalls ist für den 2Clem die dogmatisch-christologische Voraussetzung eines solchen Sprachgebrauchs, die Lehre von der Gottheit
Christi, sicherlich gegeben (1,1!).

---

[82] So das Ergebnis von Donfried, Setting 76.77; T. Baarda, 2Clement 12 and
the Sayings of Jesus, in: Ders., Early Transmission of Words of Jesus, Amsterdam 1983 (261-288) 279; ähnlich auch Köster, Überlieferung 104, für das
ÄgEv. – Gegen Lightfoot I/2, 238; Knopf 170.
[83] Übersehen von Donfried, Setting 76.
[84] Vgl. Köster, Überlieferung 103.
[85] Vgl. dazu K.L. Schmidt, Art. βασιλεύς κτλ. (im NT), in: ThWNT I
(576-595), bes. 593f.581f.

Die Antwort Christi weicht der Frage nach dem Zeitpunkt des Kommens aus und nennt stattdessen drei Bedingungen, die erfüllt sein müssen, bevor das Christusreich kommt: Zwei werden eins sein; das Außen wird dem Innen entsprechen; Männliches und Weibliches werden ununterscheidbar zusammen sein. Eine gnostische Interpretation dieser auf den ersten Blick rätselhaften Bilder ist nicht schwer, denn für den Gnostizismus war Vielheit *das* Charakteristikum dieser bösen Welt, nur die Einheit göttlich. Dieser Urzustand ist schon durch das Auftreten Evas verlorengegangen und soll durch geschlechtliche Askese wiederhergestellt werden. Dieser Sinn ergibt sich jedenfalls aus ThomEv log 22.[86]

2Clem nun legt die drei genannten Bedingungen in den drei folgenden Vv 3-5 aus, und zwar nach folgendem Schema: wörtliches Zitat, Überleitung durch ἐστιν bzw. τοῦτο λέγει, Sinn des Satzes in der Formulierung des 2Clem.

In V 3 erklärt 2Clem also die Bedingung ‚Wenn zwei eins sind'. Sie ist für ihn erfüllt, wenn die Christen sich die Wahrheit sagen. Irgendeine Beziehung zum Wortlaut des Zitats ist nicht zu erkennen. Deshalb wird er nachträglich hergestellt: eine Seele ungeheuchelt in zwei Körpern.[87] Man wird wohl kaum fehlgehen in der Annahme, daß 2Clem sich diese Einheit als eine sittlich vermittelte vorstellte. In diesem Zusammenhang überrascht allerdings etwas der Ausdruck ψυχή, der doch sonst für das Leben und die Individualität des Menschen steht.[88] Man hätte aus christlicher Tradition eher πνεῦμα erwartet (vgl. Phil 1,27). Jedenfalls will 2Clem die angestrebte Einheit nicht auf einen mythisch-paradiesischen Endzustand beziehen, sondern auf das Zusammenleben der Christen hier und jetzt (vgl. Eph 4,25).

Die ethische Auslegung der zweiten Bedingung ‚das Außen wie das Innen'[89] hat dem 2Clem wohl die größten Schwierigkeiten bereitet, wie V 4 zeigt. Zwar liegt die Deutung des Innen auf die Seele und des Außen auf den Körper einigermaßen nahe. Aber die folgende Anwendung auf die guten Werke setzte eigentlich genau die umgekehrte

---

[86] Vgl. dazu E. Haenchen, Die Botschaft des Thomas-Evangeliums, Berlin 1961 (TBT 6), 52f.

[87] Die grammatische Schwierigkeit des Optativs in diesem Satz nach dem Konjunktiv im vorangegangenen (Knopf 170) löst Wengst (Anm. 97 auf S. 274) durch Konjektur von εἰ.

[88] Vgl. E. Schweizer, Art. ψυχή κτλ., in: ThWNT IX (604-667) 655,16ff.

[89] Mit AH sowie Funk-Bihlmeyer und Wengst (Übersetzung) 255 zu lesen wegen V 2 und als lectio difficilior in diesem Kontext; gegen S und Wengst (Text) 254. Die Entwicklung von jener zu dieser Lesart zeigt Knopf 171.

Form des Zitats voraus, wie denn auch S das Zitat prompt umgeformt hat. Nichtsdestoweniger wird die hier gezogene Parallele nicht
so recht klar, denn es fehlt die Angabe, wodurch der Körper offenbar
ist – durch sein pures Dasein? Und die Übereinstimmung der Seele
mit dem Körper zeigt sich in den guten Werken – die natürlich vom
Körper getan werden müssen. Wahrscheinlich aber setzt 2Clem die
Möglichkeit des Rückschließens von den guten Werken auf die gute
Seele voraus.

Ausgesprochen leicht und sogar fast dem zitierten Text angemessen ist die ethische Auslegung der dritten Bedingung in V 5. Sie
lautet: ‚Das Männliche mit dem Weiblichen weder männlich noch
weiblich' – also ungeschlechtlich wie die Säuglinge (vgl. ThomEv
log 22). Diese Bedingung wird nun angewendet auf das Verhältnis
der Geschlechter zueinander innnerhalb der christlichen Gemeinde:
ἀδελφός – ἀδελφή. Die Frage ist, ob 2Clem hier völlige sexuelle Askese verlangt, etwa auch im Sinne von Mt 5,27f[90], oder nicht[91]. Die
Formulierung im Bezug auf die Gemeinde würde eher an Gal 3,28[92]
erinnern, und es wäre hier wie dort eher an die sozialen Aspekte des
Mann- und Frauseins gedacht, die sich in der christlichen Gemeinde
nicht diskriminierend auswirken sollen. Außerdem wird nirgends vom
2Clem völlige sexuelle Askese explizit gefordert, lediglich sexuelles
Fehlverhalten untersagt (4,3; negativ 6,5; μοιχᾶσθαι, φθορά). Also
kann auch diese Stelle nicht als Forderung nach geschlechtlicher Askese interpretiert werden. Zudem vermißt man im Kontext irgendein
Verbot des Geschlechtsverkehrs, das durch dieses ‚Denkverbot' gestei-
gert werden würde.

V 6 nennt den Zweck des in den Vv 3-5 gezeigten sittlichen Handelns: das Kommen des Gottesreiches. Diese Aussage ist, wie Einleitung und Formulierung zeigen, die letzte Zeile des in V 2 zitierten
Herrenwortes: ἐλεύσεται ἡ βασιλεία τοῦ πατρός μου.[93] Zwar ist Barn
7,11 ein neues Herrenwort dadurch entstanden, daß der Verfasser dem
Herrn die Zusammenfassung seiner Interpretation in den Mund legte.

---

[90] So Knopf 171; Stegemann, Herkunft 127.
[91] So Baarda, 2Clement 12 269; Wengst 231.
[92] Darauf verweist Clemens Alexandrinus, strom. III 13,93,2, in seiner allego-
      rischen Auslegung dieses Wortes.
[93] Mit Baarda, 2Clement 12 279-281, gegen Wengst, Anm. 99 auf S. 274;
      Köster, Überlieferung 103; H. von Schubert, HNTA 252; Knopf 171; Light-
      foot I/2, 240; auch gegen Donfried, Setting 75-77, der den gesamten V 6 zum
      Herrenwort rechnet.

Aber für 2Clem 12,6 sind die Analogien innerhalb der Schrift wichtiger, wo ein Herrenwort (4,5) und ein Schriftzitat (7,6) durch einen voranstehenden gen. abs. und λέγει bzw. φησίν eingeleitet und zugleich auf die Hörer als Drohung oder Ermunterung angewendet werden. Außerdem paßt V 6b auch in grammatischer Hinsicht ausgezeichnet als Hauptsatz zum Nebensatz V 2. Der gen. abs. ist wie ὅταν in den Vv 2+3 konditional zu verstehen und faßt die in den Vv 3-5 gegebene Auslegung zusammen. Am Handeln der Christen hängt also das Kommen des Gottesreiches[94], wobei das ‚Reich meines Vaters' kein anderes ist als das Reich Christi V 2. Konsequenz dieser Antwort ist, daß der Termin des Kommens in nebulöse Ferne hinausgerückt wird. Des weiteren erhält so das sittliche Handeln eine enorme Bedeutung – und Motivation, die 2Clem denn auch gleich in 13,1 zu einem dringenden Bußappell nutzt. So weist er der neugierigen und ungeduldigen Frage nach dem Termin des Gottesreiches einen ethischen Sitz im Leben zu, der sich bereits in 12,1 andeutete: Die Christen sollen das Gottesreich in Liebe und Rechtschaffenheit erwarten.

Zwar ist die eschatologische Frage nach dem Termin des Gottesreiches Thema dieses Kapitels, aber dieses brisante Thema wird sogleich in ethische Schutzhaft genommen, indem ein rätselhaftes, gnostisch klingendes Herrenwort ethisch interpretiert wird. So wird das Handeln der Christen zur Bedingung der Möglichkeit für das Kommen des Gottesreiches gemacht. Von einem heilsamen Nahen der Gottesherrschaft (wie Mk 1,15 u.ö.) ist hier nichts mehr zu spüren. Stattdessen müssen (dürfen?) die Christen daran mitwirken, sie zum Kommen zu bewegen. Damit wird auch der Termin der Gottesherrschaft zu einer Motivation sittlichen Handelns.

In *c.14* werden ekklesiologische Spekulationen zur Begründung ethischer Anweisungen herangezogen. In V 1 stellt 2Clem seine Leser vor die Alternative, entweder zur geistlichen Kirche oder zur Räuberhöhle zu gehören, was sich am Tun bzw. Nichttun des Gotteswillens entscheidet, und liefert die gewünschte Entscheidung gleich mit. Es folgt ekklesiologisches Grundwissen (V 2) über die Präexistenz der Kirche und ihr Analogieverhältnis zu Christus. Mit der im Fleisch Christi geschehenen Offenbarung der geistlichen Kirche (V 3a) gewinnt 2Clem ein Begriffspaar (fleischlich – geistlich), das

---

[94] Eine ähnlich strukturierte Argumentation gab (und gibt) es im Judentum, vgl. dazu Strobel, Untersuchungen 126f.

ihm eine weitere Motivierung der Ethik ermöglicht, indem er Geist und Fleisch in eine Urbild-Abbild-Beziehung zueinander setzt, so daß das Handeln im Fleisch unmittelbare Folgen für die Teilhabe am Geist hat (Vv 3+4). Logische Voraussetzung dieses Gedankengangs ist, daß 2Clem beinahe übergangslos σῶμα Χριστοῦ (V 2a) durch σὰρξ Χριστοῦ (V 3a) ersetzen kann. Der Gedankengang schließt in V 5 mit einem Ausblick auf die Größe der Heilsgüter.

Eschatologische Aussagen im eigentlichen Sinne bietet dieses Kapitel kaum. Es fällt aber auf, daß sämtliche Aussagen über Heil oder Unheil futurisch formuliert sind oder in Finalsätzen mit futurischem Sinn stehen. Das zeigt, wie sehr für 2Clem der Imperativ dem Indikativ vorgeordnet ist und das Heil rein zukünftig gedacht wird. Dabei ist nicht zu entscheiden, ob diese futurische Formulierung das erst eschatologische Erlangen des Heils meint oder die innerweltliche Struktur eines Tun-Ergehen-Zusammenhangs. Der Inhalt der entsprechenden Aussagen ist jedenfalls nicht eindeutig eschatologisch: Teilhabe an Christus (V 4), an der geistlichen Kirche (V 1), am Heiligen Geist (Vv 3+4). Es bleiben dann noch zwei kleine eschatologische Spuren: die Beschreibung des Heilsgutes V 5 und die Datierung der Inkarnation V 2fin.

Der letzte Satz von V 2 hat aus inhaltlichen Gründen – σῴζειν ist im 2Clem überwiegend Christi bzw. Gottes Sache – Jesus Christus als Subjekt. Das Offenbarwerden der geistlichen Kirche wird erst im nächsten Satz ausgesagt, so daß dieser Satz wie eine Parenthese wirkt. Jesus Christus, zunächst geistigen Wesens, wurde in den letzten Tagen zum Zwecke unserer Rettung offenbart, d.h. inkarniert. Der Zeitpunkt der Inkarnation scheint für 2Clem keine besondere Bedeutung gehabt zu haben, sondern als traditionell christliche Sprachregelung mit angeführt zu sein. Die Wendung steht in der LXX (Gen 49,1; Dtn 4,30; Dan 2,28; Hos 3,5; Mi 4,1) und 2Petr 3,3 für die Endzeit, auch in der Form ἐπ᾽ ἐσχάτου τῶν ἡμερῶν, und findet sich Hebr 1,2, besonders aber 1Petr 1,20 (jeweils beide Formen bezeugt) in christologischem Zusammenhang. Da letztere Stelle formelhaft geprägt zu sein scheint, ist es gut möglich, daß 2Clem die Wendung aus der Tradition übernimmt, ohne ihr größeres Gewicht beizumessen. Für die Formelhaftigkeit dieser Wendung spricht auch, daß sie in V 3, bei der Offenbarung der präexistenten Kirche in Christus, nicht wieder aufgenommen wird. Ihr Sinn ist es, die Offenbarung in Jesus Christus als letztgültig zu qualifizieren – und als die, die in der Schrift für diese Zeit vorausgesagt worden ist.

Der letzte Satz des Kapitels (14,5) gibt eher eine Verhüllung als einen Ausblick auf die Heilsgüter. Er erinnert der Sache nach von ferne an 1Clem 34,8 - 35,3. Dort gehörten Leben und Unsterblichkeit zu den jetzt schon vorhandenen Heilsgütern, und auch von der Vorbereitung Gottes für die Seinen war die Rede (in dem apokryphen Zitat wie 1Kor 2,9). Hier hingegen muß 2Clem 9,1ff herangezogen werden. Daraus ergibt sich, daß δύναται als ‚fähig, in der Lage sein' zu interpretieren ist und nicht etwa als eine von mehreren Möglichkeiten. Das Fleisch ist also in der Lage, an Leben und Unvergänglichkeit teilzuhaben, wobei offenbleiben muß, ob diese Heilsgüter als gegenwärtig (so entsprechend 1Clem 35,1) oder als zukünftig zu denken sind. Letztere Möglichkeit würde dem Duktus des Kapitels und des 2Clem eher entsprechen.[95] Der folgende gen. abs. überrascht, weil in ihm anders als im übrigen Kapitel dem Heiligen Geist ein aktive Rolle beim Heilsvorgang zugeschrieben wird – man hätte es eigentlich genau umgekehrt erwartet, zumal der gen. abs. wie in 12,6 wohl eine Bedingung nennt. Ob dahinter die Meinung steht, daß der Heilige Geist durch Sünden vertrieben werden kann und folglich durch gute Taten bewahrt werden muß?[96] Die übrigen Heilsgüter, die von Gott für die Seinen vorbereitet sind, sind weder nennbar noch aussagbar. Insbesondere mit dem letzten Relativsatz klingt wieder das auch in 1Kor 2,9 verwendete apokryphe Zitat an, dessen Schluß ja in 2Clem 11,7 nicht vorkam. Ein Schwerpunkt hat sich verschoben: Waren dort die Heilsgüter unergründlich, so sind sie hier unaussagbar – der Sinn aber ist der gleiche: Sie übersteigen menschliches Vorstellungsvermögen. Gemäß dem Vergleich mit 1Clem 34,8 - 35,3 können hier auch wieder die künftigen Heilsgüter gemeint sein.

Das *15. Kapitel* des 2Clem wirkt wegen seines zurückblickenden und zusammenfassenden Charakters wie der Abschluß einer (geschriebenen?) Predigt. Der vorangegangene Text wird in V 1 als Rat zur Selbstbeherrschung charakterisiert, mit einem nicht geringen Selbstlob. Zugleich soll das Befolgen dieser Worte Hörer und Redner retten. Das gibt noch einmal Anlaß zu einigen allgemeinen Bemerkungen: über die Verdienstlichkeit der Seelenrettung (V 1fin), über die pflichtgemäße Gegenleistung (vgl. 1,3.8), hier konkretisiert als

---

[95] So auch Wengst, Anm. 127 auf S. 277.
[96] Vgl. Herm 34,5-8. – Anders Wengst, Anm. 129 auf S. 278.

Reden und Zuhören in Liebe und Glaube (V 2), über das Heilig- und
Gerechtbleiben, welches Voraussetzung für das freimütige Gebet ist
(V 3) – diese These wird dann durch ein Zitat aus Jes 58,9 (V 3fin) und
dessen Auslegung weiter entfaltet (Vv 4-5a) –, und schließlich erhält
die (soeben gehaltene oder verlesene) Rede den ihr gebührenden Stel-
lenwert (V 5b), der sich schon in V 1 andeutete: In zwei parallel
gebauten Sätzen werden Konsequenzen für das Verhalten gegenüber
dieser Rede angekündigt, die sich quantitativ entsprechen (ὅσην –
τοσαύτην). Den Tätern (vgl. V 1) wird Freude verheißen, den Ungehorsamen Verurteilung angedroht. Die Gegenüberstellung ποιεῖν –
παρακούειν findet sich auch in 3,4 und 6,7, dort bezogen auf Gottes
bzw. Christi Gebote. Den gleichen heilsentscheidenden Rang spricht
2Clem jetzt seinen Mahnungen zu; sie tragen die Konsequenzen für
das Verhalten ihnen gegenüber bereits mit sich (ἔχει). Einmalig für
die gesamte urchristliche Literatur ist der hiesige positive Gebrauch
von ἡδονή, vielleicht im Rückbezug auf 14,5.[97] Man hätte eher χαρά
erwartet. Auch das hier verwendete Gegenüber ist selten: Κατάκρισις
weist aber deutlich auf das Endgericht hin, so daß ἡδονή sicher für die
ewige Freude steht. – Das künftige Schicksal hängt also auch nach
diesem Text vom Tun und Lassen hier und jetzt ab, in diesem Falle
vermittelt durch die Aussagen des 2Clem selbst.

Eigentlich könnte mit c.15 die Predigt schon zu Ende sein, aber
es folgt noch eine Fortsetzung in *c.16* mit der Wiederaufnahme des
Themas Buße. Die Bußmahnung wird motiviert durch den Hinweis
auf die große Gelegenheit sowie auf die noch vorhandene Zeit, wie
schon in 8,1-3 und 9,7. Auf eine Konkretion des Vorgangs (V 2) – erst
eine Vorleistung ermöglicht die Teilhabe am Erbarmen Jesu – auch
hinsichtlich seines Bezuges (ἡδυπαθεῖαι, ἐπιθυμίαι πονηραί) folgt in V 3
der Hinweis auf die Kürze der Bußfrist durch einige apokalyptische
Spurenelemente.

Durch die Einleitung zeigt 2Clem an, daß er seine Gemeinde an
Bekanntes erinnert (γινώσκετε). Der Tag des Gerichts wird im Bild
des brennenden Schmelzofens geschildert. Dieses Bild stammt wohl
aus Mal 3,19, wird dort allerdings anders durchgeführt: Dort brennt
der Tag selbst, und dieser Tag ist der Tag des Herrn. Daß es hier Tag
des Gerichts heißt, zeigt gerade im Kontrast, worauf es dem 2Clem
besonders ankommt: das an diesem Tag stattfindende Gericht nach
den Werken. Es könnte sein, daß das Bild vom Schmelzofen durch das

---

[97] Vgl. Schneider, Art. ἡδονή, in: ThWNT II (911-930) 920, Anm. 59.

vom Töpferofen 8,2 inspiriert ist, wie ja schon V 1 die Aussage von
8,1-3 aufgenommen hatte. Das bleibt angesichts der verschiedenen
Bildkontexte und unterschiedlichen Wörter bloße Vermutung. Auch
der Gedanke der Läuterung dürfte hier nicht gemeint sein. Vielmehr
wird das Bild des Ofens kosmologisch weitergeführt und schrecklich
ausgemalt: Einige der Himmel und die gesamte Erde werden im Feuer
dieses Tages schmelzen, wie Blei im Feuer schmilzt. Rätselhaft, weil
nirgends sonst belegt, ist der Gedanke, daß nicht alle Himmel schmelzen werden.[98] Ob 2Clem sich die neue Welt in einem der übriggeblie-
benen Himmel vorstellt? Die geläufige Vorstellung vom Weltenbrand
als Weltende[99] wird hier durch das Bild vom Ofen abgewandelt. Die
Welt wird nicht verbrennen, sondern schmelzen. Die Sachaussage des
Bildes ist nicht recht erkennbar, weil 2Clem auf die Ausführung dieses
Aspekts keinen Wert legt. Vielleicht soll dem Schmelzen ein Gießen
folgen, also eine Erneuerung der Welt? Für 2Clem ist Endgericht
wichtiger. Φανήσεται erinnert von ferne an 2Kor 5,10, es überwiegen
allerdings die Differenzen. Hier kommt alles auf die Werke des Menschen an, von denen in Vv 4f dann einige genannt werden. 2Clem
spricht nur von ihrer Offenlegung, nicht vom Urteil oder seinen Folgen. So liegt in diesem Satz eine große Drohung: Nichts wird der
Beurteilung im künftigen Gericht entgehen. – Hier wird Eschatologie selbst thematisiert, aber nicht als Hoffnung, sondern als Drohung
und Druckmittel, um dem Bußruf mehr Nachdruck zu verleihen. Die
ethische Abzweckung ist wegen der Betonung des Endgerichts nicht
zu übersehen, ja dieserhalben wird das apokalyptische Einsprengsel
wohl überhaupt nur verwendet.

Auch *c.17* beginnt wie c.16 mit einer eindringlichen Aufforderung zur Buße. Diesmal wird allerdings der gemeindliche Aspekt ausgeführt: einander mahnen und zurechtbringen (Vv 1b+2). Es folgt in
V 3 eine Anspielung auf die gerade anstehende gottesdienstliche Situation. Von dort aus gewinnt 2Clem über das Stichwort συνηγμένοι den
Übergang in die eschatologische Situation des Gerichtstages, nämlich
durch das ‚Herrenwort' aus Jes 66,18, in dem der Herr sein Kommen
zum συναγαγεῖν ankündigt. Mit der Auslegung dieses Wortes auf die

---

[98] Lightfoots (I/2, 250) Konjektur δυνάμεις für τινες würde zwar analogen
Texten (Jes 34,4; ApkPetr 5) entsprechen, muß aber mit einer vor den gut
erhaltenen Zeugen eingetretenen Textverderbnis rechnen und hat sich nicht
durchsetzen können.

[99] Vgl. 2Petr 3,10-12 sowie die Belege bei P. Volz, Die Eschatologie der jüdischen Gemeinde im neutestamentlichen Zeitalter, Tübingen 1934, 335f.

Parusie zum Gericht ist 2Clem bei seinem Lieblingsthema, der Vergeltung für die Ungläubigen (V 5) und die Gerechten (V 7), miteinander
verbunden durch den drohenden Hinweis auf den Gerichtstag (V 6).
Die Mahnung zum häufigen Gottesdienstbesuch (V 3b) begegnet auch Did 16,2 par Barn 4,10 in eschatologischem Kontext. Der
Zweck des Gottesdienstes ist die Sammlung der Gemeinde auf das
Leben hin (V 3fin). Συνάγειν kann, abgesehen von der wörtlichen
Bedeutung, sowohl für das Versammeln zum Gottesdienst (Did 14,1;
16,2; 1Clem 34,7) als auch für die eschatologische Sammlung der Gemeinde stehen (Did 10,5). Wenn ζωή hier das Ewige Leben meint,
dann könnte dieses Sammeln durchaus über den aktuellen Anlaß hin-
ausweisen auf die endzeitliche Sammlung. Ganz auf das Diesseits bezogen ist die Beschreibung der angemessenen Haltung der Gemeinde:
τὸ αὐτὸ φρονοῦντες[100] – die Eintracht, die hier selbstverständlich vorausgesetzt und nicht eigens angemahnt wird.

Συνηγμένοι bildet den literarischen Anknüpfungspunkt für ein
‚Herrenwort‘. Es ist durchaus unklar, ob hier Gott oder Jesus Christus
redet, wahrscheinlich aber letzterer. Dagegen spricht auch nicht, daß
das Zitat großenteils aus Jes 66,18 stammt – die Kombination ‚Völker,
Stämme und Sprachen‘ wohl aus Dan. Das Zitat besagt nicht mehr
als die Parusie Gottes, um die gesamte Weltbevölkerung (vor seinem
Richterstuhl?) zu versammeln. 2Clem findet hier weitaus mehr Sinn
(V 4b): Er bezieht das Kommen auf den Tag der Erscheinung (vgl.
12,1). Die Bedeutung ‚helfendes Eingreifen‘ von ἐπιφάνεια wird im
Nebensatz expliziert, indem der Sinn des Kommens als Erlösung bestimmt wird. Die Umstände der Erlösung sind allerdings auffallend
und charakteristisch für den 2Clem: Die Erlösung richtet sich nach
den Werken eines jeden Menschen. Diese Kombination ist sprachlich
so einzigartig[101], daß sich die Frage stellt, ob der Text etwa verderbt
ist. Es würde sich statt λυτρώσεται eher κρίνει oder ἀποδίδου anbie-
ten[102], oder κατὰ τὰ ἔργα αὐτοῦ ist als geläufige eschatologische Wendung eine spätere Glosse. Jedenfalls wird durch diese Präzisierung
aus der Verheißung der Erlösung eine implizite Gerichtsdrohung.[103]

---

[100] 1Clem hätte an dieser Stelle das dem 2Clem völlig unbekannte Wort ὁμόνοια verwendet.

[101] Vgl. Bauer, Wb. s.v.; Lampe, Lexicon; Hatch-Redpath, Concordance.

[102] Ähnliche Überlegungen bei Knopf 178. – An der Gestalt des Textes zweifeln
auch Gebhardt-Harnack-Zahn 137, während H. von Schubert, HNTA 254,
keine Probleme sieht.

[103] Vielleicht sind auch verschiedene Grade der Seligkeit gemeint, so Lightfoot

Mit V 5 wird die Schilderung des Gerichtstages fortgesetzt, indem
ohne ausdrückliche Zitateinleitung das Ende von Jes 66,18 angeführt
wird. Das Subjekt des Satzes wird vom 2Clem ergänzt. Die ἄπιστοι
müssen nach V 4 ἡμᾶς und V 6 ungetreue Christen sein. Das ergibt
sich aus der Selbstvorstellung in der Mitte des Verses. Die Ergänzung
τὸ κράτος zum Jesaja-Zitat deutet bereits auf die Fortsetzung des Satzes voraus: Die Untreuen werden erschrecken, wenn sie die Weltherrschaft bei Jesus erblicken.[104] Βασίλειον ist hier nicht das Gottesreich
wie in 6,9, sondern die Herrschaft über die Welt. Auf die Selbstverflu-
chung folgt das Erkennen Jesu in Worten, die stark an johanneische
Formulierungen erinnern (vgl. Joh 8,24.28; 13,19). Rückblickend nennen die Untreuen ihren Hauptfehler, nämlich der Verkündigung durch
die Presbyter nicht geglaubt zu haben. Der Rückbezug auf die Schilderung der gottesdienstlichen Situation V 3a ist nicht zu übersehen.
Inhalt der presbyterialen Verkündigung war die σωτηρία, und zwar
wohl in der Form, wie sie 2Clem in den bisherigen Kapiteln darge-
boten hat. Σωτηρία ist wie an anderen Stellen technisch gebraucht,
nach 1,7 lediglich Gegenstand der Hoffnung. Es ist also durchaus
möglich, daß u.a. eine Vergeltungslehre den Inhalt der Predigt von
der σωτηρία bildete. Die Ungläubigen, die das Eintreten der Vergeltung bezweifeln, werden am Jüngsten Tage gerade davon schrecklich
überrascht. Ihr weiteres Schicksal wird durch das schon 7,6 verwendete Zitat von Jes 66,24 beschrieben. Die ὅρασις πάσῃ σαρκί wird
zum Leitmotiv der beiden folgenden Verse. Zunächst wird in V 6 das
Jesaja-Zitat, das ohne ausdrückliche Formel eingeführt worden war,
erklärt: Dieses Zitat meint den Gerichtstag (vgl. 16,3). Anders als
im vorigen Kapitel, wo man noch eine allgemeine Prüfung der Werke
annehmen konnte, richtet sich hier der Blick ganz auf die ἄπιστοι,
bedingt durch das Jesaja-Zitat. Der Gerichtstag wird diejenigen ans
Licht bringen, die in der Gemeinde gottlos waren und mit den Geboten Christi ein falsches Spiel getrieben haben, d.h. wohl, daß sie
die Gebote insgeheim nicht eingehalten haben. Die Christen selbst
müssen also vor dem Endgericht erscheinen, mit durchaus ungewis-
sen Aussichten, denn das Nichteinhalten der Gebote bedeutet auch
für Christen den Verlust des ewigen Heils (vgl. 4,5). Kein Wunder,
daß auch 2Clem selbst Angst davor hat (18,2)! Der Ton liegt hier al-

---

I/2, 234f. – Ganz anders z.B. Eph 4,30 (Hoffnung und Erlösung).
[104] Solche eschatologische Überraschung auch Barn 7,9; Mt 25,31ff angesichts
der Herrlichkeit des wiederkehrenden Christus.

lerdings weniger auf der angedrohten Strafe als auf der Öffentlichkeit des Geschehens.

Das gilt auch für V 7, wo eigentlich die δίκαιοι als Gegensatz zu den ἄπιστοι im Vordergrund stehen. Die Gerechten sind solche Christen, die richtig gehandelt, die Bedrängnisse ausgehalten haben – es fällt auf, daß das gleiche Wort einen Halbvers später die Qualen der Bösen meint –, die die Leidenschaft ihrer Seele gehaßt haben (vgl. 16,2). Von der Herrlichkeit, die auf solche Christen wartet, spricht 2Clem charakteristischerweise nicht, sondern davon, daß sie die Qualen der verurteilten Übeltäter mit ansehen. Noch einmal werden die Übeltäter charakterisiert: als vom rechten Glauben Abgeirrte (vgl. 1Tim 1,5f; 6,20f; 2Tim 2,18) und als Jesusleugner in Worten und Taten (vgl. cc.3+4). Ihre Strafe werden furchtbare Qualen und unauslöschbare Feuer sein.[105] Angesichts dieses Schauspiels werden die Gerechten ihrem Gott die Ehre geben. Diese Formulierung kommt auch in der Apk vor, dort 4,9 mit dem Trishagion verbunden. Hier wird den Gerechten allerdings kein Hymnus in den Mund gelegt, sondern eine Aussage, die offensichtlich an die irdische Gemeinde (des 2Clem) gerichtet ist: Hoffnung besteht (nur) für den, der Gott aus ganzem Herzen gedient hat (vgl. 6,1; 11,1) – das wirkt etwas blaß neben den soeben geschilderten Qualen. Immerhin ist hier die Schadenfreude über das Schicksal der Sünder vermieden, die dann bei Tertullian (De spectac. 30) hervortreten wird. Jedenfalls folgt die paränetische Auswertung sogleich in 18,1, und zwar durchaus in wörtlicher Anknüpfung. – Es zeigt sich, daß auch das Bild vom Endgericht in paränetischer Absicht eingeführt worden ist. Sehr stark werden die Strafen für die Gottlosen betont: Wurm und Feuer, ganz offensichtlich in drohender Absicht. Für die Diener Gottes, die Gerechten, bleibt nur die Hoffnung. Das Gericht nach den Werken ist für den 2Clem das einzig Wichtige an der Parusie. Deshalb kann es wohl auch zu der singulären Wendung ‚erlösen nach den Werken' kommen. Dem Gericht müssen sich auch die Christen stellen, und die Möglichkeit der Verurteilung ist durchaus auch für sie gegeben. Mit dieser Drohung will 2Clem zum rechten Tun ermuntern.

In *c.19* folgt der Ermahnung zum Ernstnehmen der soeben vorgetragenen Mahnungen (Vv 1f) die Aufforderung zum Tun der Recht-

---

[105] Andeutende Wiederaufnahme des Jesaja-Zitats aus V 5. – Vgl. zur gesamten Szene äthHen 103. Einzelbelege für Qualen und Feuer sind zahlreich in der jüdischen und christlichen Literatur, vgl. insbesondere 4Makk 9,9; 12,12.

schaffenheit im Blick auf die endliche Rettung (V 3a). Dann wird
in zwei ähnlich strukturierten Anläufen das kurze Leid des Frommen
hier seiner ewigen Freude dort kontrastiert.

Der erste Satz von V 3 bietet auf einen Blick das theologische
Programm des 2Clem[106]: Aufforderung – Selbstaufforderung des Red-
ners eingeschlossen – zum Tun der Gerechtigkeit (vgl. 4,2; 11,7) zum
Zwecke der endgültigen Rettung (ἵνα-Relation wie 8,2; 14,1 u.ö.).
Charakteristischer als das, was gesagt wird, ist das, was verschwiegen
wird: Der Inhalt der δικαιοσύνη bleibt unbestimmt; sie kann getan
werden, wird also nicht zugeeignet. Die Rettung erfolgt gleichsam
mechanisch auf das Tun der Rechtschaffenheit hin. Eine anderweitige
Beteiligung ließe sich nur über das pass. div. erschließen: Das Ge-
rettetwerden ist angesichts der finsteren Gerichtsdrohung schon Verheißung genug, um das Tun der Rechtschaffenheit zu motivieren. Es
folgt eine Seligpreisung für die, die diesen Vorschriften gehorchen.
Dabei fällt auf, daß προστάγματα hier erstmals im 2Clem vorkommt
– sonst heißt es ἐντολαί oder θέλημα τοῦ θεοῦ –, während es ein im
1Clem häufiges Wort ist[107], wie dieser Satz überhaupt an 1Clem 50,5
erinnert. Im übrigen dürfte hier wieder ein Rückbezug auf den bisherigen Text des 2Clem vorliegen, der zeigt, wie hoch 2Clem sich selbst
einschätzt. Die zweite Hälfte von V 3 bietet die Begründung für die
Seligpreisung: Die Leiden der Gerechten in dieser Welt währen nur
kurze Zeit und sind deshalb nicht mit der künftigen Belohnung zu
vergleichen. Freilich wird hier auf die Kürze der Leidenszeit abgeho-
ben (vgl. 5,5; 6,6; so auch 1Petr 1,4; 5,10), nicht etwa auf die Kürze
der Zeit bis zum Weltende. Dagegen die Frucht der Auferstehung
ist unsterblich, also unvergänglich. Sie steht für den „Endertrag des
frommen Lebens"[108], also die Teilhabe am Endheil, aber die weitere
Bedeutung des Bildes ist nicht mehr zu erkennen. Wichtig ist hier
vor allem der Kontrast zwischen Unsterblichkeit und kurzer Zeit als
Trost für die Gerechten.

Ebenfalls als Trost wird in V 4 der Gegensatz von Jetzt und
Dann eingesetzt. Überraschend, weil unmotiviert, ändert sich jetzt
der Numerus: Betraf die Seligpreisung von V 3 noch die Gehorsamen, so wird in V 4 der einzelne Fromme angeredet. Diesmal geht
der Gegensatz auf das Elend der Jetztzeit und die Seligkeit der er-

---

[106] Vgl. Wengst 234.
[107] Belege bei H. Kraft, Clavis 385.
[108] Knopf 181. – Vgl. Hos 10,12.

hofften Zeit. Wie schon in V 3 wird die Seligkeit näher beschrieben. Dies geschieht in hellenistischer Weise, die sich in mehrfacher Hinsicht vom übrigen 2Clem abhebt. Auffallend ist gleich ἄνω, was überhaupt nicht der sonstigen, temporal und futurisch bestimmten Eschatologie des 2Clem entspricht[109], sondern räumlich gedacht ist. Die Väter sind vielleicht die alttestamentlichen Frommen[110], vielleicht aber auch die schon gestorbenen christlichen Generationen[111]. Ἀναβιώσας ist einmalig in der urchristlichen Literatur – üblich wäre ἐγερθείς oder ἀνασταθείς –, aber typisch hellenistisch (vgl. 2Makk 7,9). Εὐφραίνειν, als Gegenstück zu λυπεῖν, wird bereits in der LXX für die eschatologische Freude verwendet.[112] Schließlich ist auch ἀλύπητος eine Seltenheit, hier sicher im Anklang an λυπείσθω vom Anfang verwendet. Damit wird die Möglichkeit einer Beeinträchtigung für das Jenseits ausgeschlossen. Zwar ist in V 4 dreimal von Zeit die Rede (χρόνος, αἰών), aber gerade nicht im Hinblick auf das Verhältnis des Menschen zur Ewigkeit. Diese kommt nicht auf den Menschen zu (Röm 8,18; syrBar 15,8), sondern wartet auf sein Hineinkommen. – In beiden Versen wird die Verheißung eines schönen Jenseits zum Trost für die elenden Gerechten im Diesseits verwendet, also höchst indirekt zur ethischen Motivation, vor allem aber als Ausgleich für die offensichtliche Erfolglosigkeit, ja Bedrängtheit des ethisch richtig Handelnden.

In *c.20* greift 2Clem ein Problem auf, das seiner auf Endgericht und Vergeltung konzentrierten Eschatologie und Ethik eigentlich fremd ist, nämlich das der Theodizee: Die Ungerechten werden reich, und Gottes Knechte bleiben arm (V 1). Dem wird begegnet mit dem Hinweis auf die Bekränzung im künftigen Leben (V 2) und auf die Erwartung der Glaubensfrucht (V 3). Schließlich hat die Künftigkeit des Heils auch moralisch-pädagogischen Wert (V 4), und überhaupt muß ein Ungerechter mit der Verurteilung im göttlichen Gericht rechnen (V 4fin), dargestellt am Beispiel eines Geistes.

In V 1 wird das klassische Problem des weisheitlichen Tun-Ergehen-Zusammenhangs formuliert, aber gleich mit einer Einführung, die das Problem als geringfügig erweisen soll (vgl. Joh 14,1.27). Es werden einander gegenübergestellt die Ungerechten und die Diener Gottes, d.h. die Rechtschaffenen (vgl. 6,1; 11,1; 17,7; 18,1): Jene

---

[109] So auch Knopf 181.
[110] So Knopf 181.
[111] So Graham 131.
[112] Vgl. R. Bultmann, Art. εὐφραίνω, in: ThWNT II 770-773.

werden reich, diese befinden sich in Bedrängnis (vgl. 19,3f). Der Tun-Ergehen-Zusammenhang geht in dieser Welt offensichtlich nicht auf, wohl aber in der künftigen. V 2 qualifiziert die Bedrängnis der Christen als Probe von Gott her (πεῖρα) und bezeichnet dieses Leben als Arena, in der um den Siegespreis im künftigen Leben gekämpft wird (ἀθλεῖν sonst nur noch 1Clem 5,2; 2Tim 2,5 in der urchristlichen Literatur). Das Bild vom Wettkampf war auch schon in c.7 verwendet worden, aber mit anderer Abzweckung. Die Aussicht auf die künftige Bekränzung soll das Murren über die Bedrängnis der Gegenwart beruhigen. In V 3 wird die richtige Haltung der Gerechten dargestellt, implizit als Vorbild. Das hier verwendete Bild erinnert an Jak 5,7. Dort liegt der Akzent auf der Parusieerwartung, während hier die Frucht des gerechten Lebens im Mittelpunkt steht (vgl. 19,3 – sonst heißt es im 2Clem μισθός). In diesem Satz fällt außerdem der abrupte Wechsel vom Aorist ins Präsens auf: Die erste Hälfte könnte sich ohne weiteres auf alttestamentliche Gerechte beziehen, während die zweite Hälfte demgegenüber wie eine aktuelle Ergänzung wirkt. Jedenfalls wird dem eiligen Empfangenwollen die geduldige Erwartung entgegengesetzt.

Dem späten Erhalten des Lohns wird schließlich in V 4 erzieherischer Wert beigelegt. Ob 2Clem hier wohl Geschäfte vor Augen hat, die mit der Erlangung des Heils hier und jetzt gemacht wurden? Ob seine Gegner für die Initiation – gleichbedeutend mit dem Zugang zum Heil – Geld verlangten und bekamen? 2Clem wittert jedenfalls die Gefahr, daß mit dem schon erlangten Lohn Handel getrieben wird und gerade keine Frömmigkeit, daß man also auf Bereicherung aus ist und nicht auf Frommsein (vgl. 1Tim 6,5f). Θεοσέβεια und εὐσεβής stehen hier wie in den Pastoralbriefen für eine bestimmte Lebensführung vor Gott, noch nicht, wie später in der Schrift an Diognet, für die christliche Religion als ganze. Diese Wörter haben also einen ähnlichen Sinn wie δίκαιος, wobei letzteres Wort den Akzent mehr auf das Tätigsein legt, während erstere eher die Haltung betonen. Aber der Übergang ist wohl fließend. Es fällt jedenfalls auf, daß εὐσεβής und verwandte Wörter sonst im 2Clem nicht vorkommen.

Der Schluß von V 4 ist einigermaßen rätselhaft. Wahrscheinlich steht im Hintergrund eine jüdische Tradition, die Gen 6,1-4 ausgeschmückt und erweitert hat.[113] Spuren davon finden sich auch in Jud 6 par 2Petr 2,4. Einschlägig zur Illustration ist aber die Henoch-

---

[113] Das Material übersichtlich bei Bill. III 780-785.

Tradition: äthHen 15,6 werden die wegen des Gen 6 geschilderten Vorfalls bestraften Engel ausdrücklich Geister genannt; äthHen 10,4.11 wird als Strafe die Fesselung angegeben (vgl. auch Jub 5,6.10 in der Nacherzählung von Gen 6; syrBar 56,12f). Bei dieser Interpretation wird freilich διὰ τοῦτο schwierig, weil das bestrafte Vergehen in der Tradition eben nicht Gewinnsucht ist. Aber es kommt dem 2Clem wohl nicht auf das Einzelvergehen an, sondern auf das Gerechtsein bzw. Nicht-Gerechtsein. Letzteres hat das Eingreifen des göttlichen Gerichts ausgelöst; der Rückbezug auf die δίκαιοι ist offensichtlich. Βλάπτειν steht hier wie oft im klassischen Griechisch[114] für die göttliche Rache, die plötzlich über ihr Opfer hereinbricht. Mit dem Rückbezug auf die δίκαιοι ist auch die Funktion dieser Geschichte klar: Sie soll denen eine Warnung sein, die in ihrem Gewinnstreben aus dem Heilshandel jetzt nur scheinbar Gerechte sind. Sie werden dem Gottesgericht verfallen, dem einst auch der ungerechte Geist unterworfen wurde.

Die Vv 2+3 stellen sehr stark die Zukünftigkeit und Jenseitigkeit des Heils heraus. Die diesem Sachverhalt angemessene Haltung heißt ‚Kämpfen und Warten'. V 4a gewinnt demselben Sachverhalt noch einen moralisch-pädagogischen Sinn ab – das alles, um zu zeigen, daß der Tun-Ergehen-Zusammenhang zwar nicht hier und jetzt (V 1), aber dort und dann aufgeht.

4. Die Eschatologie im 2. Clemensbrief

Entsprechend seiner Intention als Mahnrede ist der 2Clem besonders am anthropologischen Aspekt der Eschatologie interessiert. Die von ihm verwendeten eschatologischen Gedanken lassen sich am treffendsten durch den Oberbegriff ‚Vergeltung' charakterisieren. Dem Menschen – näherhin dem Christen – werden seine Taten jenseits des Todes vergolten. Dies kann nach den Aussagen des 2Clem auf zwei verschiedene Weisen geschehen: allgemein, gleichsam mechanisch, als Tun-Ergehen-Zusammenhang oder im Endgericht. Dieser eschatologisierte Tun-Ergehen-Zusammenhang erscheint beim 2Clem besonders häufig als ἵνα-Relation zwischen dem Tun hier und jetzt und dem Heil dort und dann, das dem sittlichen Handeln Zweck und Sinn gibt.

---

[114] Belege bei Lightfoot I/2, 280.

Offenkundig gleich nach dem Tode gelangen die Gerechten in die heil-
volle Gemeinschaft mit den Vätern im Glauben (c.19). Beim Endgericht hingegen kann es Belohnung oder Verurteilung geben, Heil oder
Unheil. Erst dann wird also definitiv über das endgültige Schicksal
der Menschen entschieden. Das Heilsgut kann Freude heißen, ewige
Ruhe, Ewiges Leben (5,5), aber auch Gottes- bzw. Christusreich.
Der βασιλεία-Gedanke erscheint unausgeglichen im 2Clem: Zum einen kann er vom Gottesreich, aber auch vom Christusreich reden,
ohne trinitätstheologische Probleme; zum zweiten ist unterschieds-
los vom Kommen des Reiches und vom Hineingelangen in dasselbe
die Rede. Das endgültige Heil kann aber auch als schlechthin unbe-
greiflich dargestellt werden (11,7; 14,5). Das endgültige Unheil, d.h.
die Verurteilung, besteht in ewiger Qual: Wurm und Feuer nach Jes
66,24. Selbst Christen sind davor nicht sicher. Der Gedanke des Endgerichts konzentriert die Vergeltung zu *einem* universalen Ereignis.
Erscheint die Auferstehung in diesem Kontext, so ist sie Bedingung
der Möglichkeit, vor den Richterstuhl Gottes zu treten, also soterio-
logisch neutral (9,1ff). Im Rahmen einer allgemeinen Vergeltungsvor-
stellung hingegen gehört die Auferstehung zu den Heilsgütern (c.19).
Dabei ist bemerkenswert, daß 2Clem keine besondere Auferstehungs-
leiblichkeit postuliert, sondern mit einer Auferstehung des Fleisches
rechnet. Das Endgericht wird von Jesus Christus gehalten (1,1; vgl.
4,5), der auf diese Weise neben Gott zu stehen kommt. Die Parusie
Christi ist nicht nur ein freudiges Ereignis für die Christen, sondern
auch mit Schrecken für die Ungehorsamen verbunden (17,4-7). Der
kosmische Aspekt der Eschatologie wird nur an einer Stelle kurz ge-
streift (16,3; vgl. noch 17,5). Zeitliche und räumliche Strukturen
erscheinen ebenfalls unausgeglichen nebeneinander, dazu gibt es noch
ontologische Aussagen, die sich keiner der beiden Strukturen zuordnen lassen: ewig, unvergänglich. Es findet sich also im 2Clem eine
Mischung aus hellenistischer und apokalyptischer Eschatologie. Dabei hat der hellenistische Typ wegen der grundsätzlichen Orientierung
am Ergehen des Einzelnen sicher das Übergewicht.

Die soeben festgestellten Unausgeglichenheiten in den eschatologischen Gedanken des 2Clem sind nicht nur literarkritisch zu erklären
(spätere Zufügung der cc.19+20 von anderer Hand), sondern auch
daraus, daß nirgends im 2Clem die Eschatologie eigenes Thema ist.
Eschatologische Gedanken werden vielmehr immer in der Weise von
Drohung und Verheißung zur Motivierung der Mahnungen heran-

gezogen. Dabei überwiegt die Drohung, was sogar dem Prediger
selbst Angst einjagt (18,2). Nur in c.19 wird der tröstende Aspekt
von Eschatologie sichtbar: Jenseits des Todes wird der Tun-Ergehen-
Zusammenhang aufgehen, während hier und jetzt dem Gerechten der
verdiente Erfolg versagt bleiben kann. Auch wenn einmal ein eschatologisches Problem aufgegriffen wird (cc.9+12), wird es allein
im Blick auf ethische Konsequenzen gelöst. 2Clem kennt natürlich
noch andere Motivierungen bzw. Begründungen ethischer Sätze: den
Willen des Vaters bzw. Christi; Rücksicht auf die Heiden (c.13);
die Gemeinde als Gemeinschaft und als Heilsgut ‚geistliche Kirche‘
(cc.14+17); schließlich noch den für die Heilstat Christi geschuldeten
Gegenlohn (ἀντιμισθία 1,3.4; 9,7; 15,2). Aber die eschatologischen
Gedanken übertreffen alle anderen Motivationen an Masse und Bedeutung.

VI. Martyrium, Gemeinde und Eschatologie
Die Briefe des Ignatius von Antiochien

1. Ignatius und seine Briefe[1]

Ignatius von Antiochien ist nach Paulus die erste Persönlichkeit der Alten Kirche, von der mehr als nur der Name bekannt ist. Fast alle Informationen über ihn sind seinen Briefen zu entnehmen. Ihre Überlieferung ist höchst kompliziert. Insgesamt sind drei Corpora Ignatiana erhalten, die sich durch ihren Umfang unterscheiden. Seit Th. Zahn[2] wird allgemein die mittlere Rezension für ursprünglich gehalten. Die längere gilt als nachträglich erweitert, die kürzere als spätere Zusammenfassung. Die sieben für authentisch gehaltenen Briefe liegen nur in einer griechischen Handschrift aus dem 11. Jahrhundert (Cod. Mediceo-Laurentianus) vor, der Römerbrief in einem Cod. Colbertinus aus dem 10. Jahrhundert. Daneben gibt es eine lateinische sowie eine armenische Übersetzung, außerdem syrische und koptische Fragmente. Auch die längere Rezension[3] ist für die Rekonstruktion des ältesten erreichbaren Textes wichtig.

Die äußeren Zeugnisse[4] über Ignatius beginnen bereits mit Polykarp von Smyrna, Phil 13,2; 9,1. Die Datierung des PolPhil ist allerdings von der zeitlichen Einordnung der Ignatianen abhängig. Das nächst ältere Zeugnis findet sich bei Irenäus, haer. V 28,4. Diese Stelle wie auch das Grundwissen der altkirchlichen Tradition über Ignatius steht zusammengefaßt bei Eusebius, h.e. III 36. Nach der Chronik des Eusebius erlitt Ignatius während der Regierungszeit des Trajan das Martyrium. Vielleicht wurde er wegen eines crimen

---

[1] Vgl. dazu W.R. Schoedel, Art. Ignatius von Antiochien, in: TRE 16 (1987) 40-45; Vielhauer, Geschichte 540-552; Altaner-Stuiber, Patrologie 47-50.551 (Lit.).

[2] Th. Zahn, Ignatius von Antiochien, Gotha 1873.

[3] Zuletzt herausgegeben durch F.X. Funk, Patres Apostolici II, Tübingen 1901.

[4] Zusammengestellt bei Lightfoot II/1, 135-232; Harnack, Geschichte I/1, 79-86.

laesae maiestatis zum Tode verurteilt.[5] Zuvor war Ignatius Bischof in Antiochien gewesen. Seine sieben Briefe sind auf dem Transport von Antiochien zu den Tierkämpfen in Rom entstanden.[6] Aus Smyrna schreibt Ignatius nach Ephesus, Magnesia und Tralles – aus diesen Orten hatte er Gemeindevertreter empfangen – sowie nach Rom. In Troas entstehen kurze Zeit später die Briefe nach Smyrna und Philadelphia sowie an Polykarp von Smyrna. Die Briefe sind weniger durch Gemeindeprobleme veranlaßt, auch wenn Ignatius darauf eingeht, sondern in erster Linie durch die Besuche der Gemeindedelegationen.

In seinen Briefen zeigt Ignatius sich als Bischof, Charismatiker und (werdender) Märtyrer[7], wobei keine der drei Rollen den Vorrang hat. Kirchengeschichtlich wirksam wurde die theologische Begründung und Forderung des Monepiskopats. Auch sind die Briefe die ältesten Zeugnisse – von Paulus einmal abgesehen – für das Selbstverständnis eines Märtyrers.

Paulus ist für Ignatius *der* Apostel[8], dessen 1Kor auch von ihm verwendet wird. Auch das johanneische Schrifttum dürfte zum traditionsgeschichtlichen Hintergrund des Ignatius gehören.[9] Des weiteren kennt und verwendet Ignatius das Matthäus-Evangelium[10], bemüht aber vergleichsweise wenig Zitate und Anspielungen aus den apostolischen und alttestamentlichen Schriften zur Durchführung seiner Ge-

---

[5] So K.-G. Essig, Mutmassungen über den Anlass des Martyriums von Ignatius von Antiochien, VigChr 40 (1986) 105-117.

[6] Eine Karte der wahrscheinlichen Transportroute bei V. Corwin, St. Ignatius and Christianity in Antioch, New Haven 1960 (YPR 1), 15.

[7] Vgl. P. Meinhold, Episkope – Pneumatiker – Märtyrer, in: Ders., Studien zu Ignatius von Antiochien, Wiesbaden 1979 (VIEG 97), 1-18. – Die jüngste allgemeinverständliche Darstellung: H. Paulsen, Ignatius von Antiochien, in: Die alte Kirche I, hg. M. Greschat, Stuttgart 1984 (Gestalten der Kirchengeschichte 1), 38-50 (mit Bild!). – Dem Zusammenhang zwischen Martyrium und Autorität des Ignatius ist jüngst nachgegangen R.F. Stoops, If I suffer ..., HThR 80 (1987) 161-178.

[8] Zum Verhältnis Ignatius – Paulus vgl. R. Bultmann, Ignatius und Paulus, in: Ders., Exegetica, Tübingen 1967, 400-411; H. Rathke, Ignatius von Antiochien und die Paulusbriefe, Berlin 1967 (TU 99); W. Rebell, Das Leidensverständnis bei Paulus und bei Ignatius von Antiochien, NTS 32 (1986) 457-465; A. Lindemann, Paulus im ältesten Christentum, Tübingen 1979 (BHTh 58), 82-87.199-221.

[9] Dazu ausführlich C. Maurer, Ignatius von Antiochien und das Johannesevangelium, Zürich 1949 (AThANT 18); sowie jüngst L. Wehr, Arznei der Unsterblichkeit, Münster 1987 (NTA NF 18) zum Abendmahlsverständnis.

[10] Vgl. dazu J. Smit Sibinga, Ignatius and Matthew, NT 8 (1966) 263-283.

danken[11] – auch dies sicher Zeichen und Folge seines Charismatikertums.

Ignatius muß sich mit Irrlehrern herumschlagen. So unterschiedlich diese gewesen sein mögen, nur zwei Bezeichnungen verwendet Ignatius für sie: Doketisten und Judaisten. Es ist umstritten, ob sich dahinter eine, zwei oder mehrere Gruppen verbergen. Vielleicht bilden diese beiden ‚Titel' auch nur das Raster, in das Ignatius Abweichler gleich welcher Couleur einordnet. Die Doketisten gehören in den breiten und für die frühchristliche Zeit recht undeutlichen Strom des Gnostizismus. Die Frage ist dann, wie die Judaisten dazu passen. Diese Frage muß für jeden Brief einzeln beantwortet werden, da Ignatius vielleicht auf die je besondere Situation der einzelnen Gemeinde gesondert eingeht. Für meine Untersuchung ist wichtig zu wissen, ob auch eschatologische Themen umstritten waren. Grundsätzlich muß gefragt werden, wie nahe Ignatius seinen Gegnern stand, ob er vielleicht von ihnen beeinflußt war?![12] Allgemein gilt nämlich: Je geringer und schwerer erkennbar die Differenzen, desto lauter und polemischer werden sie betont.

2. Die bisherige Forschung

Die Theologie des Ignatius ist schon mehrfach monographisch dargestellt worden[13], manchmal allerdings ohne ausdrückliche Thematisierung der Eschatologie. Dieser Befund dürfte auch darin begründet sein, daß Christologie und Ekklesiologie des Ignatius größeres Gewicht und in der Forschung größeres Interesse gefunden haben.

---

[11] Diese Feststellung wird nicht widerlegt durch O. Perler, Das vierte Makkabäerbuch, Ignatius von Antiochien und die ältesten Märtyrerberichte, Riv AC 25 (1949) 47-72. Er zeigt zahlreiche sprachliche und stilistische Gemeinsamkeiten zwischen Ignatius und dem 4Makk auf; mir geht es hier um Zitate im autoritativen Sinne. – Vgl. dazu noch R.M. Grant, Scripture and Tradition in Ignatius of Antioch, in: Ders., After the New Testament, Philadelphia 1967, 37-54.

[12] Ähnliches vermutet L.W. Barnard, The Background of St. Ignatius of Antioch, in: Ders., Studies in the Apostolic Fathers and their Background, Oxford 1966, 19-30.

[13] Überblicke bei Paulsen, Studien 9ff.60f; Schoedel, TRE 16, 44f.

Nahezu unbeachtet blieb in der Forschung die bisher einzige Darstellung der ignatianischen Eschatologie von *E. Fudge*[14]. Seine These:
Im Gegensatz zu den von ihm bekämpften Irrlehren ist die Eschatologie des Ignatius christozentrisch und in der Geschichte begründet
(232). Zunächst zeigt Fudge, daß Ignatius Jesu Inkarnation, Taufe,
Tod und Auferweckung als historische Ereignisse aufgefaßt hat (233f).
Im zweiten Abschnitt (235f) handelt Fudge von der eschatologischen
Bedeutung der Inkarnation Gottes in Christus und der noch ausste-
henden eschatologischen Vollendung und erwähnt dabei auch den gegenwärtigen Kampf der Christen mit dem Satan und die persönliche
Hoffnung des Ignatius. Am Ende faßt Fudge die ignatianischen Aussagen in einem heilsgeschichtlichen Schema zusammen und erklärt
die Themen ignatianischer Eschatologie für zeitlos vorbildlich in ihrer
Konzentration auf Christus und Gründung in der Geschichte (236f). –
Im wesentlichen stellt Fudge Ignatius-Zitate zusammen, die er kaum
erklärt, und setzt sich wenig mit anderer Literatur auseinander. Dabei bringt er die Christozentrik ignatianischer Eschatologie sehr schön
zur Geltung. Allerdings gebraucht er ,eschatologisch' in einem sehr
weiten Sinne, in dieser Hinsicht an R. Bultmann erinnernd.

In Th. Zahns epochaler Darstellung sucht man vergeblich einen Abschnitt zur Eschatologie des Ignatius. *E. von der Goltz*[15]
verwendet immerhin einige Seiten (37-41) auf die eschatologischen
Gedanken des Ignatius. Er stellt fest, daß „die Farben der alttestamentlichen und jüdischen Eschatologie" vollständig fehlen (37), und
begründet dies in der persönlichen Situation des Ignatius vor dem
Martyrium. Ignatius betrachte für seine Person die Heilsgüter in ihrer
künftigen Vollendung; im Blick auf die Gemeinde sei nicht sicher, ob
die Heilsgüter gegenwärtig oder zukünftig gedacht seien (39). Diese
Unterscheidung zwischen persönlicher und gemeindlicher Eschatologie ist es wert, aufgegriffen und an den Texten überprüft zu werden.
Auch unter den Motiven christlichen Handelns (47-57) scheint von
der Goltz mit ,Hoffnung auf Vergeltung' und ,Furcht vor Strafe' Eschatologisches zu finden.

Für *J. Beblavý* (Idées 168-175) steht Ignatius dem Paulus am
nächsten von allen Apostolischen Vätern, ausgenommen vielleicht Po-

---

[14] E. Fudge, The Eschatology of Ignatius of Antioch: Christocentric and Historical, JETS 15 (1972) 231-237.
[15] E. von der Goltz, Ignatius von Antiochien als Christ und Theologe, Leipzig
1894 (TU 12,3).

lykarp von Smyrna (173). Denn Ignatius habe wie kein anderer die mystische Union mit Christus so verstanden, wie Paulus sie verstanden hatte (174). Demgegenüber fallen die Differenzen zu Paulus nicht so ins Gewicht: Fehlen der Rede vom Geist; weniger von der Eschatologie geprägt (175). In seiner Eschatologie unterscheide Ignatius zwischen dem jetzigen, vom Teufel beherrschten Zeitalter und dem künftigen (169). Die Hoffnung auf die Auferstehung der Gläubigen am Ende der Zeiten begründe Ignatius in Tod und Auferstehung Christi (170). Maßstab des Endgerichts werden Glaube und Liebe sein (171); die Bösen werden dem Ewigen Tod verfallen (172). Im übrigen sei Ignatius angenehm nüchtern bei der Beschreibung des Endschicksals der Gerechten, auch hierin ein wirklicher Schüler des Paulus (173). Daß Beblavý Paulus und Ignatius sehr eng zusammenstellt, mag dadurch illustriert werden, daß 1Kor 13,13 und IgnSm 6,1 im griechischen Text das Titelblatt seines Buches zieren.

Zum gleichen Ergebnis, aber auf anderem Wege, gelangt auch *R. Bultmann* in seiner kleinen Studie zu Ignatius und Paulus.[16] Ignatius rage aus der ‚Entwicklung zur Alten Kirche‘ heraus als einziger, der den Glauben als existentielle Haltung verstanden habe wie Paulus und Johannes (400). Auch sei sonst das eschatologische Heil nicht mehr als auf paradoxe Weise gegenwärtig verstanden, sondern als rein zukünftig (402). Dann zeigt Bultmann, daß die Theologie des Ignatius aus einer ganz anderen als der paulinischen Fragestellung herauswächst: Nicht die Frage nach Gerechtigkeit habe Ignatius bewegt, sondern die Sehnsucht nach Leben (404). Zwar kenne Ignatius wie Paulus die Hoffnung auf eine Zukunft des Heils, aber das eschatologische Zukunftsbild der apokalyptischen Tradition sei bei ihm verblaßt; die Hoffnung richte sich vielmehr auf das individuelle Heil (405). Radikaler als irgendwo sonst in der urchristlichen Literatur (außer bei Paulus und Johannes) sei die paradoxe Gegenwärtigkeit des Heils bei Ignatius verstanden: Der Tod *ist* überwunden und das Leben Gegenwart geworden (406). Die σάρξ sei Machtsphäre wie bei Paulus und als solche überwunden, und zwar so, daß sie in Gemeinschaft mit dem Geist gebracht sei (408). Aber es seien auch Abstriche zu machen: Die Freiheit sei für Ignatius gerade nicht gegenwärtig wie für Paulus, sondern erst in der künftigen Auferstehung zu verwirklichen – deshalb sei

---

[16] R. Bultmann, Ignatius und Paulus, in: Ders., Exegetica, Tübingen 1967, 400-411; zu vgl. ist auch der einschlägige Abschnitt in Bultmanns Theologie des Neuen Testaments (541-548).

das Martyrium das eigentlich erstrebenswerte Ziel christlichen Lebens (410). Ebenso unpaulinisch sei es, das Martyrium als heilsgarantierendes Werk zu betrachten (411). – An diese großartige Skizze sind doch einige Fragen zu richten: Hat nicht das bevorstehende Martyrium für das Denken des Ignatius doch ein größeres Gewicht, als Bultmann ihm zumißt? Sieht Ignatius nicht sich selbst gerade in dieser Sitaution als einen noch gar nicht Geretteten – erwartet er nicht schlechthin alles von seinem Tod im Martyrium? Damit sei nicht bestritten, daß nach Ignatius die paradoxe Gegenwärtigkeit des Heils gerade für die christliche Gemeinde gilt, sakramental und episkopal vermittelt.

A.P. O'Hagan (Re-Creation 104-108)[17] wertet die psychologische Betrachtung des Ignatius ab zugunsten der Einordnung in den Kampf der nachapostolischen Zeit „between the newer individualistic eschatology and the older cosmic traditions" (105). Bei Ignatius herrschten die neueren Gedanken vor: Die Endzeit habe bereits begonnen, die kosmische Umwälzung habe bereits stattgefunden (IgnEph 19,1-3), ausgelöst durch Christi Inkarnation (106). Auf eine materielle Neuschöpfung deute nur die ignatianische Hoffnung auf eine wirkliche leibliche Auferstehung, die wie in der alttestamentlichen Tradition am Tag Jahwes stattfinden werde (107). Zwar seien beide Ströme eschatologischen Denkens festzustellen, aber die Gesamttendenz des Ignatius weise doch weg von der apokalyptischen Tradition (108). Richtig erkannt ist die Konzentration des Ignatius auf die individuelle Zukunft. O'Hagan überlegt allerdings nicht, ob sich die Erwartung für die Gemeinden und die des Ignatius für sich selbst voneinander unterscheiden.

D.E. Aune[18] überprüft die These von der ‚Realized Eschatology' (C.H. Dodd) an Qumran-Texten, dem Johannes-Evangelium, den Ignatius-Briefen, den Oden Salomos und bei Marcion. ‚Realized Eschatology' heißt für ihn: „Those aspects of eschatological salvation which are somehow conceived of as partially realized in Christian experience within the framework of present time history and worldly conditions" (7). Aune legt seine Untersuchung der Ignatius-Briefe zu diesem Thema (136-165) als Überprüfung der ‚religionsgeschichtlichen

---

[17] Der Titel des einschlägigen Abschnitts ist durch einen Druckfehler entstellt: „The First Epistle of Ignatius" (VII.104) ist wohl als Angleichung an den Titel des Abschnitts über den 1Clem zu erklären.

[18] D.E.Aune, The Cultic Setting of Realized Eschatology in Early Christianity, Leiden 1972 (NT.S 28).

Interpretation'[19] an. Nach Aune sind Person und Werk Christi Inhalt des Evangeliums für Ignatius (139), das seine Wirkung kosmisch
entfalte (IgnEph 19,2f; 141). Dieses Heil sei zugänglich in der mit
dem Bischof versammelten Gemeinde durch sakramentale Teilhabe
(142-145). Eschatologische Erlösung werde von Ignatius umschrieben
durch Auferstehung, Leben, Unsterblichkeit, Gott erlangen, weniger
durch Heil und Reich Gottes (152). Es folgt eine gründliche Auseinandersetzung mit Bultmanns Interpretation der einschlägigen Texte
(154-164). Dabei kommt Aune zu dem Ergebnis, daß Ignatius weder
die eschatologische Erlösung für gegenwärtig paradox erfahrbar halte
noch den Gedanken von der mystischen Teilhabe an Christi Tod durch
die Eucharistie vertreten habe (164). Vielmehr sei die Teilhabe am
Heil nur *bedingt*, nämlich durch die Gemeinde vermittelt, möglich. Im
übrigen verstehe Ignatius das eschatologische Heil durchaus futurisch,
und „realized eschatology plays but a marginal role in Ignatius' reli-
gious thought expressed in his extant letters" (165). Zu Recht bringt
Aune gegen Bultmann die wichtige Rolle der Gemeinde im Heilsvorgang bei Ignatius zur Geltung.

Auch *T.H.C. van Eijk* (Résurrection 99-126) setzt sich ausführlich mit der Ignatius-Deutung der religionsgeschichtlichen Schule auseinander (104-112). Bei den Voraussetzungen stellt er mit von der
Goltz das Zurücktreten apokalyptischer Eschatologie fest und sieht
dies in der Situation des Ignatius begründet (99.101). Die Irrlehrer bezeichnet van Eijk als Synkretisten oder Frühgnostiker auf jüdischen Spuren (101) und findet eine gegenüber 1Kor 15 genau umgekehrte Situation: In Korinth vertrat man die Auferstehung Christi
und bezweifelte die Auferstehung der Christen; die Gegner des Ignatius bezweifeln die Realität der Auferstehung Christi (102). Damit
werde auch der existentielle Ort der Auferstehungshoffnung bei Ignatius sichtbar: Wenn das Evangelium keine historischen Fakten biete,
verliere das Martyrium des Ignatius seinen Sinn (112). Die eigentlichen Auferstehungstexte handelt van Eijk in drei Gruppen ab: nicht-
martyrologisch, die alttestamentlichen Propheten betreffend, martyrologisch. Die Auferstehung sei den Gläubigen vorbehalten und als
solche Teilhabe am Schicksal Christi (Trall 9,2; Sm 7,2; 113-115);

---

[19] Neben R. Bultmann, Ignatius und Paulus, gehören dazu H. Schlier, Re-
ligionsgeschichtliche Untersuchungen zu den Ignatiusbriefen, Gießen 1929
(BZNW 8); H.-W. Bartsch, Gnostisches Gut und Gemeindetradition bei
Ignatius von Antiochien, Gütersloh 1940 (BFChTh.M 44); ferner auch C.
Maurer, Ignatius von Antiochien.

ihren Zeitpunkt erwähne Ignatius nicht. Magn 9,2 lasse Ignatius auch die alttestamentlichen Propheten in das Schicksal Christi hineingenommen sein; so betone er die zeitliche Universalität des Heilswerks Christi (116f). Die Art der Auferstehung erwähne Ignatius ebenfalls nicht, denn ihm sei ihre religiöse Bedeutung wichtiger gewesen (117f). Auch die Auferstehungsaussagen im martyrologischen Kontext interpretiert van Eijk von der Teilhabe am Schicksal Christi aus, hier als Teilhabe *im* Leiden. Die Mitte der Eschatologie habe sich von der Parusie zum Martyrium verlagert. Entsprechend falle die Auferstehung mit dem Augenblick des Todes zusammen (119), mehr noch: Auferstehung im martyrologischen Kontext bei Ignatius sei als Himmelfahrt zu verstehen, analog der johanneischen Identifikation von Passion und Himmelfahrt (123f). – Van Eijk hat richtig zwischen allgemeiner und martyrologischer Auferstehungshoffnung unterschieden. Interessant ist seine These, die Auferstehung sei mit dem Martyrium zu identifizieren. Ich bezweifle allerdings, daß die johanneische Analogie als einzige Stütze dieser These hinreicht. Leider bleibt van Eijk weitere Belege schuldig.

T. Aono (Entwicklung 298-364) kommt nach der Durchmusterung sämtlicher ignatianischen Gerichtsaussagen zu dem Ergebnis, daß nur das negative Gerichtsurteil als gegenwärtig vorgestellt wird (326). Die Auferstehung und alle anderen Gerichtsurteile werden in hellenistischer Weise auf das postmortale Schicksal der Menschen bezogen. Damit stehe Ignatius einer hellenistisch-individualistischen Unsterblichkeitslehre sehr nahe (327f). Dafür spreche auch, daß bei Ignatius Aussagen über die Parusie und ihre Naherwartung fehlen. Die Auferstehung sei Heilsgut. Überhaupt ließen sich im Heilsverständnis des Ignatius zwei Aspekte erkennen, die nebeneinander ständen: Heil als Schuldigkeitslohn – christologisch ermöglichtes Heil (333). Ignatius habe also die paulinische Rechtfertigungslehre wenigstens teilweise richtig verstanden; bei ihm fehlten allerdings Rechtfertigung sola fide, Glaubensgewißheit, Verständnis der Sünde im paulinischen Sinne (361). Die Gründe für dieses in seiner gesetzlichen Denkweise unzureichende Verständnis des paulinischen Heils- und Gerichtsgedankens sieht Aono in der persönlichen Situation des Ignatius vor dem Martyrium, der Polemik gegen Irrlehrer, der hellenistischen Tendenz, den im Vergleich zu Paulus veränderten historischen Umständen und schließlich in der Kenntnis des 1Kor auf Kosten der Kenntnis des paulinischen Römerbriefs (363). – Beachtlicherweise macht Aono auf hellenistische Einflüsse auf Ignatius aufmerksam und kann auch zeigen, daß der paulinische Einfluß trotz aller Verehrung für den großen Apostel Grenzen hat. Allerdings scheint der Unterschied zwischen gemeindlicher und persönlicher Eschatologie bei Ignatius eingeebnet zu sein.

H. *Paulsen* schließlich untersucht in seinen Studien[20] die Bedeutung der Eschatologie für die Theologie des Ignatius. Er unterscheidet zwischen „im traditionellen Sinn eschatologisch gefärbten Texten" (62-69) und spezifisch Ignatianischem (69-75). Diese Unterscheidung deckt sich mit der Differenzierung zwischen gemeindlicher und persönlicher Eschatologie (73). Das traditionelle Material werde von Ignatius auf die Gegenwart hin interpretiert, exemplarisch erkennbar an der Deutung von παρουσία als Inkarnation (66). Paränese, Gemeindeverfassung und Christologie würden *nicht* eschatologisch motiviert (69). In der Struktur orientiere sich Zukunft immer mehr am Raum als an der erstreckten Zeit (75). Dies gelte insbesondere für die Zukunft der Gemeinde nach Ignatius, während sich die persönliche Eschatologie vor allem am bevorstehenden Martyrium orientiere (77). Die hier vorzüglich durchgeführte Unterscheidung zwischen persönlicher und gemeindlicher Eschatologie werde ich für meine Untersuchung übernehmen. Auch das Vorhandensein hellenistischer Einflüsse hat Paulsen zutreffend gezeigt. Es wird aber zu fragen sein, ob persönliche und gemeindliche Eschatologie nicht doch in irgendeinem Punkt konvergieren.

Die Forschung ist sich darin einig, Ignatius in große Nähe zu Paulus zu rücken, ohne dabei die Unterschiede zwischen beiden zu übersehen. Solche werden gerade auf eschatologischem Gebiet konstatiert: Die apokalyptische Eschatologie trete bei Ignatius unter hellenistischem Einfluß sehr stark zurück. Zur Erklärung des theologischen Profils des Ignatius wird meist besonders auf die persönliche Situation vor dem Martyrium verwiesen. Mehrfach wurde für den Bereich der Eschatologie zwischen den Gedanken für die Gemeinden und denen für die eigene Person des Ignatius unterschieden. Diese Unterscheidung scheint sich bewährt zu haben; es bleibt aber die Frage nach dem Gemeinsamen beider Gedankenreihen. Umstritten war schließlich in der Forschung, ob die Besonderheiten ignatianischer Theologie und damit auch der Eschatologie religionsgeschichtlich zu erklären sind.

---

[20] H. Paulsen, Studien zur Theologie des Ignatius von Antiochien, Göttingen 1978 (FKDG 29), 60-78.

3. Die Eschatologie der Gemeinde
Exegetische Analysen I

Den *Epheserbrief* schrieb Ignatius in Smyrna, nachdem er eine
Delegation der Christengemeinde zu Ephesus empfangen hatte (21,1;
1,2f). Der Brief gibt sich einerseits als Danksagung für den Besuch,
anderseits als Vermächtnis des Märtyrers (1,2) Ignatius. Neben konkreter Korrespondenz (c.2) bietet das Schreiben vor allem grundsätzliche Ausführungen zum Gemeindeleben. Näherhin lassen sich zwei
Teile unterscheiden[21]: cc.3-10 Mahnung zur Einigkeit innerhalb der
Gemeinde, d.h. mit dem Bischof (entwickelt aus der Formulierung
des Themas im παρακαλοῦν-Satz 3,2); cc.11-19 christliches Leben angesichts des Eschatons. Es folgen dann noch die cc.20+21 mit Korrespondenz und Abschluß des Briefes. Irrlehrer scheint es in Ephesus
nicht zu geben (6,2). Trotzdem warnt Ignatius vor ihnen, denn sie rei-
sen mit ihrer falschen Lehre herum (7,1; 9,1). Diese ist allerdings aus
den Ausführungen des Ignatius nicht zu erkennen, wenn man nicht
aus der antidoketischen Richtung der Bekenntnisformel 7,2 weitere
Schlüsse ziehen will.

Im Rahmen der Ermahnungen an die Epheser handelt Ignatius in
den cc.3-6 seines Briefes das Thema ‚Einheit der Gemeinde mit dem
Bischof‘ ab, die sich in Sakrament und Gottesdienst als heilsnotwendig
darstellt. In *5,3* wird der Besuch des Gottesdienstes in unmittelbare
Beziehung zum Gottesverhältnis gestellt. Ἐπὶ τὸ αὐτό ist seit Paulus und auch bei den Apostolischen Vätern terminus technicus für
die gottesdienstliche Versammlung der Gemeinde.[22] Wer nicht zum
Gottesdienst erscheint, ist schon übermütig, bezogen auf den Bischof
und durch ihn auf Gott, – nicht erst der, der eine Revolte gegen
den Bischof anzettelt. Unterordnung unter den Bischof ist Unterordnung unter Gott, das Fehlen beim Gottesdienst ist Selbstüberhebung,
als brauche man den Bischof nicht, und damit Übermut gegen Gott.
Dieser Übermut bringt Verurteilung mit sich, also mehr als ‚Trennung‘[23], denn die Trennung von der Gemeinde ist ja bereits mit dem
Fernbleiben vom Gottesdienst vollzogen. Vielmehr dürfte das Urteil
in Gottes Gericht gemeint sein. So deutet es auch das unmittelbar

---

[21] Nach H.J. Sieben, Die Ignatianen als Briefe, VigChr 32 (1978) (1-18) 17f.
[22] 1Kor 11,20; 14,23; dann auch Act 1,15; 2,1; ferner 1Clem 34,7; Barn 4,10:
       Bei Ignatius noch Magn 7,1; Phld 6,2; 10,1.
[23] Gegen Lightfoot II/2, 45; R.M. Grant, Ign 36.

folgende Zitat aus Prov 3,34 an. Wie auch bei den übrigen Vorkommen dieses Satzes in der urchristlichen Literatur (1Petr 5,5; Jak 4,6; 1Clem 30,2) ist κύριος durch θεός ersetzt, darüber hinaus ist hier die Wortstellung verändert. Das Zitat wird durch das Verb ὑπερηφανεῖ vorbereitet und im folgenden Satz wortspielerisch wieder aufgenommen. Durch das Nicht-Erscheinen zum Gottesdienst erweist sich ein Christ als übermütig gegen Bischof und Gott, handelt sich damit Gottes Widerstand ein und hat sich auf diese Weise bereits selbst gerichtet, also steht wohl das Urteil im Endgericht bereits fest.[24] Diese Drohung nutzt Ignatius am Ende von 5,3 zu einer positiven Mahnung zur Unterordnung unter den Bischof, die er mit der Unterordnung unter Gott gleichsetzt. – Ignatius sieht im Fernbleiben vom Gottesdienst ein Vergehen gegen Gott in seinem Stellvertreter, dem Bischof. Das Urteil im Endgericht kann deshalb nur ‚Verdammung' lauten und wird als Drohung eingesetzt.

In den cc.7-9 befaßt sich Ignatius mit den Irrlehrern und erwähnt in *9,1* lobend die abwehrende Reaktion der ephesinischen Gemeinde. Er bezeichnet die Epheser als Steine im Tempel des Vaters. Dieser himmlische Tempel symbolisiert die irdische Kirche.[25] Ignatius beschreibt hier den Heilsvorgang im Bild des Bauens, und zwar allegorisch auf die Trinität angewendet. Diese Stelle bietet vor allem ekklesiologische und soteriologische Aussagen. Es fällt aber auf, daß jede zeitliche Betrachtung des Heilsvorgangs fehlt. Auch irgendein eschatologischer Vorbehalt findet sich nicht. Stattdessen wird räumlich gedacht (dreimaliges Präfix ἀνα-). Es ist auch nicht zu erkennen, was denn in einem künftigen Eschaton noch erlangt werden könnte. Das endgültige Heil ist also bereits gegenwärtig, und zwar so, daß der einzelne Christ in die Kirche übernatürlichen Wesens eingefügt ist wie ein Baustein in einen Tempel.

In der langen Reihe von Mahnungen, die den größten Teil des Eph ausmachen, findet sich in *11,1* eine, die die eschatologische Situation zum Thema hat und das dieser Situation angemessene Verhalten. Durch zwei Wörter wird die (zeitliche) Situation charakterisiert: Letzte Zeiten! Andernorts werden die letzten Zeiten durch Bedrängnisse und Nöte näher beschrieben; dieser Aspekt fehlt hier völlig. Im übrigen ist diese theologische Beurteilung der Situation gemeinurchristlich, vgl. 1Joh 2,18; 1Petr 4,7; Jak 5,8; Hebr 1,2; 1Kor 7,29;

---

[24] Vgl. Schoedel, Ign 56, Anm. 12.
[25] Vgl. PlsEph 2,21 und weiter F.-H. Kettler, Enderwartung 388f.

10,11; Jud 18f.[26] Eigentümlich unverbunden steht diese Beurteilung der Situation vor den folgenden Mahnungen. Es wird nicht recht deutlich, warum nun diese und keine andere Aussage zur Motivierung herangezogen wird. – Die Interpretation des folgenden Satzes hat bei dem Wort μακροθυμία anzusetzen. Es steht für die Langmut Gottes, die das Weltende und das damit verbundene Weltgericht hinausschiebt, um möglichst keinen Menschen verderben zu lassen. So jedenfalls die Argumentation in 2Petr 3,9.15 (mit Hinweis auf PlsRöm 2,3f, welche Formulierung auch in der Langfassung von IgnEph 11,1 zu finden ist). Damit stünde diese Stelle im Kontext der Parusieverzögerung und ließe sich von dort aus recht gut erklären. ‚Letzte Zeiten' ist dann die betonte Ansage der nahen Parusie. Aus dieser Ansage folgt (λοιπόν wie 1Kor 7,29) das Sich-Schämen, vermutlich des Zweifels an der Nähe der Parusie, und die Ehrfurcht vor Gottes Langmut. Das Gegenteil wäre die Verachtung von Gottes Geduld, und sie würde zur Verurteilung in Gottes Gericht führen. Κρίμα steht hier statt κατάκριμα (vgl. 1Clem 11,2; 21,1) in sensu malo. Damit ist dieser Satz kein Beweis für eine Debatte um die Parusieverzögerung bei Ignatius; er läßt sich nur besser verstehen, wenn man dieselbe voraussetzt. Hauptanhaltspunkt für diese Vermutung ist μακροθυμία.

Mit dem nächsten Satz reißt Ignatius eine totale Alternative auf. Daß diese Alternative radikal gedacht ist, zeigt sich schon an der grammatisch parallelen und inhaltlich gegensätzlichen Konstruktion des Satzes: Es stehen sich gegenüber die Furcht vor dem künftigen Zorn (Gottes) und die Liebe zur gegenwärtigen Gnade. Die Rede vom künftigen Zorn ist alte christliche Tradition: 1Thess 1,10; PlsEph 5,6; Kol 3,6 (jeweils mit ἔρχεσθαι, aber gleichbedeutend); wörtlich bereits in der Täuferpredigt Mt 3,7 par Lk 3,7. Der Zorn steht für das strafende Handeln Gottes, dem selbst Christen noch zum Opfer fallen können, wenn sie Gottes Geduld verachten (V 1a) oder die gegenwärtige Gnade nicht lieben. Die Rede vom Zorn Gottes wird hier also als Drohung eingesetzt, um die zweite Seite der Alternative als die einzig mögliche erscheinen zu lassen. Die gegenwärtige Gnade – diese Formulierung ist einmalig in der urchristlichen Literatur – steht natürlich für „das Ganze des Heils"[27], das nach Ignatius durch die Gemeinde in ihrer Einheit, besonders mit dem Bischof, vermittelt

---

[26] Formgeschichtliches bei Ulrich B. Müller, Prophetie und Predigt im Neuen Testament, Gütersloh 1975 (StNT 10), 171-178.
[27] H. Conzelmann, Art. χαίρω κτλ., in: ThWNT IX (350-405) 391,13.

wird.[28] Es ist völlig klar, daß Ignatius hier nicht zwei gleichwertige
Möglichkeiten aufstellt, wie etwa die Wendung ἐν τῶν δύο naheлegen
könnte, sondern eindeutig die Zuwendung zur gegenwärtigen Gnade
bevorzugt. Mit der Schlußformel wird nur noch einmal die Radi-
kalität der Entscheidung eingeschärft[29]. Schließlich deutet Ignatius
auch noch Sinn und Ziel dieser Entscheidung an: in Christus Jesus
zum wirklichen Leben erfunden zu werden. Εὑρηθῆναι gehört zur
Terminologie des Endgerichts; das angestrebte Urteil würde dann auf
,wirkliches Leben' lauten. Dieses ἀληθινὸν ζῆν ist im hellenistischen
Sinne als Gegenüber zum hiesigen Leben zu verstehen; die gewohnte
Formulierung wäre ζωὴ αἰώνιος. Besonders bemerkenswert ist hier
die streng christologisch gedachte Vermitteltheit des positiven Ge-
richtsurteils.[30] So wird der gleichsam mechanische eschatologische
Tun-Ergehen-Zusammenhang ersetzt durch die Beziehung auf Jesus
Christus.

Das Stichwort Jesus Christus veranlaßt Ignatius zu einer kleinen
Abschweifung, in der er seine derzeitige Situation und seine erhoffte
Zukunft mit der ephesinischen Gemeinde in Verbindung bringt. Er
beschreibt seine aktuelle Situation als ,Fesseln tragen'. Die Fesseln
haben hohen religiösen Wert für ihn. Er bezeichnet sie als Perlen[31]
und möchte in ihnen gar die Auferstehung erleben. Bedeutet das, daß
er seine Fesseln nach der Auferstehung als Zeichen seines besonderen
Weges tragen will[32] – zu beachten ist jedoch Röm 4,3: Ignatius hofft
durch die Auferstehung frei zu werden – oder daß er seine Auferstehung unmittelbar nach dem Tod im Martyrium erhofft[33] oder gar in
demselben (Sm 5,2)? Jedenfalls ist das Gelingen des Martyriums, das
mit diesem kühnen Ausdruck zweifellos intendiert ist, abhängig auch
von der Fürbitte der Gemeinde zu Ephesus. Überhaupt sind Gebet

---

[28] Richtig betont von Aono, Entwicklung 302f. Ob allerdings hier das „Lieben
dieser Gegebenheit" – der Verbindung der Gnade Gottes mit der Einheit der
Kirche – gemeint ist, wage ich zu bezweifeln. – Schoedel, Ign 71, interpretiert
auf dem Hintergrund des philosophischen Problems von Gottes Anthropo-
morphismus und hält Liebe für ein angemesseneres moralisches Motiv als die
Angst vor Zorn. Freilich beachtet er nicht, daß ethische Probleme zunächst
einmal keine Rolle spielen.

[29] Vgl. G. Stählin, Art. ὀργή (im NT), in: ThWNT V (419-448) 448,4ff.

[30] Vgl. Bauer-Paulsen 37.

[31] Zur Hochschätzung der Fesseln vgl. noch PolPhil 1,1; Eusebius, h.e. V 1,35;
Cyprian, ep. 76,2, alle zitiert bei Bauer 211. – Weitere Belege bei Lightfoot
II/2, 62.

[32] So Lightfoot II/2, 62.

[33] So Schoedel, Ign 72, Anm. 2.

und Fürbitte die wichtigsten Verbindungen zwischen dem einsamen
Märtyrer und den Gemeinden, bezeichnenderweise nur im Röm mit
Bezug auf Ignatius fehlend.[34] Die durch die gemeindliche Fürbitte
erlangte Auferstehung hat ihren Sinn und ihr Ziel im Anteil (κλῆρος)
der christlichen Epheser. Nach PolPhil 12,2, wo der Bezug auf die
Landnahme-Terminologie noch deutlicher ist, meint κλῆρος einen Ge-
bietsanteil im spiritualisierten Sinne, der dem Menschen von Gott her
zuteil wird.[35] Dieser Anteil ist das gemeinsame Ziel des Ignatius und
der Epheser. Ignatius zeigt durch die Formulierung dieses Satzes, daß
das Erreichen dieses Zieles gerade nicht nur von seinem Tun abhängt
und daß er sich auf dem Weg dorthin noch gefährdet und vor allem
hilfsbedürftig weiß (zweimal γένοιτό μοι). Er hofft aber auf das Zu-
sammentreffen mit der Gemeinde am gemeinsamen Ziel.

In diesem Vers Eph 11,1 wird die Hoffnung thematisiert, die reine
Hoffnung auf das wirkliche Leben und das künftige(?) Erbteil. Anfangs spielt der Zeitaspekt eine große Rolle: ἔσχατοι καιροί, μέλλουσα
ὀργή, ἐνεστῶσα χάρις. Mit der letztgenannten Wendung zeichnet sich
bereits das Zurücktreten des Zeitaspekts ab: Die Gnade ist bereits
gegenwärtig, sakramental vermittelt in der Mahlgemeinschaft von Bischof und Gemeinde – was kann da noch von der Zukunft erwartet
werden? Vielleicht eine ganz andere *Qualität* des Seins: τὸ ἀληθινόν
ζῆν. Eine vergleichbare Änderung läßt sich in der Bewegungsrichtung
der Eschata erkennen: Nach der Aussage des Versanfangs kommen sie
auf die Menschen zu, nach der Aussage der zweiten Vershälfte bewegt
sich der Mensch in sie hinein bzw. wird bewegt. Auf die klassischen
Typen der Eschatologie gebracht heißt das: Traditionelle apokalyptische Eschatologie steht neben und vermischt sich mit hellenistisch
geprägter Eschatologie.

Unter den Ermahnungen im IgnEph bietet *c.14* grundsätzliche
Gedanken zum Verhältnis Glaube und Liebe bzw. Bekenntnis und
Werke. In johanneisch anmutender Begrifflichkeit stellt Ignatius in
V 2 die These auf, daß Glaube und Liebe – nach V 1 das Ganze des
christlichen Lebens umfassend – nicht nur bloße innerliche Haltungen sind, sondern im Handeln wirksam werden (vgl. 1Joh 3,6; 5,18).
Zur Verdeutlichung wird das auch aus der synoptischen Tradition bekannte (vgl. Mt 12,33 par Lk 6,44) Bild vom Baum und seinen Früchten herangezogen und auf den vorliegenden Sachverhalt angewendet:

---

[34] Vgl. H. Kraft, Clavis 383.
[35] Vgl. W. Foerster, Art. κλῆρος κτλ., in: ThWNT III (757-786) 762f.

Wie ein Baum an seiner Frucht erkannt wird, so werden die Christusbekenner durch ihre Taten offenbar. Ἐπαγγέλλεσθαι steht wie 1Tim 2,10 für ‚Bekennen', entsprechend ist ἐπαγγελία im letzten Satz von V 2 das Bekenntnis, nicht die Verheißung.[36] In diesem letzten Satz führt Ignatius noch einen neuen Aspekt ein: das Erfundenwerden bis zum Ende. Es muß freilich offenbleiben, ob diese Wendung eschatologisch oder adverbial (‚immerdar') zu verstehen ist.[37] Für das Erfundenwerden bis zum Ende – auch diese Verbindung ist einmalig in der urchristlichen Literatur – reicht nun das tätige Bekenntnis nicht hin, sondern es geschieht nur durch die Macht des Glaubens. Δύναμις steht bei Ignatius meist in Verbindung mit Gott (Magn 3,1; Sm 1,1; 13,1) oder Jesus Christus (Eph 11,2), liegt also nicht beim Menschen. Es steht demnach nicht allein in des Menschen Macht, das Ziel des Glaubenslebens zu erreichen.

Im *16.* und wahrscheinlich auch im 17. Kapitel seines Epheserbriefes befaßt sich Ignatius mit Irrlehrern wie schon in den cc.7-9. Die Einleitungsformel μὴ πλανᾶσθε ist weit verbreitet in der antiken Gräzität, besonders in der sog. Diatribenliteratur.[38] Bei Paulus begegnet sie u.a. 1Kor 6,9; aus V 10 des gleichen Kapitels stammt wohl der bei Ignatius folgende Satz. Ignatius gebraucht diese Einleitungsformel auch im Sg., vor allem in ekklesiologischem Zusammenhang: Einheit der Kirche (Eph 5,2; Magn 3,2); Irrlehrerpolemik (Magn 8,1; Phld 3,3; 7,1; Sm 6,1).[39] Mit dieser Warnung leitet Ignatius einen neuen Abschnitt seines Schreibens ein und verleiht zugleich der folgenden Drohung an die Irrlehrer besonderes Gewicht. Die Drohung lautet wie 1Kor 6,10: Ausschluß vom Reich Gottes (so auch Phld 3,3; PolPhil 5,3). Die Traditionalität dieser Wendung ist auch dadurch gesichert, daß sie bei Ignatius nur noch Phld 3,3 begegnet. Es ist die gemein-urchristliche Umschreibung für die Teilhabe am endgültigen Heil, wobei das Erben wohl ursprünglich die Zueignung von Christus bzw. Gott her meinte. Eine Vorbedingung, aber nicht in dem Sinne, daß man sie erfüllen könnte, wird Mt 5,5 für das Erben genannt: Milde. Aber auch als ethische Motivation wird das Erben verwendet:

---

[36] Einmalig in der urchristlichen Literatur, vgl. Bauer, Wb. 555.

[37] So G. Delling, Art. τέλος κτλ., in: ThWNT VIII (50-88) 58,7f. – Für die eschatologische Bedeutung plädiert A. Strobel, Untersuchungen 278-280, im Hinblick auf die ähnlichen Stellen Mt 10,22; 24,12b.

[38] Belege bei Schoedel, Ign 54; H. Braun, Art. πλανάω κτλ., in: ThWNT VI (230-254) 233,18f.

[39] Vgl. H. Braun, a. Anm. 38 a.O. 253,19ff.

Did 3,7; Mk 10,17 par Lk 18,18. Ignatius droht den ‚Hausverder-
bern' den Ausschluß vom Erbe an. Unter den Adressaten der Drohung in 1Kor 6,9 kommt der ‚Hausverderber' nicht vor; οἰκοφθόρος
ist vielmehr hap. leg. in der urchristlichen Literatur. Es ist auch
sonst selten[40] und bezeichnet jemanden, der durch Ehebruch einen
Haushalt, also eine Familie zerstört. Der übliche terminus technicus für Ehebrecher ist μοιχός (so auch 1Kor 6,9). Mit der Verwendung von οἰκοφθόρος gewinnt Ignatius ein ausgesprochen disqualifi-
zierendes Bild für die Irrlehrer. Denn dieses Wort bringt besonders
die zerstörerischen Folgen des Ehebruchs zur Geltung – und ebenso
zerstörerisch wirken die Irrlehrer auf die Gemeinde.[41] Daß hier Irrlehrer gemeint sind, dürfte aus V 2 und der Parallele Phld 3,3 deutlich
genug sein.

In V 2 wird die doppelte Bedeutung dieses Rechtssatzes entfaltet,
und zwar in der Form eines Schlusses a minore ad maius, von der
weltlichen Ebene auf die Ebene der Glaubenslehre. Auf Ehebruch
stand nach israelitisch-jüdischem Recht die Todesstrafe: Joh 8,5; Lev
20,10; Dtn 22,22.[42] Diese gilt erst recht, wenn jemand den Glauben
an Gott zu einer schlechten Lehre verdirbt, deren Inhalt von Ignatius
hier nicht genannt wird. Er scheint vielmehr vorauszusetzen, daß
die falsche Lehre als solche erkannt war. Zu beachten ist auch, wie
das Ereignis der Irrlehre beschrieben wird: Ein Mensch verdirbt – wie
auch immer – den in der Kirche bereits vorhandenen Glauben an Gott
zu einer schlechten Lehre. Glaube ist hier also keine Haltung mehr,
sondern eine Summe von richtigen Lehrsätzen. Diese Lehre hat ihren
Ursprung in Jesus Christus (vgl. Phld 8,2). Das Ergebnis dieses
Schlusses a minore ad maius wird am Ende von V 2 noch einmal
in einem besonderen Satz formuliert: Der Irrlehrer hat sich durch

---

[40] S. die spärlichen Belege bei Liddell-Scott, Lexicon 1205; Schoedel, Ign 79,
Anm. 2.

[41] Bauer, Wb. 1112 (auch Komm. 214), sieht das tertium comparationis im
Hereintragen von Unzucht, das den Glauben der Epheser zerstöre. Damit
wird er jedoch V 2 nicht gerecht – so richtig Schoedel, Ign 79, Anm. 2. Richtig
ist allerdings Bauers Hinweis auf die Stichwortanknüpfung οἰκοφθόρος an
ναός 15,3 (vgl. 1Kor 3,16). – Vgl. auch die Beschreibung der Irrlehre als
Ehebruch PsClem hom XVI 20, zitiert bei Bauer 214. Weitere Belege bei
Camelot 84f, Anm. 2.

[42] An ein historisches Beispiel (wie Num 25,1ff bei Paulus 1Kor 10,8) denkt
Ignatius wohl nicht. Die verwendeten Tempora (Aor., Präs.) sprechen vielmehr für eine allgemeingültige Regel. Für das römische Recht zu diesem Fall
vgl. G. Delling, Art. Ehebruch, in: RAC IV (666-677) 672f.

sein Tun verunreinigt[43] und wird deshalb ins unauslöschliche Feuer gelangen (für χωρεῖν in dieser Bedeutung vgl. Magn 5,1; 7,2). Das unauslöschliche Feuer ist seit Jes 66,24 terminus technicus für Gottes ewige Strafe und tritt in dieser Bedeutung bei Jesus Mk 9,48 und dem Täufer Mt 3,12 par Lk 3,17 auf (vgl. aus den Apostolischen Vätern noch 2Clem 17,7). Diese Strafe droht ebenso jedem, der einem Irrlehrer zuhört (so auch 2Clem 10,5). Nach Ignatius soll man sich die Ohren verstopfen vor den Irrlehrern (Eph 9,1) und jeden Kontakt mit ihnen meiden (Eph 7,1), stattdessen allein auf Jesus Christus hören (Eph 6,2). – Die ewige Strafe in Gestalt des unauslöschlichen Feuers bzw. des Ausschlusses vom Erben des Gottesreiches wird hier von Ignatius jedem Irrlehrer und seinen Zuhörern angedroht.

Im unmittelbaren Anschluß an die eben besprochene Stelle führt Ignatius mit *c.17* die Warnung vor Irrlehrern auf theologisch fundamentalere Weise fort. Das Thema Irrlehrer wird jetzt in den Rahmen des Gegensatzes zwischen Jesus Christus und dem Fürsten dieser Welt gestellt.

V 1 ist zu verstehen vom Bild des Duftes her: Auf der einen Seite steht der Herr Jesus Christus, der Öl auf seinen Kopf empfing[44], und der damit verbundene Wohlgeruch brachte der Kirche das Heilsgut Unvergänglichkeit[45], wahrscheinlich durch das Medium der guten Lehre.[46] Auf der anderen Seite steht der Gestank des Fürsten dieser Weltzeit[47], mit dem sich die Epheser nicht abgeben sollen. Hier wird in einem eindrucksvollen Bild die Warnung aus dem vorigen Kapitel wiederholt, nicht auf Irrlehrer zu hören. Widrigenfalls droht, wie auch dort schon angedeutet, der Verlust des Heils. Die Drohung wird in ein

---

[43] Bereits die LXX kennt die moralische Bedeutung von ῥυπαρός und Verwandten, vgl. Hi 14,4; 11,15; Jes 4,4. – Profanes Material bei Spicq, Notes II 784f.

[44] Ob hier an Mk 14,3 par Mt 26,7 zu denken ist, darf doch bezweifelt werden, denn immerhin bieten Lk 7,38 und Joh 12,3 eine Salbung der Füße (dafür: Schoedel, Ign 82; Bauer 214f; Lightfoot II/2, 72; R.M. Grant, Ign 47 mit ausführlicher Allegorese; zweifelnd Bauer-Paulsen 41 mit Verweis auf hellenistische Religion). Vielleicht liegt hier eine dogmatische Änderung der synoptischen Tradition vor, nämlich als Angleichung an die Salbung nach der kirchlichen Taufe?

[45] Der Zusammenhang zwischen μύρον und ἀφθαρσία auch ConstAp VII 27, aber nicht in der Vorlage Did 10,8.

[46] Vgl. Magn 6,2 und weiter Schoedel, Ign 82.

[47] Bei Ignatius noch Eph 19,1; Magn 1,2; Trall 4,2; Röm 7,1; Phld 6,2; ferner Joh 12,31; 14,30; 16,30. – Αἰών ist hier praktisch gleichbedeutend mit κόσμος (R.M. Grant, Ign 47, mit Hinweis auf Röm 6,1), so auch bei Hermas.

anderes Bild gekleidet: Das Hören auf Irrlehrer gibt dem Fürsten dieser Welt Gelegenheit, die Christen zu Kriegsgefangenen zu machen[48] und sie so aus dem ihnen zukommenden Leben zu entfernen. Das Bild von der Gefangenschaft wird auch im Gnostizismus für das irdische Leben gebraucht.[49] Der naheliegende Gegensatz ist die Freiheit, bei Ignatius auch Pol 4,3; Röm 4,3, hier aber τὸ προκείμενον ζῆν. Das Leben ist für Ignatius einerseits Heilsgut, z.B. Eph 11,1, jenseitig und zukünftig gedacht, anderseits das gegenwärtige Menschenleben.[50] Hier ist wohl das Heilsgut gemeint, ohne daß wirklich klar würde, ob es jetzt vorliegt oder als Ziel verheißen bzw. vorgegeben ist. Beide Bedeutungen sind möglich[51], letztere erscheint aber dem Wort selbst angemessener (προ-).[52] Es bleiben dann aber Schwierigkeiten mit dem Bild des Satzes – wie hat man sich das vorzustellen: ‚Aus dem verheißenen Leben gefangensetzen'? Einzige eschatologische Spur in diesem Text ist das Verheißensein des Lebens, und selbst das ist unklar. Dieses Leben ist hier als Sphäre gedacht, aus der die Christen vom Fürsten dieser Welt herausgeholt werden können, wenn sie auf die Irrlehrer hören. Im übrigen ist der Text ganz auf die aktuelle Entscheidung für oder gegen die Irrlehrer zugespitzt.

Im vorletzten Kapitel seines Schreibens (*Eph 20*) kündigt Ignatius einen weiteren Brief mit dem Thema ‚Heilsökonomie' an, den er jedoch wohl nicht mehr geschrieben hat. Als eine Vorbedingung oder besondere Motivation des Schreibens nennt er das lebhafte Gemeindeleben in Ephesus, also den zahlreichen Besuch des vom Bischof geleiteten Gottesdienstes, der wesentlich aus der Feier der Eucharistie bestand. Wie der Name Jesus Christus eine Parenthese nach sich zog, bestehend aus Bekenntnisformeln, so gibt die Nennung des Brotbrechens Ignatius Gelegenheit, das Wesen der Eucharistie in einem Bild zu verdeutlichen.

‚Brotbrechen' ist der älteste christliche terminus technicus für das Abendmahl. Er kommt bereits in den Einsetzungsworten aller vier Traditionen vor, dann auch 1Kor 10,16f; Act 2,42.46; 20,7.11; 27,35; Did 14,1. Dieser liturgische Begriff wird nun durch zwei Bilder aus

---

[48] Dieser Zusammenhang auch Phld 2,2. – Vgl. ferner 2Tim 3,6 ‚Verführen'.
[49] Material bei S. Arbandt/C. Colpe/W. Macheiner, Art. Gefangenschaft, in: RAC IX (318-345) 340f.
[50] Vgl. dazu ausführlich S. Zañartu, Les concepts de vie et de mort chez Ignace d'Antioche, VigChr 33 (1979) 324-341.
[51] Nach Bauer, Wb. 1403.
[52] So auch Lightfoot II/2, 73, mit Verweis auf Hebr 6,18; 12,1f.

dem medizinischen Bereich[53] illustriert: φάρμακον ἀθανασίας, ἀντίδο-
τος τοῦ μὴ ἀποθανεῖν. Insbesondere die erstgenannte Wendung dürfte
die bekannteste aus den Ignatiusbriefen sein. Zunächstist nach der
Aussage des Bildes selbst zu fragen, bevor eine Übertragung auf das
‚Abgebildete' versucht wird. Beide Wendungen sind Fachausdrücke
für verschiedene Heilmittel, letztere für ein Allheilmittel.[54] Auch die
bildliche Verwendung ist weit verbreitet, so daß eine unmittelbare
Vorlage für Ignatius nicht genau zu bestimmen ist. Beispiel: Isis
weckt mit Hilfe der von ihr gefundenen Droge ἀθανασία den Horus
von den Toten auf (Diodorus Siculus I 25,6). Eine Vorstufe aus der
hellenistisch-jüdischen Tradition wird durch Sir 6,16 φάρμακον ζωῆς
gebildet[55], vgl. später Irenäus, haer. III 19,1: antidotum vitae. Der
für Ignatius wichtige Bildaspekt ist die Wirkung, die die Arznei vermittelt: Das in der Einheit mit dem Bischof gefeierte Brotbrechen
gibt hier, jetzt und für immer Anteil am Leben in Jesus Christus
(vgl. Joh 6,57b).[56] Irgendein eschatologischer Vorbehalt ist nicht zu
erkennen. An die Stelle der Hoffnung auf Vollendung ist die sakramentale Teilhabe an der Vollendung getreten: das Ewige Leben in
Christus ist schon hier und jetzt erfahrbar.

Auch den Brief nach *Magnesia* schreibt Ignatius aus Smyrna
(c.15), nachdem er den Besuch einer Gemeinde-Delegation erhalten
hat (c.2).
Hauptthema dieses Briefes ist die Eintracht der Gemeinde, insbesondere in der Unterordnung unter den Bischof (cc.3-7), ferner wird der
Gegensatz zwischen Judentum und Christentum stark hervorgehoben

[53] Weitere Beispiele für medizinische Bilder bei Ignatius; Eph 7,1f; Trall 6,2;
Pol 1,3; 2,1. – Die sich darauf gründende Vermutung, Ignatius sei Arzt
gewesen (Bauer 219), ist ebenso ansprechend wie unbeweisbar. Gleiches gilt
auch für die Vermutung, Ignatius sei „a pleader in a law court at Antioch,
an advocate or a local politician" gewesen (H. Riesenfeld, Reflections on the
Style and the Theology of St. Ignatius of Antioch, in: StPatr IV, Berlin
1961 [TU 79] [312-322], 317).
[54] Belege ausführlich bei Schoedel, Ign 97; Wehr, Arznei 107-111. – Vgl.
außerdem noch Th. Schermann, Zur Erklärung der Stelle epist. ad Ephes.
20,2 des Ignatius von Antiocheia: φάρμακον ἀθανασίας κ.τ.λ., ThQ 92
(1910) 6-19.
[55] Der Verweis auf JosAs 8,5 (Bauer-Paulsen 46) trägt ebenfalls nur begrenzt,
weil gerade nicht das besondere Essen, sondern der jüdische Lebenswandel
insgesamt ἀθανασία vermittelt.
[56] So auch Bauer-Paulsen 46. – Anders Wehr, Arznei 129; G.F. Snyder, The
Text and Syntax of Ignatius ΠΡΟΣ ΕΦΕΣΙΟΥΣ 20:2c, VigChr 22 (1968)
8-13.

(cc.8-10). Damit greift Ignatius wahrscheinlich die in Magnesia vorliegende Konkurrenzsituation zwischen beiden Religionen auf.
Die einzige eschatologische Stelle dieses Briefes scheint keinen
Zusammenhang mit dem Kontext zu haben (*c.5*). Dieses Kapitel
besteht aus zwei Anakoluthen: In V 1 steht eine Begründung, nicht
aber das zu Begründende; in V 2 ein bildlicher Vergleich, nicht aber
das Verglichene.
V 1 scheint die Begründung für eine ethische Aussage liefern zu
wollen. Ignatius stellt zunächst fest, daß die Handlungen des Menschen ein Ziel haben[57], das mit ihnen zusammenhängt. Dieses Ziel
ist ein zweifaches: der Tod und das Leben. Damit sind die beiden
Möglichkeiten des endgültigen Schicksals gemeint, die vor den Christen liegen (vgl. Eph 17,1). Wahrscheinlich wollte Ignatius seine
Leser vor eine Entscheidungsalternative stellen. Diese Vermutung
legt sich nahe angesichts der sonstigen Verwendung des Tod-Leben-
Motivs: Dtn 30,15; Sir 15,17; Did 1,1. Die τέλος-Folgen der πράγματα
werden so vorgestellt, daß jeder im Jenseits an den Ort gelangen wird
(vgl. Eph 16,2), der ihm zukommt gemäß seinen Taten, vgl. Act
1,25 der besondere Ort des Verräters Judas; 1Clem 5,4.7 der Ehrenplatz der Märtyrer Petrus und Paulus; vielleicht auch 1Clem 44,5
der Ort für die verstorbenen Presbyter; schließlich noch Joh 14,2 als
Verheißung für die Jünger. Die Eschatologie wird hier ganz indivi-
dualistisch gedacht. Ein öffentliches Gerichtsverfahren wie Mt 25,31ff
ist mit dem Gedanken der zukommenden Plätze nicht notwendig verbunden. Auf die ethische Abzweckung ist wohl zurückzuführen, daß
Tod und Leben gleichgewichtig (ὁμοῦ) nebeneinander stehen.
Dieser eschatologische Gegensatz zwischen Tod und Leben wird
in V 2 durch einen Vergleich erläutert, der auf den wesensmäßigen
Gegensatz zwischen Gott und Welt und damit zwischen Gläubigen
und Ungläubigen zielt. Bild- und Sachhälfte liegen hier ineinander.
Tertium comparationis ist das Bestimmtsein durch Prägung. Zum
Verständnis dieses Bildes muß die Geschichte vom Zinsgroschen (Mk
12,13ff parr) keineswegs herangezogen werden. Denn die Aussage des
Ignatius läßt sich nur durch Allegorese aus dem synoptischen Text
gewinnen. Diese Auslegung wird sich später bei Clemens Alexandrinus finden.[58] Die Ungläubigen tragen die Prägung dieser Welt

---

[57] Der Weg dorthin ist hier nicht im Blick, anders als bei der Zwei-Wege-Lehre,
mit Bauer-Paulsen 49 gegen R.M. Grant, Ign 59.
[58] Besprechung der einschlägigen Stellen bei Schlier, Untersuchungen 133f. –

(κόσμος), die Gläubigen die Prägung Gottes, vermittelt durch Jesus Christus (vgl. Hebr 1,3). Diese Prägung wirkt sich aus in tätiger Liebe (ἀγάπη). Mit dem letzten Satz von V 2 scheint Ignatius die Alternative Tod – Leben aus V 1 wieder aufzunehmen, und zwar in Form einer Drohung. Es wird hier nämlich eine Bedingung genannt, deren Nichterfüllung von der Teilhabe am Leben ausschließt. Das Leben (hier substantivierter Inf.) steht hier wie auch sonst bei Ignatius für das durch Christus vermittelte Heil, das jetzt schon gegenwärtig ist, erfahrbar in der Eucharistie. Die Bedingung lautet: ‚Freiwillig das Sterben in sein (Christi) Leiden haben' (wörtlich). Die Terminologie mag paulinisch sein, aber der Hinweis auf PlsRöm 6 erklärt hier nicht viel. Denn von der Taufe kann hier nicht die Rede sein – was soll einem christlichen, also getauften Publikum das ‚freiwillig haben' bedeuten? Näher liegt doch, hier einen Hinweis auf das Martyrium zu sehen, das bei Ignatius auch sonst im Zusammenhang mit dem πάθος steht, oder die Andeutung eines entweltlichten Lebens, die dann als Gegensatz zu ζῆν so übertreibend formuliert wäre. Wie dem auch sei, herauszuheben ist an dieser Stelle vor allem, daß Ignatius ganz vorbehaltlos von der Heilsgegenwart spricht. Die zeitlichen Kategorien von V 1 (μέλλει, πρόκειται) sind in V 2 wesensmäßigen gewichen.

Der dritte Brief in der Reihe der echten Ignatianen, der an die Gemeinde zu *Tralles*, ist wie die beiden ersten in Smyrna entstanden (12,1; 1,1), nachdem Polybios, der Bischof der Gemeinde, dem Ignatius einen Besuch abgestattet hatte. Ignatius schreibt über die Gemeindeordnung (cc.2+3), über sich selbst und seine Situation (cc. 4+5), und besonders ausführlich warnt er die Trallenser vor Irrlehrern (cc.6-11), die eine doketische Christologie vertreten (cc.9+10 – hier auch Ansätze zu einer inhaltlichen Auseinandersetzung).

Bereits im *Praeskript* klingt eines der umstrittenen Themen an (vgl. 9,2). Zwar fehlt der Name Jesus Christus in keinem der ignatianischen Praeskripte, aber nur hier wird er mit der christlichen Hoffnung auf die Auferstehung verbunden. Jesus Christus ist für Ignatius fast einziger ‚Gegenstand' der Hoffnung.[59] Nur hier wird die Vermittlung bzw. Erfüllung dieser Hoffnung angedeutet: Es ist die Auferstehung, die die Christen zu ihrem Herrn führen wird (vgl. 1Thess

---

Weiteres antikes Material zum Münzenbild bei Schoedel, Ign 110.

[59] Vgl. Eph 21,1; Magn 11,1; Trall 2,2; Phld 11,2; Sm 10,2. In der übrigen urchristlichen Literatur diese Formulierung nur noch 1Tim 1,1 und in einer Vorform Kol 1,27.

4,13-18). Über den Zeitpunkt der Auferstehung macht Ignatius keine
Angaben. Aus dem Stichwort ἐλπίς und 9,2 muß man schließen, daß
dieses Ereignis für die Zukunft erhofft wird.[60] – Hervorzuheben sind
hier die Unbedingtheit der Hoffnung und ihre Konzentration auf Jesus
Christus.

Unter den Ausführungen zur Gemeindeordnung (cc.2+3) ist am
wichtigsten die Mahnung zur Unterordnung unter den Bischof (2,1),
die der Unterordnung unter Christus gleichgestellt wird. Am Gehorsam gegen den Bischof wird deutlich, daß die Gemeinde in der Sphäre
Jesu Christi[61], also christusgemäß lebt. An diese zweite Erwähnung
Christi wird partizipial eine Bekenntnisformel angeschlossen, und zwar
die „Sterbensformel"[62]. Das kurze δι' ἡμᾶς reicht zur Erklärung des
Sinnes von Jesu Sterben nicht mehr aus. Dieser Sinn wird hier in
einem ἵνα-Satz expliziert. Dabei fällt der Wechsel von der 1. zur 2.
Pers. Pl. auf, den die lateinische Übersetzung ausgemerzt hat. Er
zeigt die Traditionalität der Formel an. Zweck des Sterbens Christi
ist es, den Christen das Entkommen aus dem Tod zu ermöglichen.
Wirklichkeit wird dieses Ergebnis des Todes Jesu im Glauben an die
Wirklichkeit dieses Todes (vgl. 9,1; anders formuliert, aber mit gleicher Intention Magn 5,1). Das Fürwahrhalten dieses Geschehens ist
also Vorbedingung für die Teilhabe an seinen Folgen, hier um der
paradoxen Formulierung willen ausgedrückt als Entkommen aus dem
Tod. Eine zeitliche Festlegung dessen ist nicht erkennbar. Im Blick
auf vergleichbare Aussagen des Ignatius (z.B. Eph 20,2) ist durchaus
die Gegenwartsbedeutung vorzuziehen.[63] – Das eschatologische Heil
– das Leben als Rettung vom Tode – ist im Glauben an die Wirklichkeit des Todes Jesu gegenwärtig.

In der Auseinandersetzung mit den Irrlehrern (cc.6-11) verwendet
Ignatius in *Trall 9* eine antidoketisch zugespitzte (ἀληθῶς) Bekenntnisformel, die die heilsbedeutsamen Daten der vita Jesu aufzählt und
ursprünglich wohl mit ἐγείραντος αὐτὸν τοῦ πατρὸς αὐτοῦ geendet
hat.[64] Der relativische Anschluß ist grammatisch schwierig: Auf wen
bezieht sich das ὅς καί (so die Handschriften), auf den Vater oder

---

[60] Zu Recht verweist Schoedel, Ign 137, Anm. 3, auf Magn 9,2 (geschehene
Auferweckung der Propheten), um zu zeigen, wie wenig wichtig für Ignatius
der zeitliche Aspekt der Auferstehungshoffnung ist.

[61] Vgl. Schoedel, Ign 140.

[62] Nach Wengst, Formeln 78-86, hier 85.

[63] Vgl. Paulsen, Studien 64.

[64] Vgl. Wengst, Formeln 120-122.

auf den Sohn? Ist ὅς καί oder ὁ πατὴρ αὐτοῦ Subjekt des Relativ-satzes? Die Lesart ὡς[65] erweist sich wegen des späteren οὕτως als unmöglich. Zu einem grammatisch glatten Text führt Zahns Kon-jektur οὗ statt ὅς[66], obwohl auch dann das οὕτως schwierig einzu-bauen ist. Auf der grammatischen Ebene – Verderbtheit der Pas-sage vorausgesetzt – fällt die Entscheidung zugunsten der Zahnschen Konjektur, denn die Verfechter der Lesart ὅς müssen auch noch die Streichung der Wörter ὁ πατὴρ αὐτοῦ einkalkulieren.[67] Inhaltlich ist schließlich durch die Konjektur ein eindeutiger Sinn hergestellt, der gut in die sonstige urchristliche Tradition paßt: Die allgemeine Auferstehung ist Sache des Vaters und geschieht nach dem Muster der Auferweckung Jesu Christi (vgl. PlsRöm 6,5). Schwierig bleibt der Anschluß an die ὅς-καί-Formulierungen der vorangegangenen Be-kenntnisformel. Diese Schwierigkeit könnte aber ein Hinweis darauf sein, daß an dieser Stelle die aktuell bedingte Ergänzung des Igna-tius beginnt.[68] Aber auch die Aussagen der Ergänzung stammen großenteils aus gemein-urchristlicher Tradition (vgl. vor allem 2Kor 4,14; ferner 1Thess 4,14; 1Kor 15,12ff; PlsRöm 8,11; außerdem Pol-Phil 2,1f), ohne daß sich mehr als eine sachliche Berührung feststellen ließe: Gott der Vater wird (Futur!) die Christen auferwecken. Die Christen, und Ignatius schließt sich hier mit ein, werden beschrieben als solche, die ihm (Gott) glauben, also auf seine Verheißung der künf-tigen Auferstehung vertrauen. Diese Verheißung hat ihren Grund in der Auferweckung Jesu Christi. Eine gewisse Schwierigkeit ergibt sich beim Verständnis von ὁμοίωμα, was ursprünglich ‚Abbild' heißt, hier aber als Gleichheit[69] interpretiert werden muß: Die Auferweckung der Christen wird der Auferweckung Christi entsprechen. Am Ende des Relativsatzes folgt noch ἐν Χριστῷ Ἰησοῦ, wohl eine Näherbe-stimmung zum Glauben: Der Glaube an die Verheißung des Vaters ist christologisch vermittelt.

An diese Näherbestimmung kann Ignatius einen weiteren Rela-tivsatz anschließen (V 2fin), in dem echte ignatianische Theologie zum

---

[65] Koptische und syrische Übersetzung, aufgenommen von R.M. Grant, Ign 78.

[66] Aufgenommen von Schoedel, Ign 154, Anm. 10. Er kann die Entstehung von ὅς aus dem ursprünglichen οὗ erklären, belastet seine Konjektur allerdings mit einer weiteren Textumstellung (καί hinter ὁμοίωμα).

[67] So jüngst wieder Paulsen, Studien 65, Anm. 28; ältere Vertreter bei Light-foot II/2, 174.

[68] So auch Wengst, Formeln 120.

[69] So die Übersetzung bei Bauer, Wb. 1123f.

Tragen kommt.[70] Der relativische Anschluß nimmt die ignatianische Formulierung vom Anfang des Kapitels auf, wo als Kennzeichen des Irrlehrers angegeben worden war, er rede χωρὶς ’Ιησοῦ Χριστοῦ. Und das Verkünden von Irrlehre samt dem Hören darauf zieht nach Aussagen des Ignatius des Ewigen Tod nach sich: Trall 6,2; Eph 16,2. Hier jedoch wird verneint ausgedrückt, was sonst bei Ignatius positiv zu finden ist: Jesus Christus und nur er ist das wirkliche Leben (Sm 4,1; vgl. für die Identifizierung von Christus und Leben noch Magn 1,2; für das wirkliche Leben Eph 11,1). In der deutschen Übersetzung ist nicht zu erkennen, daß Ignatius für das Leben in christologischem Zusammenhang stets den substantivierten Infinitiv τὸ ζῆν gebraucht.[71] Dieses Leben ist offenkundig schon hier und jetzt zu haben (wie das Sterben Magn 5,2). Auch daran zeigt sich, daß hier vor allem Ignatius und weniger die gemein-urchristliche Tradition spricht (vgl. aber 1Joh 5,12): Das Heil ist schon gegenwärtig wirksam – die Auferstehung steht noch aus.

Diese Verschiedenheit der Zeiten, die die Unterscheidung von Tradition und spezifisch Ignatianischem ermöglicht, schien für Ignatius selbst kein Problem zu sein. Auch läßt sich diese Verschiedenheit nicht auf Personengruppen verteilen, etwa den Märtyrer und die Gemeinde. Vielmehr trifft Ignatius hier Aussagen, die für alle Christen gelten sollen (kommunikativer Plural): In Christus Jesus ist das Heil, das Leben bereits hier und jetzt zu haben – die Irrlehrer, die nicht (richtig?) von ihm reden, haben keinen Anteil –; die Auferweckung der toten Christen ist in der geschehenen Auferweckung Jesu Christi sicher begründet und steht noch aus.

Den Brief an die Gemeinde zu *Philadelphia* hat Ignatius in Troas geschrieben (11,2), nachdem er vom Bischof der Gemeinde besucht worden war (1,1). Außerdem ist Ignatius auch auf seinem Transport durch Philadelphia gekommen und hat bei dieser Gelegenheit die Gemeinde kennengelernt (3,1; 7,1f). Das große Thema dieses Briefes ist die Einheit der Gemeinde, die sich im Zusammenhalt mit Bischof, Presbytern und Diakonen verwirklicht (praescr; 7,1 Geistrede des Ignatius, u.ö.), die aber durch Spalter gefährdet ist (2,1).[72] Die Spal-

---

[70] Der Gebrauch von ‚Leben‘ erinnert an Joh 11,25f; 14,6; Kol 3,4 (R.M. Grant, Ign 78), jedoch wird an diesen Stellen das Substantiv ζωή verwendet.

[71] Vgl. H. Kraft, Clavis 192f.194f.

[72] Vgl. zu den Verhältnissen in Philadelphia Bauer, Rechtgläubigkeit 73, sowie jüngst J. Speigl, Ignatius in Philadelphia, VigChr 41 (1987) 360-376.

tung scheint bereits die Einheit des Gottesdienstes zu bedrohen (c.4); sie wird Judaismus genannt (6,1), ohne daß der Inhalt desselben zu erkennen wäre, und es scheint Streit um die Schriftauslegung gegeben zu haben (8,2).

Ignatius beginnt seinen Brief nach Präskript und Lob des Bischofs (c.1) mit der Warnung vor Spaltung und Irrlehren (c.2) und warnt dann in c.3 insbesondere davor, auf Irrlehrer zu hören. Diese Warnung wird in *3,3* mit einer eschatologischen Drohung abgeschlossen, die stark an die entsprechende Passage Eph 6,1 erinnert. Anders als dort werden hier nur die Anhänger der Irrlehrer angesprochen. – Die Mahnung ‚Täuscht Euch nicht!‘ begegnet bei Ignatius immer dann, wenn es um die Einheit der Gemeinde (Eph 5,2; Magn 3,2) oder gegen Irrlehrer (Magn 8,1; Epk 16,1; Phld 7,1; Sm 6,1) geht. Sie soll das Gewicht der folgenden Drohung erhöhen. Diese Drohung ist an die Gemeinde als ganze gerichtet. Sie ist in zwei parallel gebauten Konditionalsätzen formuliert. Im ersten Satz lautet die Bedingung ‚Wenn jemand einem Spalter[73] folgt‘. Σχίζειν tritt hier erstmals absolut und mit ekklesiologischem Sinn auf[74], auch wenn es Vorstufen in Act 14,3; 23,7 gibt. Σχίσματα hingegen für Spaltungen in der Gemeinde findet sich schon 1Kor 1,10; 11,18; 12,25. Nach dem Kontext ist ein Spalter jemand, der der gemeindlichen Eucharistiefeier fernbleibt und evtl. einen Privatgottesdienst feiert, vielleicht auch ein ausdrücklicher Gegenbischof? Die Gemeinde wird ausdrücklich davor gewarnt, sich an den Spalter zu hängen. Andernfalls verliert sie – jeder einzelne, der dem Spalter folgt – den Anteil am Gottesreich. Der Gedanke vom Erben des Gottesreiches ist gemein-urchristlich[75] und wird hier, anders als in der von vielen als Vorlage angesehenen Paulusstelle 1Kor 6,9f[76], singularisch angewendet. Der zweite Bedingungssatz scheint keine eschatologische Drohung mehr zu bieten. Γνώμη ist der Sinn, nach dem jemand ausgerichtet ist, bei Ignatius vor allem der Sinn Gottes bzw. des Bischofs. Wer sich nicht danach richtet, stimmt nicht mit dem Leiden Christi überein und hat folglich

---

[73] Die Übersetzung „Schismatiker" (Fischer 197) trägt ein kirchenrechtliches Verständnis ein, das für Ignatius noch nicht vorauszusetzen ist.

[74] Den nächsten Beleg bietet Dionysius Alexandrinus bei Eusebius, h.e. VI 45.

[75] S.o. zu Eph 16,1. – Vgl. auch H. Conzelmann, Der erste Brief an die Korinther, Göttingen 1969 (KEK 5), 128.

[76] So zuletzt Paulsen, Studien 33: „literarische Beziehung". Diese Vorsicht ist berechtigt, denn bei aller Ähnlichkeit sind die Unterschiede doch zu groß, um von einem wirklichen Zitat reden zu können; „Anlehnung" (Bauer 257) ist treffender.

keinen Anteil an den Gütern, die aus dem Leiden folgen: Frieden, Einheit der Gemeinde. – Ignatius droht den Hörern des Spalters in Philadelphia den Verlust des ewigen Heils an, den Ausschluß vom Erben des Gottesreiches.

Auch der Brief an die Gemeinde zu *Smyrna* ist in Troas entstanden (12,1). Der Transport des Ignatius hatte auch in Smyrna Station gemacht – dort schrieb Ignatius die Briefe nach Ephesus, Magnesia, Tralles und Rom –, und die dortige Gemeinde gab ihm den Burrhus als Begleiter mit, der jetzt mit dem Brief zurückkehrt (12,1). Das Schreiben beginnt zwar mit einem Lob der Gemeinde (c.1), sein Hauptthema aber ist die Auseinandersetzung mit den Doketisten (cc.2-7). Es folgen noch Mahnungen zum Gehorsam gegen den Bischof (cc.8+9 – der Name Polykarp fällt nicht!), allgemeine Korrespondenz (cc.10+11) und Grüße (cc.12+13).

Gleich am Anfang des Hauptteils macht Ignatius einige Bemerkungen zum künftigen Schicksal der Irrlehrer (*c.2*). Er nimmt zunächst die traditionellen Aussagen über das Leiden (und Sterben) Christi auf, die er unmittelbar zuvor (1,2) angeführt hatte. Im ersten Satz betont er noch einmal den eschatologischen Sinn des Leidens Christi. Im zweiten Satz ist er dann bei seinem Hauptproblem: Christus hat wirklich gelitten und sich wirklich auferweckt. Mit diesem ἀληθῶς hatte er bereits die christologische Tradition in 1,1f antidoketisch zugespitzt (so auch Trall 9,1f). Weit und breit einmalig in der urchristlichen Literatur ist die explizite Aussage von der Selbsterweckung Christi. Ähnliches findet sich nur noch Joh 2,19; 10,17f. Auch bei Ignatius selbst ist sonst die Rede von der Erweckung durch den Vater üblich (vgl. Sm 7,1 u.ö.). Der Wirklichkeit von Leiden und Auferweckung Christi stellt Ignatius die Behauptung der Irrlehrer gegenüber. Sie werden sogleich als ἄπιστοι abqualifiziert (wie Trall 10,1). Ihre Meinung wird als Zitat angeführt: ‚Er (Christus) habe nur scheinbar gelitten‘, und sofort auf sie selbst zurückgewendet: Die, die solches behaupten, existieren selbst nur scheinbar. Auch dieses Argument findet sich bereits in Trall 10,1; die dortige Fortsetzung mit dem Hinweis auf das Martyrium des Ignatius tritt in Sm 4,2 wieder auf. An dieser Stelle hingegen konstruiert Ignatius einen ‚christologischen Denken-Ergehen-Zusammenhang‘, wie er ähnlich auch 2Clem 1,2 vorkommt[77]: Das doketische Denken zieht doketisches Ergehen nach sich. Dieses Ergehen wird in die Wörter ἀσώματοι καὶ δαιμο-

---

[77] Vgl. auch Irenäus, haer. IV 23,5.

νιχοί gefaßt. Zumindest ‚körperlos' ist mit positiver Bedeutung in gnostischen Texten belegt[78], sonst aber nirgends in der urchristlichen Literatur außer Sm 3,2. Auch δαιμονικός tritt in der urchristlichen Literatur nur hier auf. Das von Ignatius in Sm 3,2 angeführte Herrenwort ist schwierig in die Jesusüberlieferung einzuordnen.[79] Die Frage, ob jenes Herrenwort die Formulierung von Sm 2 geprägt hat oder umgekehrt von dort her geprägt worden ist, ist m.E. so zu beantworten, daß beide Stellen in antidoketisch-polemischer Absicht von Ignatius formuliert bzw. bearbeitet worden sind.[80] Wahrscheinlich verhält es sich so, daß Ignatius Schlagworte seiner Gegner aufgreift und in polemischer Absicht auf diese selbst anwendet. Das geschah im vorletzten Satz von Sm 2, wo den Behauptern des scheinbaren Leidens Christi ein scheinbares Sein zugesprochen wird. Das geschieht im letzten Satz von Sm 2 wieder, indem Ignatius ἀσώματος negativ wertet (vgl. dann Sm 3,2) – das ist in seinen Augen ein Nicht-Sein und eben nicht „die Befreiung des Geistes aus der Materie der Leiblichkeit"[81] – und indem er an die Stelle der gnostischen Selbstbezeichnung πνευματικός[82] das böse Wort δαιμονικός setzt. Denn mit δαιμόνιον ist hier ein böser Geist gemeint.[83] – Ignatius droht den doketistischen Irrlehrern ein Ergehen an, welches ihrem Denken entsprechen wird: Sie werden dem körperlosen Nicht-Sein anheimfallen. Dieses Bild ist unverkennbar der aktuellen Polemik entsprungen. In dogmatischen abstracta müßte es wohl heißen: Ignatius droht den Irrlehrern mit dem Verlust des Heils. Denn das endgültige Heil verwirklicht sich auch für Ignatius in der leiblichen Auferstehung.

Auch Sm 6 steht im Zusammenhang des Streites mit den doketistischen Irrlehrern. These dieses Abschnitts ist, daß ein Amt in der Gemeinde (τόπος schon als terminus technicus wie Pol 1,2; anders noch 1Clem 44,6) niemanden zu einer falschen Sicherheit verleiten soll. Eingeleitet wird 6,1 mit dem Aufruf ‚Niemand täusche sich!', der hier wie Eph 5,2 eine Drohung an die Irrlehrer ankündigt.

---

[78] Hinweise bei Paulsen, Studien 142, Anm. 50+51.

[79] S. die ausführliche Behandlung bei Köster, Überlieferung 45-56.

[80] Nach Vielhauer, NTApo[3] I, 84. – Anders Köster, Überlieferung 48: Ignatius sei von einer Tradition abhängig, die vor dem LkEv liege. Damit vernachlässigt er die aktuelle Situation des Ignatius zu sehr. Vorlage könnte Lk 24,36-40 gewesen sein.

[81] Vielhauer, NTApo[3] I, 84.

[82] In anthropologischem Zusammenhang ist dem Ignatius diese Vokabel durchaus geläufig, vgl. die Zusammenstellung bei Schlier, Untersuchungen 132f.

[83] Vgl. Bauer, Wb. 335f.

Hier hat Ignatius wahrscheinlich einen Einzelnen im Blick[84], der als
Gemeinde-Amtsträger den falschen Glauben hatte und dessen Name
nicht genannt werden sollte (vgl. 5,3), denn er wird in Smyrna ohnehin bekannt gewesen sein. Ignatius spricht seine Warnung diesmal
indirekt aus, indem er das Gericht über Engel und sonstige überir-
dische Wesen erwähnt. Das göttliche Gericht betrifft drei Gruppen
von Wesen: τὰ ἐπουράνια, ἡ δόξα τῶν ἀγγέλων, οἱ ἄρχοντες ὁρατοί
τε καὶ ἀόρατοι.[85] Alle drei Gruppen sind überirdischer Natur, auch
die ἄρχοντες ὁρατοί[86] (vgl. bei Ignatius schon Trall 5,2). Ἐπουράνια
sind himmlische Geistwesen (vgl. PlsPhil 2,10; IgnEph 13,2). Vom
Gericht über Engel weiß bereits die jüdisch-apokalyptische Tradition
(Jub 5,10; äthHen 10,4-16) im Kontext der Weiterentwicklung von
Gen 6,1-4. Die christliche Rezeption dieses Gedankens wird faßbar in
1Kor 6,3 und später in Jud 6 par 2Petr 2,4 (Rückgriff auf äthHen 10);
vgl. auch noch 2Clem 20,4. Die δόξα bezeichnet die göttliche Natur
der Engel. Aber auch sie schützt vor Strafe nicht. Ἄρχων kommt bei
Ignatius sonst nur im Sg. vor und meint den Herrscher dieser Welt.[87]
Hier sind wahrscheinlich wieder Engelmächte gemeint (vgl. Justin,
dial. 36,5f; Diog 7,2). Über alle diese überirdischen Mächte kommt
trotz ihrer herausragenden Stellung das Gericht Gottes, wenn sie nicht
an das Blut Christi glauben.[88] Αἷμα steht hier für das Leiden und
Sterben Christi und betont dessen Realität (vgl. Kol 1,20). Hier mel-
det sich die besondere Intention des Ignatius mit ihrer antidoketischen
Spitze. Weil an dieser Stelle von himmlischen Dingen die Rede war,
die als solche schwer zu begreifen sind, fügt Ignatius eine „homiletische
Phrase"[89] ein, bevor er zum Zentralsatz seiner Ausführungen gelangt:
Eine (hohe) Stellung mache niemanden übermütig, sonst ergeht es
ihm wie den himmlischen Mächten, die auch als solche nicht vor dem
Verdammungsurteil Gottes sicher sind. Wichtiger als die Stellung, die
einer innehat, sind Glaube und Liebe (vgl. Eph 14,1), die das Ganze
christlichen Lebens umfassen. Glaube ist hier in besonderer Weise das

---

[84] Einen Gegenbischof (Bauer, Rechtgläubigkeit 73f)? Einen Presbyter (Schoedel, Ign 236)?
[85] Aono, Entwicklung 306, sieht schon hiermit die Irrlehrer gemeint, berücksichtigt aber nicht, daß Ignatius hier indirekt jemandem droht, der einen
‚Platz' und den falschen Glauben hat.
[86] Gegen R.M. Grant, Ign 119, der hier Presbyter vermutet.
[87] Vgl. H. Kraft, Clavis 63.
[88] Zur Anerkennung Christi durch den gesamten Kosmos vgl. PlsPhil 2,10.
[89] Köster, Überlieferung 35. – Vgl. auch Mt 19,12; Mk 4,9.

Für-Wahr-Halten der Wirklichkeit des Leidens, Sterbens und Auferstehens Jesu Christi. – Der Gedanke von Gottes Gericht, das sich auch auf die himmlischen Mächte erstreckt, wird hier als Drohung eingesetzt gegen jemanden, der zwar eine Stellung in der Gemeinde, nicht aber den rechten Glauben hat.

Mit dem Brief an *Polykarp*[90] schließt die Reihe der echten Ignatiusbriefe. Ignatius schreibt diesen Brief in Troas unmittelbar vor der Abfahrt in Richtung Europa (8,1), nachdem er Polykarp in dessen Sprengel Smyrna kennen und schätzen gelernt hatte (Eph 21,1; Magn 15,1; Pol 1,1). In den cc.1-5 schreibt Ignatius eine persönliche Mahnung an Polykarp, in der er sein Bischofsideal präsentiert. Es folgt eine kurze Mahnung an die Gemeinde (c.6) – offensichtlich war der Brief von vornherein zur öffentlichen Verlesung bestimmt –, den Schluß bilden Korrespondenz und Grüße (cc.7+8).

Innerhalb der Ausführungen über das geistliche Leben des Bischofs (c.2) schreibt Ignatius auch über das bischöfliche Lebensziel (*2,3*). Zuerst wird mit Hilfe zweier Bilder aus der Seefahrt nachgewiesen, wie unentbehrlich Polykarp an seiner Stelle ist: Die Gegenwart verlangt nach ihm. Καιρός ist nicht mehr eschatologisch gefüllt[91], sondern bedeutet einfach ‚die jetzige Zeit, der gegenwärtige Augenblick'. Zweck und Ziel dieses Verlangens[92] ist das θεοῦ ἐπιτυχεῖν. Diese Formel, martyrologisch und sonst allein auf Ignatius bezogen[93], wird nur hier in den Ignatianen für andere Menschen gebraucht. Es liegt nahe, wegen des martyrologischen Sinnes Polykarp zum Subjekt des Satzes zu machen und dann in diesem Satz eine Mahnung des Ignatius zu sehen des Inhalts, daß auch für Polykarp der Weg zum Heil durch das Leiden führt.[94] Grammatisch wahrscheinlicher aber ist ὁ καιρός das Subjekt auch dieses Nebensatzes. Das hieße dann, daß die Gegenwart danach verlange, mit Polykarps Hilfe zu Gott zu gelangen, also das Heil zu erlangen. Bei dieser Interpretation bleibt allerdings unklar, wer oder was mit ὁ καιρός gemeint ist. Die beiden nautischen Bilder werden wegen des Stichworts ‚Verlangen' – ἀπαιτεῖν eingeführt: Jedermann weiß, daß Kapitäne (der Sg. würde wohl bes-

---

[90] Angaben zur Person s.u.S. 177f.
[91] Mit Schoedel, Ign 264 (dort auch Belege aus der übrigen griechischen Literatur); Bauer, Wb. 760, gegen Bauer-Paulsen 102.
[92] Εἰς mit substantiviertem Infinitiv, vgl. Bauer, Wb. 455.
[93] S. dazu ausführlich u.S. 167ff.
[94] So z.B. Schoedel, Ign 264f.

ser in den Kontext passen) nach Wind verlangen, und daß ein vom Sturm Geschüttelter eines ruhigen Hafens bedarf. Verlangt wird hier Gegensätzliches: Winde zur Bewegung, ein Hafen für die Ruhe, aber beides wird *verlangt*. Polykarp soll wohl die Rolle des Windes übernehmen, d.h. den καιρός auf das Heil hin in Bewegung setzen. Das Bild vom Hafen dürfte dann allerdings auf Gott zielen, eben als Ziel der Seefahrt, und da man nach Sm 11,3 auch τῆς λιμένος τυγχάνειν kann, ist der Weg zur berühmten ignatianischen Formulierung θεοῦ ἐπιτυγχάνειν nicht mehr weit.

Im nächsten Satz bringt Ignatius ein ganz anderes Bild, nämlich das vom Läufer im Wettkampf.[95] Er mahnt Polykarp zur Nüchternheit, die einem Athleten Gottes genausogut anstehe wie einem profanen Sportler. Diese Enthaltsamkeit wird gefordert im Blick auf den Preis, der nach dem Lauf winkt – eigentlich nur dem Sieger, aber diesen Aspekt hat Ignatius hier nicht im Blick. Tὸ θέμα ist der Geldpreis, im Unterschied zum Kranz.[96] Hier besteht der Preis in Unvergänglichkeit und Ewigem Leben (vgl. 4Makk 17,12b; 2Clem 14,5; 2Tim 1,10). Beide Begriffe sind als jenseitiger Gegensatz zur Existenz hier und jetzt zu verstehen: Ist diese vergänglich und zeitlich begrenzt, so sind jene unendlich und unvergänglich. Dieser Gegensatz findet sich bereits bei Paulus (1Kor 15); Ignatius verwendet ihn häufiger als Bezeichnung für das Heilsgut (Eph 17,1; Phld 9,2). Demgegenüber ist ζωὴ αἰώνιος seltener (Eph 18,1). Am Schluß des Satzes fügt Ignatius noch eine Formel der Übereinstimmung an.

Die Heilsgüter ‚Ewiges Leben' und ‚Unvergänglichkeit' sind hier als Preise gedacht, als lockende Belohnung für Enthaltsamkeit und Nüchternheit hier und jetzt. Hervorzuheben ist die gut hellenistische Betonung von Ewigkeit und Unvergänglichkeit; zeitliche, aber auch räumliche Aspekte treten weit zurück und wären höchstens implizit zu erschließen. Ist hier das Heilsgut ganz unpersönlich, gleichsam dinglich oder wesensmäßig gedacht, so ist die ignatianische Formel θεοῦ ἐπιτυγχάνειν ganz auf die Person Gott konzentriert. Es überrascht, daß sie hier nicht auf Ignatius selbst, sondern auf ὁ καιρός bezogen und durch Polykarp vermittelt gedacht wird. Von irgendeiner

---

[95] Das Bild ist weit verbreitet, vgl. neben 1Kor 9,24-27 z.B. Epiktet, diss. III 15,2f. – Dazu ausführlich Pfitzner, Paul and the Agon Motif.

[96] Vgl. Bauer-Paulsen 102; dort auch ein Hinweis auf zwei Inschriften aus Smyrna, die Wettkämpfe um Geld (θεματικοὶ ἄγωνες) bezeugen.

Vorbedingung oder Vorleistung ist nicht die Rede, vielmehr ist die Begegnung mit Gott Ziel des Verlangens des καιρός.

Im Rahmen eines Kapitels über die Ehe kommt Ignatius auch auf die Asketen zu sprechen (5,2). Hier redet er allerdings nicht Polykarp selbst an, sondern formuliert allgemeingültige (Rechts-?)Sätze. An erster Stelle steht eine Anweisung an die Asketen selbst: Ihre sexuelle Enthaltsamkeit geschieht nicht zum eigenen Ruhm[97], sondern zur Ehre des Fleisches Christi, d.h. in Nachahmung der Ehelosigkeit Jesu (so später Tertullian, De monog. 11). Von der Selbstbeherrschung ohne Selbstruhm handelte schon 1Clem 38,2, aber mit anderen Wörtern und im Kontext mit anderen Tugenden. Es folgen in Form kasuistischer Rechtssätze[98] zwei Hinweise auf das eschatologische Gericht. Die Sätze sind parallel gebaut und äußerst kurz. Im ersten Rechtssatz heißt der Casus bzw. die Bedingung ‚Selbstruhm' – καυχᾶσθαι (im Hinblick darauf ist wohl ἀκαυχησία gebildet worden), und die Strafe, die durch dieses Verhalten verwirkt ist, ‚Untergehen' – ἀπόλλυσθαι. Der Zusammenhang zwischen Selbstruhm und Untergehen findet sich auch schon Trall 4,1 als Selbstwarnung des Ignatius. Ἀπόλλυσθαι als Wort für den Ewigen Tod hat johanneischen Klang (vgl. Joh 3,16; 10,28; 17,12; auch noch 2Clem 17,1). – Im zweiten Satz bietet der Casus gewisse Verständnisprobleme bei der Erklärung von πλέον. Die einen[99] verstehen es komparativisch, die anderen[100] präpositional. Im ersten Fall bedeutet der Satz: ‚Wenn der Asket für mehr angesehen wird als der Bischof' – dies hat den kirchengeschichtlichen Kontext für sich; im zweiten Fall heißt er: ‚Wenn die Askese über den Bischof hinaus bekannt wird' – dies hat Textzusammenhang und ignatianische Anschauung (‚Tut nichts ohne den Bischof!') für sich, müßte aber mit einem ungenauen Gebrauch von πλέον rechnen. Freilich kann auch die erste Interpretation ignatianische Anschauung für sich anführen, nämlich die Gleichsetzung des Bischofs mit Gott, und höheres Ansehen als Gott ist nun wirklich niemandem zuzubilligen. Die auf diesen Casus stehende Strafe ist das Verderben (φθείρεσθαι, vgl. Jud 10 par 2Petr 2,12), also der Verlust des ewigen jenseitigen Heils, das bei Ignatius auch ἀφθαρσία heißen kann. Auch

---

[97] Ἀκαυχησία ist hap. leg. für die gesamte Gräzität, vgl. Bauer, Wb. 59.

[98] Paulsen, Studien 86, Anm. 34: „Sätze heiligen Rechts".

[99] Bauer, Wb. 1367; Bauer, Komm. 278; Bauer-Paulsen 104.

[100] Lightfoot II/2, 349; A. d'Alès, ΕΑΝ ΓΝΩΣΘΗΙ ΠΛΕΟΝ ΤΟΥ ΕΠΙ-ΣΚΟΠΟΥ, ΕΦΘΑΡΤΑΙ, RSR 25 (1935) 489–492; R.M. Grant, Ign 134; Schoedel, Ign 273 mit Anm. 6.

wenn hier Rechtssätze formuliert werden, ist der Gedanke vom Endgericht nicht notwendig impliziert. Die Verbindung zwischen Tun und
Strafe könnte auch als ‚automatischer' Tun-Ergehen-Zusammenhang
gedacht sein. Es zeigt das Gewicht des hier angeschnittenen Problems
der Asketen, daß Fehlverhalten sogleich mit ewiger Strafe sanktioniert
wird. Solche Drohungen richtet Ignatius sonst nur an Irrlehrer. Hier
steht die Eschatologie im Dienste der Ethik, genauer noch: der inner-
gemeindlichen Disziplin. Dieses Phänomen ist auch aus dem 1Clem
bekannt.

Unter den Mahnungen an die Gemeinde findet sich ein sportliches
(6,1) und ein militärisches Bild (*6,2*) zur Beschreibung des Christen-
lebens.[101] Am Anfang steht die Anweisung, dem Befehlshaber (Gott)
zu gefallen (vgl. 2Tim 2,3f von Christus), d.h. anständig zu dienen. Untermauert wird dies mit dem Hinweis auf das Leben, das die
Christen von ihrem Befehlshaber Gott bekommen – ein Hinweis auf
Vergeltung nach den Werken scheint hier noch nicht vorzuliegen, vielmehr einer auf das Geschaffensein –, außerdem mit der Warnung vor
Desertion, auf der schon damals auch die Todesstrafe gestanden hat.
Das Stichwort δεσέρτωρ (einer der drei Latinismen des Verses, die
anderen: δεπόσιτα, ἄκκεπτα) zieht die Formulierung μενέτω im nächsten Satz nach sich.[102] Das Bild von der geistlichen Rüstung findet
sich auch PlsEph 6,13-17; 1Thess 5,8, aber mit anderen Waffen und
geistlichen Äquivalenten, so daß an literarische Abhängigkeit nicht
zu denken ist. Wahrscheinlicher ist, daß Ignatius hier auf ein allgemein bekanntes Wissen und eigene Anschauung zurückgreift. Ganz
singulär ist der Abschluß des Bildes: Die Werke der Christen werden dem Guthaben der Soldaten bei der Armee gleichgesetzt. Diese
Guthaben bestanden aus der einbehaltenen Hälfte von Sonderzuwen-
dungen, konnten durch freiwillige Einzahlungen erhöht werden und
wurden als accepta beim Ausscheiden aus dem Dienst ausgezahlt.[103]
Diese accepta entsprechen (ἄξια) den deposita. Dieses Bild war so
leicht zu entschlüsseln, daß Ignatius keine Deutung dazu geschrieben
hat. Wahrscheinlich stehen die accepta für die eschatologische Vergeltung der Werke. – Eigentlich Eschatologisches läßt sich diesem Text
nicht entnehmen, wenn man nicht die Auszahlung nach dem Gutha-

---

[101] Zum bereits traditionellen Zusammenhang beider Bilder vgl. Pfitzner, Paul
and the Agon Motif 42f.

[102] Bauer 279: „Der Deserteur pflegt sich der Waffen zu entledigen".

[103] Nach Bauer 279, der auch das einschlägige antike Material zitiert: Sueton,
Domitian 7,3; Vegetius, De re milit. II 20.

ben der Werke als eschatologische Belohnung ansehen will. Dieses
Bild setzt einen starken ethischen Impuls aus sich heraus, der nicht
eigens genannt werden muß: Je größer das Guthaben, desto größer
die Auszahlung.

4. Ignatius und seine persönliche Hoffnung
Exegetische Analysen II

Die Unterscheidung zwischen gemeindlicher und persönlicher Eschatologie in den Ignatius-Briefen wird nicht nur durch die bisherige
Forschung, sondern auch durch Aussagen der Briefe selbst nahegelegt.
Denn Ignatius reflektiert nicht nur seine persönliche Situation unmittelbar vor dem Martyrium, sondern betont auch die Verschiedenheit
seiner und der Gemeinden geistlicher Lage.

Ignatius schreibt in jedem Brief, wie sehr er sich nach dem Martyrium sehnt, wie gefährdet er sich als Noch-Nicht-Märtyrer, als getrennt von den Gemeinden sieht. Das, was er bzw. ihn erwartet, um-
schreibt er in immer neuen Bildern und Wendungen. Das Verständ-
nisproblem liegt darin, daß es zur Zeit des Ignatius noch keine fest-
geprägte Martyriumsterminologie gab. Ignatius ist weit und breit der
erste, der einen Einblick in das Innenleben eines Märtyrers ermöglicht.
Seine Auffassung vom Martyrium hat vor nicht allzu langer Zeit eine
monographische Darstellung erfahren.[104] Hier interessiert die Frage,
ob und was Ignatius nach erlittenem Martyrium für sich erhoffte.

Zur Beantwortung dieser Frage werden zunächst die in *Eph 3,1*
vorkommenden Wendungen ἀπήρτισμαι ἐν Ἰησοῦ Χριστῷ und μαθητεύεσθαι untersucht. Ἀπαρτίζεσθαι steht herkömmlich für die vollkommene Durchführung eines Werks (1,1).[105] Das Wort kommt im
Neuen Testament nicht vor, lediglich Lk 14,28 ἀπαρτισμός wird ein
verwandtes Wort gebraucht; der LXX ist es fast unbekannt. Ein eschatologischer Sinn ist nirgends belegt. Hier könnte ein solcher in

---

[104] K. Bommes, Weizen Gottes, Köln 1976 (Theoph. 27). – Zur historischen
Einordnung vgl. H. von Campenhausen, Die Idee des Martyriums in der
alten Kirche, Göttingen ²1964; Th. Baumeister, Die Anfänge der Theologie
des Martyriums, Münster 1980 (MBTh 45); R.G. Tanner, Martyrdom in
Saint Ignatius of Antioch and the Stoic View of Suicide, in: StPatr XVI,
Berlin 1985 (TU 129), 201-205.

[105] Lampe, Lexicon 177: „in moral sense" – welcher wäre das?

Frage kommen im Hinblick auf den folgenden Satz. Die einzige parallele Aussage steht Phld 5,1; dort schreibt Ignatius von seinem noch unfertigen Zustand. Dasselbe meint auch der hier folgende Satz vom Anfang des Jüngerseins. Die Frage erhebt sich: Worin sieht Ignatius seine Vollkommenheit bzw. seine Jüngerschaft, im Martyrium oder danach? Eine Antwort könnte sich aus einer Untersuchung des Wortfeldes μαθητής, μαθητεύεσθαι ergeben.

Dieses Wort ist eines von mehreren Beispielen für den besonderen, ja eigenwilligen Sprachgebrauch des Ignatius. Diese Eigenwilligkeit erschwert das Verstehen ignatianischer Texte ungemein und hat auch zu der Annahme eines tieferen und volleren Wortsinnes geführt.[106] Mit dieser Annahme geht man freilich das Risiko ein, sich völlig vom allgemein üblichen Sinn eines Wortes zu lösen. Aber genau von dort her muß versucht werden, Ignatius zu verstehen.[107] Die Forderung, Ignatius „aus sich selbst zu interpretieren"[108], ist ebenso richtig wie unfruchtbar. Denn natürlich kann man einen ignatianischen Begriff durch einen anderen erklären, landet dann aber früher oder später wieder beim zu erklärenden Begriff – ein Zirkel, wie er ähnlich bei der Interpretation johanneischer Ausdrucksweise vorkommen kann. Es ist also vom buchstäblichen Sinn eines Wortes auszugehen und dann zu fragen, ob und wie dieser Sinn in den ignatianischen Kontext zu übertragen ist. Das gilt für μαθητής ebenso wie für alle anderen geprägt ignatianischen Wendungen.

Μαθητής[109] steht für jemanden, der sich in der Bildung befindet, wobei Bildung die Übernahme bestimmten Wissens oder Verhaltens meint. Diese Bildung geschieht im Rahmen einer persönlichen Bindung. Ist diese wegen zeitlichen Abstandes nicht mehr gegeben, dann liegt der Schwerpunkt auf der inneren Gemeinschaft und ihren praktischen Auswirkungen, vermittelt durch μιμεῖσθαι – so Dio Chrysostomus, or. 55,3-5, über Sokrates und Homer. – In der urchristlichen Literatur wird μαθητής zunächst für die persönlichen Jünger Jesu gebraucht, in der Apostelgeschichte aber allgemein für die Christen. Diesen Gebrauch kennt auch Ignatius: Magn 9,1.2; Pol 2,1. Daneben gibt es bei ihm, und zwar nur in Selbstaussagen, den spezifisch

---

[106] Vgl. K. Bommes, Weizen 21.

[107] H. von Campenhausen, Idee 77, Anm. 1.

[108] K. Bommes, Weizen 21.

[109] Vgl. dazu K.H. Rengstorf, Art. μανθάνω κτλ., in: ThWNT IV (392-465) 418f.

martyrologischen Gebrauch des Wortes: Eph 1,2; Trall 5,2; Röm 4,2;
5,3; Pol 7,1 (μαθητεύειν: Eph 3,1; Röm 5,1). Jünger Jesu Christi
ist Ignatius nicht durch ein unmittelbar persönliches Verhältnis, sondern durch die Nachahmung des Leidens Christi (Röm 6,3). Ignatius
verwirklicht seine Jüngerschaft durch das Leiden und Sterben. Im
Augenblick des Todes ist er wirklich Jünger, nämlich dem Meister
gleich geworden. Das Bild von der Jüngerschaft bezieht sich also nur
auf das Martyrium als Vorgang – die einschlägige Terminologie war
ja noch nicht entwickelt! –, nicht auf das Eschaton, Ziel und Zweck
des Martyriums.[110] Denn μαθητής weist gerade auf den Vorgang der
Bildung, nicht auf seine Vollendung. Damit scheiden die μαθητής-
Stellen für die Rekonstruktion ignatianischer Eschatologie aus. Denn
das Martyrium ist für Ignatius wohl das Ende seines irdischen Lebens,
aber noch keineswegs das Eschaton, sondern ‚nur‘ die (heiß ersehnte)
Durchgangsstation dorthin.

Neben der Hoffnung auf Auferstehung, die auch in verschiedenen
Bildern dargestellt wird, ist vor allem die Wendung ἐπιτυγχάνειν τοῦ
θεοῦ einschlägig für die persönliche Zukunftserwartung des Ignatius.
Diese Wendung kommt so häufig bei ihm vor[111], auch mit Bezug auf
Christus oder mit dem Simplex τυγχάνειν, daß man durchaus von einer geprägten Formel sprechen kann. Und daß mit dieser Formel das
spezifisch Ignatianische an seiner Eschatologie in den Blick kommt,
ist daran zu erkennen, daß diese Formel so nirgends sonst in der gesamten Gräzität vorkommt. Dieser Sachverhalt erschwert freilich die
Beantwortung der Frage nach der Bedeutung der Formel erheblich.

Ἐπιτυγχάνειν heißt ursprünglich ‚ein Ziel treffen‘, daher auch
im übertragenen Sinne (c.acc.) ‚jemanden treffen‘ und schließlich ‚erreichen, hingelangen zu, erlangen‘. Nur in den letztgenannten Bedeutungen wird das Wort mit dem Genitiv konstruiert, klassisch allerdings nur c.gen.rei.[112] Das Präfix ἐπι- betont die Zielgerichtetheit
der Bewegung.[113] Hingegen hat τυγχάνειν auch die Bedeutung ‚eine
Person treffen‘ in Verbindung mit dem Genitiv.[114] Eine theologische
Sonderbedeutung ist bis in die frühe Patristik nicht belegt. Aber
es gibt Belege für eine religiöse Verwendung dieser Wortgruppe, die

---

[110] Gegen K. Bommes, Weizen 45-47.
[111] Siebzehnmal, nach Paulsen, Studien 70. Vgl. auch H. Kraft, Clavis 173.432.
[112] Nach Liddell-Scott, Lexicon 669.
[113] Liddell-Scott, Lexicon 623.
[114] Liddell-Scott, Lexicon 1833.

zwar nicht der ignatianischen Formel wörtlich entsprechen, wohl aber Vergleichbares bieten.[115] Ohne einen solchen Hintergrund wäre diese Formel auch schon den Zeitgenossen unverständlich gewesen. In zwei Zauberpapyri bezeichnet ἐπιτυγχάνειν τινός „die direkte Bemächtigung der Gottheit" durch die Ausrufung des Namens.[116] Das damit anvisierte Ziel ist in der Tat dem von Ignatius Erhofften vergleichbar: In beiden Fällen wird die Gemeinschaft mit der Gottheit angestrebt, aber auf verschiedenen Wegen.

Daß man von dort aus leicht auf den Begriff ἕνωσις bzw. ἑνότης kommen kann, ist einsichtig. Allerdings sehe ich die Verbindung in der Sache nicht, die Paulsen (Studien 72) zu finden meint. Denn ἕνωσις, ἑνότης werden von Ignatius, soweit ich sehe, gerade nicht auf die Gottesgemeinschaft angewendet. Bower[117] sucht diese Verbindung über die Soteriologie herzustellen, vernachlässigt dabei aber völlig den martyrologischen Bezug von θεοῦ ἐπιτυγχάνειν und kommt deshalb zu der falschen Folgerung: „Attaining to God' is the fruit of our work" (141) – jedenfalls gilt dieser Satz nicht in dieser allgemeinen Form. Durch die Subsumierung unter eine allgemeine Soteriologie verschwimmt auch der exklusive Bezug auf die eigene Person, den Ignatius der Wendung θεοῦ ἐπιτυγχάνειν gibt.

Wird in den Zauberpapyri die Gottheit magisch, durch Nennung des Namens herbeizitiert, so ist Ignatius auf die Fürbitte anderer und die Gnade Gottes angewiesen, um ,Gottes teilhaftig zu werden'. Dies wird ein kurzer Überblick über die Kontexte zeigen, in denen die Formel bei Ignatius vorkommt. Nicht zu berücksichtigen sind in diesem Zusammenhang die drei Belege für ἐπιτυγχάνειν im allgemeinen Sinne: Eph 1,2 (bis); Röm 1,1. An den übrigen siebzehn Stellen hat ἐπιτυγχάνειν meist Gott zum Objekt, anders nur Trall 12,3 (κλῆρος); Röm 1,2

---

[115] Gesammelt bei H. Hanse, ‚Gott haben' in der Antike und im frühen Christentum, Berlin 1939 (RVV 27), 83.124.141; vgl. auch Paulsen, Studien 71f.

[116] Paulsen, Studien 71; dort auch die Texte zitiert. S. ferner H. Hanse, ‚Gott haben' 14. Ἐπιτυγχάνειν entspricht freilich nicht präzise ἔχειν, denn jenes Wort scheint mir mehr Gewicht auf den Vorgang zu legen, während dieses eine statische Note hat.

[117] R.A. Bower, The Meaning of ΕΠΙΤΥΓΧΑΝΩ in the Epistles of St. Ignatius of Antioch, VigChr 28 (1974) (1-14) 4ff.

(χάρις) sowie Röm 5,4 (bis), wo Jesus Christus als das ersehnte Ziel
von Ignatius genannt wird. Der Unterschied zu Gott ist allerdings
nicht mehr groß, da Christus in Röm 6,3 von Ignatius ‚mein Gott'
genannt wird. Im übrigen wird das Verhältnis von Gott und Christus bei Ignatius nicht weiter reflektiert. Festzuhalten bleibt, daß vor
allem Gott und ausschließlich Gott das ersehnte Ziel ignatianischer
Hoffnung ist. Ignatius gibt auch sehr deutlich zu erkennen, daß er
sich des Erreichens dieses Zieles alles andere als sicher ist, und daß
das Erreichen keineswegs von ihm oder gar allein von ihm abhängt.
Er betet selbst darum (Trall 12,2) und bittet die von ihm angeschrie-
benen Gemeinden um Fürbitte (Magn 14,1; Trall 12,3; Röm 8,3(!);
Phld 5,1; Sm 11,1). Die römische Gemeinde entscheidet durch ihr
Handeln oder Unterlassen darüber, ob Ignatius sein Ziel erreicht oder
nicht (Röm 1,2; 2,1). Deshalb schreibt Ignatius nach Rom, um die
dortige Gemeinde von einer Intervention zu seinen (Un-)Gunsten ab-
zuhalten. Ebenso wichtig für das Erreichen des Ziels ist freilich Gottes
Gnade: Trall 12,3; Röm 1,2; 9,2; Sm 11,1 (χάρις, ἔλεος). Diese doppelte Abhängigkeit zeigen am deutlichsten Trall 12,3; Phld 5,1.[118]
Für Ignatius selbst ist der Weg zu diesem Ziel das Erleiden des Martyriums bis zum Tod: Röm 4,1; 5,3; Pol 7,1. Da er seine Leiden als
Nachahmung Christi versteht (Röm 6,3), ist leicht zu verstehen, daß
im selben Kontext auch einmal Jesus Christus als das ersehnte Ziel
erscheint (Röm 5,4). Das ἐπιτυγχάνειν θεοῦ ist des Ignatius höchst
persönliches und unüberbietbares Eschaton, über das hinaus nichts
mehr geschieht. Nur an einer Stelle deutet sich an, daß für Ignatius
sein Martyrium und Bei-Gott-Sein Rückwirkungen auf die Gemeinde
hat: Trall 13,3 schreibt er: „Mein Geist weiht sich für Euch nicht nur
jetzt, sondern auch dann, wenn ich zu Gott gelangt bin." Ignatius
scheint also seinem Tod und seiner Vollendung soteriologischen Wert
beizulegen. Im übrigen verwendet Ignatius die Formel ἐπιτυγχάνειν
θεοῦ – abgesehen von der schwierigen Stelle Pol 2,3 – nur zur Beschreibung seines eigenen Endschicksals, seiner höchst persönlichen
Hoffnung. Vergleichbares für die übrigen Menschen bzw. Christen
bietet die Formulierung θεοῦ τυγχάνειν. Hier scheint mir das Verbin-
dungsglied zwischen gemeindlicher und persönlicher Eschatologie bei
Ignatius zu liegen.

---

[118] Für diesen Sachverhalt vgl. O. Bauernfeind, Art. τυγχάνω κτλ., in:
ThWNT VIII (238-245) 238f: „... daß ein wirkliches Treffen stets auch
ein begünstigtes Treffen ist".

172 Martyrium, Gemeinde und Eschatologie

Doch zunächst seien noch die anderen Bilder betrachtet, in denen Ignatius seine persönliche Hoffnung zum Ausdruck bringt. Sie finden sich sämtlich im Röm, in dem Ignatius seine Sehnsucht nach dem Martyrium vehement und vorsorglich gegen die Einmischung der römischen Gemeinde verteidigt. In vier Bildern kontrastiert Ignatius den von ihm erhofften Endzustand mit seinem derzeitigen Dasein.

In *Röm 2,1* ist es der Gegensatz von φωνή – ‚bloßes Geräusch‘ und λόγος – ‚Geräusch, das eine Bedeutung trägt‘ und deshalb höher bewertet wird.[119] Ignatius erwartet von den römischen Christen, daß sie eine Intervention zu seinen Gunsten unterlassen, um ihm den Übergang in die höhere jenseitige Seinsweise zu ermöglichen. Andernfalls bliebe ihm nur die geringere hiesige Seinsweise des Fleisches bzw. Klanges.

Im nächsten Vers (*Röm 2,2*) vergleicht Ignatius seine Reise aus dem Orient in den Okzident (wörtlich zu verstehen!) mit dem Weg der Sonne. Anders als diese will er jedoch nach seinem Verschwinden aus dieser Welt nicht wieder in dieser Welt aufgehen, sondern bei Gott. Das will Ignatius durch das Martyrium erreichen, deshalb ist für ihn dieses Geschehen ‚schön‘ (καλόν).

Ignatius vergleicht sich auch mit den Aposteln Petrus und Paulus (*Röm 4,3*), mit dem Ergebnis, daß diese bereits Freie, er selbst aber noch ein Sklave ist. Er hofft, nach dem Erleiden des Martyriums den gleichen Status als Freier zu erreichen, und zwar durch die (unmittelbar nach dem Tod geschehende?) Auferstehung.

Am deutlichsten formuliert Ignatius in *Röm 6,2* die Gegensätze, in denen er seine derzeitige hiesige und seine erhoffte jenseitige Seinsweise sieht. Sein hiesiges Sein ist Tod, bestimmt durch den Kosmos und die Materie. Er sehnt sich nach dem jenseitigen Sein, das für ihn (wirkliches) Leben ist, unmittelbare Beziehung zu Gott und reines Licht.

Die vorhandene Abwertung der weltlichen Existenz erreicht ihre Spitze, wenn Ignatius das wirkliche Christsein ausdrücklich mit dem völligen Unsichtbarwerden aus der Welt verbindet: *Röm 3,2; 4,2*. Von dieser Haltung ist es nicht mehr weit bis zum Gnostizismus, und tatsächlich läßt sich z.B. für den λόγος-φωνή-Gegensatz gnostische Verwendung nachweisen.[120]

---

[119] Zum antiken Hintergrund vgl. Schoedel, Ign 170f mit den Anm. 4-6.
[120] S. Schoedel, Ign 171, Anm. 4.

Kurz: Ignatius will mit aller Gewalt (Röm 5,2!) aus dieser Welt weg zu Gott. Vergleichbares findet sich auch bei seinem großen Vorbild Paulus (Phil 1,23f), wird aber dort gebremst durch die Sorge um die Gemeinde. Diese wiederum fehlt in dieser Form und Funktion völlig bei Ignatius, der sich als Bischof und Märtyrer in einer einzigartigen Position sieht. Er betrachtet *sich* als Nachahmer Christi[121], verwendet aber keinen Gedanken darauf, ob sein Verhalten vorbildlich sein soll. Sprachlich zeigt sich dieser Sachverhalt so, daß der kommunikative Plural hinter der 1.Pers. Sg. sehr zurücktritt. Theologisch kommt dieser Sachverhalt in der Selbstbezeichnung des Ignatius als ἀντίψυχον zum Ausdruck. Dieses Wort kommt in der urchristlichen Literatur nur bei Ignatius (viermal) vor. Es bedeutet ursprünglich die Sühne, das Lösegeld für ein vernichtetes Leben und hat hier, mit kultischem Hintergrund, soteriologische Bedeutung. – Dieser Unterschied, den Ignatius zwischen sich und den Gemeinden sieht, wird auch durch eine weitere sprachliche Kleinigkeit markiert. Um sein persönliches Hoffnungsziel zu umschreiben, verwendet er die Formel θεοῦ ἐπιτυγχάνειν. Dasselbe im Blick auf andere Christen heißt θεοῦ τυγχάνειν – also Simplex statt Kompositum, ohne daß ein Bedeutungsunterschied zu erkennen wäre. Dreimal kommt diese Formel vor (Eph 10,1; Magn 1,3; Sm 9,2; dazu ist wohl noch Pol 4,3 zu rechnen).

Ignatius fordert die Epheser zum Gebet ‚für die anderen Menschen' auf (*Eph 10,1*). Gemeint sind hier die Heiden, und das Gebet soll sich wohl auf ihre Bekehrung (vgl. dazu Herm 73,2, dort allerdings von der Bußmöglichkeit für Christen) zum Christentum richten. Endziel[122] dieser Bekehrung ist es, zu Gott zu gelangen.

Den Smyrnäern stellt Ignatius Gott selbst als Belohnung für alle ihre Liebeserweise gegen sich hin (*Sm 9,2*); auch verbindet er das Zu-Gott-Gelangen mit dem Erdulden (ὑπομένειν). Das kommt dem martyrologischen Sinn von θεοῦ ἐπιτυγχάνειν schon recht nahe.

Eine ähnliche Verbindung findet sich *Magn 1,3*. Zwei Sachverhalte fallen in diesem Vers auf, die an keiner anderen (ἐπι)τυγχάνειν-Stelle vorkommen: Das Gelangen zu Gott ist christologisch vermittelt, und: Nur hier verwendet Ignatius den kommunikativen Plural von τυγχάνειν. Mit θεοῦ τυγχάνειν wird also das gemeinsame eschatologische Ziel des Ignatius und der christlichen Gemeinde bezeichnet.

---

[121] Vgl. dazu ausführlich W.M. Swartley, The imitatio Christi in the Ignatian Letters, VigChr 27 (1973) 81-103.

[122] Mit K. Bommes, Weizen 245, Anm. 458, gegen Bauer-Paulsen 36.

Bemerkenswert ist insbesondere die Konzentration auf Gott, weniger auf Christus. Allerdings dürfte für Ignatius diese Differenz nicht allzu groß gewesen sein, da er auch Christus als ,meinen Gott' bezeichnet (Röm 6,3).

5. Die Eschatologie des Ignatius

Zentrum und Ziel ignatianischer *Hoffnung* ist die Gemeinschaft mit Gott – θεοῦ (ἐπι)τυγχάνειν. Diese Gemeinschaft mit Gott bzw. Jesus Christus ist für Ignatius das Endziel, sowohl für den Märtyrer als auch für die anderen Christen, ja sogar für die Heiden, sofern sie sich bekehren. Im Zentrum ignatianischer Eschatologie steht also die Person Gott und/oder Jesus Christus, die fast ineinander verschmelzen. Die Wege zu diesem Ziel sind verschieden: Der Weg des Ignatius führt über den Tod im Martyrium, der für die anderen Christen wohl über die Auferstehung. Neben diesem zentralen eschatologischen Heilsgut nennt Ignatius noch einige weitere. Da ist einmal die eschatologische, also zukünftige Auferstehung, die durch Christi (Selbst-)Erweckung sicher verbürgt ist, dann das wahre Leben, ebenfalls christologisch vermittelt (Eph 11,2), ferner Unvergänglichkeit und Unsterblichkeit, letztere auch als Preis für Enthaltsamkeit (Pol 2,3). Für diese Heilsgüter trifft die Bezeichnung ,eschatologisch' nur noch im nicht-zeitlichen Sinne zu: Die ontologische Struktur überlagert die zeitliche. Manchmal findet sich beides unvermittelt nebeneinander (Magn 5,1; Eph 11,2) – ein Zeichen dafür, daß Ignatius selbst in dieser Entwicklung steht. Ignatius erbittet, ersehnt, erhofft diese Heilsgüter, jedenfalls im Blick auf seine eigene Person. Für die Gemeinden sind sie nach seiner Darstellung schon hier und jetzt erfahrbar, nämlich durch die Teilnahme an der in der Einheit mit dem Bischof gefeierten Eucharistie (Eph 20,2).

Die dunkle Kehrseite dieser Hoffnung auf die Gemeinschaft mit Gott und Christus ist die *Drohung* an die Irrlehrer und ihre Zuhörer. Ist Ignatius bei der Formulierung der christlichen Hoffnung überwiegend originell, so bedient er sich für die Drohungen überwiegend traditioneller Wendungen: Ausschluß vom Erben des Gottesreiches – das positive Gegenstück kommt bei Ignatius nicht vor! –, ewiges Feuer, körperloses Nicht-Sein (Sm 2). Neben der Verbreitung falscher Lehre

wird vor allem Fehlverhalten gegenüber dem Bischof mit eschatologischen Strafen bedroht. Eine solche Sanktionierung der Kirchenordnung findet sich übrigens auch im 1Clem. Zur eschatologischen
Drohung gehört auch die Warnung an Amtsträger, daß auch ein Amt
vor Gottes Gericht nicht schützt (Sm 6,1).

Dieser Befund, daß Eschatologisches nicht nur Ausdruck der Hoffnung ist, sondern auch die Einhaltung der ,Kirchenordnung' motivieren soll, kaum einmal jedoch im Kontext ,allgemein-ethischer' Gedanken auftritt, entspricht dem Interesse des Ignatius, welches sich
insgesamt mehr auf die Gemeinde und ihre Einheit als auf christliche
Tugenden und Laster richtet. Dementsprechend ist das eschatologische Motiv nur eines unter vielen anderen Motiven der Ethik.[123]

Die eschatologischen Gedanken des Ignatius sind also auf Christus (Gott) und die Christen konzentriert und ontologisch struktu-
riert. Der kosmologische Aspekt der Eschatologie fehlt völlig; von der
zeitlichen Struktur sind einzelne Bruchstücke erhalten, die aber meist
neben ontologischen Aussagen stehen. Folglich wird man von einer
Naherwartung des Ignatius – sieht man einmal von dem vereinzelten
Ausruf ,Letzte Zeiten!' Eph 11,1 ab – nur für seine Person im Blick
auf das Martyrium sprechen können. Wegen der fast zeitlosen Struktur seiner Eschatologie ist es für Ignatius auch bedeutungslos, daß die
übrigen Christen ihn u.U. erheblich überleben werden.

Insgesamt ist also die Eschatologie des Ignatius als hellenistisch
mit geringen traditionell-apokalyptischen Resten einzuordnen.

---

[123] Vgl. dazu P. Meinhold, Die Ethik des Ignatius von Antiochien, in: Ders.,
Studien zu Ignatius von Antiochien, Wiesbaden 1979 (VIEG 97), 67-77, bes.
72-74.

VII. Eschatologie und Ethik
Der Philipperbrief des Polykarp von Smyrna
1. Person und Brief[1]

Polykarp, Bischof von Smyrna, ist wohl der bekannteste unter den Apostolischen Vätern. Er erlitt, mindestens 86 Jahre alt und hoch angesehen bei Christen und Heiden, das Martyrium im Jahre 167 (oder 156) nChr. Relativ bald darauf hat die Gemeinde zu Smyrna die Umstände seines Todes brieflich anderen Gemeinden mitgeteilt. Diese unter dem Namen Martyrium Polycarpi bekanntgewordene Schrift ist das älteste erhaltene Exemplar ihrer Gattung und die Hauptquelle aller Informationen über Polykarp. Weitere Nachrichten finden sich bei Irenäus, haer. III 3,4 (= Eusebius, h.e. IV 14,8).[2] Ihm ist zu entnehmen, daß Polykarp noch bei Aposteln in die Schule gegangen ist, also den Titel ‚Apostolischer Vater‘ zu Recht trägt.[3] Das ist auch historisch nicht völlig unwahrscheinlich, denn nach dem etwa um 110 nChr entstandenen Brief des Ignatius von Antiochien an Polykarp war dieser bereits Bischof von Smyrna, kann also nicht mehr ganz jung gewesen sein. In der Alten Kirche galt Polykarp als Ketzerbekämpfer von Rang, deshalb auch die Nachrichten bei Irenäus. Von seinem ausgedehnten Schriftverkehr (Irenäus bei Eusebius, h.e. V 20,8) ist nur das Schreiben nach Philippi erhalten geblieben.

Dieser Brief ist zwar häufig, aber nicht vollständig in griechischer Sprache überliefert. Es gibt acht oder neun Handschriften, die in 9,2 abbrechen und unmittelbar Barn 5,7 bis Ende anschließen. Die cc.9+13 sind bei Eusebius, h.e. III 36,13-15, griechisch erhalten. Für die cc.10-12+14 ist man auf eine lateinische Übersetzung in 13 oder 14 Handschriften angewiesen. Rückübersetzungen dieser Kapitel sind von Zahn und Lightfoot versucht worden.

---

[1] Vgl. dazu ausführlich P. Meinhold, Art. Polykarpos von Smyrna, in: PRE I/21,1 (1952) 1662-1693; weiter Vielhauer, Geschichte 552-566; Altaner-Stuiber, Patrologie 50-52.552 (Lit.).

[2] Weitere altkirchliche Zeugnisse bei Lightfoot II/1, 552-577; Harnack, Geschichte I/1, 70-72.

[3] So vielleicht schon Severus von Antiochien (6. Jh.). – Vgl. dazu o. S. 8 und die Anm. 24.

Der Widerspruch zwischen den Angaben über Ignatius in 9,1f und 13,1 hat schließlich zu einer Teilungshypothese geführt[4], die sich fast allgemein durchgesetzt hat. Danach sei c.13(+14?) eine ‚covering note‘ zu einer Sammlung der Ignatius-Briefe und noch im Todesjahr des Ignatius entstanden, während die cc.1-12 einige Zeit nach dem Tode des Ignatius geschrieben worden seien, veranlaßt durch einen Vorfall in Philippi (‚Fall Valens‘). Freilich ist diese Hypothese inzwischen wegen des unsicheren Anhalts am Text kritisiert worden[5], denn c.13 gehört zu den nur in lateinischer Übersetzung erhaltenen Stücken. Das literarische Problem ist für meine Untersuchung zweitrangig, da sich in den cc.13+14 keine eschatologischen Aussagen finden.[6]

In seinem Brief zeigt sich Polykarp ganz als der Bewahrer apostolischer Tradition, den Irenäus geschildert hat: Es gibt kaum eine Zeile, die nicht so oder ähnlich in apostolischen Schriften ebenfalls belegt wäre. Dieser Rückgriff auf ‚biblische‘ Formulierungen ist nicht nur als Traditionsgebundenheit und damit Unselbständigkeit, sondern vor allem als Bemühen um autoritative Absicherung des eigenen Anliegens zu interpretieren. Am größten und auffälligsten ist die Ähnlichkeit zu den Pastoralbriefen.[7] Außerdem gibt es deutliche Hinweise auf die Kenntnis von 1Clem und 1Petr. Nimmt man noch die zweimalige Erwähnung des Paulus (3,2; 9,1) hinzu, so wird deutlich, daß Polykarp in einer von Paulus ausgehenden Traditionslinie steht. Dabei ist die Nähe zu den auf Kirchenordnung bedachten Pastoralbriefen größer als zu den eher spekulativ orientierten Kol und Eph. – Die Entstehungszeit des Briefes wird durch die Todesdaten des Ignatius und des Polykarp eingegrenzt: zwischen 110 und 167 nChr. Eine Präzisierung ist versucht worden, indem man 7,1f auf Marcion bezog. Dieses Unternehmen scheiterte jedoch an der Unsicherheit des Bezuges auf Marcion. Für die Verfechter der Teilungshypothese muß der erste Brief noch zu Ignatius' Lebzeiten entstanden sein, der zweite eine nicht näher zu bestimmende Zeit später. Da Argumente wie ‚ab 140 hätte er mehr über Marcion bzw. den Gnostizismus schreiben müssen‘ nur eine begrenzte Reichweite haben, muß es wohl bei

---

[4]　P.N. Harrison, Polycarp's Two Epistles to the Philippians, Cambridge 1936.

[5]　Vgl. Schoedel, PolPhil 4.29.37; Bauer-Paulsen 112.

[6]　Ähnlich Bovon-Thurneysen, Ethik 241, Anm. 1.

[7]　Dieser Befund hat H. von Campenhausen zu seiner umstrittenen Hypothese veranlaßt, Polykarp sei der Verfasser der Pastoralbriefe: Polykarp von Smyrna und die Pastoralbriefe, in: Ders., Aus der Frühzeit des Christentums, Tübingen 1963, 197-252.

dem oben angegebenen Zeitraum 110-167 nChr bleiben.[8] Geschrieben
hat Polykarp aus Smyrna, und zwar auf eine Anfrage der Philipper
hin: 3,1. Diesem Vers ist auch das Thema des Schreibens zu entnehmen: Περὶ δικαιοσύνης.[9] Es ist anzunehmen, daß die Anfrage der
Philipper den Fall Valens betraf. Wahrscheinlich hatte dieser Presbyter Gemeindegeld veruntreut. Polykarp beantwortet diese Anfrage
mit grundsätzlichen Erwägungen zum christlichen Verhalten, bevor
er seine Lösung des Falles vorschlägt. Der Brief ist demnach folgendermaßen aufgebaut:

Präskript	
Eulogie	c.1
Grundsatz-Mahnung	2
Anlaß und Thema des Briefes	3
Stände-Mahnungen	4-6
Ketzerpolemik	7
Bruderliebe, Vorbilder	8-10
Fall Valens	11-12,1
Schlußgruß	12,2f
Korrespondenz	13
Empfehlung für Crescens	14

2. Die bisherige Forschung

Bisher hat sich nur ein kleiner Aufsatz thematisch mit der Eschatologie des PolPhil beschäftigt, tut dies allerdings auf methodisch
so überzeugende Weise, daß ich ihn an den Anfang dieses Berichts
stelle.

A. Bovon-Thurneysen stellt in ihrem Aufsatz[10] fest, daß Polykarp auf ethische Unterweisung zielt, es an theologischen Begründungen aber nicht völlig fehlen läßt (241). Unter den eschatologischen
Gedanken des PolPhil dominierten Gericht und Auferstehung, die mit

---

[8] Vgl. Vielhauer, Geschichte 563. – Anders Bauer-Paulsen 113: wenige Mo-
nate nach den Ignatianen.

[9] P. Steinmetz, Polykarp von Smyrna über die Gerechtigkeit, Hermes 100
(1972) 63-75, untersucht unter diesem Aspekt die Argumentation des Briefes.

[10] A. Bovon-Thurneysen, Ethik und Eschatologie im Philipperbrief des Polycarp von Smyrna, ThZ 29 (1973) 241-256.

dem Kommen Christi verknüpft seien, auch wenn die Hoffnung auf
das Kommen des Gottesreiches schon zurückgetreten sei (242). Das
Endgericht sei Christi Sache. Dieser Gedanke werde zusammen mit
der Lehre von der Allgegenwart Christi zur Einschärfung der ethischen Mahnungen verwendet (246). Anders als im Neuen Testament
sei die Hoffnung auf Auferstehung bei Polykarp mit Bedingungen ethischer Art verknüpft (248). Daraus werde deutlich, „daß das Verhältnis von Hoffnung und Gehorsam die Grundfrage seiner Eschatologie
ist" (248f). Zwar gebe es auch andere Motivierungen des Gehorsams
(theologisch, christologisch, missionarisch, ekklesiologisch), aber das
eschatologische Lohnmotiv dominiere (249). Folglich: „Der Gehorsam erst berechtigt den Gläubigen zur Hoffnung" (250). Auferstehung und Endgericht seien demnach der letzte noch ausstehende Teil
des Heilswerks Christi (251). Nur in der Kirche werde der Anbruch
schon sichtbar (254). Von einer Naherwartung sei bei Polykarp nirgends explizit die Rede, stattdessen gebe es einige Mahnungen zur
Bereitschaft in ganz uneschatologischen bildhaften Umschreibungen
(254). Anders als im Neuen Testament, aber noch nicht ganz so extrem wie im 2Clem, sei bei Polykarp menschliches Tun Bedingung
künftiger Entwicklungen und eben nicht Gottes souveränes Handeln
(256). – Hervorzuheben ist an dieser Studie die Einordnung von Polykarps eschatologischen Aussagen in ihren ethischen Kontext, in dem
sie als Motive fungieren, wobei auch die anderen Motive der Ethik
nicht vergessen sind. Zu bemängeln ist die Vernachlässigung von 7,1,
wo Auferstehung und Endgericht als Streitgegenstände erscheinen.

J. *Beblavý* (Idées 175-182) hingegen findet Naherwartung bei Polykarp (176). Die Auferstehung der Toten sei vom Tun des Willens
Gottes abhängig, in erster Linie aber vom Glauben an Christus (177).
Den Ort, der jedem zukommt, verlegt Beblavý in die Zwischenzeit
zwischen Tod und Weltende (178). Polykarps Gerichtsgedanke sei
mit dem des Paulus nahezu identisch: Christus werde der Richter
sein, und die Gläubigen werden ihm assistieren (179). Insgesamt sei
Polykarp neben Ignatius der treueste Paulus-Schüler unter den Apostolischen Vätern (180.182). – Um die Naherwartung des Polykarp
wird man sich noch streiten müssen; fragwürdig erscheint hingegen
die Lokalisierung des gebührenden Orts im Zwischenzustand.

Bei *A.P. O'Hagan* (Re-Creation 88-94) findet sich PolPhil als
‚Pastoralbrief' neben 1Clem wieder. Das mit der Parusie verbundene Endgericht habe zwar nach PolPhil keine, wohl aber nach MPol

11,2 kosmische Folgen (89). Die leibliche Auferstehung, die den Gerechten vorbehalten sei, habe mit dem Gottesreich zu tun, welches wiederum als irdische Herrschaft Christi zu verstehen sei (90), so jedenfalls nach der vor Polykarp liegenden Tradition. Der Gedanke der zeitweiligen himmlischen Ruhestätte für Märtyrer (PolPhil 9,1f) stamme zwar aus der hellenistisch geprägten Individual-Eschatologie, habe aber keineswegs das gleiche Gewicht wie die Hoffnung auf kosmische Erneuerung (93). Zwar schreibe Polykarp nirgends explizit von einer kosmischen Erneuerung, aber die Konzentration auf die Wiederkunft Christi in Verbindung mit einer künftigen irdischen Herrschaft Christi gebe einen kleinen Hinweis auf den Gedanken der kosmischen Erneuerung (93f). – Es ist zu fragen, ob die Erdverbundenheit der Messias-Herrschaft in der frühjüdischen Tradition ausreicht, um für die frühchristliche Aussage von der eschatologischen Herrschaft Christi ebenfalls eine Lokalisierung auf einer erneuerten Erde anzunehmen.

Auch *T.H.C. van Eijk* (Résurrection 127-134) betont für PolPhil das Übergewicht der seelsorgerlichen Intention vor dem theologischen Interesse. Er konzentriert sich auf PolPhil 6,3 - 7,2, die Bekämpfung häretischer Tendenzen in Christologie und Eschatologie. Ihnen stelle Polykarp das Schlüsselwort σάρξ entgegen, um die Realität des Heils in Christus zu betonen. Die eschatologische Häresie sei durch die Parusieverzögerung ausgelöst worden (129). In 5,2 zeige Polykarp die Lebendigkeit der Auferstehungshoffnung, die Auferstehung als Privileg der Gerechten sowie die Verbindung von Auferstehung und Gericht (133). Das Nebeneinander von Weiterleben nach dem Tode (9,2) und Auferstehungshoffnung sei für Polykarp noch nicht problematisch (134). – Dieses Nebeneinander erkannt, herausgestellt und nicht durch die Lehre vom Zwischenzustand eingeebnet zu haben, ist das besondere Verdienst van Eijks. Ob jedoch die Parusieverzögerung im Hintergrund der eschatologischen Häresie steht, darf bezweifelt werden.

T. Aono (Entwicklung 365-400) schließlich will ebenfalls den Vorwurf der Banalität von Polykarp abwenden. Er findet keine indikativische eschatologische Verkündigung bei Polykarp, sondern nur Eschatologie als Begründung der Paränese (368f). Naherwartungsaussagen fehlten, stattdessen werde die räumlich verstandene Allgegenwart bzw. Herrschaft Christi als Drohung eingesetzt (370). Der „negative Gerichtsausgang" werde nur für Heiden, nicht aber für Christen akzentuiert und schon gar nicht besonders hervorgehoben (374). Die

Christologie lasse ebenfalls eine stark ethisierende Tendenz erkennen
(377). Die Auferstehung werde in Abhängigkeit vom Tun des Gotteswillens im künftigen Gottesgericht den Menschen gegeben (378f), anders als im Neuen Testament, wo die christologische Begründung der
Auferstehungshoffnung dominiere. Dieser Gedankengang wird freilich
weder vom Text nahegelegt, noch ist er traditionell-dogmatischem
Denken verständlich, wonach die Auferstehung überhaupt erst Vorbedingung des Gerichts ist. Offenkundig versucht Aono auf diese
Weise, den Gedanken von der Auferstehung als Privileg der Gerechten
und den Gerichtsgedanken zusammenzubringen, scheitert aber damit.
Recht hat er allerdings, wenn er bei Polykarp die Auferstehungshoffnung am Vergeltungsdenken orientiert sieht (380). Die Heilszueignung sei auf das Endgericht konzentriert und ganz vom menschlichen
Werk abhängig (384). PolPhil 12,2 betone zwar Gottes Initiative,
stamme aber wohl aus liturgischer Tradition und entspreche deshalb
nicht vollständig dem Denken des Polykarp (381). Aono läßt den
PolPhil gegen Marcion gerichtet sein (387-395), muß aber die Unterschiede zwischen der Darstellung aus Polykarps Sicht und Marcions
selbst durch eine Mißverständnistheorie ausgleichen. Die Betonung
der Rechtschaffenheit richte sich gegen die Gesetzesleugnung der Mar-
cioniten, aber Polykarp gehe darin zu weit und entferne sich so sehr
weit von Paulus (400). Aono scheint Gottes vergeltendes Handeln
nicht ohne Gerichtsgedanken denken zu können. Auch in seiner Fassung bleibt die Marcion-Hypothese zweifelhaft.

Ingesamt zeigt sich eine erstaunliche Einigkeit in der Feststellung, daß eschatologische Aussagen bei Polykarp als Begründung der
Paränese fungieren. Die Frage der Naherwartung ist umstritten, ebenso die Identifizierung der Gegner 7,1. Schwierig ist es, den ‚gebührenden Ort' (9,2) mit den übrigen eschatologischen Aussagen zu harmo-
nisieren. Dieses Problem sowie Aonos Abstufung von 12,2 als ‚nur'
traditionell führen zu der Frage, ob man nicht die Suche nach einem
eschatologischen System aufgeben und stattdessen stärker den Funk-
tionscharakter der eschatologischen Aussagen berücksichtigen sollte.
Anders formuliert: Wahrscheinlich kam es Polykarp mehr auf ein-
leuchtend und wirksam begründete ethische Aussagen als auf die Geschlossenheit eines eschatologischen Systems an.

3. Exegetische Analysen

Nach Präskript und Bekundung der gemeinsamen Freude beginnt
Polykarp den Hauptteil seines Schreibens mit allgemeinen Mahnungen
(c.2), die von Credo-Stücken durchsetzt sind (V 1b) und letztlich
durch Herrenworte begründet werden (V 3).

In V 1 wird der Dienst Gottes als Abkehr vom Irrtum und Glaube
an Gott, den Erwecker Jesu Christi, expliziert. Die Rolle Christi wird
durch einige Relativsätze noch näher beschrieben. Nach V 2 wird
Gott auch die Christen auferwecken unter der Bedingung, daß sie
seinen Willen tun. Wie das zu geschehen hat, wird in der zweiten
Hälfte des Verses ausgeführt. Letzte Motivation für solches Handeln
ist nach den in V 3 zitierten Herrenworten der Zusammenhang des
Handelns hier und jetzt mit dem Ergehen dann und dort.

Aus V 1 ist wichtig, daß allein die Erhöhung Jesu Christi angeführt wird: Auferweckung von den Toten, Weltherrschaft, Rich-
teramt. Dieses Prädikat wird hier bereits terminologisch gebraucht.
Traditionell ist jedoch Gott der Richter der Lebenden und der Toten, anders nur äthHen 37-71 sowie Act 10,42; 1Petr 4,5; 2Tim 4,1,
ferner 2Clem 1,1; Barn 7,2. Das Gewicht der Tradition zeigt sich im
folgenden Relativsatz, der die Vergeltung wieder Gottes Sache sein
läßt. ,Das Blut fordern' ist eine der LXX geläufige Wendung (Gen
42,22; 2Reg 4,11; Ez 3,18.20; 33,6.8; vgl. auch Lk 11,50f) und bezeichnet jeweils die Vergeltung für ein ausgelöschtes Leben, besonders die Androhung derselben, um Verantwortlichkeit einzuschärfen,
so vor allem bei Ezechiel. Daraus würde sich auch erklären, wer die
ἀπειθοῦντες sind: die Juden (vgl. Röm 15,31). Das Wort als solches könnte auch Heiden meinen (vgl. 1Petr 4,17), aber Vergeltung
für das Leben Christi kann Gott nur von den Juden fordern, meint
Polykarp. Da freilich sonst keine antijüdische Polemik im Brief vorkommt, kann dieser Satz auch als allgemeine Drohung an Ungläubige
(und rückfällige Christen, vgl. Hebr 10,29) verstanden werden. –
Zum Abschluß von V 1 fungieren diese beiden Sätze, wenn auch nicht
explizit, als Begründung der ethischen Mahnung.

Der restliche Teil des c.2 ist *ein* Satzgebilde (Vv 2+3). An-
geknüpft wird nicht bei der unmittelbar vorangegangenen Gerichts-
aussage, sondern bei dem Glaubenssatz von Gott, der Christus auferweckt hat. Der Schluß von der geschehenen Auferweckung Christi
auf die verheißene Auferweckung der Christen ist so auch bei Pau-

lus belegt (2Kor 4,14; 1Kor 6,14; vgl. auch Röm 8,11; IgnTrall 9,2). Anders als dort ist für Polykarp die Teilhabe an der künftigen Auferstehung abhängig vom ethisch richtigen Verhalten hier und jetzt. Diese Bedingung wird dreifach umschrieben, wobei die ersten beiden Wendungen sachlich parallel stehen: das Tun des Gotteswillens (vgl. Hebr 10,36; 13,21; 1Joh 2,17; häufig im 2Clem) und der Wandel in den Geboten (LXX; Lk 1,6). Die dritte Wendung ‚lieben, was er geliebt hat' könnte ein Ausdruck für die Vorbildfunktion Christi sein. Diese Bedeutung wäre auch trotz der Bezogenheit der beiden anderen Wendungen auf Gott möglich, da Jesus Christus durchaus auch als Verkünder der Richtlinien für sittliches Handeln verstanden wird. Auf diese drei eher formalen und grundsätzlichen Bestimmungen folgt, partizipial angeschlossen, die inhaltliche Präzisierung, und zwar negativ. Zunächst werden fünf falsche Verhaltensweisen genannt.[11] Die Auswahl aus dem gängigen Repertoire der Lasterkataloge ist wohl schon durch den Fall Valens (c.11) bestimmt.[12] Dann wird die Vergeltung des Bösen mit Bösem untersagt. Vier Beispiele werden genannt, die ersten beiden entsprechen in ihrer Formulierung 1Petr 3,9.[13] Mit einem dritten Partizip wird schließlich die Zitierung zweier Herrenworte eingeleitet (V 3). Diese Einführung sowie die Komposition des ersten Herrenwortes ähneln 1Clem 13,1f sehr, auch wenn Polykarp im Wortlaut abweicht und weniger Stoff bietet. Gleich der erste Satz stimmt gegen 1Clem mit Mt 7,1 überein. Die beiden folgenden Sätze stehen 1Clem jedoch näher als der synoptischen Fassung, während der letzte Satz bis auf ein γάρ Lk 6,38c gleicht.[14] Dieser Befund kann mit dem Gedächtnis des Polykarp erklärt werden[15], es müssen aber auch Anlaß (der Fall Valens, in dem Polykarp zur Milde raten wird) und Kontext (Verbot der bösen Vergeltung) des Zitats berücksichtigt werden. Die Argumentationsstruktur des Herrenwortes ist eindeutig: Wie einer handelt, so wird er behandelt werden, oder anders formuliert: Handelt so, wie ihr (im Endgericht, pass. div.!) behandelt werden wollt. Dieser Entsprechungszusammenhang wird durch die

---

[11] Der ständige Hinweis ‚Lasterkatalog' mit Verweis auf 1Clem 35,5f; Röm 1,29ff ist so richtig wie unbefriedigend.
[12] So Camelot 204, Anm. 3.
[13] Die Autorisierung der eigenen Meinung durch die Tradition erreicht Polykarp hier nicht durch explizites Zitieren, sondern durch Verwendung einer traditionellen Formulierung.
[14] Schön zu erkennen in der Synopse bei Köster, Überlieferung 116.
[15] So Köster, Überlieferung 118.

Verwendung gleicher Wörter für das Tun jetzt und das Ergehen dann überdeutlich. – Mit καὶ ὅτι wird ein weiteres Herrenwort angeschlossen. Dieses Logion ist aus Mt 5,3+10 zusammengesetzt, lediglich das matthäische βασιλεία τῶν οὐρανῶν wird durch das gebräuchlichere βασιλεία τοῦ θεοῦ ersetzt. Gepriesen und mit der Verheißung des Gottesreiches bedacht werden hier Arme und Verfolgte. ‚Armsein‘ hat hier wohl nicht nur einen materiellen Sinn[16], sondern auch den theologischen einer besonderen Gottesnähe. ‚Ebioniten‘ als Ketzername gehört jedoch in eine spätere Zeit. Δικαιοσύνη steht auch hier wohl für Rechtschaffenheit, d.h. ethisch richtiges Verhalten.[17] Dieses wurde ja in den Vv 2+3a schon inhaltlich bestimmt. Dann ist das Gottesreich Belohnung und Trost für die, die richtig handeln und aus diesem Grund Verfolgung erleiden. Ob dieses Herrenwort auf eine gegenwärtige, erfahrene oder drohende Verfolgung anspielen soll oder etwa auf die kirchenpolitische Situation, läßt sich nicht mehr erkennen. Jedenfalls hat die Verheißung des Gottesreiches in diesem ethischen Kontext motivierende und tröstende Funktion.

Im Rahmen der Stände-Mahnungen 4,1 - 6,3 spricht Polykarp in *5,2* die Diakone an und verweist sie auf das Vorbild Christus, der selbst zum Diakon aller geworden ist. Die Mahnung schließt mit einem eschatologischen Ausblick, der, relativisch auf Christus bezogen, in zwei sachlich parallelen Konditionalsätzen den Zusammenhang zwischen dem guten Handeln jetzt und dem Erlangen der Verheißung dann darstellt. – Beide Bedingungen sind auf Jesus Christus bezogen, anders als an den verwandten Stellen PlsPhil 1,27; 1Clem 21,1. Beide Bedingungen sind rein formal gefaßt: Verlangt wird das, was Christus gefällt bzw. seiner würdig ist. Der Inhalt dieser Forderung wird als bekannt vorausgesetzt. Die erste Bedingung bringt noch eine zeitliche Präzisierung: Sie zielt auf das Verhalten im jetzigen Äon, aus dem das Empfangen des künftigen Äons folgen kann (vgl. 1Tim 6,17; 2Tim 4,10; Tit 2,13). Ganz am Schluß des Satzes nennt Polykarp noch eine dritte Bedingung, nämlich den Glauben, der im Vergleich mit den beiden anderen Bedingungen wenig Gewicht zu haben scheint, aber auch als ihre Zusammenfassung aufgefaßt werden kann. – Etwas mehr ist über das zu erfahren, was bei Erfüllung dieser Bedingung des rechten Handelns eintritt: Teilhabe am künftigen Äon (vgl. 1Tim 4,8; Hebr 6,5; Eph 1,21), konkretisiert als Auferstehung

---

[16] Vgl. G. Strecker, Die Bergpredigt, Göttingen 1984, 32f.
[17] Vgl. G. Strecker, a. Anm. 16 a.O. 38f.

von den Toten. Diese wird hier als Heilsgut aufgefaßt, jedenfalls als
Verheißung für das gute Handeln. An dieser Stelle läßt sich der Bezug
des ganzen Satzes auf Jesus Christus nur halten, wenn man Joh 15,21
heranzieht[18], denn sonst ist für das Urchristentum die Auferweckung
der Toten allein Gottes Sache. Die zweite Verheißung beruht sachlich
zweifellos auf der apokalyptischen Hoffnung auf das Mitherrschen der
Heiligen (das Wort auch 2Tim 2,13; zur Sache vgl. 1Kor 4,8; Apk
20,4.6; Justin, apol. I 10,2). – Schon am Satzbau läßt hier die Struktur der Argumentation und so auch die Funktion der eschatologischen
Gedanken deutlich. Wie in 2,2 ist das Erlangen des Heils an tätig zu
erfüllende Bedingungen geknüpft. Die Hoffnung auf Auferstehung soll
das rechte Handeln wie eine Belohnung motivieren.

In *5,3* folgt auf die Mahnung zur Keuschheit an die jungen Männer in der zweiten Vershälfte zur Begründung (γάρ) eine allgemein
formulierte Fassung dieser Mahnung samt ihrer Einordnung in einen
theologischen Kontext. Die Mahnung selbst wird gleichsam als Weis-
heitssatz formuliert. ’Ανακόπτειν kommt nur hier in der urchristlichen Literatur vor, ist aber dem hellenistischen Judentum geläufig.[19]
Üblich ist ἀπέχεσθαι, wie 1Thess 5,22; 1Petr 2,11. Der Gegensatz Leib
– Seele, der dort dominiert, ist bei Polykarp nicht anzutreffen. Dieser dringt vielmehr darauf, sich durch Enthaltsamkeit von der Welt
zu unterscheiden. Der καλόν-Satz erfährt zwei Begründungen. Die
erste nennt den Gegensatz einer jeden Begierde zum Geist, wobei offenbleiben muß, ob πνεῦμα hier den Heiligen oder den menschlichen
Geist meint. Auch die beiden ähnlichen Stellen aus der urchristlichen
Literatur können dies nicht entscheiden. Denn 1Petr 2,11 verwendet
ψυχή, und Gal 5,17 argumentiert mit dem πνεῦμα-σάρξ-Gegensatz.
Die zweite Begründung ist gewichtiger als die erste und klärt zudem,
vor welchen ἐπιθυμίαι Polykarp warnt. Er hat die Homosexualität
im Visier, deutlich zu erkennen am Fehlen der μοιχοί, anders z.B.
im Vorbild des Satzes 1Kor 6,9f. Homosexuelles Verhalten schließt
per se vom Reich Gottes aus. Von einem Endgericht ist hier auch
nicht implizit die Rede, so daß eher an allgemeine Vergeltung zu denken ist. Der Gedanke vom Erben des Gottesreiches ist wohl aus der
Landverheißung entstanden (so noch Mt 5,5 aus Ψ 36,11). Hier wird
er technisch eingesetzt, wie schon bei Paulus: Gal 5,21; 1Kor 6,9.10;
15,50. Die Verbindung mit dem Endgericht wird lediglich durch Mt

---

[18] So Fischer 255, Anm. 65.
[19] Nach Bauer, Wb. 111.

25,34 nahegelegt. Sinn dieses Ausdrucks ist das Erlangen des Endheils, zunächst wohl ohne zwischengeschaltetes Gericht. Die Drohung
wird nachklappend noch verallgemeinert – vielleicht eine Anfügung
des Polykarp an die Auswahl aus 1Kor 6,9f? Τὰ ἄτοπα ist wiederum
gut hellenistisch (vgl. Hi 34,12; 27,6; 2Makk 14,23; Prov 30,20; Lk
23,24) und bedeutet allgemein ‚das Unstatthafte'. – Der eschatologische Gedanke vom Ausschluß aus dem Gottesreich wird hier als
Drohung eingesetzt, um die Warnung vor der Homosexualität zu untermauern.

Im *6. Kapitel*, zum Abschluß der Stände-Mahnung, erhalten die
Presbyter Verhaltenvorschriften. Besonderes Gewicht kommt dabei
dem gerechten Urteil zu, und schließlich wird den Presbytern das
Verzeihen als christliche Tugend nahegelegt (V 2). Es folgt eine
allgemeine Zusammenfassung der Mahnungen, die dann schon zur
Ketzerpolemik c.7 überleitet. – Polykarp stellt sich schon in V 1
durch den kommunikativen Plural den Presbytern gleich. So formuliert er dann auch die Mahnung zum Verzeihen, indem er auf das
Vater-Unser anspielt und Wörter daraus verwendet (ἀφιέναι).[20] Der
Folge-Zusammenhang zwischen der Vergebung Christi bzw. Gottes
und der Vergebung der Christen war allgemein-urchristliche Überzeugung. Hier wird sie noch einmal eingeschärft, wohl im Hinblick auf
das Vorgehen im Fall Valens, und mit einer weiteren ausführlichen
Begründung versehen. Eine solche fehlt bei den übrigen Mahnungen
an die Presbyter. Die Begründung bringt die Kontrolle des Handelns
der Christen zur Geltung, einmal in der Gegenwart[21], wobei auffällt,
daß die Kontrolle von Gott und Christus ausgeübt wird (anders noch
1Clem 21,1ff; 28,1: Gott allein), dann aber auch die Verantwortung
vor dem Endgericht Christi. Polykarp lehnt sich an die paulinischen
Formulierungen Röm 14,10.12 an, ohne direkt und förmlich zu zitieren. Dort ist allerdings τοῦ Χριστοῦ textkritisch umstritten (nicht in
der sachlich parallelen Stelle 2Kor 5,10). Für Polykarp hingegen ist
zweifellos Christus der endzeitliche Richter (2,1), der deshalb auch
jetzt schon zusammen mit Gott die Taten der Christen kontrolliert.
Vor dem Endgericht müssen alle Christen erscheinen, und jeder Einzelne muß für sich Rechenschaft ablegen. Dabei ist der Ausgang dieses

---

[20] Vgl. Mt 6,12 par Lk 10,4; ferner Mt 5,14f; 18,35; Mk 11,25f.
[21] Dazu ist nicht nur auf 1Clem 8,4 (zit. Jes 1,16) zu verweisen (Fischer 257,
Anm. 80), denn die Wendung ἀπέναντι τῶν ὀφθαλμῶν ist der LXX
durchaus geläufig (vgl. Dtn 28,66; Ψ 13,3; 35,2; Sir 27,23; Jes 1,16; Jer
16,17), sondern auch auf 1Clem 21,1-3; 28,1.

Prozesses durchaus offen, wie die Fortführung des Satzes ‚dienen mit Furcht und Scheu' zeigt. Jeder Einzelne hat also durch sein Handeln sein endgültiges Schicksal in der Hand und ist dafür verantwortlich. – Im Kontext fungiert der Gerichtsgedanke als Einschärfung ethischer Anweisungen, und zwar in besonderem Maße dadurch, daß die Verantwortlichkeit des Einzelnen betont und der ungewisse Ausgang des endgerichtlichen Prozesses impliziert wird.

Nach einer Überleitung (6,3), die zur Abwendung von falschen Brüdern mahnt, bringt Polykarp in *7,1* eine Charakterisierung und theologische Einordnung der Heuchel-Christen. In drei Sätzen, die parallel gebaut und steigernd angelegt sind, skizziert Polykarp die zu verwerfenden Irrlehren. Insbesondere an der Namengebung ist die Steigerng abzulesen: Antichrist – vom Teufel – Erstgeborener des Satans. Die Vorwürfe lauten im Einzelnen: Leugnung der Inkarnation Christi (angelehnt an 1Joh 4,2f; 2Joh 7), Leugnung des Kreuzeszeugnisses (vielleicht Bezug auf Joh 19,34 als Beweis für die Wirklichkeit des Todes Jesu[22], vgl. auch 1Joh 5,6-9), eigenmächtige Auslegung der Herrenworte (vgl. 2Tim 4,3) und schließlich Leugnung von künftiger Auferstehung und Endgericht. Nicht (mehr?) umstritten scheint die Nähe der Parusie zu sein. Der Streit um die Auferstehung – wird es sie geben; wenn ja, wie ist sie vorzustellen? – ist eines der gewichtigsten theologischen Probleme der Alten Kirche, und zwar schon seit Paulus (1Kor 15). Zu vgl. sind auch 1Clem 24-26 mit den Beweisen für die Auferstehung zur festgesetzten Zeit aus der Natur; 2Tim 2,18 sowie 2Clem 9,1-5 mit der Verbindung von fleischlicher Auferstehung und Vergeltung. Diese Verbindung liegt auch hier vor (vgl. PolPhil 6,2b).[23] Es geht nicht um die Auferstehung als weltanschauliche Möglichkeit, auch nicht um die Auferstehung als Heilsgut, sondern um die Auferstehung als Bedingung der Möglichkeit, vor dem Endgericht zu erscheinen. Polykarp befaßt sich nicht argumentativ mit den Irrlehrern, etwa um die irrenden Geschwister eines Besseren zu belehren, sondern stellt einfach den Irrtum fest und ordnet die Irrenden theologisch ein. Dieses Verfahren dient der Ausgrenzung, wie V 2a zeigen wird: ἀπολιπόντες τὰς ψευδοδιδασκαλίας. Wer aber die hier theologisch verurteilten Irrlehrer waren, läßt sich nicht mehr genau feststellen. Selbst die Vermutung, mit diesen drei Sätzen seien auch

---

[22] Lightfoot II/3, 334.
[23] Vgl. Bauer 291.

drei Gruppen von Irrlehrern gemeint[24], ist nicht von vornherein unwahrscheinlich. Die Suche nach den gemeinten Personen wird vor allem dadurch erschwert, daß hier wie auch sonst bei Polykarp jede einzelne Wendung aus der christlichen Tradition zu stammen scheint und
deshalb das konkrete Profil der angegriffenen Lehre nur verschwom-
men erkennen läßt. Am eindeutigsten scheint noch πρωτότοκος τοῦ
σατανᾶ zu sein, denn diese Wendung ist bei Irenäus, haer. III 3,4
(= Eusebius, h.e. IV 14,7) als Aussage des Polykarp über Marcion
belegt. Deshalb meinte man, hier antimarcionitische Polemik finden
zu können. Unter den abgelehnten Sätzen ist jedoch kein einziger,
der an anderer Stelle für Marcion nachgewiesen wäre, und die als typisch marcionitisch angesehenen Theologumena fehlen hier völlig.[25]
Da außerdem die Bezeichnung ‚Erstgeborener des Satans' ebenfalls
traditionell ist[26], ist die Deutung auf Marcion abzulehnen.[27] Schwer
erkennen läßt sich aus der Polemik des Polykarp auch die doketisti-
sche Lehre, mit der sich Ignatius von Antiochien auseinanderzusetzen
hatte (Trall 10; Sm 2). Die Einordnung dieser doketistischen Lehre in
die Strömung des Gnostizismus wird meist recht unreflektiert vorgenommen.[28] M.E. reichen die wenigen Aussagen dieser Stelle zu einer
solchen Einordnung nicht hin. – Die eschatologischen Gedanken von
Auferstehung und Endgericht erscheinen hier als Streitpunkte zwischen Polykarp, der auf seiner Seite die apostolische Tradition weiß,
und doketistischen Gegnern. Vielleicht kann aus der Stellung am
Ende der Vorwürfe auf die Wichtigkeit der umstrittenen Punkte

---

[24] So z.B. Zahn 121.

[25] Harrison, Two Epistles 172-206, muß deshalb ein Frühstadium des Marcion
postulieren, vor der Begegnung mit Kerdo.

[26] Vgl. N.A. Dahl, Der Erstgeborene des Satans und der Vater des Teufels, in:
Apophoreta (FS E. Haenchen), hg. W. Eltester/F.H. Kettler, Berlin 1964
(BZNW 30), 70-84.

[27] So jüngst auch Bauer-Paulsen 120f. – Anders neuerdings C.M. Nielsen, Polycarp and Marcion: A Note, TS 47 (1986) 297-299: 7,1 sei doch auf Marcion
zu beziehen. Das Fehlen der beiden typisch marcionitischen Theologumena
Ditheismus und Verwerfung des Alten Testaments wird so erklärt, daß Polykarp ebenso wie Marcion den Paulus zur einzig maßgeblichen Autorität
erhoben und das Alte Testament ebenso wenig benutzt habe (Ders., Polycarp, Paul and the Scriptures, AThR 47 [1965] 199-216) bzw. zum Zeitpunkt
der Begegnung mit Polykarp der Ditheismus noch nicht entwickelt gewesen
sei. Die beiden Hauptschwächen dieser Argumentation liegen in der Annahme eines sonst nirgends bezeugten Frühstadiums für Marcion sowie in der
Gleichsetzung von Nichtbenutzung und Verwerfung des Alten Testaments.

[28] Vgl. insbesondere Fischer 236.257; auch Camelot 214.

geschlossen werden. Wahrscheinlich hat der umstrittene Inhalt auch die Titulatur ‚Erstgeborener des Satans' hervorgebracht.[29]

In den cc.8+9 ruft Polykarp die Philipper zur Geduld auf, genauer: zum Aushalten im Leiden (8,2). Zur Verdeutlichung führt er einige Beispiele an: Christus (c.8) und zeitgenössische Märtyrer (9,1). Zu diesen zählen neben Ignatius und seinen sonst nicht weiter bekannten Begleitern Zosimus und Rufus (vgl. 13,2) – sie hatten wohl gerade auf ihrem Transport nach Rom in Philippi Station gemacht – einige Glieder der Gemeinde zu Philippi sowie vor allem die Helden der ersten christlichen Generation: Paulus und die anderen Apostel. Ob diese vage Formulierung einen festen Zwölferkreis meint[30], sei dahingestellt.

Mit *9,2* rekurriert Polykarp auf das Wissen der Philipper um das Leiden und Sterben der soeben genannten Märtyrer (οὗτοι πάντες). Ihr Leben wird im ersten ὅτι-Satz charakterisiert: in Glaube und Rechtschaffenheit. In der Formulierung εἰς κενόν kann ich freilich keinen sachlichen Gegensatz dazu erkennen, wie ihn die Satzstruktur durch οὐκ – ἀλλ᾽ signalisiert.[31] Der sachliche Gegensatz zu εἰς κενόν findet sich eher im zweiten ὅτι-Satz, der das weitere Ergehen der Märtyrer anzeigt: Sie befinden sich beim Herrn. Die Konstruktion mit παρά ist einmalig in der urchristlichen Literatur; PlsPhil 1,23 und 1Thess 4,17 wird σύν für den gleichen Sachverhalt verwendet. Die Formulierung kommt auch schon Ψ 129,7; Prov 15,11 vor, aber nicht im Hinblick auf Verstorbene. Wahrscheinlich hat Polykarp παρά wegen der lokalen Bedeutung des Wortes nach τόπος bevorzugt. Dieser τόπος ist durchaus als Ehrenplatz anzusehen. Er gebührt allen Märtyrern, so schon 1Clem 5,4.7 von Petrus und Paulus. Diese Sonderbehandlung kommt den Märtyrern wegen ihres Leidens zu, denn ihr Leiden und Sterben bringt sie in eine besondere Nähe und Ähnlichkeit zum Herrn (vgl. IgnSm 4,2; PlsRöm 8,17). Diesen Ehrenplatz nehmen die Märtyrer schon jetzt ein (εἰσίν), unmittelbar nach ihrem Tod. Der letzte Satz von V 2 gibt die entscheidende Begründung für das Schicksal der Märtyrer: Sie hingen nicht der jetzigen (hiesi-

---

[29] Jedenfalls ist diese Verbindung in jüdischer Tradition belegt, vgl. N.A. Dahl, Der Erstgeborene 75, Anm. 17.

[30] So Bauer 293, wiederholt bei Bauer-Paulsen 122. – Anders G. Klein, Die zwölf Apostel, Göttingen 1961 (FRLANT 77), 106.

[31] Der richtige Hinweis sämtlicher Ausleger auf PlsPhil 2,16; Gal 2,2 hilft hier auch nicht weiter. Überhaupt leidet die Auslegung dieses Verses unter seiner einseitigen Benutzung zu Einleitungszwecken.

gen?) Welt an, sondern Jesus Christus. Die Wendung ὁ νῦν αἰών kommt auch 2Tim 4,10; 1Tim 6,17; Tit 2,12 vor, sonst heißt es in der urchristlichen Literatur immer αἰὼν οὗτος. Der aus dem Frühjudentum geläufige Gegenbegriff αἰὼν μέλλων fehlt hier und damit auch die Vorstellung zweier aufeinander folgender Weltzeitalter. Vielmehr scheint der jetzige Äon personal gedacht zu sein, denn Polykarp stellt ihm Christus gegenüber, indem er eine traditionelle Formel verwendet (vgl. IgnRöm 6,1). Eine ähnliche Personalisierung der Äonen findet sich 2Clem 6,3-6. Mit dem Gegenüber jetzige Welt – Christus wird angedeutet, daß die Märtyrer in eine Entscheidung gestellt waren. Ihre Entscheidung für Jesus Christus und gegen die jetzige Welt hat ihnen Leiden und Tod im Martyrium, aber auch einen Ehrenplatz im Jenseits eingebracht.

Mit dem eschatologischen Gedanken vom Ehrenplatz der Märtyrer im Jenseits bei Christus wird das Schicksal der Märtyrer beschrieben, die in puncto Geduld den Philippern als Vorbild dienen sollen. Ob auf diese Weise angedeutet wird, daß den Philippern bei gleichem Verhalten gleiche Belohnung winkt? Expliziert wird dieser Gedanke nirgends im Text, liegt aber nicht fern. Zu beachten ist noch die betonte Räumlichkeit der Jenseitsvorstellung; der zeitliche Aspekt der Zwei-Äonen-Lehre ist einem Entscheidungs-Dualismus gewichen.

In *c.11* wird der Fall Valens abgehandelt. Polykarp schreibt nicht direkt, was dem Valens vorzuwerfen ist; das werden die Philipper ohnedies gewußt haben. Die an alle Philipper gerichtete Warnung vor avaritia (griech. φιλαργυρία) in den Vv 1b+2 macht es wahrscheinlich, daß Valens grobe finanzielle Fehler gemacht hat. Vielleicht hat er Gemeindegelder veruntreut? Dieses Vorkommnis erhält zusätzliches Gewicht durch die herausgehobene Stellung des Valens, der die ihm als Presbyter obliegende Verkündigung durch das eigene schlechte Beispiel unglaubwürdig macht. In V 2b wird die auch für diesen Fall geltende allgemeine Regel genannt, daß avaritia die endgerichtliche Verurteilung nach sich zieht. V 3 mit dem Bezug auf das Lob der Philipper in PlsPhil 1,3ff scheint V 1 zu widersprechen, wo gerade ein solches Ereignis genannt wird. Vielleicht soll aber durch das Lob V 3 die in V 2b implizierte Drohung abgeschwächt werden, vielleicht wird auch auf diese Weise der Fall Valens als um so schlimmerer Einzelfall deutlich.

Das Hauptproblem für das Verständnis dieses Kapitels wie auch von 12,2 liegt darin, daß die cc.10-
12+14 nur lateinisch überliefert sind. Glücklicherweise stimmen die Rückübersetzungen von Zahn
und Lightfoot trotz unabhängiger Entstehung überein, jedenfalls großenteils und in den wichtigeren
Passagen, so daß die Differenzen zum ursprünglichen Text nicht allzu groß sein dürften. Dafür
spricht auch die erhebliche Traditionsgebundenheit
des Polykarp.

In V 2b wird die in V 1 angebrachte Mahnung, sich von Habsucht
fernzuhalten, aufgenommen und die sich aus der avaritia ergebenden
Folgen genannt. Nicht habgierig zu sein, ist eine wichtige Voraussetzung für jedes Amt in der christlichen Gemeinde: Did 15,1; PolPhil
5,2 (für Diakone); 1Tim 3,3 (für den Bischof); vgl. auch 1Petr 5,2.
Habsucht heißt konkret nach Polykarp, dem Geld so sehr anzuhängen,
daß es einen vom wahren Herrn Jesus Christus abwendet (vgl. Mt
6,24). Geiz und Götzendienst werden Kol 3,5; Eph 5,5 identifiziert
(dort aber πλεονεξία). Die Verbindung beider Verhaltensweisen ist
schon dem hellenistischen Judentum bekannt: TestJud 19,1; Philo,
spec leg I 23. Solcher Götzendienst macht einen Christen wieder zum
Heiden. Die verschiedenen Rückübersetzungen dieser Stelle[32] zeigen
verschiedene Verständnismöglichkeiten an. Dem lateinischen Wortlaut entspricht am ehesten λογισθήσεται – ‚wird unter die Heiden
gerechnet werden'.[33] Denn es ist offenkundig sinnlos, von einer Verurteilung der Heiden zu reden und im nächsten Halbsatz Unkenntnis
des Endgerichts bei ihnen zu konstatieren. Als besonderes Kennzeichen der Heiden wird nämlich angegeben, daß sie nichts vom Endgericht wissen (nach Jer 5,4; vgl. auch die Aussage Polykarps MPol
11,2). Mit einem nicht ganz passenden Zitat aus 1Kor 6,2 wird eben
dieses Wissen um das Endgericht bei den Philippern per rhetorische
Frage als bekannt vorausgesetzt. Ausnahmsweise ist bei diesem Zitat
auch die Herkunft im Text angegeben. Anders als bei Paulus wird in
1. Pers. Pl. formuliert, wahrscheinlich um die Abgrenzung von ‚uns
Christen' gegen Heiden und Quasi-Heiden zu verdeutlichen. Das Zitat
paßt deshalb nicht zum vorangegangenen Satz, weil vom Gericht des

---

[32] Zitiert bei Bauer 294: λογισθήσεται (Zahn 126); κριθήσεται (Lightfoot
II/3, 342).

[33] Dies, soweit ich sehe, gegen alle Kommentare.

Herrn gerade nicht geredet wird. Vielmehr werden die Heiligen, also die Christen, selbst im Gericht sitzen (von den Gerechten bzw. Israel Dan 7,22; Weish 3,8). Ob diese Differenz schon bei Polykarp selbst vorlag oder erst im Laufe der Überlieferung durch ‚Richtigstellung‘ des Paulus-Zitats entstand, ist nicht mehr zu entscheiden. – Der Gerichtsgedanke wird als Gegenstand des Wissens präsentiert und damit als Unterscheidungsmerkmal zwischen Christen und Heiden. Mit diesem Wissen sind sittliche Konsequenzen verbunden, die aber an dieser Stelle nicht ausgeführt werden. Es ist wenig wahrscheinlich, daß hier vom Gericht über die Heiden geredet wird; auch Christen müssen vor Gottes Gericht erscheinen. Vielmehr macht sich ein Habgieriger durch solchen Götzendienst am Geld selbst zum Heiden.

In dem ausführlichen Segen *12,2* wünscht Polykarp den Philippern Auferbauung und Verleihung des Heilsgutes. Urheber dieser Wohltaten ist vor allem Gott, aber auch der als Hoherpriester titulierte Christus. – Die Auferbauung wird in der Gestalt eines Tugendkataloges geschildert. Als Gottesgabe wünscht Polykarp den Philippern ‚sors et pars inter sanctos‘. Diese Formulierung geht wahrscheinlich über Act 8,21 (vgl. Kol 1,12) auf Dtn 12,12; 14,26.28 (u.ö.) zurück, wo es von den Leviten heißt, sie hätten weder χλῆρος noch μερίς am verheißenen Land. Nun denkt Polykarp sicher nicht an ein konkretes Stück Land, das er der Gemeinde wünscht. Vielmehr ist das Gewünschte spiritualisiert und jenseitig zu denken, aber durchaus räumlich (vgl. τόπος in 9,2). Mit den Heiligen werden die verewigten Christen gemeint sein.[34] Empfänger dieser Gabe sollen neben den Philippern auch Polykarp selbst samt seinen Mitpresbytern (!) sowie alle künftigen Gläubigen (vgl. Joh 17,20; 1Tim 1,16) sein. Einzige Vorbedingung für den Empfang scheint der (rechte) Glaube zu sein. – Der eschatologische „Anteil an dem, was der Gemeinde bereitet ist"[35], ist neben einem erbaulichen Lebenswandel Gegenstand des Segenswunsches des Polykarp für die Philipper. Inhaltlich läßt sich dieser Begriff nicht weiter füllen.

---

[34] So auch Schoedel, PolPhil 36, mit Belegen aus der altchristlichen Literatur.
[35] W. Foerster, Art. χλῆρος χτλ., in: ThWNT III (757-786) 762f.

4. Die eschatologischen Gedanken des Polykarp

Auch für Polykarp ist das Endgericht von erheblicher Bedeutung. Es wird von Jesus Christus vollzogen werden (2,1; 6,2). Maßstab wird das Handeln der einzelnen Christen sein (2,3). Einen Sonderweg scheint es für Märtyrer zu geben: Sie haben schon jetzt ihren besonderen Ort beim Herrn (9,1). Das künftige Heil kann aber auch als Mitherrschen (5,3) und als Anteil an der künftigen (jenseitigen?) Welt beschrieben werden (12,2). Auch die Auferstehung ist Heilsgut; sie wird zwar christologisch begründet, ist aber vom Halten der Gebote abhängig (2,2; 5,2). Auferstehung und Gericht sind zwischen Polykarp und seinen theologischen Gegnern umstritten (7,1); aber in diesem Brief versucht Polykarp keine inhaltliche Auseinandersetzung, sondern begnügt sich damit, die Abweichler als ,Erstgeborene des Satans' abzuqualifizieren. Im übrigen unterscheidet das Wissen um das Endgericht Christen von Heiden, die wiederum als solche wohl der Verdammung verfallen (11,2). Homosexualität schließt vom Gottesreich aus (5,3).

Der Gerichtsgedanke vervollständigt den eschatologischen Tun-Ergehen-Zusammenhang. Damit ist klar, daß auch bei Polykarp die eschatologischen Gedanken der Ethik zugeordnet sind, und zwar als Motivation und Drohung. Polykarp kennt noch weitere Motivationen ethischer Weisungen: den Willen Gottes und die Gebote, die Allwissenheit Gottes, die Erbauung der Gemeinde, Rücksicht auf die Heiden, Vorbilder. Aber die eschatologischen Gedanken dominieren an Masse und Bedeutung. Nur im Segenswunsch wird bedingungslose eschatologische Hoffnung sichtbar. Wie die Wörter sors et pars sowie τόπος zeigen, ist Polykarps eschatologisches Denken eher räumlich als zeitlich orientiert. Er kennt zwar auch die Zwei-Äonen-Lehre, aber der künftige Äon kann erlangt werden wie eine Belohnung. Der zeitliche Aspekt tritt also in den Hintergrund. Auch der Weltaspekt der Eschatologie spielt keine Rolle. Folglich sind Polykarps eschatologische Gedanken als überwiegend hellenistisch einzuordnen.

VIII. Eschatologie als Schriftauslegung
Der Barnabasbrief

1. Einleitungsfragen[1]

Der Barnabasbrief ist in nur zwei Handschriften vollständig überliefert: in der Bibelhandschrift Cod. Sinaiticus (4. Jh.) als Anhang zum Neuen Testament und im Cod. Hier. 54 (1056). Mindestens acht weitere Handschriften bieten Barn 5,7 bis Ende in unmittelbarem Anschluß an PolPhil 1,1 - 9,2. Außerdem gibt es eine wahrscheinlich sehr alte lateinische Übersetzung der cc.1-17 und ein Papyrusfragment mit 9,1-6. Dieser Befund reicht nicht aus, um ein Stemma der handschriftlichen Überlieferung aufzustellen. Lediglich unter den PolPhil-Barn-Handschriften bildet eine, Cod. Vat. gr. 859 aus dem 11. Jahrhundert, den Archetyp der übrigen.

Die äußeren Zeugnisse[2] für Barn setzen sicher mit Origenes, Contra Celsum I 63, ein. Danach hat ihn vor allem Clemens Alexandrinus benutzt. Ob Justin hingegen den Barn gekannt hat, ist unsicher. Durch die äußere Bezeugung läßt sich die Entstehungszeit der Schrift auf die ersten beiden Jahrhunderte eingrenzen.

Die Zuschreibung an den Paulusbegleiter Barnabas, wie sie in der Alten Kirche durchgängig vorgenommen wurde[3], läßt sich nicht halten. Das gewichtigste Gegenargument ist der Kontrast zwischen dem judaisierenden Verhalten des Barnabas (Gal 2,12) und der Verwerfung des jüdischen Ritualgesetzes durch den Barnabasbrief.[4] Der genaueste Hinweis auf die Entstehungszeit der Schrift läßt sich dieser selbst entnehmen: Barn 16,3f spielt höchstwahrscheinlich auf den Bau des römischen Jupitertempels in Jerusalem an, den Hadrian 130 nChr

---

[1] Dazu ausführlich Vielhauer, Geschichte 599-612; Altaner-Stuiber, Patrologie 53-55.552f (Lit.); K. Wengst, Art. Barnabasbrief, in: TRE 5 (1980) 238-241.

[2] Zusammengestellt bei Harnack, Geschichte I/1, 59-62; Windisch 301f.

[3] Z.B. durch Clemens Alexandrinus, strom. II 6,31, und Hieronymus, vir. ill. 6.

[4] Wengst, Komm. 118f.

befahl.[5] Dieses Unternehmen löste dann den Bar-Kochba-Aufstand aus.[6] Da aber Barn kein Wissen um diesen Aufstand und sein Scheitern erkennen läßt, ist die Entstehungszeit der Schrift auf die Jahre 130-132 nChr einzugrenzen.

Eine Lokalisierung der Schrift ist nahezu unmöglich. Scheinen die äußere Bezeugung sowie die Methode der Schriftauslegung nach Ägypten zu weisen, so könnten theologische Eigenarten für das westliche Kleinasien sprechen: Übereinstimmungen mit Gegnern des Ignatius von Antiochien (IgnPhld 8,2)[7], aber auch, besonders in den traditionellen Teilen, mit den Pastoralbriefen.[8]

Die Schrift läßt sich folgendermaßen gliedern[9]:

Einleitung	Gruß und Proömium	c.1
1. Hauptteil	Gnosis aus der Schrift	cc.2-16
	a) Gottesverehrung und Nächstenliebe	2-3
	b) Allgemeine Mahnungen	4
	c) Das Leiden Christi	5,1-8,6
	d) Das rechte Verstehen der Christen	8,7-10,12
	e) Taufe und Kreuz	11-12
	f) Die wahren Empfänger des Testaments	13-14
	g) Der Sabbat	15
	h) Der wahre, geistige Tempel	16
Übergang		c.17
2. Hauptteil	Die ‚andere Gnosis‘ aus der Zwei-Wege-Lehre	cc.18-20
Schluß		c.21

Von einem klaren und durchdachten Aufbau kann keine Rede sein. Es zeigen sich Brüche und Widersprüche. Diese lassen sich am besten als Aufnahme und Verarbeitung vorgegebener Traditionen erklären. In den cc.2-16 besteht diese Tradition aus der ‚Schrift‘ und ihrer Aus-

---

[5] K. Wengst, Tradition und Theologie des Barnabasbriefes, Berlin 1971 (AKG 42), 106-113. – Anders J.J. Gunther, The Epistle of Barnabas and the Final Rebuildung of the Temple, JSJ 7 (1976) 143-151, der für ein rein metaphorisches Verständnis von Barn 16,4 plädiert.

[6] Vgl. Dio Cassius, hist. LXIX 12. – Zur Interpretation s. P. Schäfer, Der Bar-Kokhba-Aufstand, Tübingen 1981 (Texte und Studien zum Antiken Judentum 1), 32-35.

[7] Dazu ausführlich Wengst, Tradition 114-118.

[8] Vgl. Wengst, Komm. 117f.

[9] Vgl. die minutiöse Gliederung bei Wengst, Komm. 108-110.

legung, in den cc.18-20 wird eine Zwei-Wege-Lehre geboten, die mit
Did 1-6 verwandt ist, und zwar über eine gemeinsame Vorlage.[10]
    Auf den ersten Blick erweckt die Schrift den Eindruck eines Brie-
fes: Eingangsgruß 1,1; Proömium 1,2-8; Schlußgruß 21,7-9. Bei näherer Betrachtung stellt sich dann aber heraus, daß alle näheren Angaben über Absender und Adressaten fehlen, die zu einem wirklichen
Brief gehören. Die briefliche Form erweist sich also als Fiktion, als
Einkleidung, deren sich der Verfasser bediente, weil ihm nur diese
Form und (noch) keine andere zur Behandlung theologischer Probleme geläufig war.[11] Man wird den Barn als „Abhandlung"[12] oder
als ein „in Briefform gekleidetes Propagandaschreiben"[13] – sofern man
noch die Frontstellung einbeziehen will, in der Barn sich sieht – charakterisieren müssen.
    Der Verfasser ist wahrscheinlich – trotz oder gerade wegen 1,8;
4,9 – ein Lehrer, dessen Lehre die Schriftauslegung ist. 16,7 läßt darauf schließen, daß er Heidenchrist war. Die Art der von ihm übermit-
telten Tradition (1,5) ist am besten durch das Wachstum derselben
im Rahmen einer Schule zu erklären.[14] Durch die Weitergabe dieses Schulgutes will der Verfasser seinen Lesern vollkommene Gnosis
vermitteln (1,5). Diese Gnosis ist Schriftauslegung in Richtung auf
Erkenntnis des wahren, ethischen Sinnes der Schrift.[15]
    Theologisch steht Barn allein in der urchristlichen Literatur.[16]
Er beruft sich auf keine der urchristlichen Autoritäten. Herrenworte
scheint er zwar zu kennen, aber die für ihn wichtigste Autorität ist
die ‚Schrift', also das christlich verstandene Alte Testament. Die
Auslegungsmethoden, charakterisiert durch rasches Überspringen des
Wortsinnes, teilt er mit dem hellenistischen Judentum Alexandriens.
Auch jüdisch-apokalyptische Traditionen sind bei Barn zu finden. So

---

[10] Vgl. das ‚Stemma' bei Wengst, Komm. 22.
[11] So bereits W. Wrede, Das literarische Rätsel des Hebräerbriefes, Göttingen
    1906 (FRLANT 8), 87-96 (Anhang. Das literarische Rätsel des Barnabas-
    briefes).
[12] Vielhauer, Geschichte 602.
[13] Wengst, Komm. 113.
[14] Wengst, Tradition 5-70, zeigt, auf wieviel verschiedene Arten diese Tradition
    verarbeitet worden ist.
[15] Nach Wengst, Tradition 12.95-99.
[16] Die Einordnung, die P. Meinhold, Geschichte und Exegese im Barnabasbrief,
    ZKG 59 (1940) 255-303, bes. 302f, vornimmt, indem er eine Linie vom Barn
    über Paulus zu Jesus zurück zieht, ist sicherlich zu simpel.

ist er dem Judentum enger verbunden, als es seine heftige antijüdische
Polemik wahrhaben will.

2. Die bisherige Forschung

Auch die Eschatologie des Barn hat bisher noch keine eigene
Darstellung erfahren.

J. Beblavý (Idées 119-137) charakterisiert das Denken des Barn
als der Zukunft zugewandt (120). Für Barn beginne die prophezeite
Endzeit bereits jetzt, in Bedrängnissen und Ungerechtigkeiten (121).
Aber die Christen würden schon als neue Geschöpfe betrachtet, auch
wenn die Erfüllung der Verheißungen noch nicht vollständig geschehen sei. Barn wolle seine Leser zur Treue in diesen letzten bösen
Zeiten ermahnen (122). Israel diene ihm als abschreckendes Beispiel
und sei wahrscheinlich für Barn das größte Ärgernis, das allerdings
nur kurz befristet sei (127f). Die kurze Dauer des größten Ärgernisses rücke zugleich die Parusie in greifbare Nähe. Die Wiederkunft
Christi, nicht aber Auferstehung und Endgericht, werde sehr genau
beschrieben (129). Zwar sei die Auferstehung allgemein, aber über das
Wesen der Auferstandenen sei vom Barn nichts zu erfahren (130). Das
Endgericht werde nach Werken vollzogen, aber einen Gegensatz zwischen Glaube und Werken kenne Barn nicht, vielmehr ergänzten sich
beide (2,2; 132). Auf das Weltende lasse Barn ein Millennium folgen,
welches aber sehr einfach beschrieben sei (133), und nach dem Millennium erhoffe Barn die Schöpfung einer neuen Welt. Die letzten Dinge
würden also vom Barn sehr einfach und weitaus weniger geistlich als
von Paulus beschrieben. Alle Gedanken des Barn, die denen des Paulus ähnelten, könnten auch aus anderen Quellen stammen (136), und
als charakteristisch paulinisch geltende Gedanken fehlten völlig. Insgesamt gelte für den Barn: „Il lutte contre le judaisme, mais il reste
néanmoins enchaîné dans l'eschatologie du judaisme" (137). – Zwar
sind die eschatologischen Gedanken richtig wiedergegeben und in ein
System gebracht. Aber über die Identifizierung apokalyptischer Figuren mit historischen Größen wird man noch streiten müssen. Auch
ist zu fragen, ob Barn wirklich von einem tausendjährigen Reich redet
oder es voraussetzt.

Nach *A.P. O'Hagan* (Re-Creation 44-67) entwirft Barn eine
christliche Geschichtstheologie. In 6,8-19 und c.15 traktiere Barn explizit die creatura nova. Die materielle Erneuerung werde die Vollendung der bereits begonnenen geistlichen sein. Beide Aspekte seien
auf Christus und sein Werk gegründet (47). Diesen lehrhaften Kern
wolle Barn durch die allegorische Auslegung des Alten Testaments
illustrieren. Wie die jüdische Tradition erwarte Barn die Wiederherstellung des ursprünglichen friedlichen Zustandes (49). In Barn 15
seien chiliastische Terminologie und die Idee der Neuschöpfung deutlich zu erkennen (51). Die nach 6000 Jahren erhoffte Vollendung der
Welt werde durch die Wiederkehr Christi ausgelöst und umfasse in
moralischer Hinsicht das Ende aller Bosheit, in kosmischer Hinsicht
Zerstörung und Neuschöpfung (54). Anders als die übrige chiliastische
Tradition spreche Barn nur von *einem* Gericht. Über das Wesen der
Welt während des siebenten Jahrtausends gebe Barn keine Auskunft
(55). Wahrscheinlich aber werde der Weltsabbat auf einer erneuerten Erde stattfinden, denn die eschatologische Erneuerung der Welt
habe ihren Zweck und ihr Ziel in der eschatologischen Ruhe der Menschen (58). Diese erneuerte Welt sei nicht als stoische Wiederholung
der Schöpfung zu betrachten, sondern als eschatologische Erfüllung
der Landverheißung an Abraham (60). Schließlich setzt O'Hagan die
materielle Neuschöpfung noch in Beziehung zur Ogdoas und dem bei
Barn 15,8f erwarteten achten Tag. Siebenter und achter Tag seien
nicht zu identifizieren, eher sei das Verhältnis beider als „continuity,
overlapping, even ... confusion" zu bezeichnen (63). Jedenfalls bringe
der achte Tag keine weitere materielle Neuschöpfung (64). O'Hagan
beschließt seinen Abschnitt mit einem Versuch, die teilweise einander
widersprechenden Aussagen von Barn 6 und 15 zu systematisieren
(65-67). Er sieht als Grundlage der Eschatologie des Barn, die hinter
allen Allegorien und Figuren stehe, die Rechtfertigung der Menschen,
die völlige Beseitigung des Bösen aus der Schöpfung und eine Erneuerung des Kosmos (66).

Auch O'Hagan bringt sehr deutlich das Geprägtsein des Barn
durch jüdische Tradition bei aller Ablehnung des Judentums zur Geltung. Zu Recht findet er bei Barn den Gedanken der materiellen
Neuschöpfung und stellt auch fest, daß die eschatologischen Gedanken untereinander nicht auszugleichen sind. Die Frage, ob dieser Ausgleich vielleicht ‚außerhalb' der Eschatologie zu finden sei, stellt er
leider nicht. Bei der Beurteilung des Chiliasmus im Barn hält er sich

zurück und schreibt nur von der Verwendung chiliastischer Terminologie.

K. Wengst (Tradition 71-99) rekonstruiert die Theologie des Barn von dessen Schriftverständnis aus. Die Schrift sei für Barn und seinen Kreis die alles bestimmende Norm gewesen (119); alle theologischen Aussagen hätten sich an ihr ausweisen lassen müssen. Zu den Grundzügen barn Theologie rechnet Wengst neben ‚Gesetz und Christus' und ‚Gnosis' auch ‚Hoffnung und Glaube'(89-95). Die Gegenwart sei bei Barn einerseits als böse Weltzeit bestimmt, anderseits auf das Ende derselben und die danach beginnende neue Welt bezogen. Die entscheidende Wende erwarte Barn demnach erst von der Zukunft (90). Der Glaube stehe dann zum einen im Zusammenhang mit der Gesetzesbefolgung, zum anderen in Verbindung mit der Hoffnung. Erhofft werde die Anerkennung der Gesetzeswerke im Endgericht (93). Damit aber „wird die Hoffnung letzten Endes auf das eigene Tun zurückgeworfen" (94; vgl. 11f). Im Sinne des Barn müßte man wahrscheinlich anders formulieren: Weil von der Prüfung im Endgericht *alles* abhängt, wird das richtige Handeln hier und jetzt unüberbietbar wichtig. – Wengst gibt eine beachtliche anthropologische Interpretation der barn Eschatologie, vernachlässigt aber die gerade bei Barn wichtigen kosmischen Aspekte.

T.H.C. van Eijk (Résurrection 29-39) findet unter den zahlreichen eschatologischen Stellen des Barn nur zwei, die für sein Thema einschlägig sind: 5,6f; 21,1. Die Eschatologie des Barn sei von einer gewissen Naherwartung geprägt (31), denn Barn charakterisiere seine Zeit als Endzeit. Ein tausendjähriges Reich erwarte Barn nicht. Die mit der Parusie beginnende siebente Weltperiode sei vielmehr die Ewigkeit. Die völlige Rechtfertigung und Heiligung werde vom Barn in die Zukunft verlegt. Der Tag des Gerichts sei ihm der Tag der Vergeltung (30). Auch die beiden Auferstehungsaussagen stünden im Kontext von Gerichtsaussagen (32). In 21,1 werde die Auferstehung in paränetischem Kontext als Vorbedingung für das Vergeltungsgericht erwähnt, ähnlich wie im 2Clem (33f). Diese Stelle sei katechetischen Ursprungs (vgl. Hebr 6,2), während 5,6f aus liturgischer Tradition stamme (35). Hier finde sich in nuce die später bei Irenäus und Tertullian weiterentwickelte Verbindung von Inkarnation und leiblicher Auferstehung (36). Zwar lasse der Text selbst offen, wessen Auferstehung gemeint sei, aber der Kontext spreche für die allgemeine eschatologische Auferstehung, die wie in 21,1 dem Endgericht untergeordnet

sei (37f). Im Barn erscheine die Auferstehung als eines unter anderen
Endereignissen; theologische Reflexion in apologetischer Absicht finde
sich nicht (39). – Sinn und Funktion der Auferstehungsaussagen im
Barn werden ausgezeichnet dargestellt.

  T. Aono (Entwicklung 211-297) sieht Barn wegen seiner Gesetzlichkeit in großer Entfernung von der paulinischen Theologie (296).
Denn anders als bei Paulus sei für Barn die entscheidende Wende
der Zeit nicht durch das Christusereignis geschehen, sondern werde
sich erst beim Endgericht Gottes ereignen (295). Die gründliche
Untersuchung sämtlicher einschlägigen Aussagen des Barn (213-261)
zeige, daß er das Gericht Gottes überwiegend als zukünftig verstehe.
Außerdem werde der Kontrast zwischen positivem und negativem
Gerichtsausgang betont, denn der Gerichtsgedanke fungiere als drohende Begründung der Paränese. Folglich erscheine auch die Auferstehung der Menschen nicht als Heilsgut, sondern nur als Bedingung
der Möglichkeit, vor dem Endgericht zu erscheinen (295). Der zentralen Bedeutung des Endgerichts entspreche auch, daß Gerechtigkeit allein als menschliche Rechtschaffenheit verstanden werde (261).
Also kenne Barn auch die paulinische Rechtfertigungslehre nicht; der
Glaube stehe ebenso wie die Hoffnung im Kontext der Aufforderung
zum Handeln (272). Hoffnung richte sich auf das Bestehen im Endgericht als Teilhabe am Heil und gründe sich (allein) auf das menschliche
Tun. Eine weitere Begründung gebe Barn nicht (275f). Auch der Gedanke der Heilsgewißheit fehle (284). Die insgesamt festzustellende
Entfernung des Barn von der paulinischen Theologie erklärt Aono
aus der Frontstellung gegen libertinistisch orientierte, sich auf Paulus berufende Enthusiasten (294). Das mag *ein* Grund sein, reicht
aber nicht hin zur Erklärung. Aono unterschätzt die Intention des
Barn, der Gnosis vermitteln und zum rechten Handeln hier und jetzt
motivieren will (vgl. 293).

  Diese Beiträge zur Forschung sind sich darin einig, daß Barn in
hohem Maße von jüdischen Traditionen abhängig ist. Auch wird übe-
reinstimmend seine Orientierung an der Zukünftigkeit des Heils, die
Naherwartung und die ethische Funktion eschatologischer Aussagen
festgestellt. Unterschiedlich wird die Frage nach dem Chiliasmus im
Barn beantwortet. Wengsts besonderes Verdienst ist es, die Schrifto-
rientiertheit des Barn zur Geltung gebracht zu haben. Diese Orientierung an der Schrift in Verbindung mit der Funktionalität

eschatologischer Aussagen im Barn könnte die Uneinheitlichkeit seiner Eschatologie erklären.

3. Exegetische Analysen

Das Programm des Barn: 1,6f. Das erste Kapitel des Barn bietet nach dem Eingangsgruß V 1 in den Vv 2-8 das Proömium der Schrift. Darin gibt Barn zunächst der Freude über die Geistbegabtheit seiner Leser Ausdruck (Vv 2-4), nennt dann die Vermittlung vollkommener Gnosis als Zweck seines Schreibens (V 5) und präsentiert schließlich seine theologischen Grundsätze (V 6) samt der Folgerung, die er aus ihnen zu ziehen gedenkt (V 7). Mit einer Demutsformel (V 8) leitet er sodann zur eigentlichen Darlegung über, die in 2,1 beginnt.

In V 6[17] nennt Barn seine theologischen Grundsätze ($\delta\acute{o}\gamma\mu\alpha\tau\alpha$)[18] in Form einer Dreierreihe, wie sie auch sonst in frühjüdischen und frühchristlichen Schriften vorkommt.[19] Für Barn sind diese drei Grundsätze des Glaubens Hoffnung aus Leben, Gerechtigkeit im Gericht, tätige Liebe. Im Vergleich mit ähnlichen urchristlichen Reihen (1Kor 13,13; PolPhil 3,3; IgnEph 14,1) fällt auf, daß bei Barn der Glaube buchstäblich in das zweite Glied rückt, während er sonst an der Spitze steht. Der Glaube ist für Barn allein die Hoffnung auf das (Ewige?) Leben – ähnlich geht der Glaube syrBar 57,2 in der Hoffnung auf Zukünftiges auf (vgl. auch 1Petr 1,21) –, nicht eine Lebenshaltung, aus der sich auch, aber nicht allein Hoffnung ergibt. Das Heil scheint rein zukünftig gedacht zu sein. Es ist jedenfalls nur in der Hoffnung da, steht aber als Erhofftes noch aus.

Deshalb ist auch die Gerechtigkeit des Gerichts(verfahrens?) so außerordentlich wichtig: Nur sie bietet Verlaß und Gewähr dafür, daß das Verfahren bei vorgegebenen Eingangsbedingungen auch das gewünschte Ergebnis hat. Gerechtigkeit, das ist hier die ausgleichende und vor allem vergeltende Gerechtigkeit Gottes als des endzeitlichen Richters. Damit fiele das zweite Glied jedoch aus der Dreierreihe heraus, da die beiden anderen menschliche, näherhin: christliche Hal-

---

[17] Zur Textkritik s. Wengst, Komm., Anm. 14 auf S. 196.

[18] Keine ‚Gebote‘, gegen R.A. Kraft/Prigent 76, Anm. 2.

[19] Das Material ausführlich bei Windisch 305f; vgl. weiter K. Berger, Formgeschichte des Neuen Testaments, Heidelberg 1984, 152-154.

tungen bieten. Es könnte hier also vielleicht auch die Gerechtigkeit des zu richtenden Menschen gemeint sein.[20]

Schließlich ist die tätige Liebe als Zeugnis für die Gerechtigkeit des Menschen Voraussetzung für ein Bestehen im Endgericht. Sie ist die dritte Grundhaltung, die Gott nach Barn von den Menschen erwartet. Ihre besonderen Kennzeichen sind Freude und Fröhlichkeit (auch verbunden in Ψ 44,16; 50,10; 99,2). Nach Barn 10,11 ist die Einübung in die Gebote, also das Tun, von Freude begleitet. Die besondere Betonung von Freude und Fröhlichkeit fällt auf. Sie geschieht vielleicht deshalb, weil die Aussicht auf das Endgericht, dessen Urteil ungewiß ist, eher Furcht und Schrecken auslöst?! Liebe ist hier nicht als Haltung, sondern als Tätigsein verstanden. Sie ist die Summe aller Werke, die für den Christen im Endgericht Zeugnis ablegen sollen. Ἐν δικαιοσύνῃ ist wahrscheinlich auf die Werke zu beziehen, obwohl der Genitiv δικαιοσύνης – wie oft konjiziert – gewohnter klingen würde. Der Sinn bliebe dann der gleiche: Gerechte, dem göttlichen Gebot entsprechende Werke sind das Zeugnis, welches die tätige Liebe für den Christen im Endgericht ablegt. – Die drei Dogmen des Herrn sind also eschatologisch geprägt: Hoffnung; Endgericht; gerechte Werke, die das Bestehen im Endgericht sichern sollen.

Nach seinen drei Grundsätzen nennt Barn die Autorität, auf die er sich stützt (V 7a): Es ist die Kundgabe Gottes an die Christen durch die Propheten. Δεσπότης ist Gottesbezeichnung, im Barn außerdem noch 4,3, sonst aber selten in der urchristlichen Literatur. Ziel der Kundgabe Gottes sind die Christen – nicht die Juden, wie Barn im späteren Verlauf seiner Schrift betonen wird, auch wenn die Kundgabe durch die Propheten erfolgt, die in Israel gewirkt haben. Für Barn sind jedoch alle alttestamentlichen Schriften prophetischer Natur[21], und ihr wahres Verständnis ist den Christen vorbehalten. Barn sucht seine theologische Grundlegung also nicht in Evangelien oder Apostelbriefen, sondern in der ‚Schrift‘, die ihm teilweise als Herrenwort gilt. Inhalt der Voraus-Kundgabe Gottes sind vergangene, gegenwärtige und zukünftige Ereignisse, d.h. nach dem weiteren Inhalt des Barn: das Christusgeschehen als vergangenes, die christliche Gemeinde und ihre Bedrängnisse als gegenwärtiges sowie die End-

---

[20] So jedenfalls Windisch 306.
[21] Einzelnachweise bei Wengst, Komm. 130f.

ereignisse als künftiges Geschehen.[22] Dabei unterscheidet Barn fein
zwischen Vergangenheit und Gegenwart einerseits, die den Christen
bereits zur Kenntnis gekommen sind, und der Zukunft anderseits,
von der sie nur einen Vorgeschmack haben. Das Zukünftige steht
also nicht mehr völlig aus; vielmehr gibt Gott jetzt ‚Anfänge des Ge-
schmacks' (wörtlich). Das Schmecken steht für persönliche Erfahrung, hier von den künftigen Dingen (vgl. Hebr 6,5). Ἀπαρχή hat
hier keine besondere theologische Bedeutung. Daß schon Anfänge der
als zukünftig vorausgesagten Dinge erlebt werden, darin unterscheidet sich die Formulierung des Barn von allen anderen urchristlichen
Dreierreihen (s.o.). Damit wird zugleich der Beweis für die Richtigkeit
der auf Künftiges gerichteten Prophezeiungen überflüssig. Barn selbst
hat ein ganz anderes Interesse an dieser Aussage, wie V 7b zeigt. Die
sichtbare Verwirklichung des Vorhergesagten – nicht nur die Anfänge
der Zukunft sind damit gemeint[23], sondern überhaupt das Eintreffen der Voraussagen – verpflichtet (ὀφείλομεν) die Christen zu einer
größeren Gottesfurcht als Hochachtung des Gottes, der auch das Eintreffen des von ihm Vorausgesagten bewirken kann. Φόβος θεοῦ ist
weit verbreitet in der urchristlichen Literatur[24], erhält hier vielleicht
durch den Bezug auf δεσπότης noch einen besonderen Akzent als skla-
vische Angst (ganz anders PlsRöm 8,15). Furcht ist also nach Barn
die einzig angemessene Haltung gegenüber dem Gott, der die Macht
hat, Vorhergesagtes auch sichtbar eintreffen zu lassen.

Nimmt man noch die Kernaussage von V 5 (Empfangenes weitergeben) hinzu, so hat man das theologische Programm des Barn
vollständig: Barn als Lehrer will seinen Lesern Gnosis, also Belehrung, über die wichtigsten Dinge des christlichen Glaubens aufgrund
der prophetischen Schriften weitergeben, wie er sie überliefert bekommen hat. Zu diesen wichtigen Dingen des christlichen Glaubens
zählen vor allem das rechte Handeln hier und jetzt sowie die Hoffnung
auf künftige, gerechte Vergeltung.

In *c.4* schreibt Barn Mahnungen in eschatologischem Rahmen.
V 1 gibt das Thema dieses Abschnitts an: Forschen (in den Schriften) nach dem, was retten kann. V 2 antwortet: Die Werke der Gesetzlosigkeit fliehen. Es folgt ein Traditionsstück (Vv 3-6a) über die

---

[22] Nach Windisch 307. – Vgl. Theophilus, Ad Autolyc. I 14; II 9.33; Irenäus,
   haer. IV 33,2; Justin, apol. I 12.52.
[23] Gegen Windisch 307.
[24] S. Bauer, Wb. 1708.

endzeitliche Qualität der Gegenwart. Nach einem Einschub (Vv 6b-8)
über die Gültigkeit des Testaments und einer Bescheidenheitsfloskel
des Barn (V 9a) wird die eschatologische Mahnung fortgesetzt (Vv 9-
14) mit Drohungen, die sich als Folgerungen (διό) aus den Zitaten
Vv 3-5 geben.

Das, was die Christen retten kann, beschreibt Barn in den *Vv 1+2*.
Es ist rein negativ formuliert: völlige Flucht von den Werken der Gesetzlosigkeit (vgl. 2Clem 10,1), Haß auf den Betrug der Jetztzeit,
keine Lässigkeit gegen die eigene Seele. Das einzig Positive in diesem Zusammenhang steht V 1fin: Zweck (ἵνα) des Hasses auf den
Betrug der Jetztzeit ist das Geliebtwerden im künftigen Äon, hier
als καιρός bezeichnet und im ἵνα-Satz zu ergänzen. Die Zwei-Äonen-
Lehre entstammt jüdischer Apokalyptik und tritt hier in der älteren,
zeitlich orientierten Fassung auf (anders 2Clem 6,3-6: fast personifiziert): Auf den νῦν καιρός wird der μέλλων καιρός folgen. Die beiden
καιροί unterscheiden sich qualitativ: Der jetzige ist durch Gesetzlosigkeit (V 1a; vgl. 15,5; 4,9; 18,2; auch 2Clem 6,4) gekennzeichnet, der
künftige hält die Belohnung für die Gerechten bereit, hier formuliert
als ‚Geliebtwerden', sicherlich im Kontrast zum ‚Hassen' des Haupt-
satzes, und gleichbedeutend mit σωθῆναι.[25] Diese Formulierung ist
einmalig in der urchristlichen Literatur. Das Passiv von ἀγαπᾶν tritt
sonst nur als part. perf. auf, so auch Barn 4,3. Es ist sicher als pass.
div. zu verstehen und meint Gottes Zuwendung zu dem, der sich von
der Jetztzeit abgewandt hat. Damit ist die Unausgeglichenheit zwischen μισήσωμεν und ἀγαπηθῶμεν elegant überspielt. Jedenfalls wird
diese heilsame Zuwendung Gottes völlig in die Zukunft verlegt (vgl.
V 10b)[26] und ist gegenwärtig nur als Ansporn zur Abwendung von
der Welt wirksam.

In den *Vv 3-5* schildert Barn, was die Christen über die Gegenwart erforschen können.[27] Nur so ist der Anschluß an das Vorangegangene zu gewinnen (Rückbezug auf V 1); im übrigen ist der Übergang so unvermittelt, daß sich die Vermutung nahelegt, die Vv 3-5
bildeten ein eigenes Traditionsstück.[28] Thema dieses Stückes ist eschatologische Zeitbestimmung durch Zitate aus apokalyptische Tradition. V 3a bildet die These, die durch drei Schriftzitate (Vv 3b.4.5)

---

[25] So bereits Müller 97.
[26] So richtig R.A. Kraft/Prigent 92, Anm. 2.
[27] Windisch 318.
[28] Vgl. dazu Wengst, Tradition 21f.

bewiesen werden soll: Der völlige Anstoß ist nahegekommen. Freilich
ist durchaus unklar, wie die umständliche doppelte Zitationsformel
in V 3 zu verstehen ist, denn nichts aus dem Text von V 3 läßt sich
in der erhaltenen Henoch-Überlieferung wörtlich wiederfinden. Vier
Möglichkeiten gibt es, die Zitationsformel zu verstehen:
>   a) Das Zitat folgt;
>   b) das Zitat ist im Laufe der Überlieferung ausgefallen;
>   c) das Zitat geht der Formel voraus;
>   d) die Formel soll nur besagen, *daß* etwas über das vollendete
>   Ärgernis geschrieben steht.

Die erste Möglickeit erscheint mir am wahrscheinlichsten. Dann ließe
sich der Anfang von V 3 als These verstehen, die mit dem Schriftzitat ‚begründet' (γάρ) wird. Für den Zitatcharakter von V 3 spricht,
daß die Begründung nicht unmittelbar zum Begründeten paßt, sondern nur mit Hilfe eines (nicht ausgeführten) Zwischengedankens: Das
vollkommene Ärgernis ist nahegerückt, weil Gott die gesetzlose Endzeit verkürzt hat. Bleibt das Problem der Herkunft. Hierzu wäre
einerseits auf die nur fragmentarisch erhaltene *griechische* Henoch-
Tradition zu verweisen, andererseits auf die höchst begrenzte Schrift-
kenntnis des Barn. Außerdem ist der Inhalt des Zitats apokalyptisches Allgemeingut[29], so daß ein anonym umlaufender Satz durchaus
nachträglich einer der apokalyptischen Größen zugeschrieben worden
sein kann. Und schließlich tritt genau dieses Phänomen – ein Henochwort, das sich in der erhaltenen Henoch-Überlieferung nicht finden
läßt – auch in den TestXII auf.[30] Damit erweisen sich die Möglickeiten
b) – d) als Verlegenheitsauskünfte von geringerer Wahrscheinlichkeit.

Σκάνδαλον ist die „Veranlassung zur Sünde"[31], gegeben durch die
Gesetzlosigkeit des jetzigen καιρός (4,3). Sie wird demnächst (aber
noch nicht jetzt, ἤγγικεν) ihre Spitze erreichen. Worin dieses Ärgernis
besteht, läßt sich nicht genau feststellen.[32] Wahrscheinlich soll dies
auch offenbleiben, oder anders: Wegen dieser Offenheit konnte Barn
das Traditionsstück übernehmen. Daß bereits ein Ärgernis vorhanden
ist, zeigen die Mahnungen in den Vv 1b+2, aber das Hauptärgernis
steht noch aus, wiewohl nicht mehr lange. Dieses ἤγγικεν wird nun

---

[29] Vgl. dazu Prigent, Testimonia 149f, mit Material.
[30] J. Becker, Die Testamente der zwölf Patriarchen, Gütersloh ²1980 (JSHRZ
III/1), 43, Anm. a) zu TestSim 5,4.
[31] Bauer, Wb. 1492.
[32] Wengst, Komm., Anm. 35 auf S. 197, denkt wegen Weish 14,11 an das
βδέλυγμα ἐρημώσεως; Windisch 319 an den Antichristen.

durch das Henochwort[33] erklärt. Dadurch sollen zunächst einmal die derzeitigen und kommenden Ärgernisse als schriftgemäß und deshalb gottgewollt bezeichnet, ferner begründet (je kürzer die Zeit, desto ärger das Ärgernis) und ihnen schließlich ein guter Sinn abgewonnen werden. Das höchste Ärgernis ist nahe herbeigekommen, weil Gott als Herrscher der Schöpfung Zeiten und Tage verkürzt hat. Die Verkürzung der Zeit ist auch sonst aus der apokalyptischen Tradition bekannt. ÄthHen 80,2; syrBar 20,1 stellen sie allerdings in den Zusammenhang der Vegetation, deren Ablauf durch die Verkürzung des Jahres unmöglich gemacht wird. Abgezweckt auf die Rettung der Menschen findet sich die Verkürzung der Zeit in Mk 13,20 par Mt 24,22 sowie 5Esra 2,13, ähnlich auch ApkAbr 29,13. Einen vergleichbaren soteriologischen Hintersinn hat die Verkürzung der Zeit vielleicht auch im Barn. Vordergründig aber zielt sie auf den Geliebten[34], d.h. auf Christus (Barn 3,6; 4,8): Sein Kommen und Antreten des Erbes soll sich durch die Verkürzung der Zeiten beschleunigen (ταχύνειν nur hier in der urchristlichen Literatur; vgl. aber 1Clem 23,5b von Gott: ταχὺ ἥξει). Die Parusie wird also eher geschehen als erwartet. Κληρονομία und Verwandte beziehen sich im Barn nur auf das Volk des Erbes, d.h. die Christen.[35] Es ist also anzunehmen, daß auch hier die Christen gemeint sind als das Erbteil, zu dem hin (ἐπί c.Acc. für die Richtung) Christus kommen wird. Das kann eigentlich nur als helfendes, rettendes Eingreifen gemeint sein: Christus wird seine Gemeinde aus dem Zeitalter der Gesetzlosigkeit retten.

Zwei weitere Zitate folgen in den *Vv 4+5*. Das eine wird ‚dem Propheten' zugeschrieben, das andere Daniel. Beide haben aber Texte aus dem Danielbuch zur Grundlage. Wahrscheinlich ist die verschiedene Zuschreibung so zu erklären, daß Barn (oder seine Tradition) kein Danielbuch zur Hand hatte.[36] Wie dem auch sei, die Zitationsformel von V 5 zeigt, daß beide Zitate das Gleiche beweisen sollen

---

[33] Aus der Form (εἰς τοῦτο ..., ἵνα) möchte R.A. Kraft, Epistle 122, schließen, daß dieses Wort auf Barn selbst zurückgeht (mit Verweis auf Barn 5,1.11; 7,10; 14,5b). Diese Formulierung findet sich freilich auch sonst in der urchristlichen Literatur (vgl. Bauer, Wb. 745) und besagt deshalb für sich genommen noch nichts.

[34] Vgl. AscJes 4, zitiert bei R.A. Kraft/Prigent, Anm. 3 zu S. 93 auf S. 95. Weitere Belege bei Müller 92.

[35] S. H. Kraft, Clavis 248. – Sonst hat dieses Wort in der urchristlichen Literatur noch den theologischen Sinn „Heilsbesitz" (Bauer, Wb. 860), der allerdings in Verbindung mit Christus nicht recht paßt.

[36] Vgl. Wengst, Komm. 128.

(ὁμοίως περὶ τοῦ αὐτοῦ): Die Nähe des vollkommenen Ärgernisses
bzw. die Verkürzung der Zeiten. Das eigentliche Beweismittel ist
demnach, weil beiden Versen gemeinsam, die Wendung ταπεινοῦν
τρεῖς ὑφ᾽ ἕν – auf *einmal* statt nacheinander werden drei Könige bzw.
Hörner gedemütigt. So wird die Verkürzung der Zeiten erreicht. Die
Texte des Danielbuches wurden allerdings erheblich verändert[37], um
diesen Beweis leisten zu können. Von auch nur annähernd wörtlichen
Zitaten kann nicht die Rede sein. Vielmehr wird der Inhalt von Dan
7,24 (V 4) und 7,7f (V 5) im wesentlichen richtig wiedergegeben. Das
gilt auch für die Schlußaussagen in den Vv 4+5, die ja das eigentliche
Beweismittel darstellen: ταπεινῶσει (V 4) steht auch Dan 7,24 und ist
von dort aus in die Formulierung V 5 eingedrungen. Zugespitzt wird
die Aussage der Danieltexte durch die Einfügung von ὑφ᾽ ἕν: Diese
Wendung kommt in keinem der beiden Danieltexte vor, trägt aber
bei Barn die Hauptlast des Schriftbeweises. Nur wenn drei Könige
bzw. Hörner auf *einmal* gedemütigt werden, sagen die beiden Danieltexte etwas über die Verkürzung der Zeiten (V 3). Zugleich ist diese
Wendung ein Hinweis auf die höchstwahrscheinliche Entstehungszeit
des Traditionsstücks: Am besten paßt die Demütigung dreier Könige
auf einen Schlag zum Regierungsantritt Vespasians, der seine drei
kurzlebigen Vorgänger Galba, Otho und Vitellius 69 nChr ablöste.[38]
Freilich sind die Formulierungen auch nicht deutlich genug, um über
einen gewissen Grad an Wahrscheinlichkeit hinauszukommen. Anders
betrachtet: Das Orakel von den zehn Königen ist durchaus offen für
andere als die eben versuchten Deutungen, so gewaltsam sie auch sein
mögen. Das gezeigt zu haben, ist das Recht aller anderen modernen
Erklärungsversuche.[39] Zugleich ist mit dieser Offenheit zu erklären,
warum Barn etwa sechzig Jahre später dieses Traditionsstück übernehmen konnte. Da also die Vv 3-5 traditionell sind[40], sagt der Hinweis auf Vespasian direkt nur etwas über die Datierung der Tradition
und dann erst indirekt (als terminus post quem) zur Datierung des
Barn. Das Orakel von den zehn Königen könnte eine Endberechnung
ermöglichen. Für Barn aber steht der ethische Kontext im Vordergrund: Die Verkürzung der Zeiten und die damit verbundene

---

[37] Weitere Einzelheiten bei Windisch 319.
[38] Ausführlich dazu Wengst, Tradition 105f.
[39] Vgl. Windisch 319f.
[40] Weitere Einzelheiten zur Begründung bei Wengst, Tradition 21f, und R.A.
Kraft, Epistle 120-129.

Verschärfung der Drangsale erhöht die Dringlichkeit der Ermahnungen in den Vv 1b+2.

Barn schließt dieses Stück mit der vielsagenden Bemerkung ‚Verstehen müßt Ihr nun!‘ (V 6a) und läßt in den Vv 6b-9a eine Polemik gegen den Satz ‚Das Testament jener ist auch das unsrige‘ folgen. Sie schließt nahtlos an V 2 (ὁμοιοῦσθαι) an und bringt keine eschatologischen Gedanken. Die apokalyptische Argumentation wird dann mit den *Vv 9b-14* fortgesetzt. Hier zieht Barn (bzw. die Tradition) die paränetische Folgerung (διό) aus der in den Vv 3-5 festgestellten Verkürzung der Zeiten. Zunächst wird die Wichtigkeit richtigen Handelns in dieser Endzeit betont (V 9b). Es folgen negative und positive Mahnungen, gruppiert um die Aufforderung zur Gemeinschaft samt Schriftbeweis (Vv 10+11). Nach einer allgemeinen Ankündigung des göttlichen Gerichts (V 12) schließt die Warnung vor Abfall durch Sich-Gehen-Lassen das c.4 ab (Vv 13+14). Ein echter Gedankenfortschritt ist nicht zu erkennen. Vielmehr handelt es sich um eine Aufreihung von Mahnungen.

V 9b erinnert stark an Did 16,2 und Kontext. Hier wie dort ist die erste und wichtigste endzeitliche Mahnung die zur Wachsamkeit, bei Barn als Folgerung aus der Verkürzung der Zeiten eingeführt. Προσέχειν scheint barn Spezialwort zu sein, nicht nur in der Grundbedeutung ‚auf etwas/jemanden achten‘, sondern auch in der weiteren Bedeutung ‚sich vorsehen‘. Barn liefert nun noch seine Begründung für die Wachsamkeit in der Endzeit, bevor er dazu übergeht, die Wachsamkeit zu konkretisieren. Die erste Hälfte des Satzes entspricht im ‚wesentlichen Did 16,2b. Hauptunterschied ist, daß Barn den kommunikativen Plural verwendet. Unsicher ist der Wortlaut des Genitivs nach χρόνος. Die Lesart des Lateiners ‚Leben und Glaube‘ scheint eine späte Kombination aus H ‚Leben‘ und S ‚Glaube‘ zu sein. Die syrische Lesart entspricht dem Didache-Text. Für die Ursprünglichkeit der H-Lesart spricht das Vorhandensein sachlicher Parallelen.[41] Die entscheidende Aussage des Satzes liegt in dem Gegensatz von πᾶς χρόνος und νῦν. Für Barn kommt es nicht auf die großen Taten der Vergangenheit an, sondern auf die Bewährung des Christseins jetzt, unter erschwerten Bedingungen. Zur Formulierung dieses Sachverhalts greift er auf Erkenntnisse vom Anfang dieses Kapitels zurück: Das jetzige Zeitalter ist gesetzlos (V 1b; vgl. 18,2); zu ihm gehören Ärgernisse, also Anlässe zur Sünde, deren größter jetzt kurz

---

[41] Ausgeführt bei Windisch 324.

bevorsteht (V 3a). Diesen Ärgernissen gilt es zu widerstehen – das καί ist als ‚auch' und nicht als ‚und' zu interpretieren⁴² und folglich τοῖς μέλλουσιν σκανδάλοις als Dativobjekt zu ἀντιστῶμεν zu ziehen. Solcher Widerstand ist angemessen für die Söhne Gottes, d.h. die Christen (vgl. 15,2). Das Versagen in dieser Situation wird nicht aufgewogen durch eine noch so erfolgreiche vorangegangene Lebenszeit. Vielmehr ist das Bestehen der gesetzlosen Endzeit als Zusatzleistung gedacht (καί). Was ein Versager riskiert, wird in den Vv 12-14 ausgeführt werden. Auch in V 9b führt die Qualifikation der Jetztzeit als Endzeit zu einer größeren Wichtigkeit rechten Handelns *jetzt* und dient folglich als Mittel zur Einschärfung der Mahnungen.

Die Vv 10+11 bringen dann eine Konkretisierung der Wachsamkeit in der Endzeit: Flucht vor Nichtigkeit, Haß böser Werke, Warnung vor Vereinzelung und Mahnung zur Gemeinschaft (mit Schriftbeweis), kurzum: Sorge um die Furcht Gottes und das Einhalten seiner Gebote.

Übergangslos wird in *V 12* Gottes gerechtes Gericht über die Welt angekündigt. Die Aussage dieses Verses ist so bekannt aus christlicher und jüdischer Tradition, daß sich eine weitere Erklärung fast erübrigt. Einige Besonderheiten fallen jedoch auf. So ist die Aussage vom Gericht über den Kosmos selten in frühjüdischer (vgl. Bill. III 139) und frühchristlicher Tradition (vgl. 1Kor 6,2; Act 17,31). Freilich wird diese Nuance im Folgenden nicht weiter akzentuiert. Hingegen ist das Nicht-Ansehen der Person weit verbreitet in der frühchristlichen (vgl. 1Petr 1,17, dazu auch Kol 3,25) und frühjüdischen Tradition (äthHen 63,8; syrBar 13,8; aber auch schon Dtn 10,17f). Statt der Person geben allein die Werke den Ausschlag im Gericht. In V 12b wird ein Tun-Ergehen-Zusammenhang formuliert, der zumindest oberflächlich ohne den göttlichen Richter auszukommen scheint, ein Automatismus, der offenbar einer förmlichen Gerichtsverhandlung nicht bedarf. Im Zusammenhang mit V 12a sollen diese Aussagen jedoch die absolute Gerechtigkeit und Richtigkeit göttlichen Urteilens zeigen. Zunächst wird das Prinzip des Gottesgerichts genannt: Jeder wird empfangen, wie er gehandelt hat – κομίζεσθαι wie Eph 6,8; 2Kor 5,10; Kol 3,25. Dieses Prinzip wird schließlich in zwei parallelen Konditionalsatzgefügen positiv und negativ konkretisiert. Der Gegensatz verläuft zwischen Gut und Böse (ἀγαθός, πονηρός). Die Gerechtigkeit, hier als gerichtlich bestätigte Eigenschaft verstanden (vgl. 1,6),

---

⁴² Gegen Bauer, Wb. 133, und alle Kommentare.

des guten Menschen wird ihm vorangehen. Die Formulierung erinnert an Jes 58,8 (der größere Kontext wird Barn 3,3-5 zitiert), wo von der (irdischen? himmlischen?) Herrlichkeit der Gerechten die Rede ist. Ähnlich, aber in anderer Folge gedacht ist Apk 14,13: Die Werke folgen den Verstorbenen nach. Gegenteilig ergeht es den Bösen (πονηρός ist für Barn alles, was mit Sünde und Teufel zusammenhängt): Vor dem Bösen wird die Vergeltung für seine Bosheit hergehen (oder stehen?). Auch die gerichtliche Vergeltung für Böses (und Gutes) ist urchristliches Allgemeingut, vgl. nur 2Petr 2,13.15, aber auch Röm 1,27; Hebr 2,2; deutlicher dann Herm 95,1: κόλασις τῆς πονηρίας. Das ist selbstverständlich auch bei Barn impliziert, auch wenn μισθός beide Möglichkeiten offenläßt und deshalb am besten mit ‚Vergeltung für …‘ zu übersetzen ist. – Das Gericht Gottes wird also allein nach den Werken urteilen, und erst dann wird endgültig über Heil und Unheil entschieden werden. Allein der Mensch mit seinen Werken ist für das Urteil verantwortlich. Daraus ergibt sich eine große Dringlichkeit des Aufrufs zu guten Werken, aber auch eine gewichtige Drohung: Offenkundig können im Endgericht weder der Glaube noch Christus helfen; selbst getaufte Christen können also der Verdammung verfallen, wenn sie nicht Rechtschaffenheit aufzuweisen haben. Ob das aber bereits im Blick des Barn lag, ist nicht sicher. Sein Interesse ist vor allem auf die Motivierung zur Rechtschaffenheit gerichtet.

Der Drohung mit dem gestrengen Richtergott folgt eine Warnung vor den Machenschaften des Teufels (*V 13*). Diese Warnung ist als Ausruf formuliert. Gewarnt wird vor geistlichem Ausruhen und Schläfrigkeit, welche Gefahr Barn wohl schon mit der Berufung auf das Berufensein (κλητοί) gegeben sieht. Dazu würde auch die Ankündigung des Endgerichts passen (V 12): Über das Heil der Christen wird erst am Jüngsten Tag entschieden; es ist noch nichts geschehen, worauf man sich ausruhen könnte. Die Warnung vor dem Ausruhen ist die negative Kehrseite der Mahnung zum Kämpfen V 11b. Die Gefahr, die dem Schläfrigen droht, ist Inhalt von V 13b: Der böse Fürst könnte Macht über die Christen gewinnen und sie so aus dem Reich des Herrn vertreiben. Eine ähnliche Gefährdung wird auch 1QS III 20ff angekündigt (vgl. noch 2Clem 5,3), dort allerdings verbunden mit der Verheißung der Hilfe Gottes. Diese fehlt bei Barn. Vielmehr soll die große Gefährdung durch den Teufel erhöhte Wachsamkeit und Aktivität auf Seiten des Menschen nach sich ziehen. Die Wendung βασιλεία τοῦ κυρίου ist einmalig in der urchristlichen Literatur (ähnlich nur 2Tim 4,18), dürfte aber gleichbedeutend mit dem klassischen βασιλεία τοῦ θεοῦ sein. Der Ausdruck meint hier den räumlich vorgestellten Herrschaftsbereich Gottes, wobei offenbleiben muß, ob mit κύριος Gott selbst oder Jesus Christus gemeint ist. Die Warnung wird exemplifiziert am Volk Israel und durch das Schriftwort ‚Viele sind berufen, aber wenige auserwählt' (V 14) bewiesen.

Insgesamt werden in c.4 eschatologische Gedanken vor allem als Drohung eingesetzt. Betont wird die Gefährlichkeit der Endzeit, als welche Barn seine Gegenwart qualifiziert. Sie ist gekennzeichnet durch Gesetzlosigkeit und Machenschaften des Teufels und fordert deshalb erhöhte Aufmerksamkeit und Widerstand von den Christen. Aber nicht nur die böse Gegenwart droht, sondern auch das künftige strenge Gericht Gottes. Erst dort wird über das Heil entschieden, und zwar nach den Werken der Gegenwart. Auch und gerade dort noch kann den Christen der Verlust des Heils drohen. Die sittlichen Verhaltensweisen, die mit diesen Drohungen eingeschärft werden sollen, bleiben blaß, genauer: meist negativ, nämlich: Hohlheit hassen, vor Gesetzlosigkeit fliehen, Widerstand leisten. An Positivem erscheint nur die Mahnung zur Gemeinschaft sowie zur Bemühung um das Einhalten der Gebote. Die Konkretisierungen, die hier fehlen, wird dann aber die Zwei-Wege-Lehre cc.18-20 liefern.

In der Zwischenbemerkung *5,3*, die scheinbar zufällig dort steht, wahrscheinlich aber als Abschluß eines Gedankengangs gedacht war, nimmt Barn sein hermeneutisches Programm aus 1,7 wieder auf. Die Wörter stimmen nahezu überein: ἐγνώρισεν, παρεληλυθότα, μέλλοντα. Anders als in 1,7 werden hier weder die Vermittler der Offenbarung noch ihr Zweck angegeben; vielmehr wird die Verpflichtung zur übermäßigen Dankbarkeit[43] betont. Danken sollen die Christen für die Kenntnisgabe von Vergangenem und Gegenwärtigem sowie von Andeutungen über das Zukünftige. Die doppelte Verneinung ist als vorsichtige Formulierung zu verstehen, ganz auf der Linie von 1,7, wo im Hinblick auf das Zukünftige von einem Vorgeschmack die Rede war. Οὐκ ἀσύνετος meint nach Barn 2,9 vor allem des rechte Verstehenkönnen der Absicht Gottes, welches den Christen möglich, den Juden aber verwehrt ist. – Das Zukünftige, also wahrscheinlich die Endereignisse, ist nach dieser Bemerkung als Kenntnisgabe von Gott

---

[43] Ὑπερευχαριστεῖν nur hier in der urchristlichen Literatur. Weitere Belege aus späterer Zeit bei Lampe, Lexicon 1439.

her Gegenstand christlicher Erkenntnis. Sie verpflichtet die Christen zu großer Dankbarkeit gegen Gott.

In 5,5-7 wirft Barn ein neues Problem auf – ἔτι δὲ καὶ τοῦτο ist redaktionelle Überleitung –, das seine endgültige Antwort erst in 7,2 finden wird: Wie geschah es, daß der präexistente Gottessohn sich von Menschenhänden hinrichten ließ? Beantwortet wird diese Frage mit Hilfe ausführlicher Schriftexegese. V 6 soll dann, folgt man dem Inhalt des ersten Satzes, das Zeugnis der Propheten wiedergeben, fährt jedoch sogleich mit einer Aussage über Christus selbst fort, die in ein ausgesprochen unübersichtliches Satzgefüge gekleidet ist. Dieses wird sehr viel durchsichtiger, wenn man die Sätze folgendermaßen anordnet[44]:

... ἐπροφήτευσαν, ὅτι ἐν σαρκὶ ἔδει φανερωθῆναι,
ἵνα καταργήσῃ τὸν θάνατον καὶ τὴν ἐκ νεκρῶν ἀνάστασιν δείξῃ,
αὐτὸς δε ὑπέμεινεν, ἵνα τοῖς πατράσιν ...

Damit werden Zweck und Inhalt sowie Erfüllung der alten Prophezeiungen deutlich sichtbar: Die Propheten haben die Notwendigkeit der Inkarnation vorhergesagt, die ihren Zweck in der Vernichtung des Todes, d.h. in der Anzeige der Totenauferstehung, hat (V 6). Christus wiederum litt, um den Vätern die Verheißung zu erfüllen und um durch die Schaffung eines neuen Volkes während seiner Erdenzeit seine künftige Tätigkeit als Auferwecker und Richter anzuzeigen. Mit der Übergangswendung πέρας γέ τοι wendet sich Barn in V 8 einem anderen Problem zu.

Aus diesem ganzen Kontext interessiert hier nur, welche Rolle die Auferweckung der Toten spielt. In V 6 wird als sinngebender Zweck (ἵνα) für die Inkarnation des Präexistenten die Vernichtung des Todes und folglich der Ermöglichung der allgemeinen Totenauferstehung angegeben. Diesen Zusammenhang bringt auch IgnEph 19, ein zusätzliches Argument für die oben vorgenommene Umstellung des überlieferten Textes. Die Vernichtung des Todes als Wirkung der Inkarnation schildern noch Hebr 2,14; 2Tim 1,10b; später Justin, apol. I 63; Irenäus, epideixis 38[45], während Paulus die Vernichtung des Todes dem Eschaton zuordnet (1Kor 15,26). Das kosmische Ereignis ‚Vernichtung des Todes' hat die anthropologische Wirkung

---

[44] Nach Wengst, Tradition 24f.
[45] Dieses und weiteres Material zitiert bei Windisch 328.

214 Eschatologie als Schriftauslegung

‚Ermöglichung der Totenauferstehung'. „Durch seine eigene Auferstehung musste Christus die Auferstehung von den Todten überhaupt bewirken und darlegen"[46] (δειχνύναι). Dies die Prophezeiung, es folgt die Darstellung ihrer Erfüllung (V 7). Diese ist nach der Formulierung der Frage V 5 gebildet: ὑπέμεινεν. Die Verbindung zur Prophezeiung ist so herzustellen, daß Auferstehung und Inkarnation das Leiden notwendig einschließen. Hauptzweck des Leidens ist die Erfüllung der an die Väter gerichteten Verheißungen, sodann aber der Beweis dafür, daß Christus auferwecken und richten wird. Diesen Beweis hat Christus während seines Erdenwirkens – evtl. ist ἐπὶ τῆς γῆς ὤν, weil nachklappend, Glosse oder auch Zufügung des Barn zur vorgebenen Tradition – dadurch erbracht, daß er sich das neue Volk schuf (vgl. Tit 2,14b). Der Beweis geht freilich nur dann auf, wenn man annimmt, daß die Schöpfung des neuen Volkes die Verwerfung des alten impliziert, welcher Vorgang dann Vorbild für Erwählung und Verwerfung im Endgericht wäre. Dem Endgericht geht die allgemeine Totenauferweckung voraus – so jedenfalls spätere christliche Auffassung –, so daß sich τὴν ἀνάστασιν αὐτὸς ποιήσας durchaus darauf beziehen könnte.[47] Auch gegen Christus als Auferwecker der Toten kann mit IgnTrall 9,2 nichts einzuwenden sein, wiewohl diese Vorstellung in der urchristlichen Literatur selten ist. Der Aorist ποιήσας könnte jedoch Christi eigene Auferstehung, verstanden als Selbsterweckung wie IgnSm 2, meinen.[48] Dann wäre an eine Reihenfolge zu denken, wie sie sich in ausgeführter Form im Apostolicum findet. Aber das αὐτός kann nicht als Argument für diese Auffassung angeführt werden, da es auch im ἵνα-Satz lediglich zur Betonung des Subjekts eingesetzt wird, also nicht als Verschreibung aus αὐτοῦ oder ἑαυτοῦ zu deuten ist. Ausschlaggebend für die Entscheidung dieser Frage ist aber die Überlegung, daß eine Form von ἀνίστημι hätte stehen müssen, wenn Barn von der Auferstehung Christi hätte schreiben wollen. Das Substantiv, zumal in Verbindung mit ποιεῖν, läßt es doch wahrscheinlicher sein, daß die allgemeine Totenauferstehung gemeint ist. Der Aorist wäre dann vielleicht als vorzeitig zu κρινεῖ zu interpretieren. Die Vorstellung von Christus als dem Richter ist zwar selten, aber keineswegs einmalig in der urchristlichen Literatur.[49]

---

[46] Müller 140.
[47] Vgl. R.A. Kraft/Prigent 109; auch Funk, Patres I 51.
[48] So Müller 142; Windisch 329.
[49] Vgl. dazu E. Lohse, Christus als der Weltenrichter passim.

Die Auferstehung der Toten und das Endgericht sind an dieser Stelle Hilfsmittel, um den Sinn der Inkarnation zu erklären: Der Präexistente mußte im Fleisch erscheinen, leiden, sterben und auferstehen, um die Möglichkeit der Auferstehung durch die Vernichtung des Todes zu eröffnen. So ist es nach Barn von den Propheten geweissagt. Der inkarnierte Herr hat sich ein neues Volk geschaffen, um damit die künftige Auferstehung und das Endgericht im Voraus anzuzeigen. Die Auferstehung ist also die anthropologische und zukünftige Seite des vom Inkarnierten ausgelösten und vollendeten kosmischen Vorgangs der Vernichtung des Todes. Für die Gegenwart bleibt da nichts an Heil übrig. Freilich liegt darauf nicht der Schwerpunkt des Arguments. Es zielt vielmehr darauf, von den Ergebnissen her dem unglaublichen Vorgang des Leidens des Präexistenten einen Sinn und damit ein Motiv zu verleihen. Die Auferstehung der Toten wird hier also zu einem beweisbaren Vorgang.

Im Rahmen der Lösung des Problems von 5,5 – Warum mußte der Präexistente Mensch werden und leiden? – handelt der Abschnitt *6,1-4* vom Auferstandenen. Denn die Auferstehung und ihre allgemeine Ermöglichung waren nach 5,6 einer der sinnstiftenden Zwecke der Inkarnation. Zunächst kommt in den Vv 1-2a der Auferstandene selbst mit einer Schriftstelle zu Wort, die seine Hoheit unterstreichen soll. Die Vv 2b-4 bringen dann einige Schriftbelege zum Schlüsselwort ‚Stein', die auf den Auferstandenen bezogen werden. Mit der brieflichen Zwischenbemerkung V 5 lenkt Barn noch einmal zum Leiden zurück, das bereits in 5,8-14 Gegenstand schriftgelehrter Erörterung gewesen war.

V 2b bringt ein wörtliches Zitat aus dem Jesajabuch (28,16a), versehen mit einer Situationsangabe, die ebenfalls dem Jesajabuch (8,14f) entnommen sein könnte. Sie bezieht sich grammatisch auf den Propheten, inhaltlich (vgl. V 3) aber auf Christus. Die Situation: als starker Stein zum Zermalmen aufgestellt. V 3 zeigt dann, daß Barn hauptsächlich an der Stärke des Steins interessiert ist und sie auf die Auferweckung Christi deutet. Das Zitat selbst beleuchtet die Setzung des Steins in einem Bild: In die Fundamente Zions wird ein wertvoller Stein eingefügt. Dieses Bild ist aber nicht der Hauptzweck, weshalb das Zitat angeführt worden ist. Vielmehr bot sich Jes 28,16 wegen seiner zweiten Hälfte an, die in V 3 zitiert und ausgelegt wird. Daß Barn bzw. die ihm vorliegende Tradition dieser Hälfte das Hauptgewicht beilegte, wird an der Unterbrechung des originalen Textzusammenhangs durch die Suggestivfrage ‚Was sagt er dann?' deutlich. Allerdings ist der Wortlaut und damit der Sinn des Zitats erheblich verändert: Heißt es bei Jesaja (und bei den weiteren Vorkommen des Zitats Röm 9,33; 10,11; 1Petr 2,6) οὐ μὴ καταιςχυνθῇ, so setzt Barn hier ζήσεται εἰς τὸν αἰῶνα ein. Diese Wendung findet sich noch vier weitere Male im Barn (9,2; 11,10.11; 8,5), verleiht dem ganzen Zitat johanneischen Klang (vgl. Joh 6,51.58.47; 5,24), kommt aber bereits in der LXX vor (z.B. Gen 3,22 wörtlich, der Sache nach öfter). Aus der dem Zitat folgenden Frage ergibt sich, daß hier bewußt geändert worden ist. Ausgesagt wird hier, daß der Glaube an den auferstandenen Christus die Teilhabe am Ewigen Leben nach sich zieht. Anders als im Johannes-Evangelium wird dieses Ewige Leben stets zukünftig gedacht. Zu beachten ist auch, daß nach dieser Stelle allein der Glaube Voraussetzung zum Empfang des Ewigen Lebens ist. Dabei muß freilich berücksichtigt werden, daß dieses Zitat vom Barn nicht um der eben erwähnten Sachaussage willen aufgenommen wurde, der Sachaussage also nicht allzu viel Gewicht im Ganzen der barn Theologie beigemessen werden darf. Die Fortsetzung zeigt nämlich, daß der Glaube hier in dem für Barn charakteristischen Sinn (vgl. 1,6) als Hoffnung verstanden wird. Im weiteren V 3 wehrt Barn ein wörtlich-materialistisches Verständnis des Zitats vom Stein ab (vgl. 16,1f mit gleicher Absicht) und bietet stattdessen die bildliche Auslegung auf den auferstandenen Christus, die er mit einem gegenüber der LXX und der eigenen Zitierung 5,14 veränderten Satz aus Jes 50,7 beweist. – Das Ewige Leben ist hier Gegenstand der Hoffnung und wird erworben durch den Glauben an den auferstandenen Christus.

Der Abschnitt *6,8-19* steht beziehungslos in der Argumentation über die Frage nach dem Warum der Inkarnation des Präexistenten (5,1 - 7,2). Über eine ursprüngliche Einheitlichkeit des Abschnitts selbst ist damit jedoch noch nichts gesagt. Sie erscheint vielmehr recht unwahrscheinlich angesichts des schwer durchschaubaren Gedankengangs. Das Stück gibt sich (V 9a) als Auslegung eines Mosespruches (V 8), der so nirgends im Pentateuch zu finden ist. Am nächsten kommt dem hiesigen Wortlaut noch Dtn 1,8. Drei Durchgänge der Auslegung sind zu erkennen[50]:

---

[50]   Andere Aufteilung bei N.A. Dahl, La terre où coulent le lait et le miel selon Barnabé 6,8-19, in: Aux sources de la tradition Chrétienne (FS M. Goguel), Neuchatel 1950, (62-70) 63.

1. V 9 Interpretation der Erde als leidender Jesus – dies wohl der Anknüpfungspunkt zum Kontext –;
2. Vv 10-16 Interpretation des Eingehens in das Land auf die christliche Gemeinde als eschatologische Neuschöpfung;
3. Vv 17-19 Interpretation von Milch und Honig auf die babyhafte Existenzweise der Glaubenden hier und jetzt sowie ihre eschatologische Herrschaft.

Für mein Thema sind aus diesem komplexen Zusammenhang wichtig die Aussagen über die eschatologische Neuschöpfung sowie über die eschatologische Herrschaft der Gläubigen. – Der zweite Auslegungsgang (*Vv 10-16*) setzt ein mit einer Wiederholung des jetzt auszulegenden Zitatteils: ‚in das gute Land, ein Land, von Milch und Honig fließend‘ (V 10a). Es folgt eine lobende Bemerkung über den göttlichen Ursprung von Weisheit und Erkenntnis (V 10b). V 11 bringt bereits den Sinn, der aus dem Zitat herausgeholt werden soll – genauer: das Auslegungsprinzip. Dieser Satz ist vom Wortlaut des Zitats so weit entfernt, daß der ‚innere‘ Zusammenhang erst aufwendig hergestellt werden muß. Diesem Zweck dient die Argumentation Vv 12f. Es wird nämlich in V 11 die geschehene Erneuerung der Christen, die ihnen durch Vergebung der Sünden gleichsam die Seelen von Kindern verliehen hat (s. V 17!), als Neuschöpfung der Christen durch Gott verstanden. Wahrscheinlich ist hier die Taufe gemeint. Das Verständnis des Christwerdens als Erneuerung findet sich auch sonst in der urchristlichen Literatur: 1Petr 1,3.23; Joh 3,3 (von neuem geboren); 2Kor 5,17; Gal 6,15 (neue Schöpfung). Nirgends freilich wird die Neuschöpfung so ausführlich begründet und mit dem gelobten Land in Verbindung gebracht wie hier. In V 12 wird dann der Schriftbeweis für die eschatologische Neuschöpfung geführt, und zwar ganz einfach so, daß Gen 1,26+28 recht wörtlich zitiert werden und behauptet wird, das Zitierte sei eine Aussage über die Christen.[51] Was dann aber die Herrschaft über die Tiere zu bedeuten hat, wird in den Vv 18f gezeigt werden. Es muß nun noch die Möglichkeit bzw. Notwendigkeit erwiesen werden, das Zitierte auf die Christen zu übertragen. Dies geschieht in V 13 durch die Behauptung: Er hat eine zweite Schöpfung in der Endzeit gemacht. Man beachte den Aorist, der der Formulierung V 11 aufs beste korrespondiert! Diese zweite Schöpfung ist also bereits geschehen, und zwar in der Neuschöpfung der Christen. Daß Barn seine Zeit als die Endzeit versteht, hatte er

---

[51] Eine andere Auslegung dieser Verse in 1Clem 33,4-8.

bereits in c.4 gezeigt. Daß Aussagen über die erste Schöpfung auf die
zweite übertragen werden können, wird mit einem Herrenwort unbe-
kannter Herkunft[52] bewiesen: ‚Siehe, ich werde die letzten Dinge wie
die ersten machen.' Diese Neuschöpfung ist also der Sinn der prophetischen Worte, die bereits in den Vv 8+10 zitiert worden sind und
hier noch einmal aufgenommen werden: Geht hinein in das von Milch
und Honig fließende Land – allerdings mit einer Ergänzung aus Gen
1,28: – und macht es euch untertan. – Barn versteht also die Taufe
als eschatologische Neuschöpfung, die bereits geschehen ist. Er sieht
nämlich seine Zeit als die Endzeit an. Diese Neuschöpfung entspricht
der ersten Schöpfung, erfüllt also das Herrenwort von der Entsprechung der künftigen zweiten zur ersten Schöpfung. Zugleich ist die
Neuschöpfung der sachliche Gehalt des Prophetenworts vom Eingehen in das gute Land. Außer der Vergangenheitseinordnung dieses eschatologischen Ereignisses ist die rein anthropologische Betrachtung
desselben bemerkenswert.

Nachdem in den Vv 14-16 noch die innerliche und ekklesiologische Dimension der eschatologischen Neuschöpfung ausgeführt worden waren, setzt Barn in *Vv 17-19* einen dritten Auslegungsgang an,
der von den Wörtern ‚Milch und Honig' ausgeht. Dabei greift er das
Bild vom Kleinkind aus V 12 auf, das für den derzeitigen Status der
Christen steht: Wie ein Kleinkind durch Honig und Milch am Leben erhalten wird, so leben die Christen als solche, die durch den
Glauben an die Verheißung und das Wort lebendig gemacht worden
sind. ‚Milchtrinken' steht als Metapher für das Anfängerstadium des
Christseins auch 1Kor 3,1-3; Hebr 5,12; 1Petr 2,2. Bei Barn ist jedoch
das gegenwärtige Christsein als solches gemeint. Spätere Deutungen
verstehen Milch und Honig als Vorgeschmack auf das Paradies[53], Barn
jedoch geht von der allgemein bekannten Tatsache aus, daß Milch
und Honig Kindernahrung sind, und kommt so zu der Kennzeichnung
des jetzigen Christenstandes als unvollkommen. Sein Interesse geht
freilich darüber hinaus, denn die Beschreibung des jetzigen Christenstandes ist lediglich als Partizipialkonstruktion einer Aussage über das
künftige Leben der Christen als Herrscher zugeordnet. Diese klang

---

[52] Vgl. das Material bei Windisch 337 und die ausführliche Erörterung bei
Prigent, Testimonia 87-89. – Dieses Herrenwort entspricht verbreiteter jüdischer Anschauung: P. Volz, Eschatologie 359.

[53] Material bei Müller 177f; Windisch 338. – Vgl. auch L.W. Barnard, A Note
on Barnabas 6,8-17, in: StPatr IV, Berlin 1961 (TU 79), 263-267, bes. 265f.

bereits in dem ‚Prophetenwort' V 13fin als zweiter Teil eines Imperativs an, dessen erster Teil in V 16fin als erfüllt konstatiert wurde.

Die Aussage über die künftige Herrschaft der Christen findet Barn als Voraussage in dem Gotteswort Gen 1,28, dessen Wörter er aufnimmt und für seinen Bedarf aus der 2. in die 3. Pers. Pl. umformt. Dieses Wort hatte er bereits in V 12 zitiert, dort aber nicht weiter ausgelegt. Jetzt kommt es ihm weniger auf die Ausbreitung und Vermehrung als auf die Herrschaft (hier: ἄρχειν) des Menschen an. Die Fische stehen hier beispielhaft auch für die übrigen Tiere. Mit der folgenden Frage, die den Wortlaut aus Gen 1,28 aufnimmt und auf die Barn ein Nein erwartet, zeigt er, daß diese Prophezeiung in der Gegenwart nicht erfüllt ist. Niemand kann z.B. über die wilden Tiere, die Fische und die Vögel des Himmels herrschen, und um dieses noch zu verdeutlichen, setzt Barn dem Wortlaut von Gen 1,26.28 die θηρία zu (vgl. aber Gen 1,24.25.30!), welches Wort im Griechischen besonders die *wilden* Tiere bezeichnet.[54] Die folgende Erklärung, was ἄρχειν eigentlich bedeutet, erscheint fast überflüssig, stellt aber den Zusammenhang zum bisher verwendeten κατακυριεύειν her: Herrschen besteht in der Vollmacht, durch Anordnungen Herr zu sein. Wenn damit ein Mißverständnis von ἄρχειν abgewehrt werden sollte, so ist nicht klar, welches, denn der lexikalische Befund ist eindeutig: Ἄρχειν heißt entweder ‚führen, herrschen' oder c.inf. ‚anfangen'. In V 19 zieht Barn aus dem aktuellen Nichtgeschehen dieser Herrschaft die Folgerung – unter der Voraussetzung, daß diese Voraussage irgendwann gelten muß –, daß demnach die Prophezeiung auf die Zukunft der Menschen zielt. Diesen Zeitpunkt qualifiziert er als Vollendung zu Erben des Herrentestaments. Mit diesen Worten weist Barn über den unmittelbaren Sinnzusammenhang hinaus. Direkt anschließen könnte sich hier Barn 13,1, nämlich die Frage: Wer sind die Erben des Testaments? Dieser Verweis zeigt, daß ‚Erben des Testaments' keine eschatologische Qualifikation der Christen ist. Diese liegt vielmehr in der Bedingung des Vollendetwerdens, die mit der Beschreibung des Christenstandes als Säuglingsdasein zusammengesehen werden muß. Diese Vollendung – wie sie inhaltlich zu denken ist, bleibt offen – steht jedenfalls noch aus. Damit hat Barn den eschatologischen Vorbehalt formuliert, als Gegengewicht zu dem bereits geschehenen Ereignis der eschatologischen Neuschöpfung. Mit dieser Ansage der Herrschaft über die Tiere für die eschatologische Zukunft

---

[54] Bauer, Wb. 713f.

nimmt Barn Stoff aus der frühjüdischen Tradition[55] auf und führt zugleich das Prinzip τὰ ἔσχατα ὡς τὰ πρῶτα beispielhaft durch. Denn die Herrschaft über die Tiere gehört nach Gen 2,19f zum verlorenen Paradieseszustand. – Barn setzt ein Gegengewicht zum geschehenen eschatologischen Ereignis der Neuschöpfung, indem er die Aufforderung zur Herrschaft über die Tiere Gen 1,26+28 als eschatologische, noch nicht erfüllte Prophezeiung interpretiert, und kann auf diese Weise sowie mit Hilfe des Bildes vom Säugling für den gegenwärtigen Christenstand den eschatologischen Vorbehalt formulieren. Zwar scheint er für das Eintreten der Herrschaft über die Tiere einen Termin anzugeben, als Vollendung der Christen ist dieser aber so unbestimmt wie nur möglich gelassen.

Barn *7,6-11* gehört als selbständige Einheit mit 7,3-5 zusammen zum größeren Kontext über das Thema ‚Das Leiden des Präexistenten'. Durch typologische Auslegung der Böcke des Versöhnungstages wird auch dieses Thema noch einmal aus der Schrift behandelt, nachdem in 7,1f die Ausgangsfrage aus 5,1ff beantwortet worden war. Wird in den Vv 3-5 die Tränkung mit Essig und Galle als schriftgemäß erwiesen, so ist in den Vv 6-11 die Identität des Wiederkommenden mit dem Gekreuzigten Gegenstand der Auslegung. Diese verläuft folgendermaßen[56]: In den Vv 6-8 wird die auszulegende Schriftstelle angeführt, versehen mit einigen didaktischen Bemerkungen. Diese Schriftstelle ist ein Exzerpt aus Lev 16, bes. Vv 5-10.21f, angereichert durch frühjüdische Tradition[57] und eine naturkundliche Bemerkung V 8fin. In einem ersten Auslegungsgang Vv 9+10 wird die Identität des wiederkommenden mit dem gekreuzigten Jesus aus der Gleichheit der beiden Böcke des Versöhnungsfestes bewiesen. V 11 bietet schließlich eine allegorische Auslegung der Wolle in den Dornen auf die Mühsal vor dem Reich Gottes.

Die Auslegung in *V 9* knüpft an den Sachverhalt an, daß der eine Bock am Versöhnungstag zum Opfer bestimmt, der andere aber verflucht und bekränzt ist. Der verfluchte Bock wird als Vorausabbildung des bei der Parusie erscheinenden Christus interpretiert (vgl.

---

[55] Hinweise bei Windisch 339; vgl. auch Jes 11,6ff; syrBar 73,6; Irenäus, haer. V 33,4; weiter E. Gräßer, ΚΑΙ ΗΝ ΜΕΤΑ ΤΩΝ ΘΗΡΙΩΝ (Mk 1,13b), in: Studien zum Text und zur Ethik des Neuen Testaments (FS H. Greeven), hg. W. Schrage, Berlin 1986 (BZNW 47), 144-157.

[56] Zur formalen Analyse vgl. L. Helm, Schriftauslegung 15-19.

[57] mYom VI 4a.6a, zitiert bei Windisch 346; vgl. auch Köster, Überlieferung 152-156.

Justin, dial. 40,4; Tertullian, Adv. Marc. III 7,7). Die erste Hälfte
des Verses faßt die Sachaussage des Zitats zusammen, die dann interpretiert werden soll: ἐπὶ τὸ θυσιαστήριον statt εἰς ὁλοκαύτημα und
ἐστεφανωμένον statt περίθετε κτλ. Mit der zuletzt genannten Erset-
zung scheint also schon eine Umdeutung zum Positiven verbunden zu
sein. Direkt aus dem Zitat übernommen, aber nirgends in Lev 16
auch nur der Sache nach belegt und deshalb höchstwahrscheinlich aus
urchristlicher Tradition (Gal 3,13 nach Dtn 21,23) in die Schriftstelle
eingetragen ist ἐπικατάρατος.

> Die in der Formulierung ‚der bekränzte Verfluchte‘
> sich abzeichnende Dialektik würde einer dogmati-
> schen Christologie alle Ehre machen und die Iden-
> tität des Triumphierenden mit dem Gekreuzigten
> als hinreichend in der Schrift belegt erscheinen las-
> sen. Barn aber argumentiert anders, wie V 9 zeigt,
> nämlich mit der Ähnlichkeit der beiden Böcke des
> Versöhnungstages.

Der damit gemeinte Sachverhalt könnte jedoch seinen Anhalt im
Ritual haben: Der zweite Bock wird mit den Sünden des Volkes bela-
den und in die Wüste geschickt. Die Parusie des Verfluchten als Tri-
umphator wird aus dem angenommenen Blickwinkel der Juden (‚Wir
haben ihn gekreuzigt‘) geschildert. Der Übergang von der Zusammenfassung zur Auslegung wird durch ἐπειδή geschaffen. D.h.: Der
Antitypus regiert den Typus; dieser ist ganz von jenem abhängig, hat
also nur noch eingeschränkte Wirklichkeit. Die Auslegung interpre-
tiert die Schriftstelle vom bekränzten Bock auf die Parusie Christi.
Die Brücke zwischen Text und Auslegung wird gebildet durch die
Gleichsetzung von Bekränztsein und Bekleidetsein mit einem roten
Mantel. Sonst hat die Auslegung keinen Anhalt am Text. Das in der
Auslegung geschilderte künftige Geschehen ist in einigen seiner Ele-
mente bereits durch jüdische und christliche Tradition vorgeformt:
Ὄψονται kann geradezu als terminus technicus für das Sehen bei der
Parusie bezeichnet werden, vgl. Apk 1,7 (nach Sach 12,10 TheodAq);
Did 16,8; Mt 24,30; 26,64 u.ö. ‚Der Tag einst‘ ist der Jüngste Tag,
der Tag der Parusie. Ποδήρης kommt in der urchristlichen Literatur nur noch Apk 1,13 (nach Ez 9,2.11) vor. Mit der Bezeichnung
des Mantels als κόκκινος wird die einzige Beziehung zum Wortlaut
des auszulegenden Textes hergestellt (s. V 8a). Die, die hier den
wiederkehrenden Christus sehen und mit Entsetzen wiedererkennen,

222 Eschatologie als Schriftauslegung

sind mit Sicherheit nach der folgenden Selbstaussage ἐσταυρώσαμεν die Juden. Auch das Wiedererkennen am Jüngsten Tag ist bereits traditionell belegt: 2Clem 17,5 (ἄπιστοι); 4Esra 7,37f; Weish 5,1-5[58], jedesmal mit der Einsicht in einen früheren Irrtum und in das Zuspät zum Korrigieren verbunden. So auch hier: Die Selbstaussage ist wie das Zitat, aus dessen Wörtern sie teilweise gebildet ist, geformt durch Anspielungen auf die Passionsgeschichte: Zu κατακεντήσαντες vgl. Joh 19,37; zu ἐμπτεύσαντες vgl. Mk 14,54 par Mt 26,67; Mk 15,19 par Mt 27,30; zu ἐξουθενήσαντες vgl. Lk 23,31. Die Juden werden also in dem triumphal wiederkehrenden Christus den erkennen, den sie einst gekreuzigt, also verachtet, durchbohrt und bespuckt hatten. Diese Erkenntnis wird als Frage formuliert, deren Beantwortung den wirklichen Sachverhalt bietet, den Christus zwar einst gesagt hatte, den die Juden damals jedoch nicht geglaubt hatten: Dieser wiederkehrende Christus ist tatsächlich der, der sich damals als Gottes Sohn bezeichnet hatte (Mt 26,63f; vgl. aber auch Mk 15,39) – unausgesprochene Konsequenz: Durch seine Wiederkehr vom Himmel her beweist er, daß seine damalige Aussage richtig war.

Barn schließt seine Auslegung in *V 10* ab mit einem Hinweis auf die Gleichheit der Böcke. Und zwar kommt es ihm hier allein auf das *Wort* ὅμοιος an. Es dominiert also der Wille, *alles* durch Schriftauslegung zu belegen, und läßt die Konsequenz der Auslegung in den Hintergrund treten. Die Eingangsfrage von V 10 ist also zu paraphrasieren: ‚Warum ist der eine Bock dem anderen ähnlich?' Die Antwort zeigt, daß der einzige Zweck der alttestamentlichen Vorschrift über die Böcke die Vorausabbildung auf Christus hin ist (εἰς τοῦτο ..., ἵνα). Es wird die Vorschrift über Ähnlichkeit und Schönheit der Böcke zitiert, ergänzt durch ein nirgends sonst belegte ἴσους. Damit hat Barn sich den Schriftbeweis für die Gleichheit des wiederkehrenden mit dem gekreuzigten Christus geschaffen. Im ἵνα-Satz wird die Situation bei der Parusie kurz und mit anderen Wörtern als in V 9 skizziert. Die beteiligten Personen sind klar: Die Juden sind es, die Christus dann kommen sehen werden. Und ihr Erschrecken beruht, im Bilde gesprochen, auf der Ähnlichkeit des Bockes, d.h. nach V 9 auf der Identität des Triumphierenden mit dem Gekreuzigten. Diese ist hiermit als Ähnlichkeit der beiden Böcke vom Versöhnungstag aus der Schrift belegt worden. Stolz weist Barn mit der Schlußbemerkung

---

[58] Dazu A. Jaubert, Écho du livre de la Sagesse en Barnabé 7,9, RSR 60 (= Judéo-Christianisme. FS J. Daniélou) (1972) 193-198.

‚Siehe, eine Vorabbildung des künftig leidenden Jesus' auf den solchermaßen entdeckten tieferen Sinn der Schrift hin. Mit dieser Be-
wertung trifft er freilich den Sinn der ihm wohl traditionell vorgegebenen Schriftauslegung nicht vollständig.[59] – Die endzeitliche Szene
der Wiederkunft Christi und das damit verbundene Erschrecken der
Juden über die Identität des Triumphierenden mit dem Gekreuzigten
wird durch typologische Schriftauslegung aus der Schriftstelle von den
beiden Böcken des Versöhnungstages herausgeholt. Es ist reine Gnosis, auch in dem Sinne, daß diese Erkenntnis – mindestens nach der
unmittelbaren Aussage des Textes – keine Folgen für die christlichen
Leser nach sich zieht.[60]

Dieser Bezug zur Wirklichkeit der Leser wird dann in *V 11* hergestellt, indem die Einzelheit ‚Wolle in den Dornen' (V 8b) auf das
Erlangen des Reiches Gottes interpretiert wird. Dies ist eine allegorische Auslegung, konstruiert vom Bild der Dornen für die Bedrängnisse der Christen her (vgl. Herm 62,6 - 63,6). Ansatzpunkt dieser
Auslegung ist die Deponierung der roten Wolle auf einem Strauch.
Das ist so nicht in Lev 16 belegt, könnte aber durch Verschreibung
zu erklären sein.[61] Die Besonderheit dieses Textes ist nun, daß dieser Strauch höchstwahrscheinlich ein Brombeerstrauch ist (V 8b), als
solcher dornig und deshalb für die folgende Allegorie geeignet. Zusätz-
lich inspiriert wird diese Allegorie durch das Vorbild, welches Jesus
(Mt 27,28f) seiner Gemeinde gegeben hat. Der gemeinte Sachverhalt
wird zunächst im Bilde beschrieben, aber doch schon so, daß die folgende Deutung gleichsam durchscheint: ‚Wer die rote Wolle aufheben
will, muß vieles leiden, weil der Dornstrauch furchterregend ist, und
sich seiner unter Mühe bemächtigen'. Dieser Satz, den man auch aus
eigener Erfahrung bestätigen könnte, ist wesentlich aus Wörtern geformt, die dann auch die Deutung bilden: θέλειν, παθεῖν, θλίβειν –
ähnlich sind δεῖ/ὀφείλειν, ἆραι/ἅψασθαι, λαβεῖν. Die Deutung wird
als Herrenwort präsentiert, ist aber wahrscheinlich kein echtes[62], weil
es sonst nirgends belegt und durch ἅψασθαι exklusiv auf diesen Kontext bezogen ist. Die allegorischen Beziehungen verlaufen so: rote
Wolle = Christus bzw. sein Reich; die Dornen = die Leiden der
Christen, die vor dem Eintritt in das Christusreich liegen. Auf drei-

---

[59] Vgl. dazu Wengst, Tradition 31.
[60] Eine paränetische Auslegung dieser Szene findet sich 2Clem 17,5ff.
[61] Vgl. Windisch 346.
[62] Vgl. Köster, Überlieferung 127.

fache Weise wird im Herrenwort das zu erreichende Ziel beschrieben: mich sehen, mein Reich berühren, mich empfangen. Alle drei Formulierungen sind durchaus untypisch für die urchristliche Literatur; allein das ‚mich sehen' könnte das Erblicken bei der Parusie meinen (vgl. hier Vv 10.9; s. aber Joh 16,16!). Völlig einmalig ist das ‚Berühren des Reiches', aber wohl durch das vorangegangene Bild bedingt. Λαβεῖν ist hier wohl im Sinne von παραλαμβάνειν, δέχεσθαι zu verstehen.[63] Der Weg ins Reich Christi ist notwendig (ὀφείλειν) mit Bedrängnissen und Leiden verbunden (vgl. 8,6). Das ist weniger als zu erfüllende Bedingung gemeint, sondern als Hinweis darauf, was die Christen in jedem Falle erwartet, wenn sie sich auf das Christsein einlassen. Dieser Satz, daß der Weg zum Christusreich durch Leiden führt, war gemein-urchristliche Anschauung. Am nächsten kommt der hiesigen Formulierung Act 14,22, aber die Einsicht ist bei allen urchristlichen Richtungen der Sache nach da.[64] Damit bietet Barn eine gleichsam individuellere Deutung und Erklärung der θλίψεις der Christen als beispielsweise in c.4, wo allgemein – kosmologisch – von der Bosheit der Jetztzeit als Endzeit die Rede war. Hier sind die Leiden ohne Qualifizierung der Zeit als Notwendigkeit mit dem Erlangen des Christusreiches verbunden, und diese Ankündigung wird aus der Schrift abgeleitet, nach der die Wolle am Versöhnungstag in die Dornen gelegt wird. Bereits an dieser Stelle kann bezweifelt werden, ob das Reich Christi überhaupt noch als zukünftige Größe und nicht vielmehr als gegenwärtig, bereits in der Gemeinschaft der Christen, aufgefaßt wird. Das gnomische Präsens, in dem das Herrenwort formuliert ist, läßt freilich keine sichere Entscheidung zu.

Barn 8 bietet eine typologische Einzelauslegung des Opfers der roten Kuh auf das Leiden des Christus.[65] Basis der Auslegung ist das in V 1 wiedergegebene Gebot zum Ritual des Opferns der roten Kuh, das auf Num 19 zurückgeht, aber in einzelnen Punkten stark abweicht.[66] Die Auslegung geschieht in den Vv 2-6 Punkt für Punkt ohne Rücksicht auf den Zusammenhang des ausgelegten Textes oder die Stringenz der Auslegung: V 2 Gleichsetzung Stier – Jesus; Vv 3+4 Gleichsetzung Knaben – zwölf Apostel bzw. drei Erzväter; V 6 Gleichsetzung Wolle und Ysop – Leiden im Reich Jesu.

---

[63] Müller 204.
[64] Belege bei Windisch 347, dazu noch ThomEv log 58.
[65] Zur formalen Analyse vgl. L. Helm, Schriftauslegung 19-22.
[66] Einzelheiten bei Windisch 348.

Die Auslegung verfährt in den für mein Thema allein wichtigen Vv 5+6 jeweils nach dem gleichen Schema: In einer Frage wird die auszulegende Einzelheit aus dem Schriftzitat aufgegriffen, und die Antwort bietet die Deutung dieser Einzelheit, die nur mit Hilfe eines vermittelnden Gedankens verstehbar ist. Dieser wird in V 6 ausgesprochen, in V 5 nicht.

In *V 5* wird nach der Bedeutung der Wolle auf dem Holz gefragt. Antwort: Das Reich Jesu beruht auf dem Holz. Die Gleichsetzung der Wolle mit dem Reich war bereits in 7,11 begegnet. Ξύλον bezeichnet auch sonst in der urchristlichen Literatur das Kreuz Jesu (Gal 3,13; Act 5,30; 10,39; nicht aber in den Evangelien). Der Zusammenhang mit dem Reich dürfte wohl durch die altkirchliche Variante von Ψ 95,10 bedingt sein: Der Herr herrscht vom Holze her.[67] Also findet sich hier das bereits in 7,9 aufgetretene Paradox wieder: Gerade als Gekreuzigter ist Jesus Herrscher der Welt – das wird hier als schriftgemäß erwiesen. Freilich ist die Schriftstelle schon auf diese Auslegung hin geformt, denn die Formulierung von 8,1 findet sich nicht in Num 19,6. Der zweite Satz der Auslegung – ,Die auf ihn hoffen, werden leben in Ewigkeit' – hat mit dem auszulegenden Text nichts zu tun. Er ist vielmehr ein allgemeiner urchristlicher Glaubenssatz, der wegen der Identifizierung von Glaube und Hoffnung (nach 1,6) mit der Aussage 6,3a sachidentisch ist. Die Wendung ,auf ihn hoffen' kommt in der urchristlichen Literatur kaum vor (bei Barn noch 6,3.9; 12,2.3), ist aber sehr häufig in der LXX, besonders in den Psalmen, belegt.[68] Ähnliches gilt für die Formulierung ,leben in Ewigkeit', die Weish 5,15; PsSal 14,2 und dann noch Joh 6,51 belegt ist. Ohne weitere Bedingung wird das Ewige Leben denen zugesagt, die auf Jesus hoffen, d.h. an ihn glauben.

Die Frage in *V 6* zielt auf den Grund der Zusammenstellung von Wolle und Ysop im Schriftzitat. Rätselhaft ist die dann gegebene Deutung nach ihrer Aussage und nach ihrem Zusammenhang mit dem gedeuteten Text. Denn nirgends in der urchristlichen Literatur wird von bösen und schmutzigen Tagen im Reich Christi geredet (vgl. aber EKG 188,1). Sonst ist das Reich immer das herrliche Ziel, das nach den Leiden auf die Christen wartet (so noch Barn 7,11). Wahrscheinlich ist diese ungewöhnliche Redeweise durch einen möglichst eng gewünschten Bezug auf den auszulegenden Text bedingt. Denn

---

[67] Z.B. Justin, apol. I 41; dial. 73,1.4. – Weitere Belege bei Müller 213f.
[68] Vgl. Hatch-Redpath, Concordance 453f.

auch hier wird wieder das Reich mit der Wolle identifiziert (V 5; vgl. 7,11). Daß die Tage der Endzeit, d.h. der Rettung und der Jetztzeit, böse sind, hatte Barn bereits 2,1 (vgl. Eph 5,16) dargelegt. ʽΡυπαρός ist an dieser Stelle nur durch Rücksicht auf den allgemeinen Satz zu erklären, durch den die Deutung mit ihrer Textgrundlage gedanklich verbunden wird. Dieser letzte Satz von V 6 konstatiert die im Altertum auch sonst[69] bekannte heilende Wirkung des Ysop, hier vorgestellt als durch seinen trüben Saft vermittelt. Entsprechend werden die Christen in trüben und bösen Tagen gerettet werden, alles im Rahmen des Reiches Christi.

Wie auch sonst im Barn werden hier eschatologische Erkenntnisse durch Schriftauslegung gewonnen. Ein Interesse an Handlungsanweisungen wird nicht sichtbar, vielmehr reines Erkenntnis-Interesse. Es bleibt bei den Aussagen, daß das Reich Christi in seinem Kreuzestod gründet, daß es in seinem Reich schlimme Tage geben wird, aus denen die Christen gerettet werden, und bei den Verheißungen Ewigen Lebens.

Das 10. Kapitel des Barn ist der allegorischen Auslegung von Speisegeboten zu ethischen Zwecken gewidmet. Gerahmt durch hermeneutische Bemerkungen (Vv 2.9.12), die die Allegorese begründen sollen, werden einzelne Tiere durchgenommen, zuerst verbotene (Vv 3-8), dann erlaubte (*10,11*).

Von den erlaubten Tieren der mosaischen Tora führt Barn Spalthufer und Wiederkäuer an (vgl. Dtn 14,6; Lev 11,3). Diesem Speisegebot werden drei Deutungen zuteil, kenntlich an drei Fragen: Zunächst wird für beide Tierarten das vorbildliche Verhalten – im Gegensatz zu dem des Schweins (V 3) – herausgestellt, dann wird die Erlaubnis, jeden Wiederkäuer zu essen, auf den Umgang mit solchen interpretiert, die sich um das Gebot des Herrn kümmern, und schließlich wird das Gespaltensein der Hufe mit der Existenz des Gerechten in Verbindung gebracht.

Die ganze Auslegung hat nichts spezifisch Christliches an sich, ein Zeichen dafür, wie fest Barn in jüdisch-hellenistischer Tradition verwurzelt ist. Denn 10,11 könnte ohne Änderung auch in einer Schrift aus jenem Bereich stehen. Schon die Bezeichnung ‚der Gerechte‘, mit dem hier offenkundig ein Christ gemeint ist, weist in diese Richtung (vgl. die Zitate aus Ψ 1 im folgenden c.12). Die Existenzweise des Christen läßt sich durch das Gespaltensein der Hufe verbildlichen, da

---

[69] Belege bei Müller 214f.

der Christ sowohl in dieser Welt lebt als auch den heiligen Äon erwartet (vgl. Clemens Alexandrinus, paed. III 11,76,2). Der Kosmos ist diese jetzt existierende Welt als Kreatur und Gerichtsgegenstand Gottes, durchaus mit negativem Unterton besetzt. Περιπατεῖν hat freilich keine ‚vorläufige' Bedeutung, sondern meint ‚leben, wandeln' im Sinne des Wortes. Die andere Seite der Gespaltenheit, mit der ersten durch καί ... καί gleichwertig verbunden, ist die Erwartung des heiligen Äons. Die Bezeichnung der künftigen Weltzeit als heilig ist einmalig in der urchristlichen Literatur (vgl. aber slHen 65,8). Mit dieser Erwartung ist die einlinige Existenz in dieser Welt zweifellos durchbrochen. Ähnlich wird auch sonst in der urchristlichen Literatur die Vorläufigkeit christlicher Existenz in dieser Welt betont, vgl. bes. Hebr 13,14; Diog 5,9 sowie die Bezeichnung christlicher Gemeinden als παροικοῦσα 1Clem praescr. Genau diese Vorläufigkeit wird aber durch den Hinweis auf die Erwartung lediglich angedeutet; im übrigen bleibt es auch für die Christen nach Barn beim Leben in dieser Welt im Vollsinne des Wortes. Dem Gespaltensein der Hufe entspricht also das Gespaltensein des Christen in gegenwärtige weltliche Existenz und Hoffnung auf den künftigen, heiligen Äon.

Innerhalb einer Reihe von Schriftzeugnissen für Taufwasser und Kreuz (cc.11+12) führt Barn in *11,6-8* die Verse Ψ 1,3-6 nahezu wörtlich an und legt sie aus.[70] Wiederum kommt es ihm auf beweiskräftige Einzelzüge an und nicht auf eine stimmige Auslegung des zitierten Textes. Der in V 7 zitierte Text wird bei der Auslegung überhaupt nicht berücksichtigt. Barn findet Taufwasser und Kreuz zusammen wieder in ξύλον und ὕδατα (V 6 = Ψ 1,3). Die Seligpreisung der auf das Kreuz hoffenden Täuflinge (V 8a) entspricht wohl Ψ 1,1 (hier nicht zitiert) und dem veränderten Zitatanfang ὁ ταῦτα ποιῶν. Sie wird begründet mit der Verheißung des eschatologischen Lohns, den Gott zu seiner, d.h. zur rechten, von ihm festgesetzten Zeit austeilen wird (V 8b). Es folgt noch eine Deutung der nicht abfallenden Blätter auf die missionarischen Reden aller Christen (V 8c).

Die Lohnverheißung wird nur durch die Wendung ἐν καιρῷ αὐτοῦ mit dem zitierten Text verbunden und hat sonst keinen Anhalt daran. Selbst die zur rechten Zeit handelnde Person ist in Text und Auslegung verschieden: im Text der Gerechte, in der Auslegung Gott. Durch diese Wendung wird also lediglich die Zukünftigkeit (τότε) er-

---

[70] Vgl. J.-L. Vesco, La Lecture du Psautier selon l'Épître de Barnabé, RB 93 (1986) (5-37) 14f.

wiesen. Gott wird im Endgericht den Lohn auszahlen, der einem jeden zukommt (vgl. Barn 19,11 par Did 4,7), und zwar entsprechend den Werken eines Menschen. Dieser Zusammenhang wird hier nicht expliziert. Vielmehr scheint es so, daß hier der Hoffnung auf das Kreuz eschatologischer Lohn verheißen wird. Und das läßt sich durchaus nach Barn 8,5 interpretieren: Die Hoffnung, mit der ein Mensch zur Taufe ins Wasser steigt, richtet sich auf den gekreuzigten Christus, und der dafür verheißene Lohn ist das Ewige Leben, wobei näherhin das Taufgeschehen nach Analogie des Christusgeschehens in Kreuzestod und Auferstehung begriffen sein kann. Hier wird also auch die Hoffnung in das Vergeltungsdenken eingespannt.

Im gleichen Zusammenhang der Schriftauslegung zum Thema ‚Taufwasser und Kreuz‘ zitiert Barn in *11,10f* ein weiteres Prophetenwort und interpretiert es. Das Prophetenwort ist aus Bruchstücken von Ez 47,1-12 gebildet, wobei der letzte Satzteil von Gen 3,22 oder Joh 5,24 beeinflußt sein könnte. Das Zitat wird in zwei Schritten ausgelegt, jeweils markiert durch τοῦτο λέγει, wovon hier nur der zweite Schritt (V 11b) interessiert.

Zunächst wird der auszulegende Teil des Zitats noch einmal angeführt: Wer von diesen (Bäumen) ißt, wird in Ewigkeit leben. Die Auslegung wird durch τοῦτο λέγει und φησίν mit dem Text verbunden, ist grammatisch dem Zitat analog konstruiert und nimmt die Schlußwendung des Zitats wörtlich auf – einzigartig in der Schriftauslegung des Barn. Im Vordersatz wird das Essen von den Bäumen als Hören auf Verkündigung und Glauben interpretiert. Daß der Vorgang der Verkündigung und der Kontakt mit Verkündigern heilsam sei, hatte Barn bereits geschrieben (dieses 10,11; jenes 11,8). Der Inhalt der Verkündigung bleibt an dieser Stelle ungenannt, dürfte aber nach 10,11 vor allem die Rechtsforderungen des Herrn umfassen. Für beide Sätze, das Zitat wie seine Auslegung, gibt es Parallelen im Johannes-Evangelium: Der Zusammenhang zwischen Essen und Leben wird Joh 6,51.58 thematisiert, der Zusammenhang zwischen Hören, Glauben und Ewigem Leben Joh 5,24; 20,31. Ersteres ist höchstens eine Wortanalogie, da Barn den Zusammenhang zwischen Essen und Ewigem Leben eben nicht für einen realen, sondern nur für einen bildlichen hält, der geistlicher Auslegung bedarf, die vom Barn auch sogleich geliefert wird. In der Auslegung ist die Nähe zur johanneischen Formulierung zwar auffallend, aber nicht hinreichend, um eine Abhängigkeit feststellen zu können.

Dem Hören dieser Botschaft (wohl Barn selbst gemeint) und dem Fürwahrhalten derselben wird das Ewige Leben verheißen, ohne weitere Bedingung. Auch diesen Satz gewinnt Barn wieder durch Schriftauslegung, wobei bemerkenswert ist, daß die Verheißung wortwörtlich aus dem Zitat übernommen wird.

Unter den Schriftzeugnissen zur Gottessohnschaft Jesu (12,8-11) führt Barn in *12,9* ein dem Josua durch Mose überliefertes Gotteswort an. Einziger Zweck dieses Zitats ist die Formulierung υἱὸς τοῦ θεοῦ in demselben (so die auslegende Notiz V 10a). Freilich kommt diese Formulierung sowie die Schlußwendung ἐπ᾽ ἐσχάτων τῶν ἡμερῶν in der Vorlage des Zitats Ex 17,14.16 nicht vor. Beide Formulierungen sind deshalb wohl als christianisierende Zusätze zu betrachten, die dann dem Gotteswort einen eschatologischen Sinn geben. Zwar erhebt sich angesichts fehlender Auslegung die Frage, ob dieser eschatologische Sinn für Barn selbst noch eine Rolle spielt.[71] Diese Frage ist jedoch zu bejahen, da Barn sonst mit Zitaten und Tradition recht frei umgegangen ist. Die Frage, ob und wie Barn diesen Satz verstanden hat, ist durch seinen Umgang mit ihm beantwortet: Es kam Barn allein auf das Stichwort ,Sohn Gottes' an.

Die Frage nach dem eigentlichen Sinn des Satzes wird wegen der Erwähnung des Namens Amalek (nur hier in der urchristlichen Literatur) interessant. Der Hinweis auf die Deutung dieses Namens durch Justin (dial. 49,8) und Tertullian (C. Jud. 10) trägt allerdings wenig zum Verständnis bei.[72] Aufschlußreicher sind frühjüdische Vorkommen.[73] Dort ist Amalek einer der Decknamen für die Heiden, die in der Endzeit der Vernichtung verfallen (TestSim 6,3), auch für Rom[74]. Daß nicht Gott selbst (wie in Ex 17), sondern der Sohn Gottes bzw. ein Messias Amalek vernichtet, geht wahrscheinlich auf die Lehre von den beiden Messiassen zurück.[75] Dieses alles steht im traditionsgeschichtlichen Hintergrund des Satzes. Es ist aber durchaus fraglich, ob es Barn bzw. seinen Lesern überhaupt geläufig war. Deshalb muß

---

[71] Vgl. auch die Erwähnung des Gerichts in 11,7 als nicht ausgelegtes Zitat aus Ψ 1,5.

[72] Gegen Müller 283. – Vorsichtiger Windisch 372.

[73] S. P. Volz, Eschatologie, Register s.v. Amalek.

[74] Mekhilta Exodus 17,16.

[75] Vgl. syrBar 72 und weiter C.C. Torrey, The Messiah Son of Ephraim, JBL 66 (1947) 253-277.

offenbleiben, ob Barn mit dem Decknamen Amalek eine bestimmte Person oder Gruppe bezeichnen wollte.[76]

Man wird diesen Satz als einen von vielen Bestandteilen, ohne besonderen Akzent, des „ziemlich reichhaltigen eschatologischen Gemäldes"[77] im Barn ansehen müssen. Die Vernichtung des Gottesfeindes Amalek ist eines von zahlreichen Ereignissen vor dem Weltende, die sich nicht präzise zeitlich einordnen lassen.

Das gesamte *c.15* ist der eschatologischen Interpretation des Sabbats gewidmet. Es beginnt mit drei förmlich eingeführten Schriftzitaten (Vv 1.2.3), deren drittes in den Vv 4+5 auf die eschatologische Ruhe Gottes ausgelegt wird. Mit Hilfe des ersten Zitats wird der Gedankengang weitergetrieben zum Gedanken von der eschatologischen Ruhe der Menschen (Vv 6+7). In einem Nachtrag (Vv 8+9) wird die christliche Feier des achten Tages aus Gottes Mißfallen am Sabbat und seiner eschatologischen Neuschöpfung des achten Tages abgeleitet.

Die drei Schriftzitate am Anfang des Kapitels, die jeweils als Gottesreden eingeführt werden, sind so nirgends in der heute bekannten LXX-Überlieferung zu finden. Es ist wohl damit zu rechnen, daß die Stellen im Laufe der Überlieferung und auch zum Zwecke der Auslegung umgebildet wurden.[78] So kommen für das in V 1 zitierte Sabbatgebot neben der Ursprungsstelle Ex 20,8 par Dtn 5,12 noch Einflüsse aus Jer 17,22 und Ψ 23,4a in Betracht. Das Zitat in V 2 ist wahrscheinlich nach Ex 31,16 gebildet, und V 3 stammt ursprünglich aus Gen 2,2f. Dort ist aber bereits in der vorchristlichen Textüberlieferung strittig, ob das Schöpfungswerk am sechsten oder am siebenten Tag vollendet war.[79] Barn (nach allen Handschriften) entgeht diesem Problem so, daß er im Zitat vom Schaffen in sechs Tagen und von der Vollendung am siebenten Tag schreibt, in der Auslegung aber kurzerhand zu ‚Vollendung in sechs Tagen' zusammenzieht. Auf diese Weise nimmt er jede Andeutung von Arbeit vom siebenten Tag. Insgesamt zielen die drei Schriftzitate auf die Einschärfung der Sabbatruhe.

In *V 4* wird ein Teil des Schriftzitats V 3 ausgelegt, der bereits auf die Auslegung hin formuliert ist, indem συντέλεσεν aus dem zweiten Halbsatz und ἐν ἕξ ἡμέραις aus dem ersten Halbsatz zu einer neuen

---

[76] Vgl. R.A. Kraft, Barn 121: „Amalek' signified that which is opposed to God and to his people."
[77] Windisch 365.
[78] Zum traditionsgeschichtlichen Hintergrund vgl. R.A. Kraft, Epistle 258-266.
[79] Nähere Ausführungen bei Wengst, Komm., Anm. 226 auf S. 200.

Einheit zusammengefügt werden. Als Antwort auf die rhetorische Frage nach der Bedeutung des Satzes präsentiert Barn seine Interpretation. Diese begründet er in einem allgemein-theologischen Satz, der seine Autorität aus einem wörtlich zitierten Gotteswort bezieht. Als Schlußfolgerung bringt Barn noch einmal und leicht verändert seine Interpretation. Der als Schriftzitat angeführte Satz ‚Er hat vollendet in sechs Tagen‘ bedeutet in der Auslegung des Barn: Der Herr wird das All in 6000 Jahren vollenden (vgl. Irenäus, haer. V 28,3). Τὰ σύμπαντα findet sich sonst nur noch Barn 21,5 und 1Clem 19,2 in der urchristlichen Literatur (LXX: Ψ 103,28; Koh 3,11), in der sonst τὰ πάντα für die gleiche Sache verwendet wird. Die folgende Argumentation soll die Begründung für diese eschatologische Interpretation liefern. Dabei stellt Barn die These auf, daß ein Tag bei Gott tausend Jahre für Menschen bedeutet. Damit ist die Interpretation der sechs Schöpfungstage als sechstausend Weltjahre gesichert. Für seine These beruft sich Barn auf ein Gotteswort: ‚Siehe, ein Tag des Herrn wird sein wie tausend Jahre‘. Dieser Satz stammt ursprünglich wohl aus Ψ 89,4. Die Gleichsetzung eines Tages mit tausend Jahren sub specie Dei ist im Frühjudentum weit verbreitet[80] und zuerst belegt in Jub 4,30 (vgl. auch slHen 32,1f). Bei Barn fällt das futurische ἔσται auf, das sonst nirgends in diesem Satz vorkommt, auch nicht 2Petr 3,8. Damit hat sich Barn eine weitere Legitimation für seine eschatologische Auslegung geschaffen. Diese macht sich dann auch so bemerkbar, daß die aoristischen Formulierungen des Schriftzitats in futurische umgeformt werden, in V 4 von συντέλεσεν zu συντελέσει/συντελεσθήσεται, in V 5 von κατέπαυσεν zu καταπαύσεται. So ist Barn in der Lage, seine zuerst gegebene Auslegung als Schlußfolgerung zu wiederholen (οὐκοῦν) und leicht abzuwandeln. Dabei ist das Passiv συντελεσθήσεται als pass. div. aufzufassen. Die Lebensdauer der Welt beträgt also 6000 Jahre.

Einer analogen eschatologischen Auslegung wird in *V 5* der Satz ‚und er ruhte am siebenten Tage‘ unterzogen. Diesmal nimmt Barn das Recht, aoristische Formen in futurische umzusetzen, stillschweigend in Anspruch und ändert sonst nichts am Wortlaut des zitierten

---

[80] Material bei J.K.Th. von Otto, Haben Barnabas, Justinus und Irenäus den zweiten Petrusbrief (3,8) benutzt? ZWTh 20 (1877) 525-529; W. Schrage, „Ein Tag ist beim Herrn wie tausend Jahre, und tausend Jahre sind wie ein Tag". 2Petr 3,8, in: Glaube und Eschatologie (FS W.G. Kümmel), hg. E. Gräßer/O. Merk, Tübingen 1985, 267-275. – Zum religionsgeschichtlichen Hintergrund s. W.H. Shea, The Sabbath in the Epistle of Barnabas, AUSS 4 (1966) 149-175; vgl. auch J. Daniélou, La typologie millenariste de la semaine dans le Christianisme primitif, VigChr 2 (1948) 1-16.

Satzes: ‚dann wird er recht ruhen am siebenten Tag', ergänzt aber die
Voraussage der Ruhe durch eine knappe Schilderung der Endereignisse, die nicht aus dem zitierten Text, sondern aus apokalyptischer
Tradition stammt. Handelnde Person ist der Sohn Gottes. Dieser
wird das Zeitalter der Gesetzlosigkeit – nach Barn 4,1.9; 18,2 die
Jetztzeit – vernichten (vgl 2Thess 2,8) und die Gottlosen aburteilen
(vgl. Barn 5,7; 7,2; 11,7 sowie 4Esra 12,32f; 13,37f), also kein *allgemeines* Gericht halten. Außerdem wird er Sonne, Mond und Sterne
verändern. Dies ist wahrscheinlich im Sinne einer eschatologischen
Neuschöpfung zu verstehen.[81] Dazu würde auch die Ruhe am siebenten Tag passen. Sonst kommen Sonne, Mond und Sterne als *sich
selbst* katastrophal verändernd in der apokalyptischen Tradition vor:
AssMos 10,5; Mk 13,24parr; Apk 6,12 u.ö. Aber nirgends ist dort von
einem Handeln Gottes bzw. des Messias die Rede, welches gerade
die Eigenart der Barn-Fassung ausmacht (anders nur Amos 8,9; vgl.
aber Jer 15,9!). Die wörtliche Futurisierung des Zitats läßt einiges offen: Ist damit ausgesagt, daß die Ruhe des Gottessohnes begrenzt ist
auf tausend Jahre, also ein Ansatz zum Chiliasmus? Oder ist dieser
Satz so wörtlich auch wieder nicht zu nehmen und handelt von der
endgültigen Ruhe, die auch den Christen als Heilsgut verheißen ist?
Jedenfalls ist jetzt der Stand der Argumentation der, daß die wahre
(χαλῶς V 5!) Sabbatruhe (auch) für den Sohn Gottes erst nach dem
Ende der Welt offenstehen wird. Vorher muß er noch diese alte Welt
vernichten und eine neue schaffen.

Die Vv 4+5 haben die Frage veranlaßt, ob Barn chiliastische Gedanken gekannt und vertreten hat.[82]
Anhaltspunkt im Text ist der Gedanke vom siebenten Jahrtausend der Welt. Das aber dürfte auch die
einzige Gemeinsamkeit mit dem Chiliasmus sein,
wie er üblicherweise verstanden wird (Apk 20; Papias; Irenäus). Denn weder ist hier von einer (zeitlich begrenzten) weltweiten Herrschaft Christi die
Rede noch von einer sagenhaften erneuerten Erde,
erst recht nicht von einer weiteren Umwälzung der

---

[81] Vgl. Ψ 101,27 (in Hebr 1,12 auf Christus angewendet); Justin, dial. 113,5. –
So bereits Müller 307.

[82] Vgl. dazu H. Bietenhard, The Millennial Hope in the Early Church, SJTh 6
(1953) 12-30; W. Bauer, Art. Chiliasmus, in: RAC II (1954) 1073-1078; A.
Hermans, Le Pseudo-Barnabé est-il Millénariste? EThL 35 (1959) 849-876;
G.G. Blum, Art. Chiliasmus II. Alte Kirche, in: TRE 7 (1981) 729-733.

Verhältnisse (zweite Auferstehung, allgemeines
Endgericht), der erst dann die endgültige Ewigkeit
folgt. Also dürfte diese Barn-Stelle lediglich in das
Vor- und Umfeld des Chiliasmus gehören.[83]
Die Rede von der richtigen (καλῶς) Ruhe deutet die Richtung an, in
der die Argumentation in den Vv 6+7 fortgeführt werden wird: Es
folgt die Erklärung, daß der rechte Sabbat auch für die Menschen
erst im Eschaton zu haben ist. Die Argumentationsfigur, mit der dies
nachgewiesen wird, ist bereits in 6,19 begegnet: Aus der offenkundi-
gen Unmöglichkeit, das gegebene Gebot hier und jetzt zu halten, wird
gefolgert, daß es erst nach der eschatologischen Neuschöpfung recht
gehalten werden kann.

Der Gedankengang setzt in *V 6* ein mit einer Zitierung des Sab-
batgebots, die sich auf V 5 zurückbezieht (αὐτήν) und mit dem Zitat in V 1 nichts gemeinsam hat. Dabei wird als Zusatzbedingung
eingeführt, daß der Tag mit reinen Händen und reinem Herzen zu
heiligen ist. Davon steht nichts im Dekalog. Genau an dieser Bedingung aber zeigt Barn, daß derzeit niemand in der Lage ist, das
Gebot zu erfüllen (V 6b). Mit dem Relativsatz ‚welchen Gott geheiligt hat' wird die Auslegung auch mit dem Zitat V 3 in Verbindung
gebracht. Barn bezeichnet es als völlig irrige Anschauung, daß jemand
den siebenten Tag jetzt mit reinem Herzen heiligen könne. Die eschatologische Folgerung, die Barn in *V 7* aus dieser Behauptung zieht,
ist im Satzbau so undurchsichtig, daß selbst eine Konjektur[84] nach
Analogie von 6,19 (εἰ δὲ οὐ νῦν) zwar Erhellung, aber keine restlose
Klarheit schafft. Der Sinn des Verses ist im letzten Satz zusammengefaßt: ‚Dann werden wir ihn heiligen können als solche, die selbst
zuvor geheiligt wurden'.[85] Diese Heiligung, die zuvor an den Christen geschehen muß, um sie zur rechten Sabbatheiligung überhaupt
zu befähigen, wird im ὅτε-Satz auf verschiedene Weise umschrieben.
Rechtfertigung ist erforderlich, welche Barn nach 4,10 als zukünftig
denkt, und der Empfang der Verheißung, also das Geschehen dessen,
was in den beiden gen. abs. steht: Vernichtung der Gesetzlosigkeit
– sie kennzeichnet die Jetztzeit (4,1.9; 18,2) und wird durch den Sohn
vernichtet werden (V 5) – sowie Neuschöpfung durch den Herrn, die

---

[83] Erst bei Irenäus vereinigen sich die Tradition von der Weltwoche und die
vom tausendjährigen Reich (G.G. Blum, TRE 7, 730,9ff).

[84] R.A. Kraft/Prigent 186; übernommen von Wengst, Komm. 182.

[85] Diese Struktur der Argumentation auch bei Paulus: Gal 4,9; Phil 3,12; 1Kor
13,12b.

nach V 5 durchaus kosmisch zu verstehen ist.[86] Erst danach werden
die Christen den siebenten Tag recht heiligen können, d.h. nach V 7a
‚richtig ausruhen‘. Das eschatologische Heilsgut wird auch in Hebr
4,8-10; 2Clem 5,5 (ἀνάπαυσις) als Ruhe beschrieben.[87] Hier lehnt sich
die Formulierung an V 5fin an, wo dasselbe vom Sohn Gottes nach ge-
taner endzeitlicher Arbeit ausgesagt wird. Die Voraussetzungen zum
Eintritt in die eschatologische Ruhe werden nach dieser Stelle von
Gott bzw. seinem Sohn, nicht jedoch von den Menschen geschaffen.
Es verhält sich also gerade umgekehrt wie in dem V 2 angeführten
Zitat – ‚Wenn ich mein Erbarmen auf sie lege, werden meine Söhne
den Sabbat halten.‘

In den *Vv 8+9* folgt noch eine aktuell-polemische Zuspitzung der
Sabbat-Thematik, nicht ohne eschatologischen Hintergrund. Ausge-
hend von einem Gotteswort, wörtlich aus Jes 1,13 genommen, wird
die Feier des achten Tages durch die Christen als richtig erwiesen
gegen die widergöttliche jüdische Praxis. Barn kleidet seine Auslegung des Jesaja-Zitats als Gottesrede in Ich-Form ein (so auch 7,5).
Wiederum findet Barn im Schriftwort eschatologischen Sinn. Das
Mißfallen Gottes betrifft die jetzigen Sabbate – das νῦν wird durch
nichts im Zitat nahegelegt! Vielmehr hat Gott Gefallen an dem bereits
geschaffenen Weltensabbat, an welchem er den Anfang eines achten
Tages schaffen wird, nachdem er das All zur Ruhe gebracht hat. Dieser achte Tag, so wird erklärt, ist der Anfang einer anderen Welt. Mit
diesem Argument wird die christliche Sonntags-Praxis begründet (διό
V 9a). Sie erfährt in V 9b noch eine weitere Begründung durch den
Hinweis, daß Auferstehung, Erscheinung und Himmelfahrt Jesu ebenfalls am achten Tag, d.h. doch wohl an *einem* Tag nach dem Sabbat
stattgefunden haben (mit Mk 16,14ff; evtl. Lk 24,51 gegen Act 1,3;
Mt 28,10ff).[88] Die dienende Funktion der Rede vom achten Tag ist
zu beachten: Sie soll den christlichen Sonntag legitimieren. Deshalb

---

[86] Die anthropologische Seite der eschatologischen Neuschöpfung ist dem Barn
auch bekannt (6,14); sie ist für ihn wie für Paulus (2Kor 5,17) bereits
geschehen.

[87] Zum jüdischen Hintergrund dieser Vorstellung vgl. O. Hofius, Katapausis,
Tübingen 1970 (WUNT 11), 111-115.

[88] Dazu ausführlich Köster, Überlieferung 146-148. Er sieht Barn hier von
einer Bekenntnistradition abhängig. – Anders L.W. Barnard, The Day of the
Resurrection and Ascension of Christ in the Epistle of Barnabas, RBén 78
(1968) 106f: Barn berücksichtige aus theologischen Gründen den zeitlichen
Abstand zwischen den drei Ereignissen nicht, zumal im 2. Jh. Karfreitag,
Ostern, Himmelfahrt und Pfingsten in einer(!) Feier gefeiert worden seien.

fügt sie sich nicht in das Zeitschema der Vv 4-7 ein. Diese Schwierigkeit ist auch dem Text selbst anzumerken, der umständlich von einem ‚Anfang des achten Tages' reden muß, wo doch ‚achter Tag' für die Argumentation völlig ausgereicht hätte. Er muß dies mit Rücksicht auf die Vv 5+7 tun, wo die Neuschöpfung des Alls für den (oder vor dem ?) siebenten Tag – als Voraussetzung der eschatologischen Sabbatruhe für die Menschen – angekündigt wird. Der achte Tag als Bild für die eschatologische Neuschöpfung stammt aus der Spätzeit des Frühjudentums. Die ältesten Belege sind 4Esra 7,31ff sowie slHen 33,1f (vielleicht christliche Interpolation). Zu vgl. ist auch JosAs: Die Bekehrung der Asenet geschieht am achten Tag nach siebentägigem Fasten (11,1f) und wird als Neuschöpfung der Person bezeichnet (15,5). Hier liegt auch der Ursprung für das Verständnis des achten Tages als Auferstehungssymbol, wie es sich in Barn 15,9 andeutet.[89]

Barn erwartet nach der eschatologischen Sabbatruhe des Alls eine völlige Neuschöpfung der Welt, deren Anfang wohl noch in den Sabbat hineinreicht. Letztere Formulierung scheint freilich eine versuchte, aber fehlgeschlagene Annäherung an die Aussage V 7 zu sein, wonach die Neuschöpfung bereits vor dem eschatologischen Sabbat stattfinden wird.

Im c.16, welches die Nichtigkeit jüdischer Hoffnung auf den steinernen Tempel nachweist und stattdessen den geistlichen Tempel, d.h. das Innere des Christen hervorhebt, wird in *16,5* die Schriftgemäßheit und damit Gottgewolltheit der Tempelzerstörung gezeigt.

Was durch die Schrift bewiesen werden soll – es ist dort nämlich im Voraus kundgetan –, steht im ersten Satz des Verses: die göttliche Dahingabe (pass. div.) von Stadt, Tempel und Volk Israel. Die danach förmlich als Schriftzitat eingeführte Stelle ist freilich – mit Ausnahme des Mi 4,1 (vgl. auch Act 2,17) entsprechenden Halbsatzes – nirgends in der LXX zu finden. Der nächste Beleg für eine Zusammenstellung aller hier vorkommenden Elemente auf relativ engem Raum ist äthHen 89,56ff. Mit Hilfe dieser Stelle ist auch die Zuordnung der Bildelemente zum Gemeinten zu klären, die für den Barn und seine Leser wohl so geläufig war, daß sie keiner weiteren Ausführung bedurfte. Die Schafe der Weide symbolisieren das Volk Israel, die Hürde (μάνδρα nur hier in der urchristlichen Literatur) die Stadt Jerusalem und ihr Turm den Tempel. Daß παραδίδοσθαι pass.

---

[89] Dazu ausführlich R. Staats, Ogdoas als ein Symbol für die Auferstehung, VigChr 26 (1972) 29-52, bes. 42-46. – Weiteres Material bei Bill. IV/2, 989ff.

div. war, wird durch die aktivische Formulierung παραδώσει κύριος sichergestellt. Dieses Verderben wird sich nach Aussage des Schriftzitats in den letzten Tagen ereignen. Mit einem lapidaren Schlußsatz stellt Barn das Eingetretensein des von Gott Vorausgesagten in der Katastrophe von 70 nChr fest. Nebenher wird auf diese Weise noch die Überzeugung des Barn (4,9; 6,13; 12,9) bestätigt, in der Endzeit zu leben. Dies ist auch der Beitrag dieser Stelle zur Eschatologie des Barn.

In den *cc.18-20* überliefert Barn eine Zwei-Wege-Lehre, wie sie auch in Did 1-6 bezeugt ist. Beide sind von einer gemeinsamen Tradition abhängig. Die Übereinstimmungen gehen bis in den Wortlaut, während die Anordnung der einzelnen Mahnungen teilweise Unterschiede aufweist. Da mindestens im Barn über das Zwei-Wege-Schema hinaus keine weitere Gliederung erkennbar ist und die Mahnungen recht zusammenhanglos aufeinander folgen, übernehme ich die Ergebnisse meiner Exegesen der einschlägigen Didache-Stellen, soweit sie sich wortgleich im Barn finden:

Barn 19,5	par Did 4,4	s.o. S. 38f
Barn 19,7	par Did 4,10f	40f
Barn 19,11	par Did 4,7	39f
Barn 20,2	par Did 5,2	39f

Es muß nur Barn 19,10 (vgl. Did 4,1f) einer eigenen Exegese unterzogen werden.

Barn *19,5* stimmt wörtlich mit Did 4,4 überein. Weder der Satz noch sein Kontext lassen erkennen, worauf sich der Zweifel bezieht, so daß dieser Vers nichts zu einer Rekonstruktion der barn Eschatologie beiträgt.

Barn *19,7* unterscheidet sich dadurch von Did 4,10f, daß ἦλθεν statt ἔρχεται gebraucht wird. Damit ist das Kommen Gottes in die Vergangenheit verlegt, ist also nicht eschatologisch im engeren Sinne des Wortes. Es könnte also die Inkarnation gemeint sein.

Barn *19,11* stimmt bis auf δέ statt γάρ wörtlich mit Did 4,7 überein. Hier wird die Aufforderung zum (fröhlichen) Geben mit dem Hinweis auf den vergeltenden Gott motiviert.

Unkenntnis des Lohns für Rechtschaffenheit ist in Barn *20,2* wie in Did 5,2 eines unter vielen Kennzeichen des Todesweges. Wahrscheinlich wird der Lohn beim Endgericht verteilt (vgl. Barn 21,3).

Eine der zahlreichen Mahnungen des Lebensweges wird mit dem
Hinweis auf den drohenden Gerichtstag eröffnet: Barn *19,10*.[90] Vom
Gerichtstag ist terminologisch auch sonst in der urchristlichen Literatur die Rede: Barn 21,6; 2Petr 2,9; 3,7; 2Clem 16,3; 17,6. Hier soll
durch diesen Hinweis die Verantwortung des Christen für sich und
seine Mitchristen eingeschärft werden. Die sich daran anschließende
Mahnung, man solle täglich die Gesichter der Heiligen, also die Mitchristen persönlich aufsuchen, erinnert von ferne an die Mahnung zum
häufigen Versammeln, die aus der endzeitlichen Situation begründet
wird: Barn 4,10b; Did 16,1f u.ö. Hier ist es jedoch nicht das Ende der
Zeit, das Versammlungen erfordert, sondern die zeitlose Erinnerung
an den Gerichtstag macht den Kontakt zum Mitchristen notwendig.
Seelsorge und Diakonie sollen die eigene und die Seele des Mitchristen
retten – im Gericht. Deshalb wird an den Anfang und als Begründung
dieser Mahnung die Erinnerung an den Gerichtstag gestellt. Offenkundig sind nicht einmal Christen vor der Verurteilung im Endgericht
sicher.

Barn 21 schließt mit einigen grundsätzlichen Mahnungen die in
den cc.18-20 wiedergegebene Zwei-Wege-Lehre (Vv 1-6) sowie den
gesamten Traktat (Vv 7-9) ab. In den Vv 1-6 werden zur Motivierung der grundsätzlichen, d.h. auf Beachtung des soeben Mitgeteilten
zielenden Mahnungen auch eschatologische Gedanken herangezogen.
Ein Gedankenfortschritt ist nicht zu erkennen, vielmehr wird immer
nur das Eine erörtert: Haltet die eben mitgeteilten Mahnungen ein!
Freilich wird dieses Anliegen nicht immer in die Form einer Mahnung gekleidet, wie schon *V 1* zeigt. Barn setzt offenbar voraus, daß
die Zwei-Wege-Lehre Gegenstand der Unterweisung war (vgl. auch
Did 7,1). Das Sätzchen ὅσα γέγραπται zeigt außerdem, daß die Zwei-
Wege-Lehre von Barn nicht als Produkt eigener Gelehrsamkeit aus-
gegeben, sondern mindestens als Tradition, wenn nicht als ‚Heilige
Schrift' angesehen wird. Diese Rechtsforderungen Gottes sollen nicht
nur auswendig gelernt werden, sondern auch den Lebenswandel bestimmen. Um dies zu untermauern, weist Barn in der zweiten Hälfte
von V 1 auf die eschatologischen Konsequenzen hin, die sich aus dem
Handeln nach den Geboten bzw. gegen die Gebote ergeben. Dem
Täter der in c.19 aufgeführten Gebote (ταῦτα) wird die Verherrli-
chung (vgl. Röm 8,17) im künftigen Gottesreich verheißen. Dem,

---

[90] Der Hinweis auf den drohenden Gerichtstag fehlt in der Parallele Did 4,1.
Zur Erklärung vgl. die Hypothese von E. Peterson, Probleme 153f.

der den Todesweg nach c.20 wählt (ἐκεῖνα)[91], wird der Untergang zu-
sammen mit seinen Werken angedroht (analog, nur positiv gewendet
Apk 14,13). Dieses Verderben des bösen Christen steht offenbar im
Zusammenhang mit dem Untergang der bösen Welt, wie die erneute
Verwendung des seltenen (in der urchristlichen Literatur nur noch
Hebr 11,31) Verbs συναπόλλυσθαι in V 3 zeigt. Die Mittel, durch
die jetziges Handeln und endgültiges Schicksal miteinander verbunden sind, sind Auferstehung und Vergeltung. Die Auferstehung ist für
Barn nämlich nicht mehr Heilsgut und als solches den Gerechten bzw.
Christen vorbehalten, sondern nach 5,7 Voraussetzung für das vergeltende Gericht (vgl. Apk 20,13). Erst dort, dort aber nach Maßgabe
des irdischen Handelns (vgl. 19,11), wird darüber entschieden, ob
jemand im Gottesreich verherrlicht wird oder mit seinen Werken un-
tergeht.

Auf die Ermahnung an die Reichen zur Zuwendung an die Armen (V 2) folgt in *V 3* etwas überraschend, weil weder nach vorne
noch nach hinten mit dem Kontext verknüpft, eine Ansage der Naherwartung. Diese Aussage der Nähe wirkt durch die Verwendung von
ἐγγύς eigentümlich statisch neben Jesu Ansage der genahten Gottesherrschaft mit dem Verb ἤγγικεν. Sachlich enger verwandt sind die
Aussagen von der räumlichen Nähe Gottes im 1Clem (21,3; 27,3).
Barn sagt die Nähe des Tages an, an dem das All mit dem Bösen
vergehen wird. Zur Nähe des Tages vgl. Jes 13,6; Joel 1,15, dort aber
als Tag des Herrn (= Jahwes) formuliert. Der Untergang des Alls ist
die Voraussetzung für die eschatologische Neuschöpfung (Barn 15,7);
ebenso gehört die Vernichtung des Bösen zu den eschatologischen Ereignissen (Barn 15,5; vgl. Apk 20,10). Der Böse ist hier wohl personal
zu verstehen, vgl. 2,10.[92] Dieser dunklen Seite des Eschatons wird die
helle sogleich gegenübergestellt: Nahe ist der Herr und sein Lohn.[93]
Denn μισθός scheint für Barn eindeutig positiv besetzt zu sein, vgl.
1,5; 19,11. Wohl ergibt sich aus dem ‚Zitat' in Apk 22,12; 1Clem 34,3,
das nur in seiner ersten Hälfte aus Jes 40,10 stammen kann, daß dort
nur Vergeltung im doppelten Sinn gemeint sein kann. Aber gerade
die zweite Hälfte (ἀποδοῦναι κτλ.) fehlt im Barn, so daß mit einer

---

[91] Vgl. dazu die Erörterung bei Müller 375.
[92] Weitere Belege bei Bauer, Wb. 1371.
[93] Reichlich Parallelen bei Müller 376f. Hervorzuheben sind Phil 4,5 sowie aus
      dem Frühjudentum 5Esra 2,34f und schließlich Jes 40,10 als Zitat in Apk
      22,12; 1Clem 34,3.

positiven Bedeutung zu rechnen ist.[94] Durch diese Aussage über den
künftigen Lohn wird klar, welche Funktion diese Rede von der Nähe
des Endes hier hat: Sie soll die Mahnungen, in deren Zusammenhang sie steht, durch den Hinweis auf die Nähe der eschatologischen
Belohnung dringlich machen.

Es folgt eine weitere Mahnung, diesmal zum Selbstformulieren
von Mahnungen (V 4), und der Wunsch, daß Gott den Adressaten
Verstand und Gnosis seiner Rechtssätze geben möge (V 5). Dieser
Segenswunsch wird in *V 6* anthropologisch zu einer Ermahnung gewendet: Werdet Gottesgelehrte[95], indem ihr sucht, was der Herr von
euch fordert (Paronomasie ἐκζητοῦντες – ζητεῖ)! Auch diese Ermahnung bekommt sogleich einen eschatologischen Akzent: Schafft, daß
ihr am Gerichtstag gefunden werdet! Das absolute εὑρηθῆτε wirkt
auf des ersten Blick ergänzungsbedürftig (vgl. Apk 20,15 u.ö.). Aber
weder Clemens Alexandrinus, der in strom. II 18,84,3 diese Stelle
förmlich und wörtlich zitiert, noch die Textüberlieferung bieten eine
Ergänzung. Vielmehr zeigen IgnTrall 2,2 und insbesondere PsSal
14,9 (Rahlfs), daß εὑρίσκεσθαι im (end-)gerichtlichen Sprachgebrauch
durchaus auch absolut vorkam. Letzterer Beleg ist gleichsam eine
Kontrastfolie zu Barn 21,6, denn dort wird den Sündern angekündigt,
daß sie am Tage des Erbarmens für die Gerechten nicht gefunden
werden. Folglich bedeutet Barn 21,6, daß sich die Christen um die
Forderungen Gottes bemühen sollen, um am Gerichtstag gefunden zu
werden. Das ist durchaus schon fast das Endheil, da den Sündern
nach V 1 die endgültige Vernichtung droht. Mit dieser halben Drohung schärft Barn die Suche nach den Forderungen des Herrn ein.

Im Rückblick zeigt sich deutlich, daß hier die eschatologischen
Gedanken als Mittel zur Einschärfung der grundsätzlichen ethischen
Weisungen fungieren. Deshalb liegt auch besonderes Gewicht auf dem
doppelten Ergebnis des Endgerichts (V 1), dessen Voraussetzung eine
allgemeine Auferstehung ist. Auch die Nähe des Endes (V 3) dient
der Einschärfung der ethischen Forderung. Zum Gericht gehört nicht
nur die allgemeine Auferstehung, sondern auch das Weltende samt
Vernichtung des Bösen. Und selbst den Christen ist der Freispruch
im Endgericht keineswegs sicher, sondern sie müssen ihn sich erst
erarbeiten.

---

[94] Mit Wengst, Komm. 193, gegen Windisch 407; Bauer, Wb. 1035.

[95] In der urchristlichen Literatur nur noch 1Thess 4,9. Patristische Belege bei
Lampe, Lexicon 625.

4. Eschatologie im Barnabasbrief

Die Rekonstruktion der Eschatologie im Barnabasbrief hat davon auszugehen, daß Barn den christlichen Glauben vor allem als Hoffnung auffaßt. Gegenstand dieser Hoffnung ist insbesondere die künftige Vergeltung, die sich an der Rechtschaffenheit der Menschen orientiert (1,6f). Hauptautorität und -quelle ist für den Glauben die Schrift: In ihr hat Gott nicht nur vergangene und gegenwärtige, sondern auch die Endereignisse vorausgesagt bzw. durch die Propheten voraussagen lassen. Terminologisch unterscheidet Barn zwar zwischen gegenwärtigen und Endereignissen, aber sein Bewußtsein, in der Endzeit zu leben (4,3-6), läßt doch am Sachgehalt dieser Unterscheidung zweifeln.

Denn Barn betont einerseits die Gefährlichkeit und Bosheit dieser gegenwärtigen Endzeit, betrachtet aber anderseits die christliche Gemeinde als die verheißene eschatologische Neuschöpfung (6,10-16), ohne darüber den eschatologischen Vorbehalt zu vergessen, den er u.a. durch den Vergleich des gegenwärtigen Daseins der Christen mit dem Säuglingsstadium des Menschen betont. Aus dem Bewußtsein, in der Endzeit zu leben, folgt die Mahnung zur Wachsamkeit und zu intensivem Gemeindeleben. Außerdem kann Barn zeigen (4,3-5), daß Gott die Endzeit verkürzt hat, um die Parusie Christi zu beschleunigen. Das ist der eindeutigste Beleg für Naherwartung im Barn. In die gegenwärtige Endzeit gehört ferner die geweissagte und geschehene Zerstörung Jerusalems (16,5), außerdem die Vernichtung des Gottesfeindes Amalek, wer auch immer damit gemeint sein mag (12,9). Aber sonst überwiegt der eschatologische Vorbehalt, so z.B. in der Beschreibung der gegenwärtigen Existenz der Christen als gespalten zwischen Wandel in dieser Welt und Hoffnung auf die künftige (Bild vom Spalthufer 10,11). Über das endgültige Schicksal der Christen wird nämlich erst im künftigen Vergeltungsgericht nach Maßgabe der Werke entschieden (21,1.3). Die Auferweckung ist allgemein und dem Gericht vorgeordnet (5,6f; 21,1), also weder Heilsgut noch Privileg der Gerechten. Sie wurde von Christus in seiner Inkarnation angezeigt und wird von ihm vollzogen werden. Ihm obliegt auch die Ausübung des Richteramtes, welches er im Anschluß an seine triumphale Wiederkehr antreten wird. Bei seiner Parusie wird er als bekränzter Verfluchter erscheinen, zum Schrecken der Juden, die in ihm denjenigen wiedererkennen werden, den sie einst gekreuzigt hatten (7,6-11). Das endgültige Schicksal wird vom Barn einerseits als Ruhe (15,6f), Freude, Glückseligkeit beschrieben, zum anderen als Verdammnis.

Sehr viel stärker als die übrigen Apostolischen Väter betont Barn den kosmischen Aspekt der Eschatologie. Er hofft auf eine Neuschöpfung der Welt durch den wiederkehrenden Gottessohn (15,3-5), danach auf eine allgemeine und endgültige Ruhe am Weltensabbat, nachdem die Welt 6000 Jahre bestanden hat. Nicht recht dazu passen will der Gedanke vom achten Weltentag (15,8), der jedoch nur zur Legitimation der Sonntagspraxis herangezogen wird.

Die Hoffnung auf die Gottesherrschaft erscheint bei Barn in einer eigentümlichen Fassung: Er betont, daß sie nur durch Leiden zu erringen sei (7,11), ja daß es in ihr trübe Tage geben wird, an denen dann die Rettung geschehen wird (8,6). Ob hier der Gedanke der vom Barn sehr hervorgehobenen Gefährlichkeit der Endzeit abgefärbt hat?

Neben diesen sehr breiten Ausführungen über die Endzeit, die am ehesten den Namen Gnosis, d.h. Erkenntnis, Belehrung, verdienen, führt Barn in der Zwei-Wege-Lehre (cc.18-20) wie die Didache eschatologische Gedanken zur Motivierung ethischer Aussagen an, hauptsächlich im Schema des Vergeltungsdenkens. Aber die eschatologischen Gedanken sind hier wie im übrigen Barn weder die häufigste noch die wichtigste Motivation der Ethik. Dazu wird aber auch die Anschauung von der Gegenwart als Endzeit herangezogen, eine eschatologische Motivation der Ethik, die sonst bei den Apostolischen Vätern nur selten vorkommt. Auch wird Israel als abschreckendes Beispiel genannt. Aber es dominieren, besonders in der Zwei-Wege-Lehre, einfache Gebote und Verbote, meist durch göttliche Autorität gestützt, aber auch durch Allegorese aus der Schrift begründet (c.10).

Ein einheitliches System ist aus den eschatologischen Aussagen des Barn *nicht* zu rekonstruieren. Aber das sich deutlich zeigende Bewußtsein, in der Endzeit zu leben, sowie die Ausführungen über das endgültige Schicksal der Welt lassen Barn als einen Vertreter apokalyptischer Eschatologie erscheinen. Ein Apokalyptiker im engeren Sinne des Wortes ist er jedoch nicht, denn die apokalyptischen Gedanken erscheinen nicht (mehr?) als Vision, sondern als Tradition.

IX. Überblick

Die Hellenisierung der Eschatologie
bei den Apostolischen Vätern

In dieser abschließenden Zusammenfassung will ich weder sämtliche eschatologischen Gedanken aller Apostolischen Väter noch einmal aufzählen noch *die* Eschatologie der Apostolischen Väter als System (re-)konstruieren. Vielmehr werde ich in einem etwas vergröbernden Überblick Schwerpunkte und Tendenzen im eschatologischen Denken der Apostolischen Väter sichtbar machen.

Die Analysen haben, so meine ich, deutlich genug gezeigt, daß es die eine, gleiche und gemeinsame Eschatologie der Apostolischen Väter nicht gibt. Jedoch folgt eine Gemeinsamkeit zwanglos, aber fast notwendig aus dem ethischen Interesse, welches ich anfangs als ein gemeinsames Kennzeichen der Apostolischen Väter festgestellt hatte. Gemeinsam ist die große Bedeutung des eschatologischen Lehrstücks, welches die engsten Beziehungen zur Ethik hat: Der Gedanke vom Gericht Gottes bzw. Christi, weiter gefaßt: die *Lehre von der endgültigen Vergeltung* für das Tun und Lassen in diesem Leben.

Diese Erkenntnis ist nicht nur im Blick auf den Inhalt dieser Lehre zu differenzieren, sondern auch noch in zwei systematische Richtungen: Zum einen ist die eschatologische Vergeltung nicht die einzige Motivation ethischer Weisungen, nicht einmal die einzige eschatologische; zum anderen treten eschatologische Gedanken nicht nur in Verbindung mit der Paränese auf. Es sind also auch die anderen ethischen Motivationen zu benennen, die von den Apostolischen Vätern verwendet werden, sowie die weiteren Kontexte und Funktionen eschatologischer Gedanken.

Doch zuvor seien exemplarisch einige andere eschatologische Gedanken genannt und geprüft, die als gemeinsames Zentrum der Eschatologie bei den Apostolischen Vätern in Frage kommen könnten.

Da wäre als erstes die Rede von der *Gottesherrschaft* zu nennen. Denn die Wortverbindung βασιλεία τοῦ θεοῦ kommt in jeder Schrift

mindestens einmal vor.[1] Bei näherem Hinsehen differenziert sich jedoch der Befund sehr rasch und sehr weit. Nicht ungewöhnlich ist, daß
auch vom Reich Christi geredet wird. Aber neu in der urchristlichen
Literatur ist das Wort βασίλειον (2Clem 6,9) für die Gottesherrschaft,
ebenso die Rede von den trüben Tagen im Christusreich (Barn 8,6).
Auch wird die 'Bewegungsrichtung' der Gottesherrschaft verschieden
angegeben: Man hofft, in sie einzugehen; man hofft aber auch auf ihr
Kommen. Viel entscheidender als diese terminologischen Differenzie-
rungen und inhaltlichen Neuentwicklungen ist der Sachverhalt, daß
die Rede von der Gottesherrschaft meistens als Tradition und formelhaft verwendet wird. Das mag die Vater-Unser-Bitte in Did 8,2 zeigen, aber auch die mehrfache Verwendung von 1Kor 6,9f, die Drohung
mit dem Ausschluß vom Erben der Gottesherrschaft. Zudem ist der
Gedanke der Gottesherrschaft weder die einzige noch die wichtigste
Bezeichnung für das eschatologische Heil. Jedenfalls taugt die Rede
von der Gottesherrschaft nicht als Begründung und einheitsstiftendes
Zentrum für eine Eschatologie der Apostolischen Väter, auch wenn
die allgemeine Kenntnis dieses Begriffs natürlich als Gemeinsamkeit
zu werten ist.

Ähnlich große Divergenzen zeigen sich, wenn man die Hoffnung
auf *Auferstehung* bei den Apostolischen Vätern betrachtet. Die Auferstehung kann als Heilsgut angesehen werden, nur den Christen verheißen; leicht ethisch gefärbt als Privileg der Gerechten; sie kann
aber auch gleichsam heilsneutral dargestellt werden als Bedingung
der Möglichkeit, vor dem Gericht Gottes zu erscheinen. Entsprechend
gehen auch die Begründungen der Auferstehungshoffnung auseinander, und über das Wesen der Auferstandenen macht man sich noch
kaum Gedanken. Auch in diesem Punkt bleibt als Gemeinsamkeit
lediglich die allgemeine Verbreitung der Hoffnung auf Auferstehung
zu vermerken.

Ebenfalls in sehr verschiedener Weise sind die eschatologischen
Gedanken *christologisch* geprägt. Denn meistens ist Gott selbst die
einzige handelnde Person bei den Endereignissen. Selten tritt Christus neben Gott oder an seine Stelle als endzeitlicher Richter, und
schon eine Ausnahme ist es, daß Barn von der eschatologischen Auferweckung und Neuschöpfung durch Christus redet. Nur bei Ignatius
ist Christus das ersehnte Ziel eschatologischer Hoffnung, aber mit und

---

[1] Vgl. H. Kraft, Clavis 74.

neben Gott. Christus allein vorbehalten ist lediglich die triumphale
Parusie, durch die er seine Gegner in Unrecht und Schrecken versetzt.

Abgesehen von der Grundeinsicht, daß der Christ mit seinen Werken für sein endgültiges Schicksal verantwortlich ist, kann auch der
Vergeltungsgedanke bei den Apostolischen Vätern sehr unterschied-
liche Gestalten annehmen. Die allgemeinste und am weitesten verbreitete Fassung ist eine Art eschatologischer Tun-Ergehen-Zusammenhang, durch welchen ein bestimmtes Verhalten hier und jetzt mit
einem Ergehen dort und dann in Beziehung gesetzt wird. Auf diese
Weise bekommt das Tun und Lassen hier und jetzt Ewigkeitsbedeutung. Eine Spezialform dieses Zusammenhangs ist die besonders im
2Clem häufige ἵνα-Relation, die das sittliche Verhalten durch den Bezug zur künftigen Rettung zweckbestimmt und motiviert. Scheint
dieser Tun-Ergehen-Zusammenhang ohne explizite Beteiligung Gottes
auszukommen, so gibt es bei den Apostolischen Vätern auch recht
häufig die Rede vom vergeltenden Handeln Gottes: Clemens droht
den korinthischen Rebellen den plötzlichen Tod von Gottes Hand an,
weiß aber auch von einem jenseitigen Ehrenplatz für Märtyrer zu
schreiben, der ihnen wegen ihres Leidens zuerkannt wird. In ein Bild
gebracht und gleichsam zu *einem* Ereignis verdichtet erscheint die
Rede von Gottes vergeltendem Handeln im Endgericht. In diesem
Verfahren wird Gott oder Christus einem jeden Menschen nach seinen Werken vergelten. Diese Grundeinsicht dürfte bei allen Apostolischen Vätern gleich sein; alle anderen Aspekte des Gerichtsgedankens
werden sehr verschieden aufgefaßt. Häufig wird dieses Verfahren in
Zusammenhang mit der Parusie gebracht, manchmal fehlen zeitliche
Angaben auch völlig. Auch der Personenkreis, der vor dem Endgericht erscheinen muß, wird verschieden bestimmt. Meist sind es aber
die Christen, denen durch den Hinweis auf Gottes Gericht in Erinnerung gerufen wird, daß sie sich für ihr Tun und Lassen verantworten
müssen. In jedem Falle können die Menschen also das Verfahren
beeinflussen, ja sie sind allein für seinen Gang und sein Ergebnis verantwortlich. Denn Gegenstand des Endgerichts sind *allein* die Taten
der Menschen. Und meist sind auch für Christen Belohnung und
Verdammung als Urteil möglich. Daß diese doppelte Möglichkeit bei
Hörern und Lesern nicht nur richtiges Verhalten, sondern auch Unsicherheit und Angst auslösen kann, wird nur sporadisch erkennbar
(2Clem 18,2). Damit wollen die Apostolischen Väter von falschem
Verhalten abschrecken und zum richtigen Tun ermutigen. Aber um

Überblick

dieser ethischen Orientierung willen verlieren Christusgeschehen und Taufe an soteriologischer Bedeutung.

Nun ist der Vergeltungsgedanke nicht das einzige eschatologische Motiv für die ethischen Weisungen der Apostolischen Väter. Einige wenige Male wird auch die Gegenwart als Endzeit qualifiziert (Did 16; IgnEph 11,1; Barn 4). Die Endzeit mit ihren Gefahren erfordert gemeindeorientiertes Verhalten, denn der einzelne Christ wird leicht vom bösen Fürst dieser Welt überwältigt.

Schon gar nicht ist das Vergeltungsdenken das einzige Motiv überhaupt für ethische Weisungen. Für meine Darstellung genügt ein kurzer Überblick über die anderen vorkommenden Begründungen ethischer Weisungen.

Sind diese Zusammenhänge auch in den beiden großen Darstellungen der Ethik der Apostolischen Väter berücksichtigt worden? Beide[2] haben einen aktuellen Zweck (Hörmann: Erneuerung der Moraltheologie; Liébaert: Beitrag zur Erneuerung der Theologie nach dem Vaticanum II), der die Wahrnehmung des Befundes bei den Apostolischen Vätern beeinflußt, wenn nicht gar beeinträchtigt. Liébaert begnügt sich zudem damit, die moralischen Lehren der Apostolischen Väter wiederzugeben und in das Spannungsfeld zwischen Neuem Testament und Judentum zu stellen. Hörmann nimmt zwar die Begründung der Sittenlehre im Dogma für jede Schrift ausführlich in den Blick und kann dabei auch die Verschiedenartigkeit der Begründungen darstellen. Aber er läßt es an Gewichtung und Zuordnung der einzelnen Begründungen fehlen. Zudem scheint er das System seiner Darstellung unverändert aus der modernen Moraltheologie übernommen zu haben. In beiden Darstellungen spielen die eschatologischen Gedanken der Apostolischen Väter also nicht die ihnen eigentlich zukommende Rolle.

Ethische Weisungen werden von den Apostolischen Vätern als *Gebote und Verbote* ohne weitere Begründung formuliert, die insgesamt

---

[2] K. Hörmann, Leben in Christus, Wien 1952; J. Liébaert, Les enseignements moraux des Pères Apostoliques, Gembloux 1970.

und kurz auch als Gottes bzw. Christi Wille bezeichnet werden
können. Es werden *Vorbilder* für bestimmte Verhaltensweisen genannt. Diese Vorbilder werden aus der ‚Schrift' genommen, aber
auch Gott und Christus werden als solche hingestellt, des weiteren
die Apostel und Märtyrer, und ganz selten einmal Menschen und In-
stitutionen aus der heidnischen Umwelt. Eine gewisse Rolle spielt
auch die *Außenwirkung* des Verhaltens der Christen auf Heiden. Weitere Motivationen seien einfach nur aufgezählt: Allwissenheit Gottes
(1Clem; PolPhil); Erbauung der Gemeinde; die Goldene Regel (Did
1,2b); drohende größere Sünden (Did 3,2ff); der für die Heilstat Christi geschuldete Gegenlohn (2Clem 1). Diese Liste ist sicher nicht ganz
vollständig, zeigt aber deutlich genug, wie vielfältig ethische Weisungen motiviert wurden.

Aufs Ganze gesehen, bilden die eschatologisch motivierten Mahnungen neben der großen Menge autoritativer, unbegründeter Gebote
und Verbote die größte Gruppe unter den ethischen Weisungen. Die
Eschata werden dabei als Drohung und Verheißung verwendet, wobei
die Drohungen mit dem endgültigen Verlust des Heils überwiegen.

Nur ganz kurz kann angedeutet werden, welche ethischen *Inhalte*
eschatologisch motiviert werden. Neben Tugenden und Lastern, besonders aus dem sexuellen Bereich, ist es die Kirchenordnung, die
Ignatius und Clemens unter Androhung eschatologischer Strafen aufrechterhalten wollen. Das ist offenkundig die ‚rein geistliche' bzw.
theologische Vorform der kirchlichen Gerichtsbarkeit, die sich mit der
Entsendung von Schiedsrichtern aus Rom nach Korinth auch schon
andeutet. Aber andere als diese ‚geistlichen Machtmittel' standen den
Apostolischen Vätern nicht zur Verfügung.

Eschatologische Gedanken werden von den Apostolischen Vätern
jedoch nicht ausschließlich im ethischen Kontext verwendet. Denn
auch *Hoffnung* und *Sehnsucht* nach dem Eschaton sind den Apostolischen Vätern nicht unbekannt. Hier ist an die Gebete in der Didache
zu erinnern, in denen u.a. um die endzeitliche Sammlung der Kirche
und um das Kommen des Gottesreiches gebetet wird, vor allem aber
an die Sehnsucht des Ignatius von Antiochien, zu Gott zu gelangen.
Ähnliches drückt auch der Segenswunsch des Polykarp für die Philipper (12,2) aus, Los und Anteil unter den Heiligen zu bekommen.
Schließlich ist noch auf den Hoffnungsaspekt des Glaubens hinzuweisen, der im Barn den Glaubensbegriff dominiert und determiniert.

Endlich treten eschatologische Gedanken auch *in lehrhafter Form*
auf. Das gilt besonders für den Barn, der eschatologische Erkenntnisse
durch Schriftauslegung gewinnt und Eschatologisches als Beweismittel in theologischer und polemischer Argumentation verwendet. Als
Lehre leben auch die Bilder und Gedanken aus der apokalyptischen
Tradition weiter. Denn alles, was man in den Schriften der Apostolischen Väter recht großzügig als 'kleine Apokalypsen' o.ä. bezeichnet hat, ist eigentlich nichts anderes als Bericht oder Erzählung von
der (meist ungenau zukünftig gedachten) Endzeit und gerade keine
übersinnlich vermittelte Offenbarung über die endgültige Zukunft von
Menschen und Welt.

In diese Rubrik gehören auch die *Streitigkeiten* um einzelne eschatologische Lehrstücke, die sich an manchen Stellen in den Schriften
der Apostolischen Väter widerspiegeln. Hauptstreitpunkt ist hier die
Hoffnung auf Auferstehung (PolPhil 7,1; 1Clem 23-26; 2Clem 9).
Schon der Apostel Paulus hatte sich um eine apologetische Fundie-
rung bemühen müssen (1Kor 15), und dies wird eines der großen Probleme der altkirchlichen Theologie bleiben. Wenn überhaupt Apolo-
getik betrieben wird – Polykarp verzichtet darauf und begnügt sich
mit der Verketzerung der Kontrahenten –, so wird aus der Natur,
aus der Schrift, theologisch im engeren Sinne, aber kaum christologisch argumentiert. – Das apokryphe Zitat 1Clem 23,2ff par 2Clem
11,2ff scheint ein Stück traditioneller Naherwartungsapologetik gewesen zu sein (vielleicht auch Did 4,4 par Barn 19,5), ohne daß sicher
wäre, daß es an beiden Stellen ebenfalls zu diesem Zweck verwendet
würde. – Spurenweise treten auch Zweifel am Endgericht auf (PolPhil
7,1; 2Clem 9), aber mehr als die Tatsache des Umstrittenseins wird
nicht erkennbar. Die Ethik ist also der wichtigste Bezugspunkt für
eschatologische Aussagen bei den Apostolischen Vätern.

Dieser Befund ist nun noch mit einigen weiteren Tendenzen in
Verbindung zu bringen, die sich in den eschatologischen Gedanken
der Apostolischen Väter abzeichnen, um auf diese Weise Ansätze zu
einer historischen Einordnung zu gewinnen.

Räumliche Kategorien werden verwendet, um das endgültige
Schicksal zu beschreiben (z.B. τόπος, ἄνω), auch ‚ontologische' (ἀ-
φθαρσία, ἀληθινὸν ζῆν), die den Gegensatz zum Dasein hier und jetzt
markieren sollen. Hinzu kommt noch eine Tendenz zur Individualisierung der Eschatologie, die sich aus ihrer überwiegend ethischen
Orientierung ergibt: Der Einzelne ist durch sein Handeln ganz allein

für sein endgültiges Ergehen verantwortlich. Eine explizite Hoffnung
für die Gemeinde findet sich nur in den eucharistischen Gebeten der
Didache, vielleicht noch bei Ignatius.

Zu diesen Tendenzen gehört gleichsam als Kehrseite, daß der
kosmische Aspekt von Eschatologie in einigen Schriften völlig vernachlässigt wird (anders nur Barn, Did, 2Clem), und daß die zeitliche
Dimension der Eschatologie zurücktritt. Damit ist die Frage nach der
Naherwartung bei den Apostolischen Vätern erneut gestellt.

> *K. Aland* (Ende 158-180) meint, daß der Abbau der
> Naherwartung sich erst um die Mitte des zweiten
> Jahrhunderts vollzogen habe (127). Diese These
> müßte wohl auch geographisch noch differenziert
> werden. Schon bei den Apostolischen Vätern kann
> Aland nicht mehr einheitlich Naherwartung fest-
> stellen. Sicher ist ihm die Naherwartung nur in der
> Didache und im Barn (167-170). Bereits bei Igna-
> tius (164-166) und Polykarp (166f) kann er nicht
> mehr zweifelsfrei Naherwartung erkennen, und für
> den 2Clem (172-175) konstatiert er Zweifel an der
> Naherwartung. Erst bei Hermas (175-180) findet
> Aland die theologische Bewältigung des Problems
> der ausbleibenden Parusie, während er für den
> 1Clem noch mit Naherwartung rechnet (158-164).

Ich meine, daß die Naherwartung schon früher verschwunden ist, als
Aland annimmt. Dafür ist die ethische Orientierung zwar gerade kein
Argument, denn an Paulus ließe sich erkennen, daß Ethik und Naherwartung einander nicht ausschließen. Auch ist durchaus zuzugeste-
hen, daß z.B. Barn noch Naherwartung hegt, aber nur als Bewußtsein,
in der Endzeit zu leben. Jedoch bei allen anderen Schriften ist das
Vorhandensein von Naherwartung durchaus fraglich. 2Clem 12 z.B.
macht die Parusie vom Handeln der Christen abhängig, schiebt sie
also erheblich hinaus. Did 16 erreicht das gleiche Ergebnis durch
Aufzählen einer Folge von Endereignissen, in der die Parusie erst an
fünfter Stelle steht. Die Ansätze zu einer *theologischen* Überwindung
der Naherwartung sind schon längst vorhanden und auch im 1Clem zu
erkennen, dem Aland noch Naherwartung zugebilligt hatte, nämlich
in Gestalt der ‚hellenistischen' Eschatologie mit ihrer Orientierung an
Raum, Wesen und individuellem Ergehen auf Kosten der zeitlichen
und kosmischen Dimension.

Dieser hellenistische Typ der Eschatologie, der ansatzweise bereits in den älteren urchristlichen Schriften nachzuweisen ist, dominiert mindestens tendenziell in den Schriften der Apostolischen Väter. Ich begnüge mich mit dieser Feststellung einer Tendenz, um die anfangs konstatierte Vielfalt unter den Apostolischen Vätern zur Geltung zu bringen. Diese hellenistische Tendenz wird sich durchsetzen, weil sie mit ihrem Zurückdrängen der zeitlichen Dimension eine grundsätzliche und damit langfristig gültige Lösung des eschatologischen Problems verspricht. Das theologische Risiko dieses Typs liegt freilich in der Vernachlässigung des kosmischen Aspekts von Eschatologie – hier bot die apokalyptische Tradition der Spekulation mehr Nahrung. Aber auch die Integration apokalyptischer Traditionen in dieses hellenistische Modell zeichnet sich bereits in den Schriften der Apostolischen Väter ab: als Erzählung oder Lehre von irgendwann einmal stattfindenden Endereignissen. Damit ist (vorläufig) der Schritt von der kurzfristigen Ekstase zur langfristigen Tradition vollzogen; nicht einmal die übersinnliche Vermittlung dieser Erkenntnisse wird noch erwähnt. Im Bilde gesprochen: Dem ‚eschatologischen Bureau‘ wird die Weiterarbeit ermöglicht unter der Bedingung, daß die Arbeitszeit begrenzt und schrittweise reduziert wird.

Die Nüchternheit der eschatologischen Gedanken bei den Apostolischen Vätern, nämlich

a) über das endgültige Heil ist wenig mehr als Gemeinschaft mit Gott oder Christus, Freude und Unvorstellbarkeit zu erfahren;

b) vom ewigen Unheil liest man fast nur ‚Wurm und Feuer‘ oder Verurteilung bzw. Verderben,

hat sicher auch dazu beigetragen, diesen Schriften ihre großkirchliche Anerkennung zu sichern. Denn es ist abschließend noch einmal daran zu erinnern, daß in der ersten Hälfte des zweiten Jahrhunderts nicht nur die jüngsten Schriften des Neuen Testaments und die der Apostolischen Väter entstanden sind, sondern auch einige der später so genannten Apokryphen, insbesondere Apokalypsen, die bei der Großkirche und der in ihr etablierten Theologie sicher auch wegen ihrer phantastischen Eschatologie keine offizielle Anerkennung fanden. Von erheblicher Bedeutung für die Etablierung der Apostolischen Väter als Lehrer der Kirche dürfte aber auch gewesen sein, daß sie beispielhaft die eschatologischen Gedanken als Drohung und Verheißung für die ethische Belehrung fruchtbar machen konnten.

Literaturverzeichnis

1. Texte und Übersetzungen

Patrum Apostolicorum Opera. Textum ad fidem codicum et Graecorum et Latinorum adhibitis praestantissimis editionibus rec. Oscar de Gebhardt, Adolfus Harnack, Theodorus Zahn. 3 Bände. Leipzig 1876/77.

Opera Patrum Apostolicorum. Textum recensuit, adnotationibus criticis, exegeticis, historicis illustravit, versionem latinam, prolegomena, indices addidit Franciscus Xaverius Funk. 2 Bände. Tübingen ²1901.

Die Apostolischen Väter I. Der Hirt des Hermas, hg. von Molly Whittaker, Berlin ²1967 (GCS 48).

Die Apostolischen Väter. Neubearbeitung der Funkschen Ausgabe von Karl Bihlmeyer. Unveränderter Nachdruck der mit einem Nachtrag von Wilhelm Schneemelcher versehenen 2. Auflage. Erster Teil: Didache, Barnabas, Klemens I und II, Ignatius, Polykarp, Papias, Quadratus, Diognetbrief, Tübingen ³1970 (SQS II/1,1).

Neutestamentliche Apokryphen, hg. von Edgar Hennecke, Tübingen 1904, ²1924.

Neutestamentliche Apokryphen in deutscher Übersetzung, hg. von Wilhelm Schneemelcher. 3., völlig neu bearbeitete Auflage. 2 Bände. Tübingen 1959/64.

Die Apokryphen und Pseudepigraphen des Alten Testaments, übersetzt und hg. von E. Kautzsch. 2 Bände. Tübingen 1900 (Neudruck 1921).

Die ältesten Apologeten. Texte mit kurzen Einleitungen hg. von Edgar J. Goodspeed. Neudruck der 1. Auflage von 1914. Göttingen 1984.

Clemens Alexandrinus: Werke, hg. von O. Stählin, L. Früchtel. 4 Bände. I Leipzig 1905 (GCS 12); II Berlin ³1960 (GCS 15); III Berlin ³1970 (GCS 17); IV Berlin 1936 (GCS 39).

Didaskalia et Constitutiones Apostolorum, ed. Franciscus Xaverius Funk. 2 Bände. Paderborn 1905.

Les Constitutions Apostoliques. Introduction, texte critique, traduction et notes par Marcel Metzger. 3 Bände. I Paris 1985 (SC 320); II Paris 1986 (SC 329); III Paris 1987 (SC 336).

Epiktet: Dissertationes ab Arriano digestae rec. Heinrich Schenkl, Leipzig 1894.

Eusebius: Kirchengeschichte, hg. von Eduard Schwartz. Kleine Ausgabe, Leipzig [2]1924.

Huck, Albert/Greeven, Heinrich: Synopse der drei ersten Evangelien mit Beigabe der johanneischen Parallelen. Völlig neu bearbeitet. Tübingen [13]1981.

Irénée de Lyon: Contre les hérésies, ed. Adelin Rousseau/Louis Doutreleau SJ. 9 Bände. I Paris 1979 (SC 263/264); II Paris 1982 (SC 293/294); III Paris 1974 (SC 210/211); IV Paris 1965 (SC 100); V Paris 1969 (SC 152/153).

Altjüdisches Schrifttum außerhalb der Bibel, übersetzt und erläutert von Paul Riessler, Freiburg/Heidelberg 1928.

Septuaginta. Id est Vetus Testamentum graece iuxta LXX interpretes ed. Alfred Rahlfs. Editio minor. Stuttgart 1979.

Novum Testamentum Graece post Eberhard Nestle et Erwin Nestle communiter ed. Kurt Aland, Matthew Black, Carlo M. Martini, Bruce M. Metzger, Allen Wikgren, Stuttgart [26]1979.

Die Texte aus Qumran. Mit masoretischer Punktation, Übersetzung, Einführung und Anmerkungen hg. von Eduard Lohse, Darmstadt [4]1986.

2. Hilfsmittel

Goodspeed, Edgar J.: Index Patristicus sive Clavis Patrum Apostolicorum Operum, Leipzig 1907.

Kraft, Henricus/Früchtel, Ursula: Clavis Patrum Apostolicorum. Catalogus vocum in libris Patrum, qui dicuntur Apostolici, non raro occurrentium, Darmstadt 1963.

Vollständige Konkordanz zum Neuen Testament. Unter Zugrundelegung aller modernen kritischen Textausgaben und des textus receptus zusammengestellt von Kurt Aland. 2 Bände. Berlin 1978/83 (ANTT 4).

Hatch, Edwin/Redpath, Henry A.: A Concordance to the Septuagint
and the other Greek Versions of the Old Testament (Including
the Apocryphal Books), Graz 1954 (= Oxford 1897).

Bauer, Walter: Griechisch-deutsches Wörterbuch zu den Schriften
des Neuen Testaments und der übrigen urchristlichen Literatur.
Durchgesehener Nachdruck der 5., verbesserten und stark ver-
mehrten Auflage, Berlin/New York 1971.

Lampe, G.W.H.: A Patristic Greek Lexicon, Oxford 1961.

Liddell, Henry George/Scott, Robert: A Greek-English Lexicon. A
New Edition Revised and Augmented by Henry Stuart Jones,
Oxford [9]1940.

Spicq, Cieslas: Notes de Lexicographie Néo-testamentaire. 3 Bände,
Fribourg/Göttingen 1978-1982 (OBO 22,1-3).

Theologisches Wörterbuch zum Neuen Testament, begründet von
Gerhard Kittel, hg. von Gerhard Friedrich. 10 Bände, Stuttgart
1933-1979.

Exegetisches Wörterbuch zum Neuen Testament, hg. von Horst Balz
und Gerhard Schneider. 3 Bände, Stuttgart u.a. 1980-1983.

Blaß, Friedrich/Debrunner, Albert: Grammatik des neutestamentlichen Griechisch. Bearbeitet von Friedrich Rehkopf. 14., völlig
neu bearbeitete und erweiterte Auflage, Göttingen 1976.

3. Kommentare

Bauer, Walter: Die Briefe des Ignatius von Antiochia und der Polykarpbrief, Tübingen 1920 (HNT. Ergänzungsband. Die Apostolischen Väter II).

Bauer, Walter/Paulsen, Henning: Die Briefe des Ignatius von Antiochia und der Polykarpbrief, Tübingen 1985 (HNT 18. Die
Apostolischen Väter II).

Billerbeck, Paul/Strack, Hermann L.: Kommentar zum Neuen Testament aus Talmud und Midrasch. 6 Bände, München 1922-1961.

Camelot, P.-Th.: Ignace d'Antioche, Polycarpe de Smyrne, Lettres.
Martyre de Polycarpe. Texte grec, introduction, traduction et
notes, Paris [2]1969 (SC 10).

Fischer, Joseph A.: Die Apostolischen Väter. Eingeleitet, hg., übertragen, Darmstadt [8]1981 (SUC I).

Grant, Robert M./Graham, Holt H.: First and Second Clement, New York 1965 (The Apostolic Fathers II).

Grant, Robert M.: Ignatius of Antioch, Camden N.J. 1966 (The Apostolic Fathers IV).

Handbuch zu den neutestamentlichen Apokryphen, hg. von Edgar Hennecke, Tübingen 1904.

Harnack, Adolf von: Einführung in die alte Kirchengeschichte. Das Schreiben der römischen Kirche an die korinthische aus der Zeit Domitians (I. Clemensbrief), Leipzig 1929.

Ders.: Lehre der zwölf Apostel nebst Untersuchungen zur ältesten Geschichte der Kirchenverfassung und des Kirchenrechts, Leipzig 1884 (TU II/1-2).

Jaubert, Annie: Clément de Rome, Épître aux Corinthiens. Introduction, texte, traduction, notes et index, Paris 1971 (SC 167).

Knopf, Rudolf: Die Lehre der zwölf Apostel. Die zwei Clemensbriefe, Tübingen 1920 (HNT. Ergänzungsband. Die Apostolischen Väter I).

Kraft, Robert A.: Barnabas and the Didache, New York 1965 (The Apostolic Fathers III).

Kraft, Robert A./Prigent, Pierre: Épître de Barnabé, Paris 1971 (SC 172).

Lightfoot, Joseph Barber: The Apostolic Fathers I/1+2; II/1-3. A Revised Text with Introduction, Notes, Dissertations and Translations, Hildesheim/New York 1973 (= London [2]1889).

Lilje, Hanns: Die Lehre der zwölf Apostel. Eine Kirchenordnung des ersten christlichen Jahrhunderts, Hamburg [2]1956 (Die urchristliche Botschaft 28).

Müller, Johann Georg: Erklärung des Barnabasbriefes. Ein Anhang zu de Wette's exegetischem Handbuch zum Neuen Testament, Leipzig 1869.

Rordorf, Willy/Tuilier, André: La Doctrine des Douze Apôtres (Didachè). Introduction, texte, traduction, notes, appendices et index, Paris 1978 (SC 248).

Schoedel, William R.: Ignatius of Antioch. A Commentary on the Letters of Ignatius of Antioch, Philadelphia 1985 (Hermeneia).

Ders.: Polycarp, Martyrdom of Polycarp. Fragments of Papias, Camden N.J. 1967 (The Apostolic Fathers V).

Wengst, Klaus: Didache (Apostellehre), Barnabasbrief, Zweiter Klemensbrief, Schrift an Diognet. Eingeleitet, hg., übertragen und erläutert, Darmstadt 1984 (SUC II).

Windisch, Hans: Der Barnabasbrief, Tübingen 1920 (HNT. Ergänzungsband. Die Apostolischen Väter III).

4. Aufsätze und Monographien

Agnoletto, Attilio: Motivi etico-escatologici nella Didaché, in: Convivium Dominicum. Studi sull' Eucarestia nei Padri della Chiesa e Miscellanea Patristica, Catania 1959, 259-276.

Aland, Kurt: Das Ende der Zeiten. Über die Naherwartung im Neuen Testament und der Alten Kirche, in: Ders., Neutestamentliche Entwürfe, München 1979 (TB 63), 124-182.

Alès, Adhémar d': EAN ΓΝΩΣΤΗΙ ΠΛΕΟΝ ΤΟΥ ΕΠΙΣΚΟΠΟΥ, ΕΦΘΑΡΤΑΙ, RSR 25 (1935) 489-492.

Altaner, Berthold/Stuiber, Alfred: Patrologie. Leben, Schriften und Lehre der Kirchenväter, Freiburg u.a. [8]1978.

Aono, Tashio: Die Entwicklung des paulinischen Gerichtsgedankens bei den Apostolischen Vätern, Frankfurt/Main u.a. 1979 (EHS.T 137).

Atzberger, Leonhard: Geschichte der Eschatologie innerhalb der vornizänischen Zeit. Mit theilweiser Einbeziehung der Lehre vom christlichen Heile überhaupt, Graz 1970 (= Freiburg 1896).

Audet, Jean-Paul: La Didachè. Instruction des Apôtres, Paris 1958 (EtB).

Aune, David Edward: The Cultic Setting of Realized Eschatology in Early Christianity, Leiden 1972 (NT.S 28).

Baarda, Tjitze: 2Clement 12 and the Sayings of Jesus, in: Ders., Early Transmission of Words of Jesus. Thomas, Tatian and the Text of the New Testament, ed. J. Helderman/S.J. Noorda, Amsterdam 1983, 261-288 (zuerst in: Logia, hg. J. Delobel, Louvain 1982 [BEThL 59], 529-556).

Bammel, E.: Schema und Vorlage von Didache 16, in: StPatr IV, Berlin 1961 (TU 79), 253-262.

Barnard, L.W.: A Note on Barnabas 6,8-17, in: StPatr IV, Berlin 1961 (TU 79), 263-267.

Ders.: Studies in the Apostolic Fathers and their Background, Oxford 1966.

Ders.: The Day of Resurrection and Ascension of Christ in the Epistle of Barnabas, RBén 78 (1968) 106f.

Bartsch, Hans-Werner: Gnostisches Gut und Gemeindetradition bei Ignatius von Antiochien, Gütersloh 1940 (BFChTh.M 44).

Bauer, Walter: Rechtgläubigkeit und Ketzerei im ältesten Christentum. Mit einem Nachtrag von Georg Strecker, Tübingen ²1964 (BHTh 10).

Ders.: Art. Chiliasmus, in: RAC II (1954) 1073-1078.

Baumeister, Theofried: Die Anfänge der Theologie des Martyriums, Münster 1980 (MBTh 45).

Beblavý, Jean: Les idées eschatologiques de Saint Paul et des Pères Apostoliques, Alençon 1924 (Diss. Strasbourg).

Berger, Klaus: Zur Diskussion über die Herkunft von I.Kor. II.9, NTS 24 (1978) 270-283.

Ders.: Die impliziten Gegner. Zur Methode des Erschließens von ‚Gegnern' in neutestamentlichen Texten, in: Kirche (FS G. Bornkamm), hg. D. Lührmann/G. Strecker, Tübingen 1980, 373-400.

Betz, Johannes: Die Eucharistie in der Didache, ALW 11 (1969) 10-39.

Beyschlag, Karlmann: Clemens Romanus und der Frühkatholizismus. Untersuchungen zu I Clemens 1-7, Tübingen 1966 (BHTh 35).

Bietenhard, Hans: The Millenial Hope in the Early Church, SJTh 6 (1953) 12-30.

Blum, Georg Günther: Art. Chiliasmus II. Alte Kirche, in: TRE 7 (1981) 729-733.

Bommes, Karin: Weizen Gottes. Untersuchungen zur Theologie des Martyriums bei Ignatius von Antiochien, Köln 1976 (Theoph. 27).

Bousset, Wilhelm: Die Religion des Judentums im späthellenistischen Zeitalter, hg. von Hugo Greßmann, Tübingen ⁴1966 (HNT 21).

Bovon-Thurneysen, Annegreth: Ethik und Eschatologie im Philipperbrief des Polycarp von Smyrna, ThZ 29 (1973) 241-256.

Bower, Richard A.: The Meaning of ΕΠΙΤΥΓΧΑΝΩ in the Epistles of St. Ignatius of Antioch, VigChr 28 (1974) 1-14.

Bruce, F.F.: Eschatology in the Apostolic Fathers, in: The Heritage of the Early Church (FS G. Florovsky), hg. D. Neiman/M. Schatkin, Rom 1973 (OrChrA 195), 77-89.

Bultmann, Rudolf: Geschichte und Eschatologie, Tübingen [2]1964.

Ders.: Ignatius und Paulus, in: Ders., Exegetica. Aufsätze zur Erforschung des Neuen Testaments, hg. E. Dinkler, Tübingen 1967, 400-411 (zuerst in: Studia Paulina [FS J. de Zwaan], Haarlem 1953, 37-51).

Ders.: Theologie des Neuen Testaments. 8., durchgesehene, um Vorwort und Nachträge wesentlich erweiterte Auflage, hg. von O. Merk, Tübingen 1980 (UTB 630).

Campenhausen, Hans von: Die Idee des Martyriums in der alten Kirche, Göttingen [2]1964.

Ders.: Polykarp von Smyrna und die Pastoralbriefe, in: Ders., Aus der Frühzeit des Christentums. Studien zur Kirchengeschichte des ersten und zweiten Jahrhunderts, Tübingen 1963, 197-252 (zuerst: SHAW.PH 1951, 5-51).

Clerici, Luigi: Einsammlung der Zerstreuten. Liturgiegeschichtliche Untersuchung zur Vor- und Nachgeschichte der Fürbitte für die Kirche in Didache 9,4 und 10,5, Münster/Westf. 1966 (LQF 44).

Conlon, Sean: A Select Bibliography of Modern Studies (1850-1977) on Eschatology in the Western Church of the First Four Centuries, ECarm 28 (1977) 351-372.

Corwin, Virginia: St. Ignatius and Christianity in Antioch, New Haven 1960 (YPR 1).

Cullmann, Oscar: Wann kommt das Reich Gottes? Zur Enderwartung der christlichen Schriftsteller des zweiten Jahrhunderts, in: Ders., Vorträge und Aufsätze 1925-1962, hg. K. Fröhlich, Tübingen/Zürich 1966, 535-547 (zuerst frz. in: RHPhR 18 [1938] 174-186).

Dahl, Nils Alstrup: Der Erstgeborene des Satans und der Vater des Teufels (Polyk. 7,1 und Joh 8,44), in: Apophoreta (FS E. Haenchen), hg. W. Eltester/F.H. Kettler, Berlin 1964 (BZNW 30), 70-84.

Ders.: La terre où coulent le lait et le miel selon Barnabé 6,8-19, in: Aux sources de la tradition Chrétienne (FS M. Goguel), Neuchatel 1950, 62-70.

Daley, Brian: Patristische Eschatologie, in: HDG IV/7a (1986) 84-248.

Daniélou, J.: La typologie millénariste de la semaine dans le Christianisme primitif, VigChr 2 (1948) 1-16.

Donfried, Karl Paul: The Setting of Second Clement in Early Christianity, Leiden 1974 (NT.S 38).

Ders.: The Theology of Second Clement, HThR 66 (1973) 487-501.

Eijk, Ton H.C. van: La résurrection des morts chez les Pères Apostoliques, Paris 1974 (ThH 25).

Essig, Klaus-Gunther: Mutmassungen über den Anlass des Martyriums von Ignatius von Antiochien, VigChr 40 (1987) 105-117.

Etcheverrìa, Ramón Trevijano: Discurso escatológico y relato apokalíptico en Didakhe 16, Burg. 17 (1976) 365-393.

Faivre, Alexandre: Le ‚System normatif‘ dans la Lettre de Clément de Rome aux Corinthiens, RevSR 54 (1980) 129-152.

Felmy, Karl Christian: „Was unterscheidet diese Nacht von allen anderen Nächten?“ Die Funktion des Stiftungsberichtes in der urchristlichen Eucharistiefeier nach Didache 9f. und dem Zeugnis Justins, JLH 27 (1983) 1-15.

Fernàndez, Aurelio: La escatología en el siglo II, Burgos 1979 (Publicaciones de la Facultad de Teologie del Norte de España. Sede de Burgos. 42).

Ders.: La escatología en los escritos de los Padres Apostolicos, Burg. 20 (1979) 9-55.

Fischer, Joseph A.: Die ältesten Ausgaben der Patres Apostolici. Ein Beitrag zu Begriff und Begrenzung der Apostolischen Väter, HJ 94 (1974) 157-190; 95 (1975) 88-119.

Ders.: Die Ausgabe der Apostolischen Väter durch Thomas Ittig, in: Überlieferungsgeschichtliche Untersuchungen, hg. F. Paschke, Berlin 1981 (TU 125), 197-207.

Florovsky, G.: Eschatology in the Patristic Age: an Introduction, in: StPatr II, Berlin 1957 (TU 64), 235-250.

Fudge, Edward: The Eschatology of Ignatius of Antioch: Christocentric and Historical, JETS 15 (1972) 231-237.

Giet, Stanislas: L'Énigme de la Didachè, Paris 1970 (PFLUS 149).

Giordano, Oronzo: L'escatologia nella Didache, in: OIKOUMENE. Studi paleocristiani pubblicati in Onore del Concilio Ecumenico Vaticano II, Catania 1964, 121-139.

Goltz, Eduard von der: Ignatius von Antiochien als Christ und Theologe. Eine dogmengeschichtliche Untersuchung, Leipzig 1894 (TU 12,3).

Gräßer, Erich: Das Problem der Parusieverzögerung in den synoptischen Evangelien und in der Apostelgeschichte, Berlin/New York ³1977 (BZNW 22).

Grant, Frederick C.: The Eschatology of the Second Century, AJT 21 (1917) 193-211.

Grant, Robert M.: An Introduction, New York 1964 (The Apostolic Fathers I).

Ders.: Scripture and Tradition in Ignatius of Antioch, in: Ders., After the New Testament, Philadelphia 1967, 37-54 (zuerst: CBQ 25 [1963] 322-335).

Ders.: The Use of the Early Fathers from Irenaeus to John of Damascus, in: Ders., After the New Testament, Philadelphia 1967, 20-34 (zuerst: JThS NS 11 [1960] 13-24).

Ders.: The Apostolic Fathers' First Thousand Years, ChH 31 (1962) 421-429.

Gunther, John J.: The Epistle of Barnabas and the Final Rebuilding of the Temple, JSJ 7 (1976) 143-151.

Hagner, Donald Alfred: The Use of the Old and New Testaments in Clement of Rome, Leiden 1973 (NT.S 34).

Harnack, Adolf: Geschichte der altchristlichen Literatur bis Eusebius. Teil I. Die Überlieferung und der Bestand. 1. Halbband, Leipzig ²1958.

Harrison, P.N.: Polycarp's Two Epistles to the Philippians, Cambridge 1936.

Haufe, Günter: Individuelle Eschatologie des Neuen Testaments, ZThK 83 (1986) 436-463.

Helm, Lothar: Studien zur typologischen Schriftauslegung im zweiten Jahrhundert. Barnabas und Justin, Diss. Heidelberg 1970.

Hitchcock, F.R.Montgomery: Did Clement of Alexandria know the Didache? JThS 24 (1923) 397-401.

Hjelde, Sigurd: Das Eschaton und die Eschata. Eine Studie über Sprachgebrauch und Sprachverwirrung in protestantischer Theologie von der Orthodoxie bis zur Gegenwart, München 1987 (BEvTh 102).

Hörmann, Karl: Leben in Christus. Zusammenhänge zwischen Dogma und Sitte bei den Apostolischen Vätern, Wien 1952.

Hofius, Otfried: Katapausis. Die Vorstellung vom endzeitlichen Ruheort im Hebräerbrief, Tübingen 1970 (WUNT 11).

Holtzmann, Oscar: Die Schafe werden sich in Wölfe verwandeln, ZNW 11 (1910) 224-231.

Jonge, H.J.de: On the Origin of the Term ‚Apostolic Fathers‘, JThS NS 29 (1978) 503-505.

Jaubert, A.: Écho du Livre de la Sagesse en Barnabé 7,9, RSR 60 (= Judéo-Christianisme. FS J. Daniélou) (1972) 193-198.

Kettler, Franz-Heinrich: Enderwartung und himmlischer Stufenbau im Kirchenbegriff des nachapostolischen Zeitalters, ThLZ 79 (1954) 385-392.

Kittel, Gerhard: Der Jakobusbrief und die Apostolischen Väter, ZNW 43 (1950/51) 54-112.

Kloppenborg, John S.: Didache 16,6-8 and Special Matthean Tradition, ZNW 70 (1979) 54-67.

Knoch, Otto: Eigenart und Bedeutung der Eschatologie im theologischen Aufriß des ersten Clemensbriefes. Eine auslegungsgeschichtliche Untersuchung, Bonn 1964 (Theoph. 17).

Knorz, Peter: Die Theologie des Hirten des Hermas, Diss. Heidelberg 1958 (masch.).

Köster, Helmut: Einführung in das Neue Testament im Rahmen der Religionsgeschichte und Kulturgeschichte der hellenistischen und römischen Zeit, Berlin/New York 1980 (de Gruyter Lehrbuch).

Ders.: Synoptische Überlieferung bei den Apostolischen Vätern, Berlin 1957 (TU 65).

Kraft, Robert Alan: The Epistle of Barnabas. Its Quotations and their Sources, Diss. Harvard Univ. 1961 (microfilm).

Ladd, George Eldon: The Eschatology of the Didache, Diss. Harvard Univ. 1949 (masch.).

Lampe, G.W.H.: Early Patristic Eschatology, in: Eschatology, Edinburgh 1953 (SJTh.OP 2), 17-35.

Leder, Hans-Günther: Studien zum 1. Clemensbrief, B-Diss. Greifswald 1974 (masch.).

Liébaert, Jacques: Les enseignements moraux des Pères Apostoliques, Gembloux 1970 (Recherches et Synthèses. Section de Morale. IV).

Lohse, Eduard: Christus als der Weltenrichter, in: Ders., Die Vielfalt des Neuen Testaments. Exegetische Studien zur Theologie des Neuen Testaments, Göttingen 1982, 70-81 (zuerst in: Jesus Christus in Historie und Theologie [FS H. Conzelmann], hg. G. Strecker, Tübingen 1975, 475-486).

Lübkert, Joh. Heinr. Bernh.: Die Theologie der apostolischen Väter in übersichtlicher Darstellung, mit vorausgeschickten kurzen historischen und kritischen Bemerkungen über ihre Schriften, ZHTh 24 (1854) 589-644.

Lührmann, Dieter: Epiphaneia. Zur Bedeutungsgeschichte eines griechischen Wortes, in: Tradition und Glaube. Das frühe Christentum in seiner Umwelt (FS K.G. Kuhn), hg. G. Jeremias/H.-W. Kuhn/H. Stegemann, Göttingen 1971, 185-199.

Magne, Jean: KLASMA, SPERMA, POIMNION. Le vœu pour le rassemblement de Didachè IX,4, in: Mélanges d'histoire des religions (FS H.Ch. Puech), Paris 1975, 197-208.

Marshall, Sophie S.: Δίψυχος: A Local Term? in: StEv VI, Berlin 1973 (TU 112), 348-351.

Maurer, Christian: Ignatius von Antiochien und das Johannesevangelium, Zürich 1949 (AThANT 18).

May, Gerhard: Art. Eschatologie V. Alte Kirche, in: TRE 10 (1982) 299-305.

Mees, Michael: Schema und Dispositio in ihrer Bedeutung für die Formung der Herrenworte aus dem 1.Clemensbrief, Kap. 13,2, VetChr 8 (1971) 257-272.

Meinhold, Peter: Geschichte und Exegese im Barnabasbrief, ZKG 59 (1940) 255-303.

Ders.: Art. Polykarpos von Smyrna, in: PRE I/21,1 (1952) 1662-1693.

Ders.: Studien zu Ignatius von Antiochien, Wiesbaden 1979 (VIEG 97).

Müller-Goldkuhle, Peter: Die nachbiblischen Akzentverschiebungen im historischen Entwicklungsgang des eschatologischen Denkens, Conc(D) 5 (1969) 10-17.

Niederwimmer, Kurt: Zur Entwicklungsgeschichte des Wanderradikalismus im Traditionsbereich der Didache, WSt 90 (1977) 145-167.

Ders.: Grundriß der Theologie des Ignatius von Antiochien, Diss. Wien 1956 (masch.).

Ders.: Textprobleme der Didache, WSt 95 (1982) 114-130.

Nielsen, Charles Merritt: Polycarp and Marcion: A Note, TS 47 (1986) 297-299.

Ders.: Polycarp, Paul and the Scriptures, AThR 47 (1965) 199-216.

Nirschl, Joseph: Die Theologie des heiligen Ignatius, des Apostelschülers und Bischofs von Antiochien, aus seinen Briefen dargestellt, Mainz 1880.

Norris, Frederick W.: Ignatius, Polycarp and I Clement: Walter Bauer reconsidered, VigChr 30 (1976) 23-44.

Öffner, Ernst: Der Zweite Klemensbrief. Moralerziehung und Moralismus in der ältesten christlichen Moralpredigt, Diss. Erlangen-Nürnberg 1976 (gedr. 1982).

O'Hagan, Angelo P.: Material Re-Creation in the Apostolic Fathers, Berlin 1968 (TU 100).

Otto, Joh. Karl Th. von: Haben Barnabas, Justinus und Irenäus den zweiten Petrusbrief (3,8) benutzt? ZWTh 20 (1877) 525-529.

Paulsen, Henning: Art. Apostolische Väter, in: EKL³ I (1986) 231-234.

Ders.: Ignatius von Antiochien, in: Alte Kirche I, hg. M. Greschat, Stuttgart u.a. 1984 (Gestalten der Kirchengeschichte 1), 38-50.

Ders.: Studien zur Theologie des Ignatius von Antiochien, Göttingen 1978 (FKDG 29).

Peradse, Gregor: Die ‚Lehre der zwölf Apostel' in der georgischen Überlieferung, ZNW 31 (1932) 111-116.206.

Perler, Othmar: Das vierte Makkabäerbuch, Ignatius von Antiochien und die ältesten Märtyrerberichte, RivAC 25 (1949) 47-72.

Peterson, Erik: Das Praescriptum des 1. Clemens-Briefes, in: Ders., Frühkirche, Judentum und Gnosis. Studien und Untersuchungen, Freiburg u.a. 1959, 129-136 (zuerst in: Pro regno, pro sanctuario [FS G. van der Leeuw], Nijkerk 1950, 351-357).

Ders.: Über einige Probleme der Didache-Überlieferung, in: Ders., Frühkirche, Judentum und Gnosis. Studien und Untersuchungen, Freiburg u.a. 1959, 146-182 (zuerst: RivAC 27 [1951] 37-68).

Pfitzner, Victor C.: Paul and the Agon Motif. Traditional Athletic Imagery in the Pauline Literature, Leiden 1967 (NT.S 16).

Powell, Douglas: Art. Clemens von Rom, in: TRE 8 (1981) 113-120.

Ders.: Art. Clemensbrief, Zweiter, in: TRE 8 (1981) 121-123.

Prigent, Pierre: La testimonia dans le Christianisme primitif. L'épître de Barnabé I-XVI et ses sources, Paris 1961 (EtB).

Rathke, Heinrich: Ignatius von Antiochien und die Paulusbriefe, Berlin 1967 (TU 99).

Rebell, Walter: Das Leidensverständnis bei Paulus und bei Ignatius von Antiochien, NTS 32 (1986) 457-465.

Riesenfeld, Harald: Reflections on the Style and the Theology of St. Ignatius of Antioch, in: StPatr IV, Berlin 1961 (TU 79), 312-322.

Riggs, John W.: From Gracious Table to Sacramental Elements: The Tradition-History of Didache 9 and 10, The Second Century 4 (1984) 83-101.

Rohde, Joachim: Häresie und Schisma in Ersten Clemensbrief und in den Ignatiusbriefen, NT 10 (1968) 217-233.

Rordorf, Willy: Liturgie et eschatologie, Aug. 18 (1978) 153-161.

Ders.: Une nouvelle édition de la Didachè (Problèmes exégétiques, historiques et théologiques), in: StPatr XV, Berlin 1984 (TU 128), 26-30.

Schermann, Theodor: Zur Erklärung der Stelle epist. ad Ephes. 20,2 des Ignatius von Antiocheia: φάρμακον ἀθανασίας κ.τ.λ., ThQ 92 (1910) 6-19.

Schlier, Heinrich: Religionsgeschichtliche Untersuchungen zu den Ignatiusbriefen, Gießen 1929 (BZNW 8).

Schoedel, William R.: Art. Ignatius von Antiochien, in: TRE 16 (1987) 40-45.

Schöllgen, Georg: Die Didache – ein frühes Zeugnis für Landgemeinden? ZNW 76 (1985) 140-143.

Ders.: Die Didache als Kirchenordnung. Zur Frage des Abfassungszweckes und seinen Konsequenzen für die Interpretation, JAC 29 (1986) 5-26.

Seitz, Oscar J.F.: Antecedents and Significance of the Term ΔΙΨΥΧΟΣ, JBL 66 (1947) 211-219.

Ders.: Afterthoughts on the Term ,dipsychos', NTS 4 (1957/58) 327-334.

Shea, William H.: The Sabbath in the Epistle of Barnabas, AUSS 4 (1966) 149-175.

Sieben, Hermann Josef: Die Ignatianen als Briefe. Einige formkritische Bemerkungen, VigChr 32 (1978) 1-18.

Smit Sibinga, J.: Ignatius and Matthew, NT 8 (1966) 263-283.

Smith, M.A.: Did Justin know the Didache? in: StPatr VII, Berlin 1966 (TU 92), 287-290.

Speigl, Jakob: Ignatius in Philadelphia. Ereignisse und Anliegen in den Ignatiusbriefen, VigChr 41 (1987) 360-376.

Sprinzl, Josef: Die Theologie der Apostolischen Väter. Eine dogmengeschichtliche Monographie, Wien 1880.

Staerk, W.: Der eschatologische Mythos in der altchristlichen Theologie, ZNW 35 (1936) 83-95.

Stählin, Otto: Zu dem Didachezitat bei Clemens Alexandrinus, ZNW 14 (1913) 271f.

Stanton, G.R.: 2Clement VII and the Origin of the Document, CM 28 (1967) 314-320.

Stegemann, Christa: Herkunft und Entstehung des sogenannten zweiten Klemensbriefes, Diss. Bonn 1974.

Steinmetz, Peter: Polykarp von Smyrna über die Gerechtigkeit, Hermes 100 (1972) 63-75.

Stommel, Eduard: Σημεῖον ἐκπετάσεως (Didache 16,6), RQ 48 (1953) 21-42.

Stoops, Robert F.: If I suffer ... Epistolary Authority in Ignatius of Antioch, HThR 80 (1987) 161-178.

Strobel, A.: Untersuchungen zum eschatologischen Verzögerungsproblem auf Grund der spätjüdisch-urchristlichen Geschichte von Habakuk 2,2ff, Leiden/Köln 1961 (NT.S 2).

Stuiber, Alfred: Die drei ΣΗΜΕΙΑ von Didache XVI, JAC 24 (1981) 42-44.

Swartley, Willard M.: The imitatio Christi in the Ignatian Letters, VigChr 27 (1973) 81-103.

Tanner, R.G.: Martyrdom in Saint Ignatius of Antioch and the Stoic View of Suicide, in: StPatr XVI, Berlin 1985 (TU 129), 201-205.

Tuilier, André: Art. Didache, in: TRE 8 (1981) 731-736.

Ders.: Une nouvelle édition dela Didachè (Problèmes de méthode et de critique textuelle), in: StPatr XV, Berlin 1984 (TU 128), 31-36.

Unnik, W.C. van: 1Clement 34 and the „Sanctus", in: Ders., Sparsa Collecta. Collected Essays III. Patristica. Gnostica. Liturgica, Leiden 1983 (NT.S 31), 326-361 (zuerst: VigChr 5 [1951] 204-248).

Ders.: Die Rücksicht auf die Reaktion der Nicht-Christen als Motiv in der altchristlichen Paränese, in: Ders., Sparsa Collecta. Collected Essays II. IPeter – Canon – Corpus Hellenisticum – Generalia, Leiden 1980 (NT.S 30), 307-322 (zuerst in: Judentum – Urchristentum – Kirche [FS J. Jeremias], hg. W. Eltester, Berlin 1960 [BZNW 26], 221-234).

Ders.: Studies over de zogenaamde Eerste Brief van Clemens I. Het litteraire Genre, Amsterdam 1970 (MNAW.L NS 33,4).

Vesco, Jean-Luc: La Lecture du Psautier selon l'Épître de Barnabé, RB 93 (1986) 5-37.

Vielhauer, Philipp: Geschichte der urchristlichen Literatur. Einleitung in das Neue Testament, die Apokryphen und die Apostolischen Väter, Berlin/New York 1978 (de Gruyter Lehrbuch).

Visser, A.J.: A Bird's-eye View of Ancient Christian Eschatology, Numen 14 (1967) 4-22.

Vööbus, Arthur: Liturgical Traditions in the Didache, Stockholm 1968 (PETSE 16).

Volz, Paul: Die Eschatologie der jüdischen Gemeinde im neutestamentlichen Zeitalter. Nach den Quellen der rabbinischen, apokalyptischen und apokryphen Literatur, Tübingen 1934.

Walker, Joan H.: A Pre-Marcan Dating for the Didache, in: Studia Biblica III, Sheffield 1980 (JSNTS 3), 403-411.

Walter, Nikolaus: „Hellenistische Eschatologie" im Frühjudentum – ein Beitrag zur „Biblischen Theologie"? ThLZ 110 (1985) 331-348.

Ders.: „Hellenistische Eschatologie" im Neuen Testament, in: Glaube und Eschatologie (FS W.G. Kümmel), hg. E. Gräßer/O. Merk, Tübingen 1985, 335-356.

Wanke, Gunther: „Eschatologie". Ein Beispiel theologischer Sprachverwirrung, KuD 16 (1970) 300-312.

Warns, Rüdiger: Studien zum 2. Clemensbrief, Diss. Marburg 1985 (noch ungedruckt).

Wehr, Lothar: Arznei der Unsterblichkeit. Die Eucharistie bei Ignatius von Antiochien und im Johannes-Evangelium, Münster 1987 (NTA NF 18).

Weiss, Bardo: Amt und Eschatologie im 1. Clemensbrief, ThPh 50 (1975) 70-83.

Wengst, Klaus: Art. Barnabasbrief, in: TRE 5 (1979) 238-241.

Ders.: Christologische Formeln und Lieder des Urchristentums, Gütersloh 1972 (StNT 7).

Ders.: Tradition und Theologie des Barnabasbriefes, Berlin/New York 1971 (AKG 42).

Wickert, Ulrich: Christus kommt zur Welt. Zur Wechselbeziehung von Christologie, Kosmologie und Eschatologie in der Alten Kirche, in: Kerygma und Logos. Beiträge zu den geistesgeschichtlichen Beziehungen zwischen Antike und Christentum (FS C. Andresen), hg. A.-M. Ritter, Göttingen 1979, 461-481.

Windisch, Hans: Das Christentum des zweiten Clemensbriefes, in: Harnack-Ehrung. Beiträge zur Kirchengeschichte, Leipzig 1921, 119-134.

Winling, R.: Une façon de dire le Salut: La Formule ,être avec Dieu – être avec Jésus-Christ' dans les Écrits de l'ère dit des Pères Apostoliques, RevSR 54 (1980) 109-128.

Wrede, William: Über Aufgabe und Methode der sogenannten Neutestamentlichen Theologie, in: Das Problem der Theologie des Neuen Testaments, hg. G. Strecker, Darmstadt 1975 (WdF 367), 81-154 (zuerst: Göttingen 1897).

Zañartu, Sergie: Les concepts de vie et de mort chez Ignace d'Antioche, VigChr 33 (1979) 324-341.

DIE MISCHNA

Text, Übersetzung und ausführliche Erklärung
Mit eingehenden geschichtlichen und sprachlichen Einleitungen
und textkritischen Anhängen
Begründet von Georg Beer und Oskar Holtzmann
Unter Mitarbeit zahlreicher Gelehrter des In- und Auslandes
in Gemeinschaft mit Günter Mayer und Rudolf Meyer
herausgegeben von Karl Heinrich Rengstorf und Leonhardt Rost
Groß-Oktav. Kartoniert

I. Seder. Zeraim

5. Traktat. Schebiit (Vom Sabbatjahr)
Bearbeitet von Dietrich Correns. — VIII, 181 Seiten. 1960. DM 124.—

6. Traktat. Terumot (Priestererheben)
Bearbeitet von Eberhard Güting. — X, 235 Seiten. 1969. DM 160.—

7.—8. Traktat. Maaserot/Maaser Scheeni (Vom Zehnten/ Vom zweiten Zehnten)
Bearbeitet von Wolfgang Bunte. — VIII, 285 Seiten. 1962. DM 190.—

II. Seder. Mo'ed

7. Traktat. Besa (Ei)
Bearbeitet von Wolfgang E. Gerber. — VI, 108 Seiten. 1963. DM 76.—

9. Traktat. Taanijot (Fastentage)
Bearbeitet von Dietrich Correns. — VIII, 154 Seiten. 1989. DM 128.—

10. Traktat. Megilla (Esther-Rolle)
Bearbeitet von Lothar Tetzner. — VIII, 154 Seiten. 1968. DM 107.—

III. Seder. Naschim

1. Traktat. Jebamot (Von der Schwagerehe)
Bearbeitet von Heinrich Rengstorf. — XII, 56, 272 S. 1929. Nachdr. 1958. DM 225.—

4. Traktat. Nazir (Nasiräer)
Bearbeitet von Maas Boertien. — VIII, 243 Seiten. 1971. DM 165.—

6. Traktat. Sota (Die des Ehebruchs Verdächtige)
Bearbeitet von Hans Bietenhard. — VII, 212 Seiten. 1956. DM 145.—

Preisänderungen vorbehalten

Walter de Gruyter   **Berlin · New York**

V. Seder. Kodaschim

5. Traktat. 'Arakin (Schätzungen)

Bearbeitet von Michael Krupp. — X, 161 Seiten. 1971. DM 113.—

VI. Seder. Toharot

1. Traktat. Kelim (Gefäße

Bearbeitet von Wolfgang Bunte. — VI, 557 Seiten. 1972. DM 370.—

2. Traktat. Ohalot (Zelte)

Bearbeitet von Wolfgang Bunte. — X, 471 Seiten. 27 Textabb. 10 Tab. 1988. DM 298.—

4. Traktat. Para (Die rote Kuh)

Bearbeitet von Günter Mayer. — VII, 164 Seiten. 1964. DM 113.—

5. Traktat. Toharot (Reinheiten)

Bearbeitet von Wolfgang Bunte. — VIII, 330 Seiten. 1981. DM 225.—

7. Traktat. Nidda (Unreinheit der Frau)

Bearbeitet von Benyamin Z. Barslai. — X, 193 Seiten. 1980. DM 134.—

9. Traktat. Zabim (Die mit Samenfluß Behafteten)

Bearbeitet von Wolfgang Bunte. — VII, 122 Seiten. 1958. DM 84.—

10. Traktat. Tebul Jom
(Der am selben Tag Untergetauchte)

Bearbeitet von Gerhard Lisowsky. — VI, 69 Seiten. 1964. DM 50.—

11. Traktat. Jadajim (Hände)

Bearbeitet von Gerhard Lisowsky. — VI, 97 Seiten. 1956. DM 68.—

12. Traktat. Uksim (Stiele)

Bearbeitet von Gerhard Lisowsky. — VI, 62 Seiten. 1967. DM 44.—

Die Abonementspreise liegen um etwa 15% unter den hier angegebenen Ladenpreisen

Preisänderungen vorbehalten

Walter de Gruyter **Berlin · New York**

DATE DUE

HIGHSMITH   # 45220